零距离上岗 高职高专
财经基础课系列规划教材

U0819084

统计学原理与实务

（第2版）

曹印革　主　编
张文超　宁秀君　张艳秋　副主编
金　倩　刘　芳　谭寒冰　参　编

電子工業出版社
Publishing House of Electronics Industry
北京 · BEIJING

图书在版编目（CIP）数据

统计学原理与实务 / 曹印革主编. —2 版. —北京：电子工业出版社，2014.1
零距离上岗·高职高专财经基础课系列规划教材
ISBN 978-7-121-21926-9

Ⅰ. ①统… Ⅱ. ①曹… Ⅲ. ①统计学－高等职业教育－教材 Ⅳ. ①C8

中国版本图书馆 CIP 数据核字(2013)第 275863 号

责任编辑：王莞朕
印　　刷：三河市双峰印刷装订有限公司
装　　订：三河市双峰印刷装订有限公司
出版发行：电子工业出版社
　　　　　北京市海淀区万寿路 173 信箱　邮编 100036
开　　本：787×980　1/16　印张：18.25　字数：443 千字
版　　次：2009 年 8 月第 1 版
　　　　　2014 年 1 月第 2 版
印　　次：2018 年 1 月第 5 次印刷
定　　价：36.00 元

凡所购买电子工业出版社图书有缺损问题，请向购买书店调换。若书店售缺，请与本社发行部联系，联系及邮购电话：（010）88254888，88258888。
质量投诉请发邮件至 zlts@phei.com.cn，盗版侵权举报请发邮件至 dbqq@phei.com.cn。
本书咨询联系方式：（010）88254199，sjb@phei.com.cn。

第2版前言

本教材作为高职高专经济管理及相关专业的基础课用书，在编写过程中以培养学生实践能力为主线，理论教学以够用为标准，重点培养学生对经济现象的分析能力。全书避开了纯数理性统计公式的推导，同时收集最新的、具有使用价值的典型案例资料和实践能力训练题，真正体现高职高专的教育特色。本教材体例结构包括学习目标、职业知识检测、职业技能训练和阅读资料。另外，正文中穿插小思考，既方便教师讲授，又有助于学生对内容的理解、消化和吸收，同时还增加了统计在计算机中的应用内容。

本教材共10章：第1章绪论，介绍了统计和统计学的发展历史及统计学的一些基本概念；第2章介绍统计数据收集；第3章介绍统计数据整理与显示；第4~9章介绍了统计分析的一些基本方法；第10章介绍了Excel在统计中的应用，使学生在学会统计的基本方法后，能够用Excel快速准确地得到数据的处理结果。

本教材自出版以来，因写作质量高、注重实用性，深受教师和学生欢迎。此次再版，编者结合我国近年新修订实施的统计法，对原书进行了案例更换、新内容补充等修订工作，以使新版教材能更好地为统计实践教学服务。

本教材由石家庄职业技术学院曹印革教授担任主编，并负责拟订全书的编写大纲及写作组织与协调工作，对全书进行修改总纂和定稿；由河北建材职业技术学院宁秀君教授、河北广播电视大学张艳秋副教授及石家庄职业技术学院张文超讲师担任副主编。具体分工如下：第1、5章由曹印革教授负责编写；第7、8章由宁秀君教授负责编写；第2、3章由张艳秋副教授负责编写；第4章由张文超讲师负责编写；另外，中国环境管理干部学院刘芳老师负责编写第6章；河北能源职业技术学院金倩老师负责编写第9章；石家庄职业技术学院谭寒冰老师负责编写第10章。

本教材理论适中，知识面宽，操作性强，适用范围广，既适合高职高专学生及成教院校经济管理类专业学生的学历教育，又适用于广大工商企业人员及管理人员的短期培训，还适用于广大自学者自学。在修订过程中，编者参阅、借鉴了国内外有关统计方面的最新书刊资料和统计学的研究成果，在此一并致以最诚挚的谢意。由于编写人员水平有限，书中难免会有不妥之处，敬请广大教师、读者批评指正。

编　者

目　录

第1章 绪论

学习目标

☑ 了解统计的产生和发展；

☑ 理解统计的研究对象、特点和统计学的研究方法；

☑ 掌握统计学的含义、统计总体、总体单位、单位标志、标志表现、变异、变量、统计指标和指标体系等。

1.1 统计的基本问题

1.1.1 统计的含义

概括地说，统计就是用数字表述事实。由此可以看出，“统计”一词在社会生产、生活中经常遇到并与我们的日常生活息息相关。

众所周知，粮食是关系国计民生的重要物资，一个国家粮食总产量的高低取决于该国耕地面积的多少。我国地域辽阔，长久以来以地大物博引以为豪，然而事实真的那么乐观吗？请看下列资料：“我国耕地本来就少，近几年平均每年又占用700多万亩耕地以作他用，这相当于青海全省的耕地。每年种植烟叶又占去耕地 1 600 多万亩，比宁夏的全部耕地还多。饮酒更有过之，全国一年喝掉白酒、啤酒944万吨之多，耗用粮食1 400多万吨，相当于10亿人口一个月的口粮，而生产这些粮食需要 4 000 多万亩耕地，差不多等于新疆的耕地总面积。如此看来，我国耕地面积每年将被占用一个‘青海’，抽掉一个‘宁夏’，喝掉一个‘新疆’。”由此可见，我国耕地面积面临着严峻的形势。

通过以上资料我们可以得出这样的结论：我国的耕地面积正以相当快的速度在减少。这个结论的得出依赖于上面所显示的种种数据。这样将资料结果以“数”的形式表现出来，对我们正确地认识事物和准确地判断事物的发展起到了关键性的作用。从这个意义上说，这就是统计。但是，当我们提到统计一词时，还要知道统计在不同的场合有不同的理解。统计就其本质来说，一般包括三层含义，即统计工作、统计资料和统计学。

1．统计工作（统计实践）

统计工作是一项社会实践活动，是为了反映所研究的客观事物的某种数量特征及其规律，对社会、政治、经济、科技、文化、国防、人口及自然现象的数据资料进行收集、整理和分析的活动过程。例如，综合统计部门对所属地区的农业、工业进行的产值与产量统计；对服务行业进行的收入和服务质量指标的统计；对人口数量与结构进行的统计。统计工作过程包括统计设计、统计调查、统计整理与统计分析。

2．统计资料（统计信息）

统计资料是经过统计工作取得的、用来反映所研究的客观事物数量特征的各项数字资料及有关其他实际资料的总称。具体来说，统计资料包括观察、调查和记录的原始资料，如企业生产车间的统计台账等；也包括经过整理、加工的系统资料，如各种统计报表等。

3．统计学（统计理论）

统计学是研究如何收集、整理统计资料，并分析研究客观事物在一定条件下的数量特征及其规律性的方法和科学。换言之，统计学是关于认识社会现象总体、数量特征及其规律的方法论科学。

4．统计工作、统计资料和统计学三者之间的关系

没有统计工作就不会有统计资料，没有丰富的统计工作经验就不会产生统计学，三者之间的关系是相辅相成的。这主要体现在以下三个方面。

（1）统计工作与统计资料是统计活动过程与活动成果的关系。统计工作的直接目的是获取统计资料，而统计资料的获得又必须依靠统计工作来实施和完成。

（2）统计工作与统计学是统计实践与统计理论的关系。一方面，统计学来源于统计工作，是统计工作的理论概括和实践经验的总结；另一方面，统计学又反过来指导统计工作。

（3）统计学和统计资料是统计分析和目的的关系。统计数据资料如果不用统计方法去分析和展示，就是一堆杂乱的数字，无法说明任何现象的本质和规律。统计数据不是指单个的数字，而是指大量数据构成的群体。

综上所述，统计的本质是通过获取准确、及时的统计数据，为认识、研究、决策、预测奠定基础。

1.1.2 统计的产生和发展

统计作为收集、整理数据资料的一种社会实践活动，是随着人类社会经济的发展和国家管理的需要而产生和发展起来的，至今已有四五千年的历史。

1．统计的产生

早在原始社会，就有结绳记事之说。结绳计量的方法，即所谓“事大，大结其绳；事小，小结其绳；结之多少，随物众寡”。可以说，这就是统计的萌芽。据记载，早在四五千年前的夏朝，为了治水、治国的需要，就进行过初步的国情统计，查明当时全国人口总数为13 553 923人，土地面积为24 308 024顷，并依据山川地质、人口物产的多少，将全国分为九州。在埃及，

早在建造金字塔时，就为征集所需财物和征用劳力而对全国人口、劳力和财力进行过调查。中世纪欧洲许多国家也利用统计收集有关人口、军队、居民职业、农业生产等方面的资料，并编制过详细的财产目录。上述这些都是早期的统计活动。而统计学从实践上升到理论并形成一门系统的专门科学，则是在1690年。当年英国人威廉·配第所著的《政治算术》一书出版，标志着统计学的产生。

2．统计的发展

随着社会经济的不断发展，人类社会从奴隶社会发展到封建社会，再到资本主义社会，治理和管理国家也开始需要越来越多的统计信息，统计实践活动也因此由过去只限于人口、土地、税赋等方面，逐步向工业、商业、交通、贸易等各个领域拓展。现在，统计实践活动的内容已经包括社会、经济、文化、科技等各个方面，而且涉及的范围非常广泛。

统计的发展过程大致可划分为以下三个时期，即古典统计学时期、近代统计学时期和现代统计学时期。

（1）古典统计学时期。古典统计学时期，也是统计学的萌芽阶段，或者说统计学初创期，时间是17世纪中叶至18世纪，主要有记述学派和政治算术学派。

记述学派又称记录学派、国势学派、国家学派，产生于17世纪的德国，其代表人物是德国赫姆斯特大学教授海尔曼·康令（1606—1681）和哥丁根大学教授哥特弗里德·阿亨瓦尔（1719—1772）。该学派因以文字记述国家的地理、历史、政治组织、社会制度、商业和军事力量等显著事项和比较国情而得名。1749年，阿亨瓦尔在其著作《近代欧洲各国国势论》中，把记述和比较国情的国家学定名为“统计学”，第一个使用了“统计学”这个名称。记述学派的统计学，虽然主张用实际资料作为理论的基础，但其特征却是以文字记述，而不是用数字计量。因此，记述学派被统计史学家称为有统计学之名而无统计学之实。

政治算术学派产生于17世纪中叶的英国，其代表人物有威廉·配第（1623—1687）和约翰·格朗特（1620—1674）。该学派因威廉·配第的《政治算术》而得名。威廉·配第在《政治算术》中，用算术方法和大量的统计资料，对英国、法国、荷兰三国的实力进行了比较和分析，主张社会经济现象及其相互关系的论述都要用“数字、变量、尺度”来表述，并提出了以国家形式概括数字资料的方法。这些理论与方法为统计学的创立奠定了基础，首次开辟了从数量方面认识客观事物真相的道路。该学派被统计史学家称为有统计学之实而无统计学之名。

（2）近代统计学时期。近代统计学时期，是指18世纪末至19世纪末的这段时间，主要有数理统计学派和社会统计学派。

数理统计学派的一个代表人物是法国的拉普拉斯，他最先把古典概率论引进统计学领域，阐明了统计学的大数法则，并进行了大样本推断的尝试。另一个代表人物是比利时的统计学家阿道夫·凯特勒（1796—1874），其代表作有《社会物理学》等。他把概率论和数理统计方法第一次应用于社会经济统计，对法国、英国和比利时的犯罪统计资料等许多社会现象进行了分析和具体研究，论证社会现象和自然现象一样，也具有内在的必然性，一切事物都受到大数法则的支配。他认为，统计学是一门应用于社会和自然现象研究的通用方法论科学。由此，统计学不再是单纯的社会科学，其研究方法、学科性质发生了质的飞跃和根本性的变化。把概率论引入统计学，使得研究社会随机现象的数量方面的准确性得到了很大的提高，因而统计在社会研究中的作用才日益受到各国政府的高度重视。由于凯特勒在统计理论上的突出贡献，人们称他为“近代统计学之父”。

社会统计学派产生于19世纪后半叶的德国，其代表人物是克尼斯（1821—1897）、恩格尔（1821—1896）和梅尔（1841—1925）等。克尼斯在1850年发表了《作为独立科学的统计学》一书，该书平息了政治算术学派与记述学派对统计学研究对象长达100多年的争论，将统计学这一名词作为政治算术的科学命名，而将记述学派的统计学称为国家论。该学派是在政治算术学派观点的基础上，把政府统计与社会调查结合起来形成的。他们认为统计学是一门社会科学，是研究社会现象变动原因和规律性的实质性科学；认为统计学研究的是社会总体而不是个别的社会现象，而且由于社会现象极具复杂性，所以必须对总体进行大量观察和分析，研究其内在的联系，才能揭示社会现象的规律性。

（3）现代统计学时期。现代统计学时期的时间于20世纪初至今，代表人物有德国的弗拉斯·卡姆波。他吸收了数理统计学派的通用方法论，把自然科学中的方法应用于社会现象的研究，并且有所突破和发展。其基本趋势是由实质性科学向方法论科学转变，但总的来说，发展趋势缓慢。这不仅因为社会现象本身日益复杂，而且还因为作为社会科学，统计学还受到社会政治变故的影响。此外，这一时期的苏联和东欧社会主义国家，还逐步建立和发展起了社会经济统计学。它以马克思主义为理论基础，并受近代社会统计学派的影响。我国早期统计学观点的形成和发展主要受数理统计学派的影响。新中国成立后，我国引入并照搬了苏联的社会经济统计学的有关组织体制。进入20世纪80年代以后，我国的统计科学工作者不断总结本国的历史经验，并借鉴世界各国统计科学发展的成功经验和先进成果，努力建设既符合世界统计科学发展趋势，又服务于中国特色社会主义建设的现代统计学。

统计学的发展主要有四个明显的趋势：① 统计学越来越多地应用和吸收数学方法；② 以统计学为基础的边缘学科不断形成；③ 随着统计学应用的日益广泛和深入，特别是借助于计算机操作，统计学所发挥的作用越来越大；④ 统计学逐渐从描述事物现状、反映事物规律，向抽样推断、预测未来变化的方向发展。

【小思考】

下列资料中“统计”一词的含义是什么？

（1）小王是学统计的。

（2）他已经搞了十几年统计了。

（3）据统计，今年一季度某种商品物价出现大幅增长。

（4）请统计一下今天班级的出勤人数。

1.1.3 统计的研究对象和特点

1．统计的研究对象

统计的研究对象是指统计研究所要认识的客体。只有明确了研究对象，才可以依据它的性质特点找出相应的研究方法，从而达到认识客体规律性的目的。

社会经济统计学的研究对象是社会经济现象总体的数量方面及其规律性，即以统计资料为依据，具体说明社会经济现象总体的数量特征、数量关系及数量界限。

社会经济现象通常包括自然现象以外的社会政治、经济、文化、人民生活等领域的各种现象，如国民财富与资产、人口与劳动力资源、生产与消费、财政与金融、教育与科技发展状况、城乡人民物质文化生活水平等。通过对这些基本的社会经济现象的数量方面的认识，进而达到对整个社会的基本认识。在现代社会经济建设的进程中，如果不能准确、及时、全面、系统、有效地掌握社会经济现象的数量特征和数量变化，便不能有效地对其进行调节和控制，也就不能进行正确的计划与决策，更谈不上加强经济管理和进行经济分析研究。所以说经济越发展，统计也就越重要。

研究社会经济现象的数量方面，具体而言就是用科学的方法去收集、整理、分析国民经济和社会发展的实际数据，并通过统计所特有的统计指标和统计体系，表明所研究对象的规模、水平、速度、比例和效益等，借以具体反映一定时间、地点、条件下社会经济发展的规律性。研究社会经济现象数量方面，用各项统计数据来说明社会经济发展情况，发扬成绩，揭露矛盾，不仅具体生动，而且雄辩有力。如根据掌握的资料，我们发布信息“全国 70 个大中城市房屋销售价格上升较快”。这个介绍虽然可以让人对房价有一定的认识，但这种认识是模糊的、不清晰的，即根据这个介绍我们无法判断房价情况。然而，如果用数据来说明，其结果则清晰明了：根据中华人民共和国国家统计局（以下简称国家统计局）2010 年 2 月 11 日公布的调查结果，2010 年 1 月，全国 70 个大中城市房屋销售价格同比上涨 9.5%，环比上涨 1.3%。由此可见，用数据来说话可以给自己的观点以强有力的支撑，是最具有说服力的。

因此，我们有必要去挖掘各种数据信息（统计指标）来反映研究对象的发展状况及变动规律。这些数据信息既可以是静态的（横断面的数据），也可以是动态的（历史发展的纵向数据）。

横断面的统计数据可以反映同一时间的现象总体的规模和结构分布情况。例如，根据 2005 年年末人口统计资料，我国总人口（不包括香港、澳门、台湾地区）为 130 756 万人，大陆 31 个省、自治区、直辖市和现役军人的人口中，男性为 67 339 万人，占总人口的 51.5%；女性为 63 417 万人，占总人口的 48.5%。性别比（以女性为 100，男性对女性的比例）为 106.18：100。又如全国国土面积 960 万平方公里，其中 33%为山地，26%为高原，19%为盆地，12%为平原，10%为丘陵。以上这些数据显示了我国地广人多的基本情况。

历史发展的纵向数据，可以反映现象发展的变动规律。如 2011 年全国城镇非私营单位在岗职工年平均工资为 42 452 元，与 2010 年的 37 147 元相比，增加了 5 305 元，同比名义增长 14.3%，增幅提高 0.8 个百分点。扣除物价因素，2011 年全国城镇非私营单位在岗职工年平均工资实际增长 8.5%。上述所列数据说明，在岗职工工资水平是逐年递增的。

由历史的、现状的统计资料可以预测现象未来可能达到的规模和水平。如 2011 年 GDP 增长 9.3%，2012—2020 年 GDP 仅需年均实际增长 6.94%即可实现翻一番的目标。2012 年前三个季度我国 GDP 累计实际增长 7.7%，如果 2012 年全年 GDP 增速为 7.7%，则 2013—2020 年 GDP 仅需年均实际增长 6.85%即可实现翻一番的目标。由此可见，中共十八大报告中提出的实现 GDP

翻一番的目标切实可行。

由此可以看出，利用各种统计资料说明社会经济现象的发展状况，预测未来，生动直观，具有较强的说服力。

2. 统计的特点

（1）数量性。由于统计学研究的是社会现象的数量方面，因此，统计活动的中心问题就是数据问题。所谓“数字是统计的语言”，是指统计是以客观的、具体的、准确的数字来描述和认识客观现象的特征、性质和规律的，没有数量也就没有统计这样的认识工具。统计就是用数据及数据的各种组合，来反映和描述客观事物的现状、依存关系和变化发展趋势，如数量的大小和多少，可以反映客观事物发展的规模和水平；数量之间的对比关系和相关关系，可以反映客观事物之间的速度和比例等。

但统计的数量性与数学上的数量不是一个概念，二者的研究对象是不同的。数学是用演绎的方法研究抽象的数量关系和空间形式，说明适合所有领域的运算规则。而统计学则主要用归纳的方法研究客观现实存在的数量关系，用以表明所研究领域客观现象的数量规律的具体表现。所以不能把统计问题简单地归结为数学问题。

（2）总体性。统计学研究的是客观事物总体的数量方面，而不是个别现象的量。统计在于研究某种相同性质的个别事物组成的全部事物的数量特征。这样，统计就要对总体中各单位普遍存在的事实进行大量的观察和综合分析，得出反映现象总体的数量特征。例如，要研究城镇居民的消费水平，目的不在于了解个别居民户的消费状况，而是要反映各市、各区、各部门居民消费水平的数量特征。要进行人口统计，目的不在于了解个别人的性别、年龄、文化程度等基本情况，而是要反映一个市、一个省、一个国家人口的性别比例、年龄构成、文化程度等人口现象总体的数量特征。因为社会经济现象尤为复杂，各单位所处的条件不同，而个别单位的表现又具有特殊性、多样性，但总体现象则是相对稳定的，都表现某种共同的倾向，而且是有规律可循的，所以社会经济现象的规律通常具有总体的性质。尽管统计是要揭示现象总体的数量特征，但是统计研究是从调查登记个别事物开始的，离开了个别事物的数量表现，也就不可能有综合的数量特征。所以说，统计研究是从个别的具体数量归纳出社会经济现象的总规模、总水平，并由此决定现象的比例关系和总趋势。但统计也不排斥对个别典型事物的深入研究，对个别具有代表性的典型单位作具体分析，了解现象的内在联系，这样也是为了更加深刻地认识总体现象的规律性。例如，2012年某地居民消费价格总水平比上年下降1.2%，这个数量反映的是300多种消费商品及服务项目价格的总平均水平下降了，而不是指哪一种具体消费商品或服务项目的价格下降水平。

（3）变异性。变异性是指总体各单位的特征表现存在着差异，而且这些差异并不是由某种特定的原因事先给定的。例如，一个企业中职工的工龄长短有差异，文化水平高低有差异，工资报酬多少有差异等，这时就需要研究职工的平均工龄、文化结构、平均工资等指标。因为只有通过统计分析，才能对其表现出来的差异总结出规律性。统计上把总体各单位由于随机因素而引起的标志表现的差异称为变异。

由于社会经济现象具有广泛而复杂的联系，各个单位所处的地位不同，条件也各不相同，因而社会经济的个别现象有其特殊性和偶然性，所以对现象总体的数量研究，必须运用统计的方法，从各单位的变异中归纳概括出共同的、普遍的特征。

（4）社会性。统计研究的数量总是反映人们所处的社会生产生活的条件、过程和结果，是人类有意识的社会活动的产物。因此，统计的社会性表现在如下两个方面：一方面，统计研究对象具有社会性。所有的统计数字总是与人们的利益有关，反映着人们之间的相互关系。社会经济统计研究就是通过数量特征和数量关系反映物质资料的占有关系、分配关系和交换关系，以及其他社会关系的特点和实质。例如，从生产发展中看国家、集体和个人的关系；从收入分配中看职工与农民的关系；从商品流通中看产、供、销的关系等。另一方面，从认识的主体看，也有社会性。统计是一种社会认识活动，必然要受到一定的社会、经济观点的影响。例如，社会经济现象的数量变化会受到当时所处社会的政治、经济、文化、法律、科技、宗教等多方面因素的影响。因此，社会经济统计是为不同社会制度和阶级利益服务的。即便在没有阶级的社会，它也是为不同的阶层服务的。

总而言之，社会经济现象和自然现象不同，只要站在不同的立场，持有不同的观点，运用不同的方法，就可能得出差别较大的结论，甚至性质完全不同的结论。所有这些都体现了统计活动的社会性。

【小思考】

（1）统计的总体性排斥对个别典型事物的深入研究吗？

（2）统计数字与数学中的数字有什么区别？

1.1.4 统计的职能和作用

1. 统计的职能

所谓职能，就是事物的本质属性，是指客观存在于某项工作中的功能，是事物适应环境所必须具备的能力。统计作为国家管理系统启动和运行所必不可少的条件和重要组成部分，包括信息、咨询、监督三大职能。

（1）信息职能。统计最基本的职能是信息职能，是指根据科学的统计指标体系和统计调查方法，系统地收集、整理、传递、存储和提供大量的以描述为基本特征的社会经济信息的职能。统计资料本身就是一种信息，统计是一种重要的信息源，统计信息是社会经济信息的主体。统计信息以数量性和总体性为特征，运用总量、速度、结构、比例关系等特有的方法反映国民经济和社会发展的状况。

（2）咨询职能。咨询职能是统计信息职能的延续和深化，是指利用已掌握的丰富的统计信息资源，运用科学的分析方法和先进的技术手段，深入开展综合分析和各种专题研究，为经济活动的科学决策和经济管理提供可供选择的咨询建议和决策方案；在当前社会经济建设中，通过各种统计服务方式，为社会各界和生产经营者及消费者提供有关的信息和咨询。各级各部门提供的各种统计资料，是各级政府部门和决策者了解情况、指导工作、制定政策等的重要依据。

（3）监督职能。统计的监督职能是指通过信息反馈来评判、检测、调整决策方案。也就是根据统计调查和统计分析资料，及时、准确地从总体上反映社会经济各方面在一定时间、地点条件下的运行状况，并对其进行全面、系统的定量检查、监督和预警，以发现运行过程中的反常状况及其原因，在发出预警信号的同时，提出相应的对策和措施，以保证国民经济能够按照客观经济规律的要求持续、稳定、协调地发展。

综上所述，统计的三大职能是相互联系、相互协调的。其中信息职能是最基本的职能；咨询职能是信息职能的延续和深化；监督职能则是在信息职能和咨询职能基础上的进一步扩展，由此这三大职能构成了一个有机的整体。

2．统计的作用

通过对统计的研究对象、特点和职能的研究可以看出，统计在社会经济活动中具有十分重要的作用，具体来说，表现在以下几个方面。

（1）统计是认识社会的一种有力武器。人们要改造世界，首先要认识世界。但是由于社会现象和自然现象不同，认识社会现象就不能像认识自然现象那样通过实验的方法进行，而必须用符合社会现象特点的手段和方法。统计就是这样一种有力的认识工具和手段。统计作为认识社会的有力武器，不仅要进行定性分析，而且还要进行定量分析。事物的质是根本的，决定事物的量，但事物的量又总是反映事物的质，当数量达到一定的界限，就会引起质的变化。从数量方面认识事物，可以使人们的认识更加全面、更加具体深刻。如国家统计局每年公布的《中华人民共和国××年国民经济和社会发展情况统计公报》就是这一作用的基本体现。

（2）统计可以引导国民经济健康有序地发展。在市场经济条件下，各市场主体也是利益主体，社会资源的市场配置容易引起各利益主体的盲目运行。统计可以规范各利益主体按国家的法律法规和产业政策诚实合法地经营，以保证社会总供给和社会总需求相适应。中国经济景气监测中心公布的《景气运行月报》就是这一作用的具体体现。

（3）统计是制定政策的依据。各级党政领导机关在制定政策、方针时，都必须从实际出发来制定符合当地特点的各项方针政策，如果离开了对实际情况的了解，想当然地制定政策，其恶劣结果是不言而喻的。

（4）统计是经济管理的手段。要做好每项工作，都离不开反映社会经济活动状况的统计数据。现代管理不能仅凭管理者的经验，而应当建立在对管理对象正确认识的基础上，运用科学的方法进行管理。统计作为科学管理的手段之一，不仅可以为科学管理提供各种统计信息，而且还可以为现代管理提供科学的定量分析的方法，成为科学管理的重要工具。例如，质量管理中的产品质量分析，物资管理中的库存控制分析，营销管理中的市场调查、市场预测和决策，以及人事管理中的人员考核等许多内容都是统计方法的具体运用。

（5）统计是加强国际交流和科学研究的重要工具。在经济全球化的今天，统计可以帮助我们更好地了解世界各国的情况。开展国际交流，加强国际之间的合作，是一个国家对外工作的一个重要组成部分。国际交流的内容很多，途径也多种多样，其中统计信息交流占有十分重要的地位。统计资料的交流与共享已成为人们十分关注的问题。如国际的政治、经济、文化教育、环境状况、卫生健康、科学技术等各领域的统计资料的交流已越来越频繁，这对于促进各国之间的共同发展，扩大对外交流与合作等方面都是非常重要的。

1.2 统计学的研究方法

1.2.1 统计学的性质和分类

1. 统计学的性质

一般而言，统计科学是为统计活动提供数量研究和认识方法的科学。这些方法包括统计工作的原理与原则、统计过程所应用的核算和分析方法、统计工作的组织管理方法等，它们构成了统计科学体系和不同的统计分科。统计学的核心内容则是数据收集、整理、归纳、分析的原理和方法，所以统计学是研究如何收集数据、整理数据、分析数据，以便从中做出具有一定可靠度的推断的认识方法论科学。

人们习惯上将研究客观现象的数量特征和数量关系在一定时间、空间条件下具体表现的统计学称为实质性统计学，而将研究数据收集、整理、归纳、分析方法的统计学称为方法论统计学。那么，为什么说统计学是一门方法论科学而不是实质性科学呢？因为方法论统计学是现代统计学的一个标志。实质性统计学与方法论统计学不仅反映了人们思想认识的分歧，而且还反映了历史发展过程的必然结果。最初，统计方法的研究总是和实际问题的数量分析结合在一起，所以早期的统计学都是以客观现象为主体的实质性统计学。

19世纪中叶以后，随着社会经济的发展和科学技术的进步，统计工作获得了迅速发展。一方面，各个行业都创立了许多有效的统计方法，如生物遗传学上的相关回归方法、农艺学的区间设计方法、人口学上的抽样方法、教育心理学的假设检验方法、经济学的物价指数方法等；另一方面，概率论为统计学研究不确定的随机现象、认识统计规律性提供了理论与方法的数学框架，而计算机科学和信息传输技术则为统计学方法论的实现提供了支持。在这些条件的共同作用下，才逐步形成以统计方法为中心的方法论统计学。当然，它并不排斥从实质性科学中独立出来的各专业的方法论统计学的存在，如投入产出统计学、产品品质控制统计学等。总之，方法论统计学的产生既适应了形势变化的需要，也是历史发展的结果。

统计方法作为认识客观世界的工具，已经渗透到自然、社会各个领域；其自身由于研究方法方向的不同，而衍生出理论统计学、应用统计学、描述统计学、推断统计学等多学科门类。

2. 统计学的分类

统计学的种类很多，按不同的标准可以有以下不同的分类。

（1）按统计研究的性质不同进行分类。按此类方法可以把统计学分为理论统计学和应用统计学。

1）理论统计学是以统计学的基本原理（一般理论和方法）为主要研究内容的统计学，如统计学原理、数理统计学等。本书介绍的内容就是统计学原理，属于理论统计学。

2）应用统计学是以统计方法在各专业领域中的应用研究所呈现的特有的统计方法为主要内容的统计学科，如经济统计学、人口统计学等。

（2）按统计方法的特点不同进行分类。按此类方法可以把统计学分为描述统计学和推断统计学。

1）描述统计学是以统计资料的收集、整理、综合计算及分析等方法和形式，对社会经济现象的总体进行数量方面反映的统计方法论。

2）推断统计学是以部分统计资料的个性特征，对全部或大部分同类现象的共性特性进行科学估计、检验及分析研究的统计方法论。

1.2.2 统计工作过程

一个完整的统计工作过程通常分为统计设计、统计调查、统计整理和统计分析四个阶段。

（1）统计设计阶段。这是统计活动的准备阶段，其任务是根据统计研究对象的性质和研究的任务、目的，对统计工作活动的各个方面做出全面的规划和安排，预先拟订统计设计方案。

统计设计方案的主要内容包括：① 明确规定工作的目的和任务；② 设计统计指标与指标体系、统计调查表；③ 收集统计资料的方法，以及资料汇总程序、资料整理方案；④ 设计各阶段工作的进度和安排；⑤ 落实经费来源和物资保障等。只有事先做好设计，才能做到统一认识、统一步骤、统一行动，使整个统计工作有条不紊地进行，从而保证统计工作的质量。

（2）统计调查阶段。这是统计工作中收集原始资料的阶段，其任务是根据统计设计的要求，有计划有组织地收集完整的原始资料。它是统计工作的基础，是认识客观事物的起点。这个阶段的工作如果搞得不好，收集不到准确、及时、全面系统的原始资料，就会直接影响到统计整理的好坏，关系到统计分析结论是否符合客观实际，甚至还会导致整个统计工作的失败。

（3）统计整理阶段。这是统计工作中的资料加工汇总阶段，其任务是根据统计研究的目的，将统计调查取得的原始资料进行科学的分组和汇总，并对已经汇总的资料进行再加工整理，计算各种分析指标、各种再分组资料，为统计分析准备系统的、条理化的综合资料。统计整理在统计工作中起着承前启后的作用，它既是统计调查的继续，又是统计分析的前提和条件，也是人们对客观事物由感性认识上升到理性认识的过渡。

（4）统计分析阶段。这一阶段是指在统计数据整理的基础上，对整理好的统计资料进行分析研究，以认识事物的本质和规律性的工作过程。在这一阶段，要根据统计研究的任务和目的，计算有关的综合指标，再运用各种统计分析方法，对统计资料加以综合分析，揭示社会现象的数量特征和内在联系，阐明社会经济现象发展变化的本质及规律，必要时对现象的发展前景进行预测。统计分析是对经济现象由定量认识到定性认识的过程，是统计发挥作用的决定性阶段。

通过以上分析可以看出，统计工作过程的各个环节虽然前后有序，要求也有所不同，但是它们之间是紧密相连、不可分割的有机整体，各个环节的工作既有相对的独立性，又要相互照应，兼顾全局；既要有一定的顺序，又要相互交叉进行。

1.2.3 统计学的基本研究方法

统计学的研究方法是指贯穿于整个统计工作全过程的各种专门方法，是对统计工作各阶段所用方法与技术理论的概括与总结。这里我们简单介绍统计学中最常见、最基本的研究方法。

（1）大量观察法。大量观察法是指对被研究事物足够多的单位进行观察、分析，以反映总体特征的一种统计方法。该方法的应用是由研究对象在诸多因素的作用下形成的大量性和复杂性决定的，各单位的特征和数量在表现上有很大的差异，因此，在这种情况下，就不能仅靠抽取个别或少数单位进行观察，必须在对研究对象的政治、经济及其他方面进行分析的基础上，确定调查对象的明确范围，观察全部或足够多的调查单位，借以从中认识客观现象的规律性。例如，早在300多年前，人口学家就从统计资料中发现男女婴儿出生的比例为105：100，很显然，这就是通过大量观察法，从偶然事件中发现的必然规律。

（2）统计分组法。统计分组法是指根据事物内在的规律、性质和统计研究任务的要求，从而将总体各单位按照某种标志划分为不同类型或组的一种研究方法。这种方法是研究总体内部差异的重要方法。通过分组，可以研究总体中不同类型事物的性质及它们的分布情况，例如，企业按经济类型的不同，可分为国有企业、集体企业、合资企业、外资企业、民营企业等，借以研究它们在总体中的特点和效益；通过分组，可以研究总体中的构成和比例关系，例如，将企业按行业性质不同分组，可以研究生产力的布局和产业结构比例问题；通过分组，还可以研究总体中现象之间的依存关系，如企业按收入的大小分组，可以研究经营规模与营业费率的关系等。分组法在统计研究中得到日益广泛的应用。

（3）综合指标法。综合指标法是指应用各种统计综合指标来反映和研究社会经济现象总体的一般数量特征和数量关系的研究方法，它是统计分析的基本方法之一。目前在统计分析中，广泛应用总量指标分析法、相对指标分析法、平均指标分析法、变异指标分析法、动态分析法、指数分析法、相关分析法等，这些分析方法可以综合地反映社会经济现象的规模、水平、比例关系、发展速度等，使我们对所观察的事物有一个更为深入的认识。

（4）统计模型法。统计模型法是根据一定的经济理论和假定条件，用数学方程去模拟现实经济现象相互联系的一种研究方法。利用这种方法可以对社会经济现象和过程中存在的数量关系进行比较完整的和近似的描述，进而简化了客观存在的各种复杂的关系，便于利用模型对社会经济现象的变化进行数量上的评价和预测。

统计模型法包括社会经济变量、基本关系式、模型参数三个基本要素。通常将总体中一组相互联系的统计指标作为社会经济变量；用一组数学方程式来表示现象的基本关系式；模型参数则是表明方程式中一种变量（自变量）对另一种变量（因变量）影响程度的强度指标，通常是由一组实际观察数据来确定的。

（5）归纳推断法。归纳推断法是在统计研究的过程中，由观察总体各单位的特征得出关于总体的某种信息，这种从个别到一般，从事实到概括的推理方法，逻辑上称为归纳法，它是统计研究中常用的方法。通常我们所观察的只是总体的部分或有限的总体单位，而实际上我们需要判断的总体范围却是大量的，甚至是无限的。这种根据样本数据来判断总体数量特征的归纳推理方法被称为统计归纳推断法。从某种意义上说，统计所观察的资料都是一种样本资料，因而，归纳推断法被广泛地应用于统计研究的许多领域，可以说它是现代统计学的基本方法。

1.3 统计学的基本范畴

范畴是人们对客观事物的不同方面进行分析归纳而得出的基本概念。每个学科都有自己特有的范畴，统计学也不例外。统计总体和总体单位、单位标志和标志表现、变异、变量和变量值、统计指标和指标体系等都是统计学的基本范畴。

1.3.1 统计总体和总体单位

1．统计总体

（1）统计总体的概念。统计总体简称总体，是指统计调查研究的对象是客观存在的、具有某种共同性质的许多个别事物所构成的整体。例如，我们研究全国高校发展情况，“全国高校”就是统计总体。每个高校都是客观存在的，而且它们具有共同的性质，即都是高等院校，都是从事高等教育的事业单位，都是向社会提供对大学生的培养和教育服务。因而，有了这个总体，我们就可以研究全国高校的各种数量特征，如高校在校学生数、办学规模、教科研水平、教育装备、社会效益等。

（2）总体的特征。

1）大量性。大量性是指总体中包括的个体有足够多的数量。换言之，总体是由许多个体在某一相同性质基础上结合起来的整体，个别或很少几个单位不能构成总体。统计总体的特点具有大量性，这是由统计研究的对象决定的。因为统计研究的是大量客观存在现象的数量方面，是反映大量客观现象的数量特征的。所以，只有从大量客观现象之间的关联中，才能看出客观现象发展的规律性。可见，大量性是形成统计总体的充分条件。

2）同质性。同质性是指总体中的各个单位必须具有某种共同的属性或性质。只有同质性的总体，才能说明总体的综合数量特征。如果将不同性质的单位混杂在一起，就无法综合说明这些单位的数量特征。如在统计研究我国的劳动生产率时，必须将工业与农业分为两个总体，分别研究工业劳动生产率和农业劳动生产率，而不可将工业与农业混为一体来研究。因为工业和农业相比，有很多不同之处，如生产特点不同，技术水平不同，技术装备程度等也不同。所以，同质性是构成统计总体的必要条件。

3）差异性。差异性是指总体的各单位之间或多或少、或大或小存在着差异。构成同一统计总体的各个个别单位，可能在某一方面是性质相同的，但在其他方面（如工业普查中，工业企业的经济类型、行业性质、生产规模、资产总额、利税产值等方面）必定存在差异。如果构成同一统计总体的各个个别单位，在其他方面也是相同的，即同一统计总体的各个个别单位都完全一样了，那也就没有统计研究的必要了。所以说，统计总体的差异性是进行统计研究的必要条件。

（3）总体的分类（类型）。

1）总体按其容量分为有限总体和无限总体。有限总体是指总体范围明确和总体中包含的总体单位数量是有限的。如研究某地某年7岁正常男童身高，如果有5万名男童，则总体包括5万名男童，为有限总体。再如全国人口普查，尽管我国有13多亿人口，但其数量毕竟是有限的，所以是有限总体。

无限总体是指总体范围不明确和总体单位数目无限。无限总体是假想的，其个体数是无限的。例如，研究采用某药治疗某种疾病的疗效，总体为假想的包括所有使用该药治疗的病人，没有空间范围和时间范围限制，为无限总体。再如在进行科学试验时，可以把每次试验结果看做组成总体的一个个体，而试验可以反复不断地进行下去，于是这些试验结果就组成了一个无限总体。又如某工厂生产的所有灯泡所组成的总体就是一个无限总体，它包括以往生产和今后生产的灯泡，假如企业不倒闭，它将持续不断地生产出灯泡，因此，我们可以视其为无限总体。

2）总体按其范围分为大总体和小总体。总体一经研究确定，该总体就为大总体，而大总体的各组成部分（组）则称为小总体。如全国人口为大总体，各省人口则为小总体。

2. 总体单位

总体单位简称单位，是指构成总体的每个个体是总体的基本单位。根据研究目的的不同，单位可以是人、物，也可以是企业、机构、地域，甚至可以是状况、长度和时间等。例如，要研究某市的工业总产值，那么某市的工业企业是总体，这个市的每个工业企业则是单位；研究全国高校在校学生情况，全国高校在校学生是一个统计总体，而每个在校的高校学生就是一个单位。

3. 总体和单位的关系

总体与单位是相互依存、密切联系在一起的。没有单位就没有总体，单位的特征决定着总体的性质与类别。随着研究目的的不同，总体和单位是可以相互转化的，同一总体，在不同的研究目的下，既可以是总体，又可以是单位。如研究某市工业企业生产情况，某市工业企业是总体，某市每个工业企业就是一个单位；但若研究全国工业企业生产情况，则全国工业企业是一个总体，某市工业企业就是一个单位。

【小思考】

（1）在对某市中学生的近视情况进行调查时，该市所有的中学生就是总体，每个中学生就是单位，那么同质性是什么？总体时间和空间范围是什么？设想一下，如果没有规定总体范围，在总体中会出现什么问题？

（2）要研究全省的工业总产值，其总体和单位分别是什么？

（3）要研究全省粮食的亩产水平，其总体和单位分别是什么？

（4）假定某地区有670家工业企业，要研究这些企业的产品生产情况，其总体和单位各是什么？

1.3.2 单位标志和标志表现

1. 单位标志

（1）单位标志的概念。单位标志简称标志，是指总体中各单位所共同具有的属性和特征。或者说，标志是说明单位属性和特征的名称的。从不同的角度考察每个单位，可以有多种不同的特征。如把职工作为单位时，性别、民族、文化程度、工种、工资等属性或特征都是标志。再如把企业作为单位时，企业具有所有制性质、行业、职工人数、工资总额、工业总产值、实现利税等属性和特征，这些也都是标志。当然，一个具体单位的属性和特征还可能有许多，例如，有的工人嗜好抽烟，有的工人有文艺特长，但这些并不是所有工人都具备的特征，所以不能作为单位的标志。标志是个重要的概念，统计就是通过各个单位标志值的汇总综合才得到所研究现象总体的数量特征。

（2）单位标志的分类。

1）按标志是否存在差异分为不变标志和可变标志。不变标志是指所有单位具有完全相同的具体表现，如工人的性别、民族等。它是构成总体的必要条件和确定总体范围的标准。

可变标志是指所有单位具有不同的具体表现，如工人的工资、年龄等。

不变标志是总体同质性的基础，在一个总体中，至少具有一个不变标志；而可变标志即差异性则是构成总体的必要条件。

2）按标志表现的特征不同分为品质标志和数量标志。品质标志是表明单位属性方面的特征，只能用文字描述的标志。如职工的性别、文化程度、政治面貌等；企业的性质、行业等。

数量标志是表明单位数量方面的特征，用数字表示的标志。如职工的年龄、工龄、工资等；企业实现的工业总产值、利税等。

2．标志表现

（1）标志表现的概念。标志表现是指某一标志在总体各单位的具体表现。如“男”和“女”是职工性别这个标志的标志表现；“3 年”“5 年”“10 年”是职工工龄这个标志的标志表现；“民营企业”“股份制企业”是企业性质这个标志的标志表现；“300 万元”“5 000 万元”是企业实现利润这个标志的标志表现。由此可得出这样一个结论：如果说标志是统计所要调查的项目，那么标志表现则是统计调查所得的结果。单位是标志的具体承担者，标志表现则是标志的实际体现者。

（2）标志表现的分类。标志表现按表现特征分为品质标志表现和数量标志表现两种。品质标志表现只能用文字来描述和表现。如职业是品质标志，它的标志表现则具体表现为工人、教师、农民、医生等；再如企业所属行业也是品质标志，它的标志表现则为轻工业、重工业、机械、化工等。数量标志表现可以用数值来表示或表现，亦称标志值。如职工的工资是数量标志，它的标志表现为 500 元、700 元、1 000 元等。企业生产的产量是数量标志，它的标志表现为 1 000 件、10 000 件等。

以上介绍了总体、单位、标志等概念，但应该指出的是，总体、单位、标志的概念都是随着研究目的的变动而变动的，不是固定的。例如，当我们研究某部门企业规模时，该部门所有的企业构成总体，每个企业是单位，各企业的工人人数是标志；当研究该部门工人技术状况和劳动生产率水平时，该部门全体工人构成总体，每个工人是单位，工人人数是总体单位数，那么在此它不是标志了。

1.3.3 变异、变量和变量值

1．变异

（1）变异的概念。可变标志的属性或特征由一种状态变为另一种状态，即标志的具体表现在总体各单位间的差别，统计上称为变异。如人口的性别标志可以表现为男和女；年龄标志可以表现为 30 岁、40 岁、50 岁等。这种差别就叫变异。同质是构成总体的条件，而变异是普遍存在的，它是统计研究的基础和前提。没有变异就没有统计。

（2）变异的分类。变异按其表现特征不同分为属性变异和数量变异两类。属性变异是指单位在属性方面表现出来的差异特征，如职工的性别有男女之分；职工的文化程度有高中、中专、大学、研究生之分；企业的性质有全民、集体、合资、民营之分等。数量变异是指单位在数值方面表现出来的差异特征，如职工的年龄有 20 岁、30 岁、40 岁之分等；企业实现的利税有 10 万元、20 万元、200 万元之分等；学生成绩有 60 分、80 分、100 分之分等。

2．变量和变量值

（1）变量和变量值的概念。可变的数量标志称为变量。如工业普查中的工业企业职工人数，资金总额等都是变量。变量的具体表现称为变量值，又称标志值。如某企业职工人数为 1 836 人，实现工业总产值为 1 329 万元等都是变量值。如果把统计调查来的各个变量值按大小顺序排列起来，则形成的数列称为变量数列。

（2）变量和变量值的分类。

1）变量按其数值形式的不同分为连续型变量和离散型变量。连续型变量是用测量、计量的方法取得的，数值可以作无限分割，既可以用整数来表示，也可以用小数来表示的变量。如人的身高、体重；工业企业实现的工业总产值、利润；农业实现的粮食亩产量、农业总产值等。

离散型变量是用计数的方法取得，数值可以一一列举，只能用整数表示的变量。如企业的个数、企业的职工人数、企业的机器台数、在校学生人数等。

在某些特殊场合，连续变量可作离散化处理，如人的年龄，我们通常把年龄分为 0 岁、1 岁、2 岁、3 岁、5 岁、15 岁、25 岁、55 岁……但其正确的含义应该是“0”表示不满 1 岁，“1”表示满 1 岁而不满 2 岁，依次类推。众所周知，这是我们国家约定俗成的一个特例。

2）变量按其性质不同分为确定性变量和随机性变量。确定性变量是指变量值的变动受某种决定性因素的影响，使该变量沿着一定的方向呈上升或下降的趋势。如劳动生产率随着技术的进步不断地增长；工人的工资随着经济的发展和物价的变化而不断提高；但企业产品成本却随着技术的进步和工人操作水平的提高而不断下降。

随机性变量是指变量值的变动受偶然因素的影响，没有一定的变化方向，带有偶然性，一般围绕某一稳定值上下波动，如工业企业生产的产品质量、农作物的产量等。

【小思考】

（1）三个学生的学习成绩不同，这三个成绩分数是三个变量，请问此说法是否正确？

（2）下列各项中，属于连续型变量的有（　　）。

① 总人口数　② 学生的体重　③ 财政税费
④ 汽车产量　⑤ 设备台数　⑥ 商品销售额
⑦ 全国有线电视用户户数

1.3.4 统计指标和指标体系

1．统计指标

（1）统计指标的概念。统计指标简称指标，反映总体数量特征的概念和数值，是对在现实生活中大量存在的、反复出现的具体社会经济现象的某些共同点加以概括所形成的基本概念。以工业企业为例，有的工厂炼铁，有的工厂造纸，有的工厂纺纱织布，有的工厂生产机器，各种各样，千差万别。但它们的生产活动也有许多共同的特征，即它们都向社会提供产品，创造价值，生产时都需要资金并消耗成本，而且企业还要有利润。所以，产量、资金、成本、利润、价格等成为企业共同的数量特征。人们就把这类共同的数量特征当做统计指标。

（2）统计指标的特点。

1）数量性。任何统计指标都可以用数值来表示，没有不用数值表示的统计指标。统计指标是社会经济范畴，但并不是任何社会经济范畴都可以作为统计指标，因为不是所有的范畴都能够用数量来表现。例如，所有制、生产关系、政治思想觉悟、艺术价值等，虽然都是重要的社会经济范畴，但是因为它们不能直接表现为数量，因而就不能称为统计指标。正是指标的数量属性使得统计研究可以使用大量的数学方法和计算技术。统计指标在总体某一数量上的具体体现，称为指标值。如2007年我国农民人均纯收入为4 140元，这里的4 140元就是指标值。

2）综合性。统计指标是说明总体特征的，是对总体各单位标志表现的综合结果。统计指标具有综合的性质，这一点又与统计标志有所不同，统计标志说明单位属性，一般不具有综合的特征。例如，个人的年龄、个人的工资，不叫统计指标，而许多人的平均年龄、许多人的工资总额和平均工资才叫统计指标。所以，判断一个社会经济范畴是统计指标还是统计标志，要看它是否经过数量上的综合。但由于总体、单位、标志是相对的概念，同一个范畴在一个场合可能被当做指标，而在另一场合又可能被当做标志。例如，全县以乡为单位组成总体，各乡的播种面积就是统计标志，全县的总播种面积就是统计指标，因为它综合了各乡的播种面积。但若以村为单位组成全乡总体，那么全乡的播种面积又成了统计指标，因为它综合各村的播种面积。但统计指标的数值来源于数量标志表现。

3）具体性。具体相对于抽象而言，即任何指标数值都反映所研究现象在具体时间、地点、条件下的规模及水平。

（3）统计指标的构成要素。一项完整的统计指标必须由如下六要素构成，即指标名称，指标的数值，指标的时间、空间限制，指标的计量单位和指标的计算方法。如2007年全国国内生产总值为24.66万亿元，这里的“国内生产总值”为指标名称，“24.66”为指标数值，“2007年全国”为指标的时间和空间限制，“万亿元”为指标的计量单位，国内生产总值是通过一定的统计方法计算得出的。这样我们就对全国国内生产总值有了一个完整的概念。有时习惯上在统计设计阶段把调查项目名称叫做统计指标，而在调查汇总之后又把指标数值叫做统计指标，不过这都不影响统计指标构成的完整性。

（4）统计指标的分类。

1）统计指标按总体现象的内容（数量特点）分为数量指标和质量指标。数量指标是用来说明总体现象的规模大小、数量多少的指标，反映现象的绝对水平。如人口数量、在校学生人数、企业个数、企业实现利润总额等。

质量指标是用来说明现象的水平高低、质量好坏的指标，反映现象的相对水平和平均水平。如企业平均工资、企业工人劳动生产率、商品的价格等。

2）统计指标按数值的形式不同分为绝对数（总量）指标、相对数指标和平均数指标。总量指标是反映现象总体规模的统计指标，它表明现象总体发展的总成果，其数值表现为绝对数。如总人口、国内生产总值等都是总量指标。总量指标也就是数量指标。

相对指标是两个有联系的总量指标或平均指标相对比的结果，其数值表现是相对数，如人口增长率、成本降低率等。

平均指标是按某个数量标志说明总体单位一般水平的统计指标，其数值表现为平均数，如平均工资、平均分数等。

【小思考】

（1）某高职院校在校生共8 000人。若要研究该校在校生规模是否适度，那么，“在校生8 000人”是（　　）。

① 指标　② 变量　③ 标志　④ 标志值

（2）下列各项中，（　　）属于统计指标。

① 我国2012年国民生产总值

② 某同学某学期平均成绩

③ 某地区出生人口总数

④ 某企业全部工人生产某种产品的人均产量

⑤ 某职工全年工作总额

2. 统计指标体系

（1）统计指标体系的概念。统计指标体系是各种相互联系的统计指标群体所构成的整体，用来说明所研究的社会经济各方面相互依存和相互制约的关系。一个统计指标只反映现象的某个特征，说明现象某一方面的情况，如果要客观、全面地反映现象各方面的联系，就必须设立指标体系。如工业企业是人力、物力、财力、供应、生产、销售等相互联系的整体活动，为了反映工业企业生产经营的全过程，就应该设立产品质量（合格率、返修率）、工业总产值、职工人数、工资总额、工人劳动生产率、原材料、固定资产、资金及有关供应、生产、销售等财务指标组成的工业企业指标体系，这样才能反映公司的经营全貌。又如，为了反映商品流转情况，必须设立由商品购进总额、商品销售总额、期末库存总额等构成的指标体系。

（2）统计指标体系的分类。

1）统计指标体系按研究问题范围的大小分为宏观统计指标体系和微观统计指标体系。宏观统计指标体系是从宏观方面反映社会经济现象的总体规模发展水平的指标体系。如2007年我国的职工人数、固定资产投资额、国内生产总值等构成我国国民经济指标体系。

微观统计指标体系是从微观方面反映社会经济现象的总体规模发展水平的指标体系。如工业企业产品实物量、工业总产量、工业总产值、工业增加值、劳动生产率等组成的工业企业统计指标体系。这一分类有它的相对性。

2）统计指标体系按反映的内容不同分为基本统计指标体系和专题统计指标体系。基本统计指标体系是用来反映社会经济现象总体的全面情况的指标体系，包括反映整个国民经济和社会发展情况的统计指标体系、各地区和各部门的统计指标体系、基层统计指标体系。例如，全面反映工业企业供应、生产、销售、人、财、物情况的工业企业统计指标体系等，专题统计指标体系是针对某一经济现象或社会问题而专门制定的专项指标体系，如反映工业企业劳动生产率、合格率、返修率、销售利润率、资金利润率的工业企业经济效益统计指标体系等。

表1-1的内容是2008年由国家统计局和原中华人民共和国国家计划委员会联合制定的全国人民小康生活水平的评价指标体系。对指标和指标体系的设计是统计设计阶段的核心内容之一。

表1-1　全国人民小康生活水平评价指标体系

总目标层	分目标层	细目标层	指 标 层
全国人民小康生活水平	经济水平		① 人均国内生产总值
	物质生活水平	（1）人均收入水平	② 城镇居民人均可支配收入
			③ 农村居民人均纯收入
		（2）居住面积	④ 城镇人均住房使用面积
			⑤ 农村居民人均钢砖木结构住房面积
		（3）营养状况	⑥ 人均蛋白质摄入量
		（4）交通状况	⑦ 城市每万人拥有铺路面积
			⑧ 农村通公路行政村比重
		（5）消费结构	⑨ 恩格尔系数
	人口素质	（1）文化	⑩ 成人识字率
		（2）健康	⑪ 人均预期寿命
			⑫ 婴儿死亡率
	精神生活水平		⑬ 教育娱乐支出比重
			⑭ 电视机普及率
	生活环境水平		⑮ 森林覆盖率
			⑯ 农村初级卫生健康保健基本合格县百分比

【小思考】

（1）“用一个指标就可以反映总体的全面情况”，此说法是否正确？

（2）试设计一个反映本班学习方面基本情况的指标体系。

职业知识检测

一、单项选择题

1．统计总体同时具备（　　）三个特性。

① 同质性、大量性、差异性　　② 数量性、综合性、具体性

③ 同质性、变异性、大量性 ④ 数量性、具体性、可比性

2．就一次统计活动来讲，一个完整的过程包括的阶段有（ ）。

① 统计调查、统计整理、统计分析、统计决策

② 统计调查、统计整理、统计分析、统计预测

③ 统计设计、统计调查、统计审核、统计分析

④ 统计设计、统计调查、统计整理、统计分析

3．统计学的基本方法包括（ ）。

① 调查方法、整理方法、分析方法 ② 调查方法、汇总方法、预测方法

③ 大量观察法、分组法、综合指标法 ④ 相对数法、平均数法、指数法

4．构成总体的个别事物称为（ ）。

① 调查单位 ② 总体单位 ③ 调查对象 ④ 填报单位

5．对某市100家企业全部职工的工资状况进行调查，则总体单位是（ ）。

① 每个企业 ② 每个职工

③ 每个企业的工资总额 ④ 每个职工的工资水平

6．职工调查中，职工的工资是（ ）。

① 连续变量 ② 离散变量 ③ 随机变量 ④ 连续变量值

7．变量是指（ ）。

① 标志值 ② 品质标志

③ 标志和指标 ④ 可变的数量标志

8．在全国人口普查中（ ）。

① 男性是品质标志 ② 人的年龄是变量

③ 人口的平均寿命是数量标志 ④ 全国人口是统计指标

9．下列属于数量标志的是（ ）。

① 职工的工龄 ② 职工的性别 ③ 职工的政治面貌 ④ 职工的籍贯

10．一个统计总体（ ）。

① 只能有一个标志 ② 只能有一个指标

③ 可以有多个标志 ④ 可以有多个指标

11．要了解40名学生的学习情况，则总体单位是（ ）。

① 40名学生 ② 每名学生

③ 40名学生的学习成绩 ④ 每名学生的学习成绩

12．某地区有600家工业企业，要研究这些企业的产品生产情况，则总体单位是（ ）。

① 每个工业企业 ② 600家工业产品

③ 每件产品 ④ 全部工业产品

13．某工人月工资为2 000元，则2 000元是（ ）。

① 品质标志 ② 质量指标 ③ 数量标志 ④ 标志值

14．指标是说明总体特征的，标志是说明总体单位特征的，（ ）。

① 标志和指标之间的关系是固定不变的　② 标志和指标之间的关系是可以变化的
③ 标志和指标都可以用数值表示　④ 只有指标才可以用数值表示

15．统计指标的特点是（　　）。
① 数量性、综合性、具体性　② 准确性、及时性、全面性
③ 大量性、同质性、差异性　④ 科学性、客观性、社会性

16．要了解某地区工业企业职工情况，下面哪一个是统计指标（　　）。
① 该地区每名职工的工资额　② 该地区职工的文化程度
③ 该地区职工的工资总额　④ 该地区职工从事的工种

17．某机床厂要统计该企业的自动化机床的产量和产值，上述两个变量（　　）。
① 均为离散变量　② 均为连续变量
③ 前者为连续变量，后者为离散变量　④ 前者为离散变量，后者为连续变量

18．某学院2012级全部大学生的平均年龄为19岁，这是（　　）。
① 数量标志　② 数量指标　③ 品质标志　④ 质量指标

19．统计指标体系是由（　　）。
① 若干个独立的统计指标组成的相互依存的整体
② 若干个相互联系、相互制约的统计指标组成的整体
③ 一系列相互制约的统计指标组成的整体
④ 一系列互为因果关系的统计指标组成的整体

二、填空题

1．变量按其数值是否连续，可分为______变量和______变量。

2．统计工作与统计资料是______关系，统计学与统计工作是______关系。

3．标志按其特征不同，可以分为______和______。

4．从标志的角度讲，变量是指可变的______。变量的具体表现称为______。

5．统计指标反映总体的______。

6．总体所包括的单位数可以是有限的，称为______，也可以是无限的，称为______。

7．一个完整的统计工作过程可以分为四个主要阶段，即______、______、______和______。

三、判断题

1．在全国工业普查中，全国工业企业数是统计总体，每个工业企业是总体单位。（　　）

2．统计着眼于事物的整体，不考虑个别事物的数量特征。（　　）

3．社会经济统计学是一门实质性科学。（　　）

4．某同学某学期平均成绩属于统计指标。（　　）

5．在工业总产值这个总体下，单位总产值就是总体单位。（　　）

6．在全部固定资产这一总体下，每个固定资产的价值就是总体单位。（　　）

7．办公室有5位职员，年龄分别是24岁、29岁、28岁、35岁、44岁，这些年龄是5个数量标志或5个变量。（　　）

8．数量指标可以用数值表示，质量指标不能用数值表示。（　　）

9．女性是品质标志。(　　)

10．只有对数量标志的标志表现进行汇总才能形成统计指标。(　　)

职业技能训练

四、简答题

1．怎样理解统计的不同含义？它们之间构成了哪些关系？

2．统计学的研究对象是什么？有人认为统计学的研究对象是统计工作，而统计工作的研究对象才是客观现象的数量方面，你的看法是什么？

3．统计指标与标志的区别与联系是什么？

4．品质标志和数量标志有何区别？

5．怎样理解统计学是一门认识方法论的科学？

五、列出下表中各总体的总体单位、数量标志（两个）、品质标志（两个）

总　体	总体单位	数量标志	品质标志
大学生			
公司全体员工			
7月生产的汽车			
暑假销售的计算机			
上年发生的交通事故			
商业网点			
手机			
旅游景点			

六、分析题

下面是社会经济生活中常用的统计指标：轿车生产总量、旅游收入、经济发展速度、人口出生率、安置再就业人数、城镇居民人均可支配收入、恩格尔系数。

上述这些指标中，哪些是数量指标，哪些是质量指标？怎样区分数量指标与质量指标？

七、案例题

河北省城调队2010年从全省范围内抽取了不同收入、行业、职业、文化程度的5 550户城镇居民进行调查研究。本次调查历时半年之久。结果显示，科研技术服务行业人员对5年来的总体生活质量评价最高，尤其是年龄越低的居民对总体生活水平的评价越高。

在生活质量评价方面，调查结果显示，四成以上的科研技术服务行业从业人员和硕士以上高学历人员认为总体上水平高于5年前，对总体生活质量评价最高。另外，超过36%的单位或部门负责人由于在收入水平、金融资产、消费水平和社会地位等方面高于其他人，所以，他们对生活质量的总体评价也较高。

在经济收入评价方面，高收入阶层（城镇住户年收入在8万元以上）对5年来经济收入的变化评价最高，四成多的中等收入居民认为 5 年来的经济收入下降，其中尤其是户均收入在 2 000 元以下的居民中有 43.2%的人认为收入下降很多。

除此之外，调查显示，年龄低的居民对总体生活水平的评价却在提高。30 岁以下的人认为生活质量提高的比例为 30.2%，60 岁以上的仅有 17.3%。

分析说明上述案例中什么是总体？什么是变量？

阅读资料

改革开放 30 多年来，我国人民生活水平有哪些显著提高？这一问题可以从不同的角度来说明，但效果却是不一样的。

角度一：改革开放 30 多年来，人民的生活总体上达到了小康水平。这 30 多年是我国城乡居民收入增长最快，得到实惠最多的时期。改革开放以来，全国城镇居民的收入增加很快，农民的收入水平也有较快的增长，城市和农村居民的住房面积也都有了一定的增加。各方面都很好，都比以前有了明显提高。改革开放前长期困扰我们的短缺经济状况已经从根本上得到改变。

角度二：改革开放 30 多年来，人民的生活总体上达到了小康水平。这 30 多年是我国城乡居民收入增长最快，得到实惠最多的时期。从 1978 年到 2007 年，全国城镇居民人均可支配收入由 343 元增加到 13 786 元，实际增长 39 倍；农民人均纯收入由 134 元增加到 4 140 元，实际增长 30 倍；农村贫困人口从 2.5 亿人减少到 1 400 多万人。城市人均住宅建筑面积和农村人均住房面积成倍增加。群众家庭财产普遍增多，吃穿住行用水平明显提高。改革开放前长期困扰我们的短缺经济状况已经从根本上得到改变。

第 2 章

统计数据收集

学习目标

- ☑ 了解统计数据收集的意义、资料的来源及质量要求；
- ☑ 掌握统计调查方案的相关内容；
- ☑ 在实践中能够正确应用统计调查的种类、组织形式和方法。

2.1　统计数据收集概述

2.1.1　统计数据收集的意义和任务

统计数据收集是指按照预定的统计任务，运用科学的统计方法，有计划、有组织地向客观实际收集数据资料的过程。从统计工作的整个过程来看，数据收集是获得感性认识的阶段，它既是对现象总体认识的开始，也是进行统计整理和分析的基础环节。

统计数据收集的基本任务是：按照所确定的指标体系，通过具体的数据收集方法，取得反映社会经济现象总体全部或部分单位以数字资料为主体的信息。这些信息是总体或单位有关标志的标志表现，是尚待整理、缺乏系统性的原始资料，或别人有过初步整理，还必须进一步系统化的次级资料。

2.1.2　统计数据资料的来源

统计的研究对象是现象总体的数量方面。统计是通过一系列数据收集、整理和分析工作，从数量上描述现象总体的特征和规律的。因此，统计研究离不开数据。数据收集是数据整理、分析的前提，如何取得客观准确的统计数据是统计研究的重要内容之一。对于统计数据的使用者而言，其来源主要有两个途径：一是来源于对调查单位的直接调查或实验，这是统计数据的直接来源，所收集到的数据称为直接数据或第一手资料；二是来源于别人加工、整理过的统计数据，这是统计数据的间接来源，所收集到的数据称为间接数据或第二手资料。

（1）直接来源。统计数据的直接来源主要有调查或观察、实验两个渠道。调查是取得社会经济统计数据的主要手段，包括统计部门进行的统计调查、其他部门或机构为特定目的而进行的专门调查等。实验是取得自然科学数据的主要手段。本章主要介绍通过统计调查取得社会经济数据的方式方法。

统计调查是取得社会经济数据的主要来源，也是获得直接统计数据的重要手段。统计调查是根据统计研究的目的和要求，运用科学的调查方法，有计划、有组织地向调查单位收集统计数据资料的过程。统计调查是整个统计研究工作的基础，统计数据的整理和分析都是在统计调查的基础上进行的。

（2）间接来源。如果调查人员不是直接进行调查或实验得到第一手资料，而是通过其他渠道使用他人的调查成果，则称为统计数据资料的间接来源，所收集的数据资料称为第二手资料。这些第二手资料在多数情况下是见诸于各种媒体的有关数据资料。这些媒体包括各种报纸杂志、图书文献、广播电视等，如国家统计局出版的《中国统计年鉴》、《中国人口统计年鉴》，各地区出版的地方统计年鉴等。另外，互联网的高速发展，也为我们收集资料提供了便利条件。我们可以利用互联网方便快捷地收集到所需的各种公开数据资料。此外，还可以通过其他一些渠道获取尚未公开的第二手数据资料。

2.1.3 统计数据资料的质量要求

对于第一手资料的质量要求一般包括下列三个方面：准确性、完整性、及时性。

（1）准确性。准确性就是要求尽量减少登记性误差。在收集到数据资料后，我们通常可以采取逻辑检查和计算检查的方法对数据进行检查。逻辑检查就是通过资料的逻辑关系来检查所收集到的数据资料内容是否合理，项目之间是否相互矛盾，数字之间是否平衡等。计算检查就是通过各种数字运算来检查各项数据的计算口径、计算方法是否合理一致，计算结果是否正确等。

（2）完整性。完整性顾名思义就是要求数据齐全，无所遗漏。我们可以通过查对统计数据资料是否齐全，有无缺报、漏报，是否达到了规定的份数等对数据的完整性进行检查。

（3）及时性。及时性就是要求在规定的时间内获取所需的数据。我们可以通过检查是否在规定的调查时限内完成了收集和上报统计数据任务的方法来检查数据的及时性。任何调查都应在保证质量的前提下尽量缩短调查时限。

在使用第二手资料时应注意以下问题：① 要对收集的数据资料进行有效地取舍，即根据调查目的和要求，考虑哪些资料可用，哪些不适用，哪些资料还需要加工处理等。② 要考虑数据资料的可靠性和权威性，我们可以从时代背景、调查人员的知名度和权威性、采取的调查方式方法是否恰当等方面，判断统计数据的可靠性和权威性。③ 要注意进行再加工，次级资料往往在统计口径、总体范围、计算方法、计量单位等方面不是很一致，这就需要加以适当调整、重新整理或重新计算，以使其达到当前统计研究的要求。

【小思考】

（1）网上信息收集常用的搜索引擎有哪些？

（2）统计调查资料的准确性是统计工作的生命线，这句话你如何理解？

2.2 统计调查方案的设计

统计调查是一项复杂、严格、高度统一的工作，应该有计划、有组织地进行。为了在调查过程中统一认识、统一内容、统一方法、统一步骤，确保调查质量，在调查前需制定一个严谨周密的调查方案。调查方案是统计设计在调查阶段的具体化，主要包括调查目的、调查对象和调查单位、调查项目、调查表、调查时间和时限、调查的组织实施计划。

1. 确定调查目的

制定调查方案，首要的前提是确定调查的目的和任务，明确进行调查所要解决的问题。目的不同，其调查的内容和范围就不同。只有目的明确，才能进一步确定向谁调查，调查什么，以及用什么方法调查等。如果目的不明确，就必然会出现调查得来的资料可能不需要，而实际上需要了解的情况又没有调查到的现象，以致影响对事物的认识和判断。调查目的和任务要根据经济发展的需要，结合调查对象本身的特点来解决。例如，我国第一次全国城镇普查的目的是查清全国城镇房屋的数量、质量及占有使用等基本情况，查清职工的居住状况，为有计划地进行住宅建设，搞好房地产管理提供可靠依据，更好地促进社会主义现代化建设。又如，2004年开展的第一次全国经济普查的目的是全面掌握我国第二产业、第三产业的发展规模、结构和效益等情况，以便建立、健全基本单位名录库及数据库系统，为研究、制定国民经济和社会发展规划，提高决策和管理水平奠定稳固的基础。

2. 确定调查对象和调查单位

确定调查对象和调查单位，是为了明确回答向谁调查，向谁具体索取资料的问题。调查对象就是统计总体，调查单位就是总体单位，是要进行调查登记的标志的承担者。调查对象和调查单位应依据调查的目的而确定。例如，要研究某校全体大学生的学习情况，则该校全体大学生是调查对象，每个大学生则是调查单位；要研究某企业机器设备的使用情况，则该企业全部机器设备是调查对象，每台机器设备是调查单位。又如，人口普查，其调查对象是所有具有中华人民共和国国籍并在中华人民共和国境内居住的人，调查单位是每个人；第一次全国城镇房屋普查的对象是城市、县城（镇）和独立工矿范围内的全部房屋，调查单位就是上述范围内的每套房屋；第一次经济普查对象是中华人民共和国境内从事第二、第三产业活动的全部法人单位、产业活动单位和个体经营户，那么调查单位就是上述范围内的每个单位和个体经营户。

与此同时，在确定调查对象和调查单位时，还要确定具体的填报单位，就是负责上报调查资料的单位，一般是基层企业、事业组织，它也是调查对象的组成要素之一。调查单位和填报单位有时一致，有时不一致，应正确加以区分。如上例中，全体大学生是调查对象，每个大学生是调查单位，但同时每个大学生也是填报单位，这时调查单位和填报单位两者是一致的。而当某企业的全部设备是调查对象，每台设备是调查单位时，这个企业就是填报单位了。又如，在普查某种水果树的种植时，调查单位是每单株果树，而填报单位则是农户或农场等农业生产单位。显而易见，这种调查的调查单位和填报单位是不一致的。再如，当我们调查国有工业企业的产品产量、成本、利税等情况时，调查单位与填报单位又是一致的。

这里需要指出的是，正确地确定调查单位具有十分重要的意义，因为它不仅能保证对被研究对象统计的完整性和准确性，而且还关系到调查结果资料整理的正确性。不难想象，在调查研究工厂生产情况时，我们若搞不清楚最普通的工厂概念，自然就无法统计工厂的确切数字，更不能对各工厂的产量等资料的收集有所作为，当然更谈不上开展统计下一阶段的工作了。

3．确定调查项目，设计调查表

调查项目就是向调查单位调查的具体内容，所解决的是“调查什么”的问题。调查项目通常是一系列需要调查的各种统计标志，或者说是在调查过程中要获得答案的各种问题的清单，它是调查单位所具有的属性和特征，由调查目的和任务以及调查对象的性质和特点来决定。例如，经济普查的主要内容包括单位的基本属性、从业人员、财务状况、生产经营状况、生产能力、原材料和能源消耗等情况。

制定调查项目意义重大，直接决定着调查工作的成败。当制定调查项目时，以下几方面的问题值得注意。

（1）必须以调查目的为依据，以够用为原则，力求少而精。

（2）所选项目必须能够取得确切的资料，否则应舍弃。

（3）所有项目之间应该有一个严密的逻辑结构，尽可能做到相互联系、彼此衔接，以便从整体上了解各项目之间的关系，同时也便于检查和核对调查结果。

（4）调查项目的含义要明确，避免产生歧义，必要时可以附上调查项目的说明。

（5）确定调查项目时，还应考虑与过去同类调查项目的衔接，以便进行动态的对比分析，研究现象发展变化的规律。

制定调查项目是一件非常复杂的事情。制定者对调查对象及其特征应有非常深刻的认识，因此，调查项目应该由熟悉被研究对象本质的调查人员集体制定，反复讨论，从而达成共识。只有这样，调查项目才能与实际相符，才能适应客观情况的变化，经得起实践的考验。

调查项目确定之后就要进一步使用调查表。将调查项目按一定的顺序排列形成的表格就是调查表。调查表是调查项目的具体化、标准化，是收集原始数据的主要工具。使用调查表极大地方便了下一阶段的统计整理工作。

调查表一般有单一表和一览表两种形式。单一表是一个调查单位填写一份，有多少调查单位就有多少份表格，它可以容纳较多的调查项目。例如，经济普查曾设置法人单位调查表、产业活动单位调查表和个体经营调查表等。一览表是把多个调查单位填列在一张表上，适合登记项目较少，且可以对若干个单位进行集中登记的情况，便于合计汇总和核对差错。但在项目很多的情况下，一览表并不适用，因为这样势必会使调查表篇幅过于庞大。

一个问题的调查不限于只使用一张表，可以视调查对象的不同和调查内容的多少，由若干张表组成。

4．明确调查时间和调查时限

调查方案中还应明确“什么时间调查”的问题。统计调查涉及调查时间与调查时限两个时间概念。

调查时间是调查数据本身所属的时间。若调查的是时期现象，则调查时间就是统计数据所反映的起止日期；若调查的是时点现象，则调查时间就是统一规定的标准时间，也称标准时点。调查时限是进行调查工作的期限，包括收集数据和报送数据所需的时间。例如，我国第六次全国人口普查，标准时点为2010年11月1日零时，调查时限为2010年11月1日至15日这15天。又如，某主管部门规定所属单位在2013年1月31日前呈报2012年经济活动成果，则调查时间为2012年一年，调查时限为一个月。

5．制定调查的组织实施计划

调查的组织实施计划是统计调查工作能否顺利进行的保证。因此，在实际的统计调查工作开始之前，要制定出详细周密的调查工作计划。一般来说，调查的组织实施计划的具体内容主要包括调查人员的选择、组织和培训；调查表格、问卷、调查员手册的印刷；必要调查工具的准备；调查经费的来源和开支预算；调查的方式方法等。这里重点谈一下统计调查方式。统计调查方式是指组织收集原始资料的形式，如普查、统计报表、抽样调查等方式。统计调查方法即调查人员向调查对象收集数据答案的方法，主要包括访问调查、邮寄调查、电话调查、计算机辅助调查等。例如，我国第一次经济普查规定对法人单位、产业活动单位采用普查的方式，而对个体经营户则采用普查辅以典型调查等方式；具体收集数据一律采取访问调查法。下面是西安市度假村的一份市场调查方案，读者阅读后，可根据实际情况自己制定出一份调查方案。

【实例】西安市度假村市场调查方案

1．研究目的

本次市场调查的目的是为陕西某集团鲸鱼沟度假村开发项目提供市场分析的基本资料，以帮助其在该项目的市场定位和市场经营策略方面做出正确抉择。

需要调查研究的具体内容通常包括以下几个方面。

（1）西安市度假村的基本情况，包括度假村的数量、规模、分布、高中低档次结构、客房出租率、经济效益情况。

（2）各层次度假村的典型调查。其调查内容包括各度假村的设计接待能力、实际接待能力、服务设施、服务功能、不同时间段（周一至周四，周五至周日）的客源结构、客房出租率、出租价格及其变化等。

（3）西安市消费者的收入状况和消费结构、度假消费状况、消费者对目前西安市度假村的评价及要求。

（4）西安市集团度假消费状况。

2．研究方法

本次研究包括度假村调查、消费者调查、集团消费调查三个方面。度假村的调查范围为西安市区和长安县；消费者调查和集团消费调查的范围是西安市区内的企事业单位和城市居民户。

（1）度假村调查。该调查的目的是取得度假村的现状资料。调查对象主要是度假村，其次还要通过有关管理机构获取一些现成的资料。调查方法采用面谈和案头调查法，并按照典型调查方法，在不同规模、不同层次的度假村中分别选择两个调查对象（按照大、中、小规模分：共选 6 个），对其经营状况进行深入的调查。

（2）消费者调查。由于去度假村休假的消费者主要是城市居民，因此，调查总体包括西安市六大区非农居民，其具体范围是新城区、碑林区、莲湖区、雁塔区的小寨路街道办、灞桥区的纺织城街道办等地区居民。合计调查总体数为 46.3 万户。针对总体庞大的特点，我们决定采用随机抽样的方法选择调查对象。根据有限总体所需样本经验数据表查得，可靠性水平为小于 50 万户，故样本数确定为 380 个。

根据本次调查内容要求，应采用分群分层相结合的抽样设计方法。首先在以上调查总体中按随机方法抽取居委会，然后以家庭收入的高低分层，并根据各层居民户占总体比例分配样本，再用等距抽样法在选中的居委会中抽取入户调查对象。

（3）集团消费调查。度假村客流的主要来源是集团消费。由于不同行业、不同规模、不同所有制的团体组织，其集团消费的内容和方式不同，因此，对集团消费调查应采用相互交叉配额抽样方法，按照各行业、各种规模、各种团体组织的比例分配样本数。由于考虑到集团消费尽管有差异，但与消费者市场相比较，模仿消费、攀比消费现象毕竟较为普遍，同一类型团体组织的消费相似性也较强，故按照每个类型团体组织分配 1～2 个样本计，样本总数确定为 40 个，并采用面谈访问法进行调查。

3．调查时间

本次调查从 4 月 30 日开始，到 9 月 30 日结束，共计 5 个月，具体时间安排略。

4．费用预算（见表 2-1）

表 2-1　费用预算

序　号	项　目	金额（元）	备　注
1	方案设计费	4 000.00	
2	选样费	4 000.00	
3	问卷印制费	1 170.00	
4	度假村调查费	3 000.00	
5	集团调查费	4 800.00	
6	消费者调查费	2 000.00	
7	小礼品	1 200.00	
8	交际费	1 000.00	
9	上机处理费	3 000.00	
10	调查报告费	5 000.00	
合　计		29 170.00	

【小思考】

（1）统计调查首先要明确的问题是什么？

（2）调查对象、调查单位与总体和单位有何关系？谁是调查项目的承担者？

（3）调查表中是单一表还是一览表容纳的调查项目多？

（4）调查时间与调查时限的区别是什么？调查什么现象需要规定起止时间，什么现象需要规定标准时点？

2.3 统计调查的种类、组织形式及数据资料的收集方法

2.3.1 统计调查的种类

（1）按调查对象的范围不同，统计调查可分为全面调查和非全面调查。全面调查，是指对调查对象所包含的所有单位无一遗漏地进行调查。例如，人口调查，就是对全国人口无一遗漏地进行调查登记；某地区污染源普查，就是对该地区所有可能造成污染的企业或项目逐一地进行检查和登记。全面调查得到的是所有调查单位的资料，经简单汇总整理就可以得到反映现象总体基本特征的数据资料，但全面调查费时费力，并且容易出现较大的登记误差。因此，这种调查方式适用于有限总体中总体单位相对较少，或者是有特殊需要的情况。

非全面调查，是指对调查对象中的部分单位进行调查。例如，某市将2013年作为干部作风建设年，在全市居民中只随机调查部分居民对机关干部工作作风的意见；质检部门对企业产品质量进行抽查等。与全面调查相比，很显然，非全面调查的调查单位较少，因而能够用较短的时间和较少的人力、财力获取深入、细致的资料。抽样调查、重点调查、典型调查都属于非全面调查。

（2）按调查登记的时间是否连续，统计调查可分为连续调查和不连续调查。连续调查又称经常性调查，是指在现象发展变化的过程中对所有变动进行连续不断地跟踪登记的一种调查方式，其目的是获取一定时期内现象发展变化的总量。连续调查主要适用于对时期现象数据资料的收集，如对工业生产过程中的原材料投入、动力消耗、产品产量等进行的登记调查。

不连续调查又称一次性调查，是指对现象在某一时刻上发展状态进行一次性登记的调查方式，目的是了解现象在某一时点上的状态。不连续调查主要适用于对时点现象数据资料的收集，如对人口数量、牲畜存栏数、企业库存等进行的登记。

（3）按调查的组织形式不同，统计调查可分为统计报表和专门调查。统计报表是按照统一规定的表式及报送程序，自下而上逐级上报统计资料的一种调查方式，一般采用定期报表形式。专门调查是为了研究某些特定问题而专门组织的调查，如普查、抽样调查、重点调查、典型调查等。

【小思考】

（1）统计的研究对象是社会经济现象总体的数量方面，而进行非全面调查与统计的研究对象矛盾吗？

（2）对于时期现象就要进行连续调查，对于时点现象就要进行不连续调查，你能分别举出一些时期现象和时点现象的例子吗？

2.3.2 统计调查的组织形式

我国统计调查方法体系改革的目标是建立以必要的周期性普查为基础，以经常性的抽样调查为主体，以重点调查、科学核算等为补充的多种方法综合运用的统计调查方法体系。

我国现行的以全面调查为主的统计调查方法体系，是按照高度集中的计划经济体制和分级管理的要求逐步建立起来的。随着改革开放的不断深入，我国的三资企业、私营经济、个体经济等多种经济成分迅速发展，给现行的统计调查工作带来了许多新的问题与挑战。一方面，统计调查对象的规模迅猛扩展，另一方面，统计调查对象的构成日趋复杂，不仅多种经济成分同时并存，而且国有经济中还出现了承包经营、租赁经营等多种经营形式，特别是随着现代企业制度的建立和产权的流动与重组，不同所有制的经济主体投资于同一企业的状况日趋扩大，混合所有制的经济单位越来越多。由于利益格局的变化很大，调查对象对统计调查的合作与支持程度降低，统计信息在采集过程中的人为干扰现象增多，信息失真的风险性日趋增大。

在我国，随着社会主义市场经济的发展，固守一种调查模式，仅仅依靠全面调查一种方法采集统计信息，已难以适应国家宏观调控和科学决策以及部门、企业和社会公众的实际需要。为了从根本上解决调查对象复杂，调查方法单一的问题，国家统计局在总结统计调查实践经验的基础上，遵循社会主义市场经济的要求，借鉴国际上成功的做法，对历史上形成的传统的统计调查方法体系进行了一系列的改革，充实和完善了各项普查和专项调查，在规模以下工业、限额以下批发零售贸易业等更多行业和领域推广抽样调查，于是，一个符合我国国情的、适应市场经济发展需要的、与国际通行规则接轨的、新的统计调查体系正在逐步形成。下面对统计调查方法体系中的各种调查组织形式做具体论述。

1. 普查

普查是专门组织的一次性的全面调查，如全国人口普查、全国经济普查、全国工业普查、全国农业普查等。普查一般用于收集一定时点上的社会经济现象总量，但也不排除调查一些时期现象。普查主要有以下特点。

（1）能获得全面、详尽、系统的统计资料。普查比其他调查更能掌握全面系统的国情、国力方面的基本统计资料，特别是可以了解和掌握国家的人力资源、财力资源和物资资源的状况及其利用情况，为国家从实际出发制定政策和长远规划提供可靠的依据。

（2）涉及面广、工作量大，需要的人力、物力较多，组织工作相对也比较复杂。例如，我国第五次人口普查，全国共组织了100多万名普查指导员和500多万名普查员，再加上各级普查机构的工作人员以及公安干警、街道和村（居）委会的干部，直接参与普查工作的人员近千万；从使用的物资看，全国仅普查表用纸就达1万多吨；整个普查共分四个阶段：准备阶段、登记和复查阶段、数据处理阶段和资料开发利用阶段，普查工作从1998年年初开始准备，全部工作到2002年年底才结束。

由于普查要耗费较大的人力、物力和财力，时间周期也较长，所以一般不宜经常进行。只有对那些国民经济发展中的重大问题，或某些专项问题，才进行普查。如人口普查、工业普查、农业普查、污染源普查等。

我国的普查工作目前已经制度化、规范化。例如，人口普查每 10 年进行一次，逢“0”的年份进行；第三产业普查每 10 年进行一次，逢“3”的年份进行；工业普查每 10 年进行一次，逢“5”的年份进行；农业普查每 10 年进行一次，逢“7”的年份进行；基本单位普查每 10 年进行两次，逢“1”和“6”的年份进行；经济普查每 10 年进行两次，逢“3”和“8”的年份进行。

组织普查工作必须遵循的原则包括以下几个方面。

（1）必须统一规定调查资料所属的标准时点。

（2）正确确定调查期限、选择登记时间。为了提高资料的准确性，一般应选择在调查对象变动较小和登记、填报较为方便的时间，并尽可能在各普查地区同时进行，力求在最短的时间内完成。

（3）规定统一的调查项目和计量单位。同种普查，各项基本项目应力求一致，以便于历次普查资料的汇总和对比。

（4）普查尽可能按一定周期进行，以便于研究现象的发展趋势及其规律性。

【小思考】
普查为什么要规定标准时间？

2. 抽样调查

抽样调查是按随机原则从总体中抽取一部分单位进行观察，用这部分单位指标数值来推算总体指标数值的一种调查方式。它是专门组织的非全面调查，是非全面调查中最主要的一种组织形式。

与其他调查一样，抽样调查也会遇到调查的误差和偏误问题。通常抽样调查的误差有两种：一种是工作误差（也称登记误差或调查误差），另一种是代表性误差（也称抽样误差）。但是，抽样调查可以通过抽样设计，计算并采用一系列科学的方法，把代表性误差控制在能够允许的范围之内；另外，由于调查单位少，代表性强，所需调查人员少，因而工作误差比全面调查要小。特别是在总体包括的调查单位较多的情况下，抽样调查结果的准确性一般高于全面调查。因此，抽样调查的结果是非常可靠的。

抽样调查数据之所以能用来代表和推算总体，主要是因为抽样调查本身具有其他非全面调查所不具备的特点，主要体现在以下几点。

（1）按随机的原则抽取一部分调查单位。所谓随机原则，就是在抽取样本时，总体中的单位中选与否不受主观因素的影响，从而保证总体中的每个单位都有同等中选的可能性，因而减小误差，保证推算的准确性。当然，坚持随机原则，并不排除在设计方案时充分发挥人的主观能动性，如人们可以根据掌握的各种信息，改善抽样的组织形式，设计出更加合理的抽样方案，确保随机原则的实现。

（2）以抽取的全部样本单位作为一个“代表团”，用“代表团”来代表总体，而不是用随意挑选的个别单位代表总体。

（3）所抽选的调查样本数量，是根据调查误差的要求，经过科学的计算确定的，在调查样本的数量上有可靠的保证。

（4）抽样调查的误差，在调查前就可以根据调查样本数量和总体中各单位之间的差异程度进行计算，并控制在允许的范围以内，相对而言，调查结果的准确程度较高。

（5）由部分推算总体，即由样本的数量特征推算总体的数量特征。抽样调查虽然是非全面调查，但目的却是要认识总体的数量特征。它依据概率论的原理，通过一系列科学的工作步骤，可以充分地利用样本的信息有效地推断总体的数量特征，从而达到对总体认识的目的。

抽样调查相对于全面调查或其他非全面调查具有明显的优势，具体表现在以下几个方面。

（1）经济性。这是抽样调查的最显著优点。由于抽样的样本单位通常是总体单位的很小一部分，调查的工作量小，因而可以节省大量的人力、物力、财力和时间。对于总体单位很多或无限总体来说，抽样调查更具优越性。

（2）时效性强。由于工作量小，调查所用时间及数据处理时间等都可以大大缩短，因而在短时间内可以及时获取所需的信息，提高数据的时效性。

（3）准确性高。由于抽样调查的单位较少，调查的各环节工作可以做得更细致，以致登记误差发生的可能性较小；而且，由于是按随机原则取样，排除了主观因素的影响，样本有较高的代表性，因此可以获得比较准确的调查数据。

（4）适用面广。抽样调查组织形式灵活，随时随地都可以进行，既适用于专题研究，又适用于经常性的调查项目；既适用于不便或没有必要进行全面调查的现象，也适用于无法进行全面调查的现象。抽样调查在社会经济生活中有十分广泛的应用，对于需要了解总体情况，但在实际上不可能或时间、人力、物力上不允许进行较全面调查的情况下，都可采取抽样调查方法。例如，我国进行的大中城市物价调查、1%人口抽样调查，以及我国农调队、城调队、企调队开展的各项调查工作都属于抽样调查的具体事例。

基于以上特点和优点，抽样调查被公认为是非全面调查方法中用来推算和代表总体的最完善、最有科学根据的调查方法。

抽样调查的步骤分述如下：① 界定总体；② 制定抽样框；③ 分割总体；④ 决定样本规模；⑤ 确定调查的信度和效度；⑥ 决定抽样方式；⑦ 实施抽样调查并推测总体。

抽样调查的组织形式主要包括以下几种。

（1）简单随机抽样。简单随机抽样又称纯随机抽样，是指对总体不做任何处理，不进行分类也不进行排除，而是完全按照随机的原则，直接从总体中抽取样本单位加以观察。从理论上讲，它最符合抽样调查的随机原则，是抽样调查的最基本形式。其具体方法有直接抽选法、抽签法和随机数表法三种。

目前使用最多的方法是：抽样时，处于抽样总体中的抽样单位被编排成 $1 \sim n$ 编码，然后利用随机数码表或专用的计算机程序确定处于 $1 \sim n$ 间的随机数码，那些在总体中与随机数码吻合的单位便成为随机抽样的样本。

这种抽样方法简单，误差分析较容易，但是需要的样本容量较多，适用于个体之间差异较小的情况。

（2）等距抽样。等距抽样又称机械抽样或系统抽样。它将总体全部单位按某一标志排队，而后按固定的顺序和相等间隔在总体中抽取若干样本单位，构成一个容量为 n 的样本。此种抽样方法的优点是抽样样本分布比较好，有好的理论，总体估计值相对来说容易计算。

（3）分层抽样。分层抽样又称类型抽样。它根据某些特定的特征，将总体分为同质、不相互重叠的若干层，再从各层中独立抽取样本，是一种不等概率抽样。分层抽样利用辅助信息分层，各层内应该同质，各层间差异应尽可能大。这样的分层抽样能够提高样本的代表性、总体估计值的精度和抽样方案的效率，抽样的操作、管理比较方便。但是抽样框较复杂，费用较高，误差分析也较为复杂。因此，此法只适用于母体复杂、个体之间差异较大、数量较多的情况。

（4）整群抽样。整群抽样先将总体单元分群，可以按照自然分群或需要分群，如在交通调查中可以按照地理特征进行分群，然后随机选择群体作为抽样样本，调查样本群中的所有单元。整群抽样对总体划分群的基本要求是：① 群与群之间不重叠，即总体中的任一单位只能属于某个群；② 全部总体单位毫无遗漏，即总体中的任一单位必须属于某一个群。

整群抽样样本比较集中，可以降低调查费用。例如，在居民出行调查中，可以采用这种方法，以住宅区的不同将住户分群，然后随机选择群体为抽取的样本。此种抽样方法的优点是组织简单，缺点是样本代表性差。

（5）多阶段抽样。多阶段抽样是采取两个或多个连续阶段抽取样本的一种不等概率抽样。对阶段抽样的单元是分级的，每个阶段的抽样单元在结构上也不同，多阶段抽样的样本分布集中，能够节省时间和经费，但调查的组织复杂，总体估计值的计算复杂。

【小思考】

（1）既然抽样调查优点很多，那么在实践中能否在任何情况下都采用抽样调查？

（2）与简单随机抽样相比，其他几种抽样组织形式哪种误差更小？

3. 统计报表

统计报表是按照国家的统计报表制度与要求，自上而下统一部署，自下而上定期提供基本统计资料的一种调查方法。其最大特点是统一性，即要求统一的表式、统一的指标项目、统一的报送时间。通过统计报表，国家可以定期地取得全社会国民经济和社会发展的基本资料，掌握国民经济运行和社会发展的基本情况，各报送单位、部门也可以通过它掌握本单位、本部门的运行及发展状况，从而进行有效的管理。

统计报表的种类分述如下。

（1）按调查范围的不同，可分为全面的统计调查表和非全面的统计调查表。全面的统计调查表要求调查对象的每个单位都要填报；而非全面的统计调查表只要求调查对象的一部分单位填报。

（2）按报送周期长短的不同，可分为日报、旬报、月报、季报、半年报和年报。

（3）按填报单位的不同，可分为基层报表和综合报表。由基层单位填报的统计调查表是基层报表，填报的单位称为基层填报单位；由主管部门或统计部门根据基层报表逐级汇总填报的统计调查表是综合报表，填报的单位称为综合填报单位。

（4）按报表内容和实施范围的不同，分为国家的、部门的和地方的统计调查表。国家的统计调查表根据国家统计调查项目和统计调查计划制定，包括由国家统计局单独拟订的和国家统计局与国务院有关部门共同拟订的统计调查项目。部门统计调查表根据有关部门统计调查项目和统计调查计划制定，用来收集各主管部门所需的专业统计资料，在各主管部门系统内施行。地方统计调查表则根据有关的地方统计调查项目和统计调查计划制定，用来满足地方人民政府需要的地方性统计调查。

在我国，大多数统计报表都要求统计范围内的所有单位填报，属于全面调查，因此又称全面统计报表。

【小思考】

统计报表和普查既然都属于全面调查，那么能否用统计报表代替普查？

4．重点调查

重点调查是当统计总体中存在重点单位时，在所要调查总体的全部单位中，只选择其中一部分重点单位进行调查，用对一部分重点单位调查的结果，来掌握统计总体的基本情况的统计调查方法。所谓重点单位，是指在全部单位中其单位数虽然只是一小部分，但其某种标志的标志值之和在所研究的总体标志总量中却占有绝大部分的比重。例如，要了解全国钢铁生产的基本情况，只要对全国少数几个大型钢铁企业，如首钢、宝钢、武钢、鞍钢、攀钢、包钢等进行调查即可。因为这些企业在全国钢铁企业中虽是少数，但它们的钢产量却占全国钢产量的绝大比重。又如，要了解某地区投资项目的投资效果，只需要选择几个大中型投资项目作为重点单位进行调查就可以了。

重点调查的目的是掌握总体的基本情况，当总体所含单位数很多，大部分单位的数量规模较小，而总体中又确实存在重点单位时，就可以采用重点调查。而重点单位，一般来说，都是制度严密、管理规范、容易取得高质量统计数据的单位，在这种情况下，重点调查就是省时省力、效果较好的调查方式。

重点单位的选择一般不受主观因素的影响，它是按照一定的客观数量标准选取的。根据调查目的和任务的不同，重点单位亦不相同，它可能是一些企业、行业部门，也可能是一些地区、城市。另外，重点单位也是相对的，在某一问题的研究上是重点单位，而在另一问题的研究上可能就不是重点单位了。

重点单位只能了解总体的基本情况，不可能得到现象的总体数量特征，一般也不能对总体数量特征进行推断。

【小思考】

（1）如何理解重点调查中的“重点单位”？“重点单位”是客观存在的，你认为这种说法对吗？

（2）能否用重点调查的结论推算总体的数量特征？

5．典型调查

典型调查是在对所研究现象进行初步分析的基础上，有意识地选择若干典型单位进行调查的一种非全面调查，其目的是认识现象发展变化的规律。统计调查中的典型单位也就是代表性单位，能充分体现出调查单位的共性，对总体来说最具有代表性。

典型调查只对少数典型单位进行调查，由于调查的单位少，调查的内容也因此具有很大的灵活性，可以根据需要增加调查项目，进行更为深入细致的分析研究，这样既可以弥补其他调查的不足，还可以总结经验、发现问题等。因此，它也成为一种经济方便、易于操作的行之有效的统计调查组织形式。通常在某些情况下，可用典型调查结果来估算总体数量特征。在实践中，典型调查一般与其他调查组织形式结合使用。

典型调查通常有两种形式：一种是“解剖麻雀”式；另一种是“划类选典”式。“解剖麻雀”式是对个别典型单位进行的深入细致的调查。“麻雀虽小，五脏俱全”，解剖一两个麻雀就知道所有麻雀的身体结构。当总体各单位差异较小时，只需从总体中选择几个典型单位进行调查就可以了。“划类选典”式是当总体各单位差异较大时，先将总体划分为性质不同的几类，然后再从每类中选择典型单位进行的调查。

典型单位是根据调查的目的与任务，在对现象总体进行初步分析的基础上，有意识地选择出来的。显而易见，典型单位的选择更多地取决于调查人员的主观判断与决策。因此，搞好典型调查的关键是正确选择典型单位，保证其有充分的代表性。选择典型单位的多少，要根据调查单位的特点来确定。如果各单位之间的差异较小，发展比较均衡，那么可选择一个或若干个典型单位进行调查，即采用“解剖麻雀”式的典型调查；如果各单位之间的差异较大，发展很不均衡，或者研究的问题比较复杂时，就可采用“划类选典”式的调查，从各种类型中选取少数典型单位进行调查。在选择典型单位时，应充分考虑调查对象的特点，将最具代表性的那些单位选择出来，尽量做到客观、准确。

【小思考】

（1）什么情况下进行“解剖麻雀”式的调查？什么情况下进行“划类选典”式的调查？

（2）根据典型调查的资料可以推算总体的数量特征吗？

（3）你能说出非全面调查选择调查单位的三种方法吗？

2.3.3　数据资料的收集方法

无论采用何种调查的组织形式，都要采用一些具体的数据资料收集方法。数据资料收集方法可以分为询问法、报告法和观察实验法三大类。

（1）询问法。询问法是调查人员以询问的手段，从调查对象的回答中获得信息资料的一种方法，它是统计调查中最常用的方法之一。在实际应用中，询问法又包括访问调查、邮寄调查、电话调查、座谈会等。

访问调查又称访员调查，是调查人员与调查对象通过面对面的交谈从而得到所需资料的调查方法。访问调查一般是调查人员按照事先设计好的、有固定格式的标准化问卷或表格，有顺序地一次提问，并由调查对象做出回答。其优点是能够对调查过程加以控制，从而获得比较可靠的调查结果。这种方法在市场调查和社会调查中较为常用。

邮寄调查是通过邮寄或宣传媒体等方式将调查表或调查问卷送至调查对象手中，由调查对象填写，然后将调查表寄回或投放到指定收集点的一种调查方法。邮寄调查是一种标准化调查，其特点是调查人员和调查对象没有直接的语言交流，信息的传递完全依赖于调查表。邮寄调查在统计部门进行的统计报表及市场调查机构进行的问卷调查中经常使用。

电话调查是通过电话采访、网上交流等背对背方式收集调查资料的方法。电话调查具有时效快、费用低等特点。当今社会，随着电话的普及，电话调查的应用也越来越广泛。目前的电话调查大都采用计算机辅助式的方法，即调查的问卷、答案都由计算机显示，整个调查的过程，包括电话拨号、调查记录、数据处理等，也都借助计算机来完成。

座谈会也称集体采访法，是将一组调查对象集中在调查现场，让他们对调查的主题发表意见，从而获取调查资料的方法。通过座谈会，研究人员可以从一组调查对象那里获取所需的定性资料，当然，这些调查对象与研究主题有某种程度上的关系。为获得此类信息，研究人员通过严格的甄别程序选取少数调查对象，围绕研究主题以一种非正式的、比较自由的方式进行讨论。这种方法适合收集与研究课题有密切关系的少数人员的倾向和意见，在市场调查中常采用此方法。

（2）报告法。报告法是基层单位根据上级的要求，以各种原始记录与核算资料为基础，收集各种资料，并逐级上报给有关部门。现行的统计报表制度就是采用这种方法收集资料的。

（3）观察实验法。观察实验法是调查人员通过直接观察或实验以获取数据的一种调查方法，分为观察法和实验法两类。

观察法是调查人员对处于自然状态下的调查对象进行观察、记录以获取资料的方法。其优点在于紧密围绕调查目的和研究主体，有计划、有目的地在自然状态下进行观察，排除了许多人为等因素的干扰，能够获取较为可靠的第一手资料，并且简便易行、及时有效。该方法的缺点是不易进行定量分析，易受观察者主观因素的影响，资料整理和分析的难度较大。

实验法是实验者在特定的场合、特定的状态下，有目的地通过改变或控制某些影响因素，通过实验研究这些因素对调查事物的影响，并获取资料的方法。它是一种复杂、高级的调查方法，有明确的实验目的，有较严格的实验方案设计，控制性强，可重复运用，实验结果既可用于定量分析，又可进行定性分析。该方法的缺点是代表性往往不够充分，应用范围有限，且费时费力，操作过程复杂烦琐。实验法根据实验场所的不同具体分为室内实验法和市场实验法两种。

【小思考】

（1）总理通过互联网与网民交流，听取民意，这种方法属于哪类调查法？

（2）中央电视台在《中国电视报》上登调查表，收集观众对春节联欢晚会节目的意见，这又属于何种调查方法？

2.3.4 统计调查资料的检查

用任何统计调查方法收集来的数据资料都必须经过检查，资料只有经过检查才能进入统计整理阶段。调查资料的检查包括对资料的准确性、完整性和及时性的检查。其中，准确性的检查是最主要的检查，费时费力，难度较大。

准确性检查其实就是对误差的检查，因此，我们首先必须对调查误差的种类和原因有所认识。

1．调查误差的种类与原因

统计调查误差是调查结果与所调查现象的真实数据之间的差异。产生这种误差的原因很多，那么我们应该检查哪一类误差呢？

调查误差有登记性误差和代表性误差两种。

登记性误差是调查过程中工作的不准确所造成的误差。此种误差在全面调查或非全面调查中都会产生。登记性误差又分为偶然登记误差和系统登记误差。偶然登记误差主要是因为调查人员责任心不强，技能不高，调查时观察、测量、计算错误，统计时发生笔误、错填、遗漏等，或者调查对象回答有误。但这种误差不具有倾向性，即在数量上不会偏向某一方向。而系统登记误差则具有明显的倾向性、一贯性，即在数量上往往偏向某一方向，因此，也称为偏差。系统登记误差又分为无意误差和有意误差。无意误差是指非主观原因引起的误差，如测量仪器或工具有毛病未被发现而产生的数据偏差等；有意误差则是人为的主观原因造成的，如调查时有意虚报、瞒报、假报，有意歪曲事实而产生的统计调查误差。系统登记误差的危害是很大的，因为它对调查结果的统计指标值影响程度非常大。

代表性误差是非全面调查所固有的。非全面调查由于只调查总体的个别或部分单位，而这部分单位又不能完全反映总体的性质，因此就产生了误差。非全面调查中只有抽样调查的代表性误差可以事先计算，并能将它控制在一定范围之内，所以，通常所说的代表性误差是对抽样调查而言的。

这里需要说明的是，登记性误差大多是由于主观因素造成的，所以我们可以通过完善调查方案、加强调查过程的监督检查、提高调查人员的政治素质和业务技能，以及采取现代化的收集信息的手段来提高调查资料的质量，把登记误差减小到最低限度。而代表性误差是由于样本的代表性不足而必然产生的，所以人们不能消除它，只能对其进行一定的控制。

2．调查资料的检查方法

调查资料准确性的检查对象就是登记性误差，通常采取的方法是逻辑检查和计算检查。

逻辑检查即检查调查资料是否合理，项目之间有无矛盾，以及数字之间的平衡关系。

计算检查即检查调查表和统计报表中各项指标数字的计算方法、计算口径、计算结果有无差错，是否符合相关规定。

除此之外，还要检查调查资料的完整性和及时性。即要检查调查资料是否齐全，是否按照规定的份数、规定的项目和时间要求上报。对缺报或迟报的，要及时催报、补报。对调查资料有错误的或有疑问的，要及时复查、更正，对于错误严重的要重新填报。

【小思考】

（1）请说出统计调查误差产生的原因和种类。

（2）通过人为努力哪些误差可以消除？哪些误差不能消除？

2.4 调查报告的撰写

2.4.1 撰写调查报告的重要性

调查报告是调查人员在对某种事物或某个问题进行深入细致的调查后，再经过认真分析研究而形成的一种报告形式。书面调查报告的功能体现在以下三点。

（1）调查报告是调查工作的最终成果。我们知道，调查活动是一个有始有终的活动，从制定调查方案、收集资料、加工整理和分析研究，到撰写并提交调查报告，是一个完整的工作程序，整个过程缺一不可。所以，调查报告是调查成果的集中体现。

（2）调查报告是从感性认识到理性认识飞跃过程的反映。调查报告比起调查资料来，更便于阅读和理解，它能把死数字变成活情况，起到透过现象看本质的作用，能使感性认识上升为理性认识，便于更好地指导实践活动。

（3）调查报告是为各部门管理者、为社会、为企业服务的一种重要形式。一份好的调查报告，能对各项活动提供有效的导向作用，同时对各部门管理者了解情况、分析问题、制定决策和编制计划，以及控制、协调、监督等方面都起到积极的作用。

总而言之，要撰写好一份出色的调查报告，必须要了解调查报告的特点，掌握整个调查报告的撰写步骤、报告的结构和撰写方法，使调查报告在实际工作或理论研究中发挥应有的作用。

2.4.2 撰写调查报告的基本要求

1．实事求是

调查报告作为调查研究的成果，最基本的特点就是尊重客观实际，用事实说话。但真正做到实事求是非常不容易的，原因在于以下几点。

（1）数字不容易搞准确。

（2）人们的认识能力有局限性，因而准确的判断不是轻而易举的。

（3）少数人弄虚作假，虚报瞒报，为准确地反映客观事物带来不应有的困难。只有深入调查研究，力求弄清事实，摸清原因，才能真实地反映事物的本来面目。

2．符合经济规律及有关政策的规定

经济活动有其特有的规律性。要摸清市场规律，就要及时掌握市场规律的变化，并研究其变化的原因，以便加深对市场规律的认识，同时，密切注意各个时期党和国家有关方针政策的变化，结合调查目的，深入分析研究，可以使问题剖析得更加透彻，使调查报告更加真实、准确。

3．观点与数据要结合运用

调查报告的独特风格就是以调查资料为依据，而资料中的数据资料显得尤为重要，因为数据资料具有很强的概括力和表现力。用数据证明事实的真相往往比长篇大论更能使人信服。在调查中，我们常常会碰到有的问题、观点，用很多叙述都难以表达清楚，而用一个数字、一个百分比，往往会使事物的全貌一目了然。但运用数据要适当，若过少不能说明问题，会使调查报告空洞无物，失去特色；若过多地堆砌数字又太烦琐，反而使人眼花缭乱，不得要领。所以，恰到好处地运用调查数据，可以增强调查报告的科学性、准确性和说服力。

一篇好的调查报告，必须有数字、有情况、有分析，既要用资料说明观点，又要用观点统领资料，二者应紧密结合、相互统一。通过定性分析与定量分析的有效结合，研究现象的发展、变化过程及其规律性。

此外，调查报告还必须做到主题突出，结构严谨，条理清楚，文字简洁。同时，尽量用表格、插图、照片或其他可视物来补充正文中关键的信息。直观可视的图表等对帮助报告撰写人和读者之间进行交流很有好处，也可以增强报告的明了程度和效果。

2.4.3 调查报告的组成部分

调查报告一般由标题、概要、正文、结尾、附件几部分组成。

1．标题

标题是画龙点睛之笔，它必须准确揭示调查报告的主题思想，做到题文相符。标题要简单明了，高度概括，具有较强的吸引力。

标题的写法灵活多样，一般有单标题和双标题两种。单标题就是调查报告只有一行的标题。一般通过标题把被调查单位、调查内容明确而具体地表示出来。

2．概要

概要即市场调查报告的内容摘要，主要包括以下四个方面。

（1）简要说明调查目的。即简要地说明调查的由来和委托调查的原因。

（2）简要介绍调查对象和调查内容。包括调查时间、地点、对象、范围、调查要点及所要解答的问题。

（3）简要介绍调查研究的方法。介绍调查研究的方法，有助于使人确信调查结果的可靠性，因此对所用方法要进行简短叙述，并说明选用方法的原因。

（4）简要说明调查执行结果。包括主要发现、结论和建议。

3．正文

正文是调查报告的主要部分。正文部分必须准确阐明全部有关论据，包括问题的提出、引出的结论、论证的全部过程、分析研究问题的方法等。

论述部分主要分为基本情况部分和分析部分两方面内容。

（1）基本情况部分。基本情况部分要真实地反映客观事实，但不等于对事实的简单罗列，而应该有所提炼。主要有三种方法：① 先对调查数据资料及背景资料做客观的介绍说明，然后再分析、阐述对情况的看法、观点；② 首先提出问题，提出问题的目的是要分析问题，找出解决问题的办法；③ 先肯定事物的一面，由肯定的一面引申出分析部分，又由分析部分引出结论，循序渐进。

（2）分析部分。分析部分是调查报告的主要组成部分。在这个阶段，要对资料进行质和量的分析，通过分析，了解情况，说明问题和解决问题。分析包括下列三类情况。

1）原因分析。对出现的问题的基本成因进行分析，如对××牌产品滞销原因分析，就属于这类。

2）利弊分析。对事物在社会经济活动中所处的地位、起到的作用进行利弊分析。

3）预测分析。对事物的发展趋势和发展规律做出分析。

此外，论述部分的层次段落一般有四种形式。

1）层层深入形式。各层意思之间一层深入一层，层层剖析。

2）先后顺序形式。按事物发展的先后顺序安排层次，各层意思之间有密切联系。

3）综合展开形式。先说明总的情况，然后分段展开，或先分段展开，然后综合说明，展开部分之和为综合部分。

4）并列形式。各层意思之间是并列关系。

总之，论述部分的层次是调查报告的骨架，在调查报告中起着举足轻重的作用。撰写调查报告时应注意结合主题的需要，采取相应写法，充分表现主题。

4．结尾

结尾部分是调查报告的结束语，好的结尾，可使读者明确题旨，加深认识，启发读者思考和联想。结尾通常有四种形式。

（1）概括全文。经过层层剖析后，综合说明调查报告的主要观点，深化文章的主题。

（2）形成结论。在对真实资料进行深入细致的科学分析的基础上，得出报告结论。

（3）提出看法和建议。通过分析，形成对事物的看法，在此基础上，提出建议和可行性方案。

（4）展望未来，说明意义。通过调查分析展望未来前景。

5．附件

附件是指调查报告正文包含不了或没有提及，但与正文有关必须附加说明的部分。它是对正文报告的补充或更详尽的说明，包括数据汇总表及原始资料背景材料和必要的工作技术报告，如调查选定样本的有关细节资料及调查期间所使用的文件副本等。如果部分内容很多，应有详细的工作技术报告加以说明补充，则附在调查报告最后部分的附件中。

【实例】合理导向大学生文化消费——北京市大学生文化消费调查分析报告

文化，从广义上讲，是人类社会历史实践过程中所创造的物质财富和精神财富的总和。大学生作为国家建设生力军，精神食粮的汲取是其自我发展与完善的最好途径，文化消费则是获取精神食粮的最直接也最主要的方式，从这个意义上说，合理的文化消费行为与正确的消费观念是优秀大学生所应具备的素质之一。为此，我们进行了为期4年（2000—2003年）的连续调查，以探讨当今大学生的文化消费结构、内部联系及其发展趋势，从而引导理性的文化消费。

本次调查的范围在北京市各高校展开，依据学校类型，力求涵盖综合性大学以及文、理科大学，选取的11所高校为：中央财经大学、北京外国语大学、北方交通大学、北京民族大学、北京理工大学、中国人民大学、清华大学、北京航空航天大学、北京师范大学、北京林业大学、北京大学。对于抽样方法有以下几点考虑：① 大一新生刚入学，代表性较差，因而只调查其他年级，抽样的年级人数比为2∶2∶1；② 调查中尽量保证男女比例为1∶1；③ 进行整群抽样，即分别在大二和大三中随机抽取两个班，在大四中随机抽取一个班。

1．大学生文化消费现状（总体）

调查结果显示，从2000年至2003年4年间，大学生人均月消费为535.8元，这与《北京青年报》的调查结果基本相符——大学生人均月消费额为500元左右。从总体上看，月消费在400元左右的占38.0%，在600元左右的占33.0%，高于700元的占21.3%，而低于300元的仅占7.7%。其中，文化消费总额约为138.8元，占每月总支出的25.91%。具体支出项目如表2-2所示。

表2-2 各支出项目4年月平均消费额

	书籍	音像	辅导班	艺术场所	休闲场所	旅游	上网	合计
金额（元）	25.8	17.0	38.5	4.5	12.5	33.9	6.6	138.8
比例（%）	18.59	12.25	27.74	3.24	9.00	24.42	4.76	100

（1）书籍消费。书籍、报刊的消费在文化消费项目中居第三位，是消费的大项。大学生阅读书籍的种类主要以文学小说、休闲时尚类、专业参考书为主，所占比例分别为23.6%、18.5%、16.3%。其他种类中，经济类、计算机网络类、哲学心理类也占有较大的比重，其所占比例分别为7.8%、9.6%、6.6%。其他诸如法律、军事、政治类书籍，大学生的阅读比例则较小。

由于所学的专业不同，爱好及兴趣特点不同，不同学校、不同专业呈现出不同的特点。专业参考书仍是阅读书籍的重头戏；不论专业，文学、小说都是大学生的首选；理工类专业的大学生（特别是男生），主要钟情于计算机网络类的书籍；而文科类专业（尤其是女生），则偏好于休闲时尚类书籍。大学生们平均阅读的书籍种类在2~3种，多则达到5~6种。这点令我们安慰，广泛的兴趣，多角度的阅读对大学生综合素质有很大的益处。

另外，书籍消费在文化消费中所占的比重并不大，其原因主要有：① 目前市场上的书籍标价较高，尤其是一些文学类、计算机类、经济类书籍，这令没有经济收入的大学生"望而生畏"；② 图书馆、阅览室给大学生提供了较好的环境，使得大学生可以在不花钱的同时却能读好书；此外，网上电子书籍的兴起也为大学生提供了更为广阔的阅读空间。

（2）艺术与体育支出。艺术陶冶人的情操，塑造人的品格；运动则增强体质，坚韧个性。这两者在大学生的成长过程中不可缺少。本次调查中，大学生在艺术文化领域的消费只有12.24元/月，其中休闲场所的消费占了73.25%，而去展览馆、科技馆、音乐厅的大学生则寥寥无几，平均月消费额仅为3.24元。这表明，大学生对各类博物馆的展览无甚兴趣，加之经济能力对大学生消费高级艺术场所的约束，所以大学生通常以休闲娱乐为主要支出方式。这让我们感到一丝忧虑，在北京这样的博物馆胜地，大学生对博物馆的兴致都如此之低，说明大学生对历史这类艺术的了解着实欠缺。

体育锻炼方面，调查结果为人均活动时间3.76小时/周。这个数据并不令人感到满意，一周不到4小时的运动量很难达到强身健体的效果，更何况这3.76小时大部分应归功于男生。体、智应该是并驾齐驱的两个方面，所以国家教委一直把此列为学生素质的重点。健康的身体无疑对以后的工作、学习有很大的帮助，所以在大学生心中树立“加强锻炼”的意识是绝对必要的。同时，校方也应提供更好的设施以方便大学生，吸引大学生加强锻炼。

（3）网络消费。这里的网络消费主要指大学生用于上网的费用。调查结果显示，大学生平均每周用于上网的时间在7小时左右；上网占用的时间多在“2～6小时”与“10小时以上”，所占比例分别是33.9%与3.3%，并且在线时间大有升高之势。在上网主要目的的调查中，查看信息占较为绝对的优势（45.8%），其次是聊天、通信和收发E-mail（18.8%、18.2%），以打游戏为主的大学生仅占少数（8.4%）。大学生的网上活动比较活跃，能够较为充分地利用互联网的信息，将自身的信息渠道拓展得更为广阔，同时能够对游戏时间进行控制，说明大学生自制力较高，以及对社会生活的现实感、责任感在逐步增强。

随着网络的迅猛发展，大学生对其的兴趣也日益提高，对此也可从大学生经常购买的书籍种类中看出，购买计算机、网络类书籍的大学生占了24.6%。广泛的网络知识、熟练的计算机操作也是工作、社会对大学生的基本要求。

（4）旅游消费。旅游对于当今的中国人来说是一个新兴的项目，而大学生在此方面更是不落后于人。相对于上班族而言，大学生拥有较为充裕的时间，旅游的方式也随经济条件的不同更为灵活。欣赏大好河山、增加阅历、锻炼自己的生存适应能力等都成为大学生旅游的多重目标。4年的旅游消费调查平均每人每年为339.4元（若没有2003年“非典”的影响，该数值可能会更高）。但是由于除寒暑假外车票没有学生半价的优惠，旅游开支对大学生来说是一个比较重的负担，虽然现在有很多大学生在开展“自助”旅游，但仍限于小部分。怎样在这方面为大学生开辟一个既经济又合理的空间，还有待我们的讨论。

（5）信贷消费。目前，90%左右的大学生主要经济来源是家庭供给，但30.5%的同学有贷款的意向。尽管中国大学生的独立性不如国外同龄人，但是从目前的意向看，“现在贷款上学，将来还；我靠自己上大学”是很多大学生的一个愿望。我们很高兴能看到这种观念上的转变。然而，贷款的另一目的中，“超前消费”的比重是仅次于“交学费”的第一大项，这其中有喜也有忧，喜，在于大学生的消费观念开始前沿化，打破了中国传统的消费观念；忧，则在于大学生这种超前的消费是否有益还值得我们探讨。

2. 大学生文化消费差异分析

大学生文化消费不仅在总体上显示出不同于其他阶层的特点，在其内部结构上也存在着差异，现在就此问题进行分析。

（1）城市与农村比较。首先对城市生源和农村生源的文化消费的差别进行分析，在分析差异之前让我们先看一下农村和城市生源的总消费情况（见表2-3）。

表2-3　不同生源地大学生文化消费项目金额比较

单位：元

	书籍	音像	辅导班	艺术场所	休闲场所	旅游	上网	合计
农　村	21.5	12.4	25.7	3.0	8.0	21.1	6.6	98.3
城　市	27.5	18.6	34.2	3.6	11.2	30.7	6.6	132.4

明显的收入差异对文化消费的影响较大。总体上，文化消费的总支出占总消费的比例分别为：农村生源为 33.88%，城市为 36.92%，平均月支出绝对差额为 34.1 元。家庭经济条件好，文化消费水平就相对要高，但文化消费水平并不随家庭收入水平同比例增长，原因在于：① 某些文化消费支出具有刚性（如购买参考书籍、辅导班学费等）；② 随着收入的增长，大学生用于其他方面消费的增加要快于文化消费的增加（如用于饮食、服装的支出）；③ 学校及社会为文化消费的一些项目提供了便利，减少了大学生在此方面的开支（如宽带入宿舍、图书馆书目的极大丰富等）。

（2）年级比较。在文化消费支出比例和绝对数上，年级差别非常明显，且随年级的增加呈现上升趋势。

究竟是什么因素导致了这一明显趋势呢？经分析，辅导班费用支出是起决定性影响的因素。随着年级的增加，大学生在课外辅导班上的支出呈递增趋势。一年级学生平均每年在辅导班的支出为 304.68 元，三年级、四年级学生则分别增加至 414.96 元、547.32 元，分别增加了 36.2%、79.64%，增幅之大是非常明显的。其中的主要原因是：随着年级的增加，就业的压力增大，同学们日益感到“充电”的重要性，通过学习专业外知识，考取各种资格认证为自己增加筹码，所以参加辅导班成了大学生的热门选择；再者，随年级增加，部分同学开始为自己的出国留学做准备，参加托福、GRE、雅思的各种辅导班也就随之而来；最后，很大一部分同学准备进入硕士研究生阶段继续深造，因而参加考研辅导班又势在必行。总之，随着年级的增加，大学生为自身发展的投资更加个性化、务实化。

（3）男女生比较。男女生在文化消费的很多方面表现得大相径庭，这主要是由兴趣爱好方面的差异所引起的，这里我们重点讨论上网问题。男生上网玩游戏的比例远高于女生，兴趣、爱好、性格问题虽然是其主要原因，但不可否认的是男生对游戏的迷恋程度远高于女生。这也体现在上网时间的长短上：男生平均每周上网 7.5 小时，女生则为 5.7 小时。男生对网络游戏的热衷，使我们抱有一丝担忧，如何使大学生更好地控制自己，进行适度的娱乐，是学校、老师，更是大学生自身应该注意的问题。

3．大学生文化消费趋势分析

通过 2000—2003 年 4 年的连续跟踪调查分析后，我们发现大学生的人均月消费额波动不是很大，基本保持在 500～700 元。现就连续 4 年的有关调查问卷上大学生文化消费具体项目进行整体描述性分析。

（1）书籍消费。根据调查的数据，2000 年大学生人均书籍消费额为 39.5 元，2001 年为 29.1 元，2002 年为 24 元，2003 年为 18 元，明显地呈现整体下降趋势。究其原因，主要有：① 近年学校图书馆、阅览室大幅提高馆藏量，放宽借阅本数的限制和时间限制，改善了阅览室的条件设施，以及高校图书馆馆际互借服务的正式启动等有利条件都大大减少了同学们购买书籍的花费。② 网上电子图书的推出，“图书资源互享”在同学间越来越广地流行。③ 书籍价格的上涨。这些都是书籍消费额下降的重要因素。

（2）网络消费。调查显示，2000 年上网费用为 37 元/月，2001 年上网费用为 36 元/月，2002 年上网费用为 40 元/月，2003 年上网费用为 42.7 元/月，总体基本呈现上升趋势，2003

年的上网费用比2000年的增长了15.41%。2000年人均上网时间为6.2小时/周，2001年为6小时/周，2002年为6.7小时/周，2003年为6.9小时/周，呈现上升趋势，2003年每周上网时间比2000年增长了11.29%。

从上网费用和上网时间两方面分别分析网络消费情况，不难看出，由于信息技术的发展和网络的普及，越来越多的大学生使用网络，而且网络在他们的生活中已经成为不可缺少的一部分。大学生在学校里有非常便利的上网条件，学校为大学生提供了各种网络资源，如中国学术期刊网，国务院发展研究中心信息网等，可以直接从网上浏览学术期刊，查找经济数据、研究报告，这些都促使大学生增加了在网络上的消费。

（3）参加各种学习班的花费。通过调查，2000年平均每人报各种学习班的总花费是244.9元，后面3年总花费基本在400～500元内。由于面临日益激烈的社会竞争，大学生纷纷参加各种辅导班，一般来说有三种：考证辅导班，如注册会计师、资产评估师、精算师等；考研辅导班及出国考试辅导班。从目前的情况来看，在学习班上的花费还有继续上涨的趋势。

（4）其他消费。对大学生生活费用来源状况的调查结果显示，2000年有91%的大学生由家庭承担其生活费用，2001年时该比例下降到了88.3%，2002年继续下降到83.6%，2003年为81.4%。虽然绝大多数的大学生都要由其家庭来供养，但是这个比例正在逐年下降，说明越来越多的大学生独立性增强，不再依靠家庭的力量，当然还有另外一部分原因是由于国家、社会和学校增大了对大学生的资助，如增加奖学金、贫困助学金的数额和人数，有效地分担了个人家庭的负担。

问卷中令人注意的另一个问题就是愿意贷款超前消费的大学生比例在逐年增加。2000年大概有15.3%，到了2001年这个比例达到22.2%，2002年为24.7%，2003年达到了25.8%。说明现代大学生的超前消费意识显著提高，并形成一种消费新观念。

4．倡导与建议

（1）在书价较贵，学生能力有限的情况下，学校应继续加大对图书馆的投资，使在校大学生有机会阅读更多的好书。具体措施可从以下几方面进行：① 追加经费，多订购最新书籍、报刊，并做好旧书清除换新工作；② 继续改善阅览室的读书环境，提高期刊的质量；③ 可以继续定期举办优惠书展，方便大学生购书。

（2）文化艺术消费水平较低，鉴于该类消费价格水平较高，大学生负担较重，因此，校方可以加大此类课程的开设，以弥补大学生在此方面的缺乏，同时校方可协助学生会组织一些艺术演出及展览等活动。

（3）加强体育设施的配备，使大学生有场地、有器材可锻炼；多在校内组织有规模、有影响力的体育比赛，以提高大学生在体育锻炼方面的兴趣。

（4）由于多数学校还没有实现宽带入舍，所以应加强学校的建设管理，提供好的上网环境。同时广大大学生也应该树立正确的观念，合理规划自己的上网时间和目的，利用好网络这把“双刃剑”。

（报告来自中央财经大学）

【小思考】

（1）什么是统计调查报告？撰写统计调查报告的重要性有哪些？

（2）统计调查报告的内容与格式是什么？

（3）你能通过调查本校学生的消费情况，写一份统计调查报告吗？

职业知识检测

一、单项选择题

1．统计调查是统计研究工作的（　　）。

① 基础环节　② 中间环节　③ 最终环节　④ 关键环节

2．重点调查的目的是（　　）。

① 了解总体的基本特征　② 推算总体的数量特征

③ 总结经验或教训　④ 了解个别单位的详细情况

3．调查对象是（　　）。

① 调查研究现象的总体　② 构成现象总体的每个单位

③ 负责向上级报告调查内容的单位　④ 需要进行调查的每个个体单位

4．填报单位是（　　）。

① 调查项目的承担者　② 构成调查对象的个体单位

③ 负责提交调查资料的单位　④ 就是总体单位

5．调查时间是指（　　）。

① 调查资料所属的时间　② 进行调查的时间

③ 调查工作的期限　④ 调查资料报送的时间

6．对全市中小学教师的生活情况进行调查，调查单位是（　　）。

① 该市全部中小学校　② 该市全部中小学校的教师

③ 该市每个中小学校　④ 该市中小学校的每名教师

7．在对现象总体进行分析的基础上，有意识地选择若干调查单位进行调查，这种调查方法是（　　）。

① 抽样调查　② 典型调查　③ 重点调查　④ 普查

8．工商局对超市的商品进行检查，最适宜的调查方法是（　　）。

① 普查　② 抽样调查　③ 典型调查　④ 重点调查

9．对全国铁路交通枢纽进行调查，以了解全国铁路货运概况，这种调查属于（　　）。

① 普查　② 重点调查　③ 抽样调查　④ 典型调查

10．下列调查属于连续调查的是（　　）。

① 每月统计商品库存额　② 每月统计贷款余额

③ 每月统计商品销售额　④ 每月统计工人人数

11．人口普查规定统一的标准时点是为了（　　）。

① 避免登记的重复与遗漏　　② 确定调查的范围

③ 确定调查的单位　　④ 登记的方便

12．统计调查分为统计报表和专门调查是按（　　）。

① 调查对象包括的范围不同划分的　　② 其组织形式的不同划分的

③ 收集资料的方式不同划分的　　④ 登记的时间不同划分的

13．某市对占该地交通运输业总产值 2/3 的六个运输企业进行调查，以了解全市交通运输的概况，这种调查方法叫（　　）。

① 普查　　② 典型调查　　③ 抽样调查　　④ 重点调查

14．某城市拟对占全市储蓄额 4/5 的几个大储蓄所进行调查，以了解全市储蓄的一般情况，则这种调查方式是（　　）。

① 普查　　② 典型调查　　③ 抽样调查　　④ 重点调查

15．对全市低收入家庭的住房状况进行普查，调查对象是（　　）。

① 全市所有低收入家庭　　② 全市每个低收入家庭

③ 全市所有家庭　　④ 全市每户家庭

16．某自行车企业对其产品质量进行调查，其调查单位是（　　）。

① 每辆自行车　　② 每辆自行车的质量

③ 每个产品的质量　　④ 该企业

二、填空题

1．普查属于专门组织的______性的全面调查。

2．抽样调查的组织形式是______、______、______、______。

3．统计报表最大的特点是统一性，即统一的______、统一的______、统一的______。

4．统计调查方案的首要内容是______。

5．某校要进行学生家庭生活情况调查，调查单位是______，填报单位是______。

6．重点调查中的重点单位是指______。

7．典型调查有两种方法，即解剖麻雀法和______法。

8．对统计数据的质量要求是______、______、______。

9．统计数据有两个来源，即______和______。

10．统计调查的方法有询问调查法和______。

三、判断题

1．我国的经济普查每 10 年进行两次，所以它是连续性调查。（　　）

2．三种非全面调查的最主要区别是选择调查单位的方法不同。（　　）

3．对大型煤矿的生产情况进行调查，以掌握全国煤炭生产的基本情况，这种调查属于典型调查。（　　）

4．抽样调查方便灵活、准确有效，因此可应用于各种调查任务。（　　）

5．我国人口普查的调查单位是每个人，填报单位是每户。（　　）

6．对于时期现象要进行一次性调查，对于时点现象要进行经常性调查。(　　)

7．对某市下岗职工生活状况进行调查，要求在一个月内报送调查结果，所规定的一个月时间是调查时限。(　　)

8．要对某企业生产设备状况进行调查，则每台生产设备是调查对象。(　　)

9．间接来源的统计数据都不能直接使用。(　　)

10．典型调查在实践中往往与其他调查结合运用。(　　)

职业技能训练

四、简答题

1．统计调查的种类有哪些？

2．抽样调查有哪些特点和优点？

3．重点调查和典型调查的主要区别是什么？

4．统计调查方案包括哪些内容？

5．举例说明调查对象、调查单位、填报单位之间的关系。

五、指出下列调查的调查对象及调查单位

(1) 某地区商店网点调查；
(2) 某市职工家庭生活调查；
(3) 食品部门零售物价调查；
(4) 住宅调查；
(5) 机械工业设备调查；
(6) 科技人员调查；
(7) 科研机构调查；
(8) 自行车质量调查；
(9) 农产品成本调查；
(10) 扩大企业自主权试点调查；
(11) 基本建设大、中型企业投资效果调查；
(12) 港口货运情况调查。

六、分析题

设某人口普查的标准时点规定为7月1日零点，并以常住人口为普查对象，在标准时点后几天，调查人员遇到下列情况，该如何处理？

1．7月3日在第一家调查时，得知这家7月2日死去1人，在普查表上是否应列为“死亡”？

2．同日在第二家遇到婚礼，10天以前，新婚夫妇办理好结婚登记，调查人员应如何登记这对青年人的“婚否”项目？

3．7月4日到第三家，这家6月30日出生1个小孩，应如何登记？

4．7月4日到第四家，户主告诉调查员：他在7月1日已办理离婚手续，对被询问者的婚姻状况应如何填写？

5．7月5日在第五家，遇到户主的儿子从外地回家探亲，户主对调查员说：他儿子6月25日回家后在派出所办理了一个月的临时户口，试问他的户籍应如何登记？

阅读资料

男人长胡子，因而要刮胡子；女人不长胡子，自然也就不必刮胡子。然而，美国的吉利公司却把“刮胡刀”推销给女人，居然还大获成功。

吉利公司创建于1901年，其产品因使男人刮胡子变得方便、舒适、安全而大受欢迎。进入20世纪70年代，吉利公司的销售额已达20亿美元，成为世界著名的跨国公司。然而吉利公司的领导者并不满足于现状，而是想方设法继续拓展市场，争取更多用户。就在1974年，公司提出了面向妇女的专用“刮毛刀”。

这一决策看似荒谬，却是建立在坚实可靠的市场调查的基础之上的。

吉利公司先用一年的时间进行了周密的市场调查，结果发现在美国30岁以上的妇女中，为保持美好形象，有65%的人要定期刮除腿毛和腋毛。这些妇女除使用电动刮胡刀和脱毛剂之外，主要靠购买各种男用刮胡刀来满足此项需要，一年在这方面的花费竟高达7 500 万美元。相比之下，美国妇女一年花在眉笔和眼影上的钱仅有6 300万美元，染发剂为5 500万美元。毫无疑问，这是一个极有潜力的市场。

根据市场调查结果，吉利公司精心设计了新产品，它的刀头部分和男用刮胡刀并无两样，采用一次性使用的双层刀片，但是刀架则选用了色彩鲜艳的塑料，并将握柄改为弧形以利于妇女使用，握柄上还印压了一朵雏菊图案。这样一来，新产品立即显示了女性的特点。

为了使雏菊刮毛刀迅速占领市场，吉利公司还拟订了几种不同的“定位观念”，到消费者之中征求意见。这些定位观念包括：突出刮毛刀“双刀刮毛”；突出其创造性“完全适合女性需求”；强调价格“不到50美分”；表明产品使用安全的“不伤玉腿”等。

最后，公司采纳了多数妇女的意见，选择了“不伤玉腿”作为推销时突出的重点，刊登广告进行刻意宣传。结果，雏菊刮毛刀一炮打响，迅速畅销全球。

这个案例说明，市场调查研究是经营决策的前提，只有充分认识市场，了解市场的潜在需求，对市场做出科学的分析判断，决策才具有针对性，才能拓展市场，使企业兴旺发达。

第3章

统计数据整理与显示

学习目标

☑ 理解统计数据整理的意义及步骤；
☑ 深刻理解统计分组在数据整理中所起的重要作用；
☑ 掌握变量数列的编制方法；
☑ 了解统计表的设计要求；
☑ 了解统计图的种类及适用场合。

3.1 统计数据整理的意义及步骤

3.1.1 统计数据整理的意义

统计数据整理即统计整理，是根据统计研究的任务，对收集到的原始数据进行审核、分组、汇总，使之条理化、系统化，变成能反映各组及总体特征的综合数据的工作过程。对已整理过的资料（包括历史资料）进行再加工也属于统计整理。统计整理的意义表现为以下三点。

（1）统计整理是我们对客观事物从感性认识上升到理性认识的连接点。通过调查取得的资料只是我们对事物的一种感性认识，只是事物的表象。如果要对客观事物的总体做出正确的分析与判断，就需要对调查资料进行加工整理，实现“由此及彼，由表及里”，由反映个体特征向反映总体综合数量特征转化，从而由感性认识上升到理性认识。统计整理正是我们对事物从感性认识上升到理性认识的连接点。

（2）统计整理是进行统计分析的前提。调查收集到的原始资料往往是杂乱无序的、不系统的、零散的，不能直接用于统计分析或说明问题。这就需要对这些资料进行科学的分组（或分类）和汇总，使之成为便于进行统计分析、判断和解释的形式。数据整理是数据分析的基础和前提，数据整理正确与否，直接影响到分析的准确性和研究结论的客观性。

（3）数据整理在整个统计研究中占有重要地位。数据整理介于数据收集和数据分析之间，在统计研究中起着承上启下的作用，既是数据收集阶段的延续，又是数据分析的基础和前提。数据整理是否得当，直接决定着统计研究目的的实现。不恰当的数据整理，可能使具有丰富信息的原始资料失去科学价值，也可能直接影响到数据分析的准确性和可靠性。由此可见，数据整理是统计研究中具有重要地位的一步。

3.1.2 统计数据整理的步骤

统计数据整理是将收集到的原始数据条理化、系统化，使之符合统计分析与推断的要求。通过整理可以大大简化数据，更有效地显示和提供数据所包含的统计信息。根据统计研究的目的和内容，通常把统计数据整理分为以下几个步骤。

1. 拟订整理方案

整理方案是数据整理工作的指导性文件，体现了整理工作的具体规划和要求，其主要内容是确定数据预处理方法、分组或分类汇总的方式方法、人员及工作进程安排等。在实际工作中，整理方案就是一系列汇总表式的总称，包括一套综合汇总表、填表说明、统一的分类标准或目录等。由于整理方案的正确性和合理性是保证数据整理工作有计划并顺利进行的基础，所以方案设计应力求科学、周密。

2. 数据预处理

数据预处理是在数据分组或分类之前所做的必要处理，包括数据的审核和筛选两个方面。

（1）数据的审核。数据的审核就是对调查收集到的原始资料进行审查和核实，以保证数据整理的质量。因为资料一经汇总，原始资料中的各种差错就会被掩盖起来，毫无疑问，这将直接影响到数据整理和分析的质量。因此，在数据整理之前必须对调查资料进行严格的审核。

对于不同来源渠道取得的数据资料，其审核的内容、方法和侧重点也有所不同。对直接调查取得的第一手资料，主要应从资料的完整性和准确性两个方面来审核。完整性审核主要是检查所有调查单位及其调查项目是否齐全，如不齐全，应查明原因，予以填补。准确性审核主要是审核资料内容是否符合客观实际，数值的计算是否正确。

对于取得的第二手资料，除了对其完整性和准确性进行审核外，还应着重审核数据的适用性和时效性。适用性审核是从资料来源、背景资料、数据计算口径等方面确定资料是否符合分析研究的需要。时效性审核主要是从资料的及时性角度来判断所得数据是否反映了研究问题的最新进展和动态，对于有些时效性较强的问题，如果所取得的数据过于滞后，就会失去研究的意义。一般而言，应尽可能使用最新的统计数据。

（2）数据的筛选。数据的筛选是在数据审核基础上，对发现的不能纠正的错误数据或不符合要求而又无法弥补的数据，在进行正式整理前加以剔除的过程。数据筛选包括两方面内容：① 将某些不符合要求的数据或有明显错误的数据予以剔除。② 将符合某种特定条件的数据筛选出来，不符合特定条件的数据予以剔除。数据筛选可借助计算机自动完成。

3. 统计分组或分类

统计分组或分类是数据整理的关键环节，也是一切统计研究的基础，在统计研究中占有十分重要的地位。有关统计分组或分类的详细内容在下一节做详细论述。

4．统计汇总

在统计分组的基础上，将所有数据分别归纳到各组中去，计算各组单位数和总体单位数，计算出各组指标和总体指标的数值，使反映总体单位的资料转化为反映总体的综合数量特征，这一过程称为统计汇总或数据汇总。数据汇总技术主要有手工汇总和计算机汇总两种。手工汇总是借助算盘和小型计算器等手工操作方式进行的汇总。而在计算机日益普及的今天，计算机汇总技术已广泛应用于统计工作中。采用计算机汇总主要分为以下几个步骤。

（1）选择合适的软件包或自编程序。目前，适用于统计研究的软件有 Excel、SPSS、SAS 等多种，研究者可根据实际需要选择使用。此外，研究者还可以根据需要自编程序完成数据整理工作。

（2）编码。编码就是把收集到的文字信息转换为数字代码的工作。

（3）数据输入。数据输入是指将调查收集到的数据和精编码后的数据记载到存储介质上的工作。

（4）数据预处理。数据预处理是指按照一定的逻辑检查规则，对已存储的原始资料进行分析、比较、筛选等工作。

（5）计算并自动编码。计算并自动编码是指按照程序进行信息处理，并把已经运行处理的统计整理以汇总表的形式显示出来，从而完成数据整理汇总的工作。另外，根据需要还可以通过输出设备将结果打印出来。

5．编制统计表、绘制统计图

数据分组和汇总后，将汇总得到的各项资料编制成各种统计表，再将表中的数据根据需要绘制成不同形状的统计图。统计表和统计图是数据整理结果的基本表现形式，可以更加直观、简明地反映客观现象数量方面的具体表现和相互关联，便于进一步的数据分析。有关统计图表的内容将在后续章节中详细介绍。

> 【小思考】
> 统计整理的关键环节是什么？

3.2　统计分组

既然统计分组或分类是统计整理的关键环节，所以，本节有必要对统计分组或分类的基础知识和技术坏节做进一步的论述。

3.2.1　统计分组的概念

根据统计研究目的和现象的内在特点，将现象总体按照某一（或某些）标志划分为性质不同的组成部分，称为统计分组或分类。通过分组，可以将现象总体区分为性质不同的几个部分，使性质不同的单位分开，性质相同的单位合在一个组内，这样有助于从数量方面揭示总体内部各部分之间的关系，更深入地研究总体的特征和规律性。例如，把国民经济划分为第一产业、第二产业、第三产业等产业部门，并汇总计算出它们的增加值，就可以分析国民经济的结构构成、各产业部门之间的比例关系以及数量关系的发展变化趋势。又如，将某班学生按统计学考试成绩分组，并计算出各组人数和每组人数占总人数的比重，这样就可以看出该班学生统计学学习的基本情况，揭示出该班学生学习成绩的构成、比例关系、集中趋势等。

在通常情况下，对定性数据主要做分类整理，称为统计分类；对定量数据主要做分组整理，称为统计分组。以下均简称为统计分组。

3.2.2 统计分组的作用

1．统计分组整理后，可以发现其特点与规律

【例 3-1】某公司有 10 个工人小组共 100 人，生产定额是每人每天生产零部件 500 件，2 月 10 日每个工人的实际生产完成情况如下（单位：件）。

一组：520 520 520 520 550 550 580 580 580 580
二组：540 540 540 540 540 540 540 540 540 540
三组：540 540 540 540 540 540 540 540 580 580
四组：520 520 520 520 530 500 500 500 500 500
五组：510 510 520 520 520 500 510 510 500 500
六组：530 530 530 540 620 620 620 620 720 720
七组：720 720 630 630 630 630 620 620 620 620
八组：650 650 650 650 650 650 650 650 650 650
九组：580 580 580 580 580 580 580 580 580 580
十组：480 480 480 480 480 450 450 420 430 430

上述资料中，我们只能大体看出各组完成的生产情况有高有低，但很难看出 100 人总的生产情况及特点。下面将资料进行分组并汇总观察（见表 3-1）。

表 3-1　某公司生产工人完成生产定额情况

按完成件数分组（件）	工人人数（人）
500 以下	10
500～550	48
550～600	16
600～650	12
650～700	10
700 以上	4
合　计	100

从表 3-1 的资料中，我们可以对该车间的生产情况做出综合评价，其特点为：① 90%的工人完成了生产定额；② 在完成生产定额的工人中，略超过生产定额的工人（完成 500～550 件）占 48%，超过生产定额较多的工人占 42%。总的结论是该车间工人生产定额完成得比较好，绝大多数能完成或超额完成生产定额。如果不经过上述分组，就难以总结出这些特点。

2．划分社会经济类型

统计分组的根本作用在于区分现象的质。经济现象千差万别，性质各异，任何一批数据都存在着差异，在进行统计分组之前，这种差异处于无序状态，显现不出来，通过统计分组后，即可反映出统计总体的基本性质和特征。分组实际上就是按差异的大小进行分类，差异小的归入一组，差异大的归入不同的组。因此，统计分组的结果使组内的差异缩小，而组与组之间的差异扩大。所以说，统计分组的过程就是区别事物性质的过程。因此，要了解各种社会经济现象的性质、特点及其相互关系，就必须按某种标志把它们划分为性质不同的部分，即划分社会经济类型。统计分组是确定社会经济现象各种类型的基础，例如，将国民经济按三个产业划分；将工业企业按所有制的不同划分、按轻重工业划分；居民按城镇、农村划分，从而说明不同的经济类型特点。一般来说，社会经济类型的分组多采用品质标志来划分。表 3-2 是我国 2008 年国内生产总值增加值按三个产业划分的情况。

表 3-2　2008 年我国三大产业 GDP 增加值统计

产业类型	GDP 增加值（亿元）	比上年增长的百分比（%）	各产业增加值所占比重（%）
第一产业	34 000	5.5	11.3
第二产业	146 183	9.3	48.6
第二产业	120 487	9.5	40.1
合　计	300 670	9.0	100.0

表 3-2 中的数据表明，2008 年我国国民经济在国际金融危机的背景下仍有较快较平稳的发展。其中，第二产业、第三产业发展较快，占总增加值的 80%以上。

3．研究总体内部的结构

统计往往对总体按某一标志进行分组，并计算总体内各组成部分占全体的比重，以此来说明各个组成部分在总体中的分布状况，反映现象的内部结构和结构变化，从而揭示现象的性质和发展变化的规律。

表 3-3 是某企业工人按月产量统计分组的资料。

表 3-3　某企业工人按月产量分组

按月产量分组（件）	工人人数（人）	各组人数占总人数的比重（%）
150 ~ 160	60	5.61
160 ~ 170	120	11.21
170 ~ 180	120	11.21
180 ~ 190	140	13.08
190 ~ 200	150	14.02
200 ~ 210	180	16.82
210 ~ 220	220	20.57
220 以上	80	7.48
合　计	1 070	100

从表 3-3 中可以看出，该企业工人生产零件数量比较均匀，绝大部分都在 160 ~ 220 的水平，160 以下和 220 以上的仅占总数的 13.09%。

4．分析现象之间的依存关系

社会经济现象不是孤立存在的，因而各现象之间必然存在广泛的联系和制约关系，一种现象的变化常是另一种现象变化的原因或结果。通过统计分组，可以揭示现象之间的这种依存关系。例如，施肥量与农作物产量之间、工人劳动生产率和产品成本之间、商品销售额与流通费用率之间，这些方面的依存关系，都可以利用分组法说明影响因素对结果因素的作用程度，更好地揭示现象之间的依存关系。如某地小麦播种量与亩产量的对应关系如表 3-4 所示。

表 3-4　某地小麦播种量与亩产量的对应关系

播种量（千克/亩）	4.5	7.5	10.0	14.5
产量（千克/亩）	225	300	290	227

在灌溉条件与施肥量基本相同的情况下，以播种量为分组标志进行分组，统计各组平均亩产量，其结果从表 3-4 中可以看出合理密植与产量之间的依存关系。这种依存关系，只有通过分组才可以观察到。

3.2.3　统计分组的方法

1．正确选择分组标志

分组标志的选择是统计分组的关键。分组标志即将同质总体区分为不同组的标准或依据。分组标志一旦选定，就必然突出了总体在该标志下的性质差别，其他的差别就看不见了。分组标志如果选择不当，不但无法显示现象的根本特征，甚至还会混淆事物的性质，歪曲社会经济的真实情况。正确选择分组标志，需要注意以下几方面内容。

（1）根据统计研究的目的选择分组标志。统计总体的各个单位有很多标志，应该选择什么样的标志作为分组标志，需要依统计研究的目的而定。例如，某高等院校在校学生这一总体中，每个在校学生是总体单位。而每位学生有年龄、身高、性别、体重、民族、政治面貌和学习成绩等许多标志。如果要分析该校学生的年龄结构，就要选择年龄作为分组标志；如果要反映学生的学习成绩构成，就要选择每门课程的平均成绩作为分组标志；如果要研究学生的性别结构，就要选择性别作为分组标志。总而言之，对于不同的研究目的，需要选择不同的分组标志。

【小思考】

对工人总体，如果研究的任务是分析工人的文化素质，那么应选择的分组标志是什么？如果研究的目的是分析工人的劳动能力状况，那么又应选择什么标志分组呢？

（2）选择最能反映事物本质特征的标志进行分组。事物的标志多种多样，有些标志是根本性的、主要的标志，能够反映事物的本质，而有的则是非本质的次要标志。例如，要研究我国经济结构的特点，经济类型、产业结构等都是最基本的标志。又如，要研究企业的经济效益好坏，可供选择的标志也非常多，如总产值、净产值、增加值、销售收入、利税额、劳动生产率、单位产品成本、资金占用额等，然而，更能综合反映企业经济效益的则是利税额。因此，在进行分组时，要从统计研究的目的出发，从若干标志中选择最能反映事物本质特征的主要标志进行分组。

（3）选择分组标志时，要考虑到现象发展的历史条件。社会经济现象处在不断发展变化之中，历史条件变了，事物的特征也会发生变化，也就是说最能反映现象本质特征的标志自然也将随之变化。例如，研究旧中国的人口状况时，阶级是反映人口本质特征的标志，人口按阶级分组就是最本质、最重要的分组。但现在来研究我国的人口状况，就要把职业作为分组标志，才能正确地反映人口的状况。所以说，在不同的经济条件下，分组标志的选择也是不同的。例如，对于劳动密集型产业，应采用职工人数作为分组标志来反映各企业生产规模的大小；而对于技术密集型产业，反映各企业生产规模大小就要选用固定资产价值或产值作为分组的标志。

2．按品质标志或按数量标志分组

统计分组根据分组标志的性质不同，可分为按品质标志分组和按数量标志分组两大类。按品质标志分组即定性数据的分组，按数量标志分组即定量数据的分组。

（1）按品质标志分组。按品质标志分组是指选择能够反映事物属性差异的品质标志作为分组标志进行分组。按品质标志分组能直接反映事物间质的差别，给人以明确、具体的概念。因为事物的属性差异是客观存在的，有些品质标志分组由于界限清晰，当分组标志有几种具体表现时，就分成几组。例如，人口按性别、民族、职业、文化程度等分组；企业总体按所有制分为国有、集体、联营、股份合作、其他等组。有些品质标志分组时就很复杂，其相邻组之间的界限不容易划清。有些虽然在理论上容易区分，但在实际社会经济生活中却难于辨别。如人口按城乡分组，居民一般分为城市和乡村两组，但因目前还存在一些既具备城市形态又具备乡村形态的地区，所以在分组时就需慎重考虑。其他如部门分类、职业分类也都存在同样的问题。因此，在实际工作中，为了便利和统一，联合国及各个国家都制定有适合一般情况的标准分类目录，如我国就有《国民经济行业分类目录》、《工业部门分类目录》、《商品目录》等。这样的标准目录通常被称为统计标准化。下面将统计标准化的主要内容进行介绍。

统计标准化是指在统计实践中，对重复性事物和概念，通过制定、发布和实施标准，达到统一，显示出统计的最佳效益。其内容有指标体系的标准化、分类标准化、基本术语标准化、编码标准化等。

统计分类标准按其适用范围的不同分为国家标准、行业标准、地方标准、企业标准。

1）国家标准是指对全国信息的采集、处理和交换具有重要意义的，在全国范围内适用的分类，由国家统计局会同有关部门制定，并经国家标准化部门（技术监督局）批准发布的标准。

2）行业标准与地方标准是指由国务院主管部门及省市自治区人民政府标准化主管部门制定发布的，只在本行业本地区范围内适用的分类标准。

3）企业标准是指在没有合适的上级标准的情况下，由企业单位或其上级标准化主管部门发布的分类标准。该标准只是对上级标准的补充、重组、延伸、细化，不得与上级标准抵触，并保证能兼容和转换。

统计分类标准化具有下列作用：① 是实现信息共享，深入开发统计资料的一个前提条件。② 是建立统计信息化系统的一个前提条件。③ 是建立国民经济核算体系的一个前提条件。

国民经济中常用以下几种分组标准：经济类型分类（国有、集体、私营、个体、联营、股份、外商投资、港澳台投资、其他）；三大产业分类（第一产业农业、第二产业工业、第三产业其他各业）；行业分类；机构部门分类（非金融企业部门、金融企业部门、政府部门、住户部门）；大中小型企业分类。

（2）按数量标志分组。按数量标志分组的目的事实上并不是单纯确定各组在数量上的差别，而是要通过数量上的差别来区分各组的性质，反映总体本质的特征。因此，在按数量标志进行分组时，应当根据其研究目的，首先确定总体在已选定的数量标志的特征下有多少种性质不同的组成部分，然后再研究确定各组成部分的数量界限，使分组的数量界限能够明确地区分现象性质上的差别。数量标志分组方法包括以下几个方面。

1）单项式分组和组距式分组。对于离散型变量，如果变量值的变动幅度小，并且变化又很均匀，就可以以一个变量值对应一组，称单项式分组。如居民家庭按儿童数或人口数分组、纺织工人按看管的机器台数分组等，均可采用单项式分组。

如果离散型变量变量值的变动幅度很大，变量值的个数很多，这时若采用单项式分组，很可能出现组数过多，各组又没有几个单位的情况，而且不能很好地反映各总体单位在各组的分布状况，这时分组就失去了意义。例如，按职工人数对工业企业进行分组，由于各企业的职工人数差别很大，采用单项式分组就很不现实，因此这时就需要采用组距式分组。

对于连续型变量，由于其变量值是连续不断的，不能一一列举，故不能采用单项式分组，而只能采用组距式分组。

把全部变量值依次划分为几个区间，各个变量值则按其大小确定所归并的区间，区间的距离称为组距，这样的分组称为组距式分组。在组距式分组中，被分成的各个组不是一个具体的数值，而是一个数值区间。其中用于表示各组数量界限的变量值称为组限，组内的最小值为该组的下限，最大值为该组的上限。

进行组距式分组，组距和组数的确定是很重要的。在确定组距和组数时，应以能够显示数据分布特征和规律为目的，同时还应考虑到组内的同质性。如果组距过大，组数过少，分组虽然简单，但可能将性质不同的单位分在同一组内，如果这样的话，数据分布特征的真实性将受到影响。而如果组距过小，组数过多，则数据的分布又过于分散，不便于了解数据分布的集中趋势。总之，分组时应根据统计研究的目的和数据本身的特点，确定适当的组距与组数。

2）等距分组和不等距分组。组距式分组有等距分组和不等距分组之分。各组组距都相等的分组，称为等距分组。各组组距不都相等的分组，称为不等距分组，也叫异距分组。如果变量值变动比较均匀，就可以采用等距分组；如果变量值变动很不均匀，变动幅度较大，此时则需要采用不等距分组。例如，对人口总体按年龄进行分组，便可根据人口成长的生理特点分成 0 ~ 6 岁（婴幼儿组）、7 ~ 17 岁（少儿组）、18 ~ 59 岁（中青年组）、60 岁以上（老年组）四组。具体分组时采用哪种组距，要根据总体性质和研究目的而定。一般情况下，尽量采用等距分组，以便比较分析数据的频数分布特征。

3）组限重叠和组限不重叠的分组。划分组距式分组的分组界限是统计分组的又一关键点。采用组距式分组时，各组组限的划分应遵循“不重不漏”的原则。“不重”，是指一项数据只能分在其中的某一组，不能在其他组中重复出现；“不漏”，是指组别必须穷尽，即所分的全部组别要包含所有数据，不能遗漏任何一项。为解决“不重”问题，对于离散型变量，可以采用相邻组限间断（不重叠）的办法。例如，企业按工人人数分组可表示为 199 人以下、200 ~ 499 人、500 ~ 999 人、1 000 ~ 1 999 人、2 000 人以上等。而对于连续型变量，则必须采用相邻组限重叠的方法，通常根据“上组限不在本组内”的规定解决“不重”的问题，即在分组时，采用某一组的上限同时也是下一组的下限这样的重叠组限，刚好等于某一组上限的变量值不计算在本组内，而计算在下一组内。例如，学生按考试成绩分组可分为 60 分以下、60 ~ 70 分、70 ~ 80 分、80 ~ 90 分、90 分以上五组，70 分这个变量值既是 60 ~ 70 分这一组的上限，也是 70 ~ 80 分这一组的下限，在分组时，70 分不计算在 60 ~ 70 分这一组内，而归到 70 ~ 80 分这一组。为便于计算分析，对于离散型变量也可以采用相邻两组组限重叠的方法，一般遵循“上组限不在本组内”的规定解决“不重”问题。

在组距式分组中，如果数值中有极大值或极小值存在，为避免出现空白组或个别极端值被漏掉，则第一组和最后一组可以采用“××以下”及“××以上”这样的开口组。

组距式分组掩盖了组内数据分布的状况，为反映各组数据的一般水平，通常用组中值作为该组数据的一个代表值。每组上下限之间的中点数值称为组中值，即组中值=（上限+下限）/2。开口组的组中值一般参考相邻组的组距计算，其计算公式为：

缺下限的开口组的组中值=上限−相邻组组距/2

缺上限的开口组的组中值=下限+相邻组组距/2

使用组中值代表数据的一般水平时，通常假定各组数据在本组内呈均匀分布，若不满足假定条件，那么用组中值作为一组数据的代表值就会有一定的误差。

综上所述，离散型变量根据实际情况既可采用单项式分组，也可采用组距式分组，组限既可重叠，也可不重叠；而连续型变量只能采用组距式分组，并且组限必须重叠。

3．简单分组和复合分组

根据数据分析的需要，可以对调查数据进行简单分组或复合分组。所谓简单分组，是指对总体只按一个标志进行的分组。例如，人口总体只按性别分组，学生总体只按考试成绩分组等。

所谓复合分组，是指对研究总体按两个或两个以上标志进行的多层次分组。例如，职工总体先按技术级别分组，在此基础上再按性别分组，如图 3-1 所示。

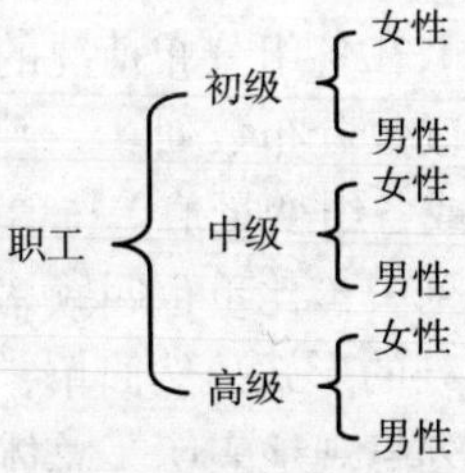

图 3-1　复合分组

4．统计分组体系

（1）平行分组体系。对同一总体同时选择两个或两个以上的标志分别进行简单分组，然后并列在一起，就形成了平行分组体系。例如，为了了解我国工业企业的一些基本情况，可以按所有制、轻重工业、企业规模等分组。平行分组体系的特点是，每个分组只能固定一个因素对差异的影响，不能固定其他因素对差异的影响。应用平行分组体系，其多种分组相互独立而不重叠，既可以从不同角度、不同方面对某一社会经济现象做出比较全面的说明，反映事物的多种结构，又不至于使分组过于烦琐，因而这种分组被广泛采用。

（2）复合分组体系。将总体按两个或两个以上的标志结合起来进行层叠分组，就形成了复合分组体系。具体而言，就是先按一个标志分组，然后再按另一个标志对已经分好的各个组进行再分组。例如，对我校学生先按专业分组，再按性别进行分组；工业企业先按经营组织形式分组，然后再按规模大小进行分组。复合分组体系的特点是，第一次分组只固定一个因素对差异的影响，第二次分组同时固定两个因素对差异的影响，依次类推，当最后一次分组时，所有的分组标志对差异的影响已全部被固定。复合分组体系不但可以深入细致地研究总体的内部结构，而且反映问题也全面深入。但其组数会随着分组标志的增加而成倍地增加，从而使各组的单位数减少，次数分布不集中，不易揭示总体的本质特征。因此，复合分组不宜采用过多的分组标志，也不宜对较小总体进行复合分组。

【小思考】

（1）统计分组是对数据进行的简单分类吗？通过分组数据应达到何种要求？

（2）数值型变量进行分组时，单项式分组、组距式分组、等距分组、不等距分组、组限重叠的分组、组限不重叠的分组都适合什么情况？

（3）如何计算闭口组、开口组的组中值？组中值能代表一个组的平均水平吗？

3.3 次数分布

3.3.1 次数分布的概念

次数分布是指将总体中的所有单位按某个标志分组后，所形成的总体单位数在各组之间的分布。分布在各组的总体单位数叫做次数或频数。各组次数与总次数之比叫做比重、比率或频率。次数分布是统计分组的必然结果，是反映统计总体中所有单位在各组间的分布状态和分布特征的一个数列，因此，也可以称为次数分布数列、频数分布数列，简称分布数列或分配数列。例如，人口按性别分组后形成的人口数在各组分布情况的数列，学生按年龄分组后形成的学生人数在各组分布情况的数列等，都是次数分布数列。

次数分布数列主要由各组名称（或各组变量值）与各组单位数（次数或频数）两部分构成。有时也可把比重（频率）列入分布数列中（比重也叫频率，是各组频数与总频数之比，它的数值永远大于 0 而小于 100%）。分布数列的形式虽然简单，但它是统计整理的重要表现形式，在统计研究中具有重要的意义。分布数列直观地表明了总体单位的分布特征和结构状况，在此基础上还可进一步研究其构成、平均水平及其变动规律，是进行统计分析的重要手段之一。

根据分组标志的性质不同，可以把分布数列分为品质分布数列和变量分布数列两类。

按品质标志分组形成的分布数列叫品质分布数列，简称品质数列，如表 3-5 所示。

表 3-5　某校某专业学生的性别分布

按性别分类	人数（人）	比重（%）
男	250	32.1
女	530	67.9
合　计	780	100.0

对于品质数列，如果分组标志选择恰当，现象性质的差异就表现得比较明显，总体中各组的划分也就比较容易，因此，品质分布数列的编制比较简单，在此不赘述。对于变量数列，现象在数量上的差异表现得比较明显，而在性质上的差异却不显著。若按同一数量标志进行分组，也可能形成多种变量数列。因此，我们有必要对变量数列做进一步讨论。

3.3.2　变量数列的种类

变量数列有单项式数列和组距式数列两种。

数值型变量按单项式进行分组后，计算各组的单位数，形成的数列叫单项式数列（见表 3-6）。

表 3-6　某企业工人日产量完成情况（单项式数列）

按日产量分组（件）	工人人数（人）	比重（%）
25	10	6
26	20	10
27	30	17
28	50	28
29	40	22
30	30	17
合　计	180	100

数值型变量按组距式进行分组后，计算各组的单位数，形成的数列称为组距式数列。

因为组距有等距和不等距之分，因此，分布数列也有等距数列和异距数列之分（见表 3-7 和表 3-8）。

表 3-7　某地区商业企业销售收入统计（等距数列）

销售收入（万元）	企业数（家）	比重（%）
80 ~ 90	2	7.14
90 ~ 100	4	14.29

续表

销售收入（万元）	企业数（家）	比重（%）
100 ~ 110	16	57.14
110 ~ 120	6	21.43
合　计	28	100

表 3-8　某地区人口年龄构成（异距数列）

按年龄分组	人口数（万人）	比重（%）
0 ~ 6 岁（婴幼儿组）	350	17.50
7 ~ 17 岁（少儿组）	380	19.00
18 ~ 59 岁（中青年组）	1 110	55.50
60 岁以上（老年组）	160	8.00
合　计	2 000	100

3.3.3　变量数列的编制

1. 变量数列的编制步骤

（1）将原始资料按其数值大小排列。只有把得到的原始资料按其数值大小排列顺序，才能看出变量分布的集中趋势和特点，为确定全距、组距和组数做准备。

（2）确定全距。全距是变量值中最大值和最小值的差数。确定全距，主要是确定变量值的变动范围和变动幅度。如果是变动幅度不大的离散变量，即可编制单项式数列，如果是变量幅度较大的离散变量或连续变量，就要编制组距式数列。

（3）确定组距和组数。前已述及，组距数列有等距和不等距之分，应视研究对象的特点和研究目的而定。组距的大小和组数的多少，是互为条件和互相制约的。当全距一定时，组距大，组数就少；组距小，组数就多。在实际应用中，组距应是整数，最好是 5 或 10 的整倍数。在确定组距时，必须考虑原始资料的分布状况和集中程度，如果变量值分布比较均匀就编制等距数列，如果变量值分布很不均匀，就编制异距数列，注意组内的同质性和组间的差异性，尤其是对带有根本性的质量界限的数值，如学习成绩 60 分、完成计划 100%等，绝不能混淆，否则就失去了分组的意义。

在等距分组条件下，存在以下关系：组数=全距/组距。

（4）确定组限。组限要根据变量的性质来确定。如果变量值相对集中，没有特大或特小的极端数值时，则采用闭口式，使最小组和最大组都有下限和上限；反之，如果变量值相对比较分散，则采用开口式，使最小组只有上限（用“××以下”表示），最大组只有下限（用“××以上”表示）。如果是离散型变量，则可根据具体情况采用不重叠组限或重叠组限的表示方法，而连续型变量则只能用重叠组限来表示。

在采用闭口式时，应做到最小组的下限低于最小变量值，最大组的上限高于最大变量值，但不要过于悬殊。

（5）编制变量数列。经过统计分组，明确了全距、组距、组数和组限及组限的表示方法以后，就可以把变量值归类排列，最后把各组单位数经综合后填入相应的各组频数栏中，并计算出各组频率，这样便形成变量数列。有时根据需要也可编制累计频数、累计频率数列。

2．变量数列的编制实例

（1）单项式数列的编制。

【例 3-2】某市调查 500 户家庭的人口数，从这 500 户家庭人口的原始资料中，我们只能看出人口的分布是 1~5，其他什么也看不出来，这就有必要编制分配数列，以反映人口的分布规律。由于人口数是离散型变量，变量值的变动幅度为 1~5，故适合编制单项式数列，将每个变量值作为一组，形成如表 3-9 所示的分配数列。

表 3-9 单项式数列

家庭人口（人）	户数（户）	比重（%）
1	8	1.6
2	30	6.0
3	320	64.0
4	120	24.0
5	22	4.4
合 计	500	100.0

从表 3-9 可以清楚地看出，该市这 500 户家庭的人口数以 3 口人居多，有 320 户，占总数的 64%，其次是 4 口人，有 120 户，占总数的 24%，1 口人、2 口人和 5 口人家庭较少，分别占总数的 1.6%、6%和 4.4%。

（2）组距式数列的编制。

【例 3-3】某班 40 名同学统计学课程考试成绩资料如下（单位：分）。

68	89	88	84	86	87	75	73	72	68
75	82	99	58	81	54	79	76	95	76
71	60	91	65	76	72	76	85	89	92
64	57	83	81	78	77	72	61	70	87

要分析学生的考试成绩，我们可以通过编制变量分配数列来反映学生的学习成绩情况。

1）将原始资料按顺序排列，确定变量值的变动范围。从排列中可以看出成绩的变动范围和最大值、最小值，以及基本的集中趋势。

54	57	58	60	61	64	65	68	68	70
71	72	72	72	73	75	75	76	76	76
76	76	77	78	81	81	82	83	84	85
86	87	87	88	89	89	91	92	95	99

学生成绩的基本情况是：最低分54分，最高分99分，成绩的变动幅度在54～99分，差距为99–54=45（分）。另外，从数列中可看出大多数学生的成绩在60～90分。不及格和优秀的学生不多。

2）确定组数和组距。为反映总体不同性质组成部分的分布特征，可以考虑用组距式分组。根据研究对象的具体情况，对学习成绩的分析主要从不及格、及格、中、良好及优秀方面来考虑，于是考虑分组为5组。

接下来确定组距。从资料及研究目的考虑，采用等距分组比较合适，因而就有：组距=（最大值–最小值）/组数=45/5=9（分）。从计算角度出发，组距一般用5或10的倍数为好，尽量用整数，所以用10分作为组距。

3）确定组限和组限的表示方法。习惯上用离散型变量的方法表示成绩。用整数来做组限，用重叠组限的形式，此外，还要注意，最低组的下限要小于最小变量值，最高组的上限应高于最大变量值。根据上面的分析分别统计各组学习成绩出现的次数并计算频率，形成变量分配数列（见表3-10）。

表3-10　变量分配数列

按成绩分组（分）	学生人数（人）	比重（%）
60以下	3	7.5
60～70	6	15
70～80	15	37.5
80～90	12	30
90～100	4	10
合　计	40	100

从变量数列中可以看出这个班学生在不同层次的分布。

4）在分组计算的基础上计算累计频数和累计频率。如果从最小变量值向最大变量值累计，称为向上累计，反之为向下累计（见表3-11）。

表3-11　累计频数和累计频率

向上累计				向下累计			
成绩分组上限	频数	累计频数	累计频率（%）	成绩分组下限	频数	累计频数	累计频率（%）
60	3	3	7.5	50	3	40	100
70	6	9	22.5	60	6	37	92.5
80	12	21	52.5	70	12	31	77.5
90	15	36	90	80	15	19	47.5
100	4	40	100	90	4	4	10
合　计	40	—	—	合　计	40	—	—

向上累计的意义是可以知道各组上限以下的累计频数或累计频率。表 3-11 第一组说明在 40 名学生中，考试成绩在 60 分以下的有 3 人，占总数的 7.5%，第二组则说明成绩在 70 分以下的有 9 人，占总数的 22.5%，依次类推。

向下累计的意义是可以知道各组下限以上的累计频数或累计频率。例如，表 3-11 第五组表示在 40 名学生中，90 分以上的学生有 4 人，占总数的 10%，第四组表示成绩在 80 分以上的有 19 人，占总数的 47.5%，依次类推。

这里需要指出的是，编制组距式变量数列，对该用多大组距、组数多少，开始时可能有些盲目，不妨先按小组距分组，然后逐步合并组距，从比较中择其优者。

3.3.4　次数分布的主要类型

各种不同性质的现象有着各自特殊的次数分布。我们在编制分布数列时就要考虑该现象本身的特点，尽量与现象的分布特征一致。总的来说，社会经济现象主要包括钟形、U 形和 J 形三种分布类型。

1. 钟形分布（正态分布）

钟形分布又称正态分布，它的特征是两头小，中间大，即靠近中间的变量值分布的次数多，靠近两边的变量值分布的次数少，其曲线图宛如一口钟，如图 3-2 所示。

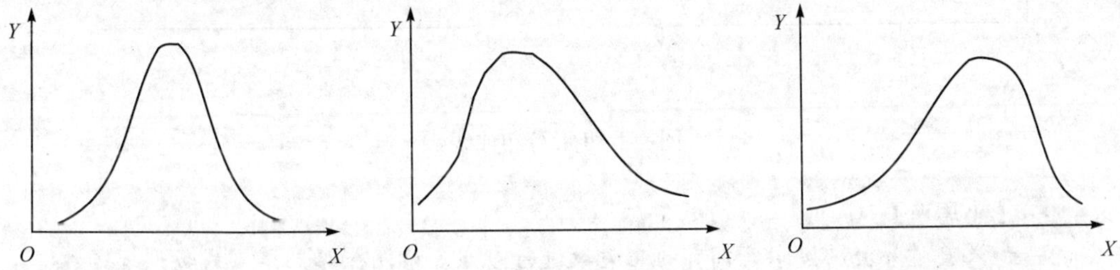

（a）正态分布　　（b）偏态分布（右偏）　　（c）偏态分布（左偏）

图 3-2　钟形分布曲线

如图 3-2（a）所示，其分布特征是以标志变量中心为对称轴，左右两侧对称，两侧变量值分布的次数随着与中间变量值距离的增大而渐次减少。在统计学中称这种分布为对称分布。而图 3-2（b）和图 3-2（c）为非对称分布，它们各有不同方向的偏态，即右偏态分布和左偏态分布。

在实际生活中，许多社会现象统计总体的分布都趋于正态分布。如我国某地区成年男子身高的分布、某地块中麦穗长度的分布、某企业工人生产零件数的分布、学生学习成绩的分布等。正态分布是描述统计中的一种主要分布，它在社会经济统计分析中具有重要的作用。

2. U 形分布

U 形分布的形状与钟形分布相反，靠近中间的变量值分布次数少，靠近两端的变量值分布次数多，形成两头大，中间小的 U 形分布。如人口死亡率的分布，即人口总体中，幼儿和老人死亡率高，而中青年死亡率低，如图 3-3 所示。

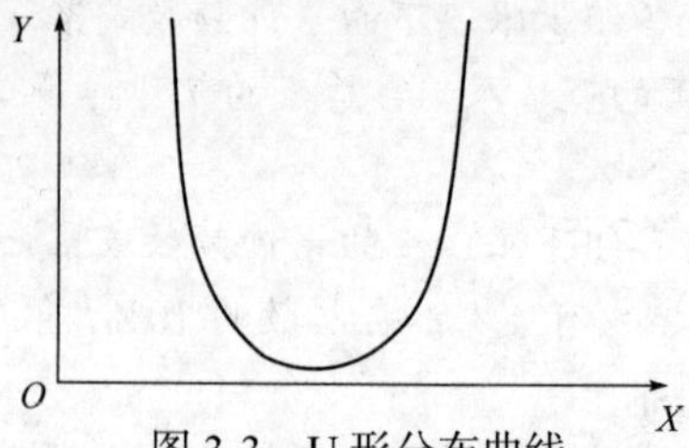

图 3-3　U 形分布曲线

3．J 形分布

J 形分布有两种类型：一种是次数随着变量值的增大而增多，如投资按利润率大小的分布，如图 3-4（a）所示。另一种呈反 J 形分布，即次数随着变量值增大而减少，如随着产品产量的增加，产品的单位成本下降，如图 3-4（b）所示。

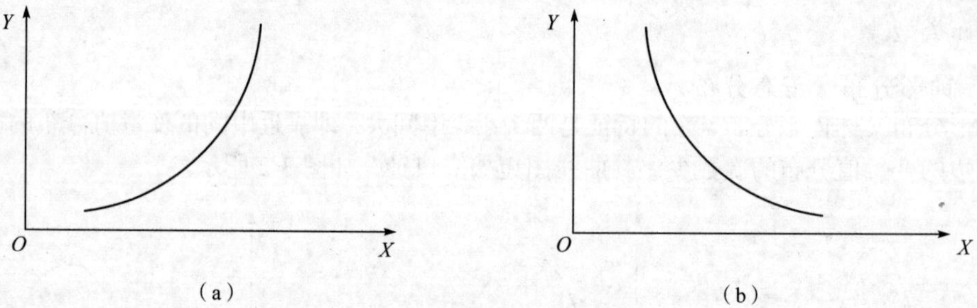

图 3-4　J 形分布曲线

【小思考】

如果要对某地区按家庭拥有的儿童数进行分组，请问应编制单项式数列还是组距式数列？为什么？如果对某地区的所有工业企业按产值分组，又应编制什么样的数列？为什么？

3.4　统计资料的显示

3.4.1　统计表

将前文提到的分布数列画上横竖交叉的线条，就形成了频数分布表。它是统计表的一种简单形式。以下简述统计表的一般定义、结构及设计要求。

1．统计表的定义和结构

统计表是显示统计资料的一种基本形式。统计调查所得来的原始资料，经过分组、汇总整理，得到说明社会现象及其发展过程的数据资料后，将这些数据资料按一定的顺序排列在表格上，就形成了统计表。

广义的统计表包括统计工作各个阶段中所用的一切表格，如调查表、整理表、计算表等。

狭义的统计表专指分析表和容纳各种统计资料的表格，即通常所说的统计表，它清楚地、有条理地显示统计资料，直观地反映统计分布特征，是统计分析的一种重要工具。

统计表的结构，可以从表式和内容两个方面来加以认识。

（1）从表式上看，统计表是由纵横交叉的线条组成的一种表格，内容包括总标题、横行标题、纵栏标题和数字资料四部分。

总标题是统计表的名称，它简要地说明表的基本内容，并指明时间和范围，置于统计表格的正上方。

横行标题是横行的名称，一般放在表格的左方；纵栏标题是纵行的名称，一般放在表格的上方。横行标题和纵栏标题共同说明填入表格中的统计数字所指的内容。

数字资料列在横行和纵栏的交叉处，也就是指标数值，它用来说明总体及其组成部分的数量特征，是统计表格的核心部分。

（2）从内容上看，统计表由主词栏和宾词栏两部分构成。主词栏是统计表所要说明的总体及其组成部分，一般都列在表的左半部分；宾词栏是统计表用来说明总体数量特征的各个统计指标及其数值，一般都列在统计表的右半部分。

除此之外，统计表还有补充资料、注解、资料来源、填表单位、填表人等附加内容，一般放在表的右下方。

【小思考】

请指出表 3-12 中的表头、横行标题、纵栏标题、数字资料、主词栏、宾词栏、附注。

表 3-12　2008 年我国对主要国家和地区货物进出口额及其增长速度

单位：亿美元

国家和地区	货物出口额	比上年增长（%）	货物进口额	比上年增长（%）
欧盟	2 929	19.5	1 327	19.6
美国	2 523	8.4	814	17.4
中国香港	1 907	3.4	129	0.9
日本	1 161	13.8	1 507	12.5
东盟	1 141	20.7	1 170	7.9
韩国	740	31.0	1 122	8.1
俄罗斯	330	15.9	238	21.0
印度	315	31.2	203	38.7
中国台湾	259	10.3	1 033	2.3

注：表中资料来源于国家统计局《2008 年统计公报》。

2. 统计表的设计要求

统计表的设计要求是科学、实用、简练、美观。具体地说，设计统计表时有以下几点需要注意。

（1）统计表的表头。表头应包括表号、总标题和表中数据的单位等内容。总标题应能够简明确切地概括出统计表的内容，一般需要表明统计数据的时间、地点、种类。如果表中全部数据都是同一计量单位，可在表的右上角标明，若各指标的计量单位不同，则应在每个指标后加以标明。

（2）统计表的结构。行、列标题要简明、准确，便于分析。位置安排要合理。由于强调的问题不同，横行标题和纵栏标题有时可以互换，但应使统计表的横竖长度比例适当，避免出现过宽或过长的表格形式。

（3）统计表的表式。统计表是由纵横直线垂直交叉而形成的长方形表格，表中的上下两条横线一般用粗线，中间各线则用细线。表的纵栏之间必须用细线划分，而横行之间则不一定划分，即编制成三线表形式。通常情况下，统计表的左右两边不封口。当统计表纵栏较多时，应对各栏加以编号。习惯上对不填数字的各栏以（甲）、（乙）、（丙）等文字标明，对填数字的各栏用（1）、（2）、（3）等数字编号，这样可表明各栏之间的数量关系。

（4）统计表的填表要求。表中的数据一般右对齐，有小数点时必须以小数点对齐，而且小数点的位数应统一。一张填好的统计表不应出现空白格。对于没有数字的单元格，一般用“—”表示；缺少某项数字或数字很小，不足统计表中数字最小保留位数时，用“…”表示；按规定免于填报的项目，则用“×”表示。

（5）统计表的注释。某些特殊资料需要特别说明的，应在表的下方加以注解。特别要注意注明资料来源，以示对他人劳动成果的尊重，同时也方便读者查阅使用。

3．统计表的种类

按分组情况不同，统计表可分为简单表、简单分组表和复合分组表三种。

（1）简单表。简单表是主词未经任何分组而形成的统计表，如表 3-13 所示。

表 3-13　某地区四个家电企业 2013 年总产值

企业名称	总产值（万元）
第一家电厂	5 000
第二家电厂	6 700
第三家电厂	5 800
第四家电厂	4 500
合　　计	22 000

简单表反映的内容只按时间顺序或逻辑顺序排列，通常对原始资料进行初步整理时才采用这种形式。

（2）简单分组表。简单分组表是指主词仅按一个标志进行分组而形成的统计表。按两个或两个以上的标志进行分组并排排列而成的表也是简单分组表。如表 3-14 所示，利用简单分组表，可以揭示不同类型现象的不同特征，以及分析现象的内容结构及其依存关系。

表 3-14 某地区工业企业经济效益指标

按经济类型分组	企业数（家）	人均总产值（千元）	利润总额（万元）
国有经济	4	165.3	21.3
集体经济	6	114.5	29.6
私有经济	10	68.8	15.2
其　他	5	89.6	18.6
合　计	25	438.2	84.7

（3）复合分组表。复合分组表是指主词按两个以上标志进行重叠分组而形成的统计表。它把更多的标志结合起来，便于更深入、更有条理地分析现象的特征和规律，如表 3-15 所示。

表 3-15 某地区国有工业企业统计

按轻重工业分组	按生产规模分组	企业数（家）
轻 工 业	大型企业	3
	中型企业	6
	小型企业	15
重 工 业	大型企业	2
	中型企业	6
	小型企业	8

3.4.2 统计图

1．统计图的概念和特点

统计图是描述统计数据整理结果的另一种表现形式。它是利用几何图形或其他图形表示研究对象的特征、内部结构等相互关联的数量关系的图形，是表达统计资料的一种常用方式。与统计表相比，统计图表示的数量关系更形象、更直观，可以使阅读者一目了然地认识客观事物的状态、形成、发展趋势、分布状况等，在统计研究中的应用非常广泛。统计图有很多类型，多数统计图除了可以绘制二维平面图形外，还可以绘制三维立体图形。而且图形绘制均可借助计算机来完成，因此，统计图的手工绘制方法在此不做赘述，学习者只需了解常用的几种统计图及其适用场合即可。

2．统计图的种类及适用场合

（1）描述定性数据的图形。描述定性数据的常用图形有条形图和饼图，有时也要用到环形图和累计频数或累计频率分布图。

1）条形图。条形图是用宽度相同的条形的高度或长度来表示数据多少的图形。条形图既可以横置也可以纵置，纵置时也称柱形图。

在表示定性数据的分布时，用条形图的高度或长度来表示各类数据的频数或频率。绘制时，各类别放在纵轴，频数或频率放在横轴，为条形图。各类别放在横轴，频数或频率放在纵轴，为柱形图。在计算机上用 Excel 绘制条形图的具体步骤是："插入"→"图表"，打开图表向导，在"图表类型"列表中选择"条形图"，然后按照页面的提示完成后续的步骤即可。图 3-5 即为柱形图。

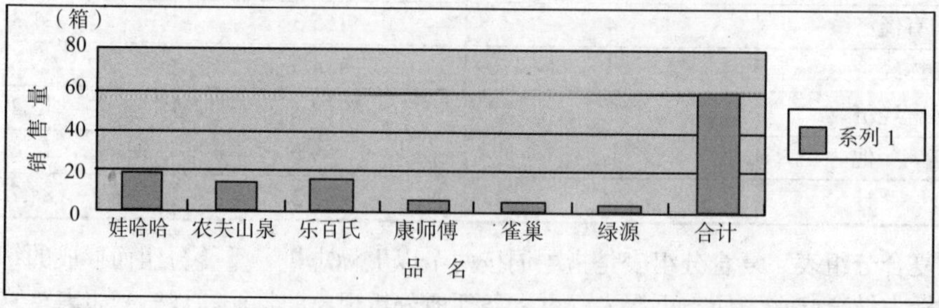

图 3-5　某超市日销售纯净水柱形图

2）饼图。饼图又称圆形图，是用圆形及圆内扇形的面积来表示数值大小的图形（见图 3-6）。它主要用来描述总体中各组成部分所占的比重，也就是用于描述总体各类别的频率分布，对于研究结构性问题来说非常有用。在绘制饼图时，各类别的频率用圆内的扇形面积来表示，其中心角度按各扇形面积占 360°的相应比例来确定。在 Excel 中绘制饼图的步骤是："插入"→"图表"，在图表向导中选择"饼图"，再按页面的提示完成以后的步骤即可。

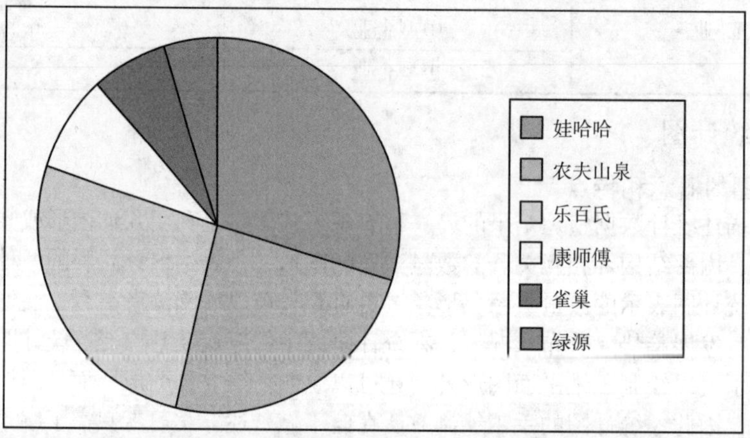

图 3-6　某超市日销售纯净水比重图

（2）描述定量数据的图形。描述定量数据的图形很多，直方图和折线图是更适合定量数据整理结果显示的图形。

1）直方图。直方图是用来描述定量数据最普及的图形方法，是用矩形的高度和宽度（面积）来表示频数分布的图形。在平面直角坐标系中，用横轴表示数据分组，纵轴表示频数或频率，这样，组与相应的频数就形成了一个矩形，即直方图，如图 3-7 所示。

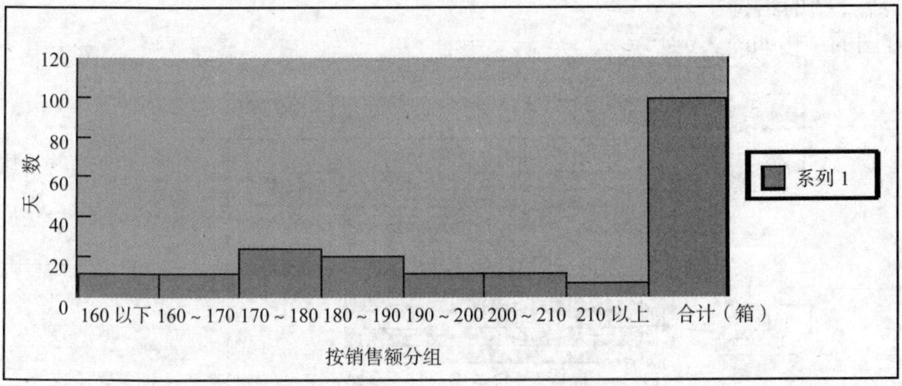

图 3-7　某计算机公司百日销售额直方图

由图 3-7 可以看出，直方图与条形图的外形很形似，但二者是有区别的。首先，条形图是用条形的长度表示各类别频数的多少，其宽度是固定的；而直方图则是用面积表示各组频数的多少，矩形的高度用来表示每组的频数或频率，宽度则表示各组的组距，因此，其高度和宽度均有不同的意义。其次，由于分组数据具有连续性，直方图的各矩形通常连续排列，而条形图则分开排列。最后，条形图主要用于定性数据的显示，而直方图则主要用于定量数据的显示。

在 Excel 中绘制直方图，与绘制条形图的步骤基本一致，只是由于分组数据的连续性，在绘制出条形图的基础上，还要做适当的更改，将每个条形连在一起。在 Excel 中，这种更改非常简单，只要在源数据界面将条形间距调整为 0 即可。

2）折线图。折线图是用来显示定量数据变化的应用十分广泛的图形，如商品的价格走势、股票在某一时间段的涨跌、一段时间内的气温变化等，都可以使用折线图来分析。折线图有单式折线图和复式折线图两种。复式折线图是在单式折线图的基础上，用以反映两个空间同种现象数量变化的图形，如根据两个商业企业 2013 年各月销售额绘制的折线图。在 Excel 中绘制折线图的步骤是："插入"→"图表"，在图表界面中选择"折线图"，再按页面的提示完成以后的步骤即可。

图 3-8 是某计算机公司百日销售额单式折线图（横轴数值取按销售额分组的组中值）。

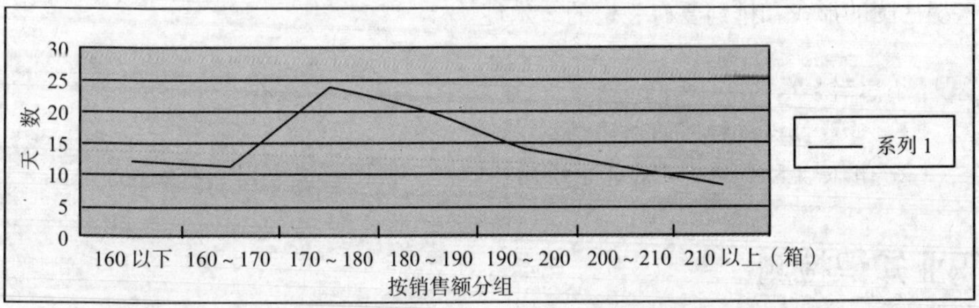

图 3-8　某计算机公司百日销售额折线图

3．统计图的结构

统计图的结构如图3-9所示。

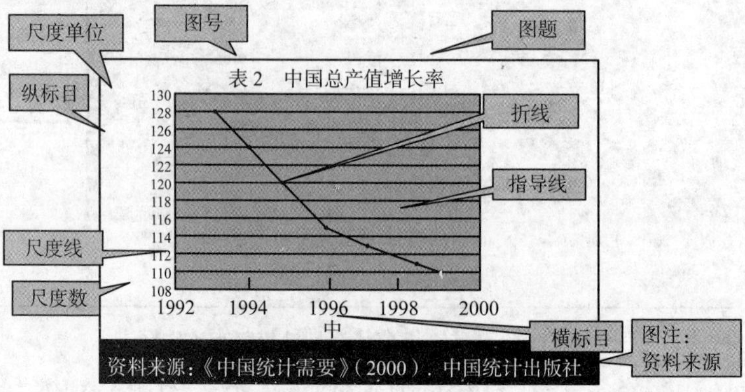

图3-9　统计图的结构

（1）图题和图号。图题是说明统计图内容的标题或名称；图号则是统计图的编号。

（2）图目。图目也称标目，是说明纵轴、横轴所代表的类别、时间、地点、单位等的文字或数字。

（3）图线。图线是指构成统计图的各种线，如基线、指导线、图示线、破格线等。

（4）图尺。图尺又称尺度，是指在统计图中测定指标数值大小的尺度，包括尺度线、尺度点、尺度数和尺度单位。

（5）图形。图形是根据市场调研资料用图示线绘成的曲线、条形或平面、立体图形。

（6）图注。图注是指统计图的注解和说明，包括图注、资料来源、说明等。

（7）其他。为了增强图示效果而在图形上附加的插图、装饰等。

4．统计图的绘制原则

（1）根据研究目的和资料的性质选择统计图形。

（2）图形的设计要符合科学性原则。

（3）统计图的内容应具有鲜明性。

（4）统计图的形式和排列要有一定的艺术性。

【小思考】

（1）你能说出统计图的结构吗？

（2）根据实际资料在Excel中绘制条形图、饼图、直方图、折线图。

职业知识检测

一、单项选择题

1．数据整理的关键在于（　　）。

① 对调查资料进行审核　　② 对调查资料进行统计分组
③ 对调查资料进行汇总　　④ 编制统计表

2．人口总体按性别分为男、女两类，这些数据是（　　）。
① 定性数据　　② 定量数据　　③ 实验数据　　④ 横截面数据

3．对某连续型变量进行分组，最后一组为500以上，又知其相邻组的组中值为480，则最后一组的组中值为（　　）。
① 520　　② 510　　③ 500　　④ 490

4．在分组时，当某变量值恰好等于相邻两组上下线数值时，一般（　　）。
① 将此值归入上限所在组　　② 将此值归入下限所在组
③ 将此值归入上、下限所在组均可　　④ 另立一组

5．对离散型变量进行分组（　　）。
① 只能采用单项式分组
② 只能采用组距式分组
③ 既可用单项式分组，也可用组距式分组
④ 既不用单项式分组，也不用组距式分组

6．采用组距式分组时，对丁连续型变量，相邻的组限必须（　　）。
① 间断　　② 重叠　　③ 相近　　④ 不等

7．企业按利润总额分组（　　）。
① 只能采用单项式分组
② 只能采用组距式分组
③ 可以采用单项式分组，也可以采用组距式分组
④ 无法分组

8．某管理局对其所属企业的生产计划完成百分比进行如下分组，分组正确的是（　　）。
① 80%～90%、90%～100%、100%～119%、110%以上
② 80%以下、80.1%～90%、90.1%～100%、100.1%～110%
③ 90%以下、90%～100%、100%～110%、110%以上
④ 85%以下、85%～95%、95%～105%、105%～115%

9．频数分布表中，各组频率之和（　　）。
① 等丁100%　　② 大于100%
③ 小于100%　　④ 可能大于也可能小于100%

10．在填写统计表时，若某个项目没有数字，应该用（　　）符号表示。
① …　　② ×　　③ —　　④ 0

11．统计表的纵栏标题用来说明（　　）。
① 统计表的名称　　② 各组的名称
③ 统计指标的名称　　④ 数字资料

12．主要用来描述总体中各组成部分所占比重状况的统计图是（　　）。

① 条形图　　② 折线图　　③ 直方图　　④ 饼图

二、填空题

1. 统计数据分组的关键在于______。

2. 一般来说，统计分组具有三方面的作用：______、______、______。

3. 根据分组标志的不同，统计分组可以有______分组和______分组。

4. 把每个变量值作为一组所进行的分组叫做______分组。这种分组只适用于______变量。

5. 在组距式数列中，表示各组界限的变量值叫______。各组中点位置上的变量值叫______。

6. 组距式数列，根据各组的组距是否相等可以分为______和______。

7. 已知一个连续型变量数列最后一组的下限为900，其相邻组的组中值为850，则最后一组的上限和组中值分别为______和______。

8. 统计资料的表现形式主要有______和______。

9. 从表式上看，统计表主要由______、______、______和______四部分组成；从内容上看，统计表由______和______两部分组成。

10. 统计数据整理就是对收集得到的原始数据资料进行______、______、______，使之条理化、系统化，变成能反映总体综合数量特征的工作过程。

11. 直方图是用矩形的______和______来表示频数分布的图形。

12. 条形图中矩形的______都相同，但______不同。

三、判断题

1. 数据整理是数据收集和数据分析的基础和前提。(　　)

2. 数据预处理是在数据分组或分类之前所做的必要处理，包括数据的审核和筛选。(　　)

3. 在数据整理时，对定性数据主要做分类整理，对定量数据主要做分组整理。(　　)

4. 数据整理的关键问题在于确定组距和组数。(　　)

5. 某企业职工按文化程度分组属于单项式分组方法。(　　)

6. 若原始资料中出现极小值，进行分组时可以将第一组设置为开口组；若原始资料中出现极大值，进行分组时可以将最后一组设置为开口组。(　　)

7. 若第一组和最后一组都是闭口组，则要求第一组的下限大于原始资料中最小的变量值，最后一组的上限小于原始资料中最大的变量值。(　　)

8. 组中值是根据各组的上限和下限计算的平均值，所以它代表了每组数据的一般水平。(　　)

9. 任何一个频数分布都必须满足各组的频率大于0，各组的频数总和等于1或100%。(　　)

10. 对连续变量进行分组时，既可以采用单项式分组方法也可以采用组距式分组方法，而对离散型变量只能采用组距式分组方法。(　　)

11. 如果社会经济现象服从于“钟形分布”，则我们编制的分布数列就应该是“中间小、两头大”的类型。(　　)

12. U形分布的特点是中间大、两头小。(　　)

职业技能训练

四、简答题

1．什么是统计数据整理？简述统计数据整理的原则和步骤。

2．统计数据分组的原则和方法是什么？

3．什么是统计分组的关键？怎样正确选择分组标志？

4．简要说明单项数列、组距数列、等距数列、不等距数列的适用范围。

5．编制组距数列时怎样确定组数和组距？

五、请根据以下资料编制分配数列

1．某车间 30 个工人看管机器台数资料如下：

5 4 2 4 3 4 3 4 4 5 4 3 4 2 6 4 4 2 5 3 4 5 3 2 4 3 6 3 5 4

试编制分布数列。

2．某行业管理局所属 40 个公司 2013 年的产品销售收入资料如下（单元：万元）。

152 124 129 116 100 103 92 95 127 104 105 119 114 115 87 103 118 142 135 137
120 136 117 108 125 117 108 105 110 107 97 88 123 115 119 138 112 146 113 126

根据上面的数据进行适当的分组，编制频数分布表，并计算出累计频数和累计频率。

按有关规定，销售收入在 125 万元以上的公司为先进，115 万～125 万元的公司为良好，105 万～115 万元的公司为一般，105 万元以下的公司为落后。请按先进、良好、一般、落后对所有公司进行分类。

六、制表题

某地区 200 家企业有关资料如下：

2 000 人以下的企业中全民企业 10 家，集体企业 5 家，合资企业 3 家；2 000～3 000 人的企业中全民企业 20 家，集体企业 34 家，合资企业 4 家；3 000～4 000 人的企业中全民企业 15 家，集体企业 15 家，合资企业 2 家；4 000～5 000 人的企业中全民企业 20 家，集体企业 15 家，合资企业 1 家；5 000～6 000 人的企业中全民企业 20 家，集体企业 10 家，合资企业 1 家；6 000 人以上的企业中全民企业 15 家，集体企业 10 家，合资企业 0 家。

请根据所给的资料编制统计表。

（1）按品质标志分组编制简单分组表。

（2）按数量标志分组编制变量数列。

（3）设计复合表。

七、制图题

请根据下面的叙述在 Excel 中绘制合适的统计图。

1．请根据某工厂 2013 年前 6 个月的产量和单位成本资料绘制两条折线图（见表 3-16）。

表 3-16 某工厂产量和单位成本资料

月　份	1	2	3	4	5	6
产量（件）	2 000	3 000	4 000	3 000	4 000	5 000
单位成本（元）	73	72	71	73	69	68

2．某企业职工月工资资料如表 3-17 所示。

表 3-17 某企业职工月工资

按月工资分组（元）	人数（人）
1 200 ~ 1 600	30
1 600 ~ 2 000	80
2 000 ~ 2 300	78
2 300 ~ 2 500	12
合　计	200

试绘制直方图。你能说出职工工资的分布类型吗？

3．我国 2001—2006 年轿车产量如表 3-18 所示。

表 3-18 轿车产量

年　份	2001	2002	2003	2004	2005	2006
产量（万辆）	70.36	109.20	207.08	227.63	227.01	386.90

试绘制柱形图或条形图。

4．某商场销售各类饮料的比重如表 3-19 所示。

表 3-19 某商场销售各类饮料的比重

饮料品牌	销售比重（%）
汇源	23
娃哈哈	28
乐百氏	9
可口可乐	24
百事可乐	16

请绘制饼图。

阅读资料

第二次世界大战后期，美军对德国和日本法西斯展开了大规模的战略轰炸，每天都有成千架轰炸机呼啸而去，返回时往往损失惨重。美国空军对此十分头疼，如果要降低损失，就要往飞机上焊防弹钢板；但如果整个飞机都焊上钢板，速度、航程、载弹量等方面都要受到影响。怎么办？于是，美国空军请来了数学家亚伯拉罕·沃尔德。沃尔德的方法十分简单，他把统计表发给地勤技师，让他们把飞机上弹洞的位置报上来，然后自己铺开一张大白纸，画出飞机的轮廓，接着再把那些小窟窿一个个添上去。画完之后一看，飞机浑身上下都是窟窿，只有飞行员座舱和尾翼两个地方几乎是空白的。沃尔德告诉大家：从数学家的眼光来看，这张图显然不符合概率分布的规律，而明显违反规律的地方往往就是问题的关键。飞行员们一看就明白了：如果座舱中弹，飞行员就完了；尾翼中弹，飞机失去平衡就要坠落，如果这两处中弹，轰炸机多半就回不来了，难怪统计数据一片空白。因此，结论很简单：只需要给这两个部位焊上钢板就解决问题了。

不得不佩服数学家亚伯拉罕·沃尔德的睿智。试想，假如他只在弹点最密的地方补上钢板，而忽略了从事实的角度来分析，结果将会如何呢？

第 4 章

总量指标和相对指标分析

学习目标

☑ 了解统计指标分析法；
☑ 了解总量指标的概念、作用、计量单位和国民经济主要总量指标；
☑ 掌握总量指标的种类及时期指标和时点指标的区别；
☑ 了解相对指标的基本概念、计量单位、种类等；
☑ 掌握各种相对指标的计算、特点及在运用中的注意事项；
☑ 重点掌握强度相对指标、计划完成相对指标的计算方法。

4.1 总量指标

从本章开始，就进入了统计分析的阶段。统计分析的方法很多，其中综合指标法是进行统计分析的基础。综合指标法是利用统计指标对现象进行深入分析，研究揭示所研究现象的特征及规律性的方法。从广义上说，所有的统计指标都可以称为综合指标。由于综合指标所反映的社会经济现象是复杂多样的，因此，可以将其归纳为四类基本指标，即总量指标、相对指标、平均指标和标志变异指标，它们从不同的侧面来说明统计总体的数量特征、内部结构、代表水平及代表水平的可靠程度。本章介绍总量指标、相对指标，平均指标和标志变异指标则在第 5 章介绍。

4.1.1 总量指标的概念和作用

总量指标是反映在一定时间、地点、条件下的某种社会经济现象的总体规模和总水平的统计指标，是各种社会经济现象总量的表现。由于它以绝对数的形式表现，故又被称为绝对指标或绝对数。例如，一个国家或地区的人口数、国内生产总值、进出口贸易总额、社会商品零售总额等，都是总量指标。

总量指标最基本的特点可概括为以下三点：① 总量指标是绝对数形式，一定有计量单位。② 总量指标的大小受总体范围的影响，总体范围大总量指标数值则大，反之总量指标的数值则小，随大小而增减变化。③ 总量指标的计算只对有限总体计算。

【小思考】

（1）举例说明你经常见到的总量指标，并分析其具备的特点。

（2）判断下列指标哪些是总量指标？为什么？

国内生产总值、我国总人口数、人均国内生产总值、出生人口数、我国国土面积、出勤率、合格率、计划完成指标、我国人口密度。

总量指标是统计中其他指标的基础，在现实社会统计中有相当广泛的应用。其作用表现在以下三个方面。

（1）是人们认识社会经济现象的起点。总量指标可以用来反映一个国家的国情、国力等基本情况，反映一个地区、一个部门或一个单位在一定时期的人力、物力、财力等基本情况。

例如，我国2012年全年国内生产总值519 322亿元，其中，第一产业增加值52 377亿元，第二产业增加值235 319亿元，第三产业增加值231 626亿元；全年粮食总产量达到58 957万吨，全年全社会固定资产投资不含农户364 835亿元，全年社会消费品零售总额207 167亿元，全年进出口总额38 667.6亿美元等，表明了我国经济及社会的基本情况。

（2）是制定政策、编制计划、进行科学管理的重要依据。大到一个国家、一个地区，小到一个部门的管理都不能凭空运作，都必须从客观实际出发，以反映客观事物现在的和历史的相关总量指标作为重要的参考依据。例如，城乡居民储蓄存款余额、全社会固定资产投资总额、货币流通量等总量指标是国家制定货币发行量、存贷款利率额度、基本建设投资规模等各项金融政策和财政政策的基础。如2007年的多次加息就是国家根据有关数据制定的金融政策。

（3）是计算相对指标和平均指标的基础。相对指标和平均指标通常都是由两个有联系的总量指标对比计算得出的，是总量指标的派生指标。总量指标的计算是否科学、合理，将会直接影响到相对指标和平均指标的准确性。如某班男女生比例、平均年龄、平均成绩等。

4.1.2　总量指标的种类

1．总量指标按其说明的总体内容不同可分为总体单位总量和总体标志总量

总体单位总量简称单位总量，是指总体中所包含单位数量多少的指标，它说明总体本身规模的大小；总体标志总量简称标志总量，是指总体中各个单位某种数量标志值的总和，它说明总体的数量特征。如要了解某高校的学生情况，则该校学生总人数就是总体单位总量，该校每个学生津贴、生活费的总和就是总体标志总量。

【小思考】

（1）对于一个确定的总体而言，总体单位总量指标有几个？总体标志总量指标有几个？

（2）如果要研究某一企业职工总体，请找出总体单位总量指标和总体标志总量指标。

总体单位总量和总体标志总量并不是一成不变的，而是随着研究目的的不同而变化。例如，在研究某市工业企业职工时，某市职工人数为总体单位总量，当改变目的研究该市工业企业情况时，则各企业数是总体单位总量，某市职工人数就是数量标志值，此时，全市职工人数则是总体标志总量指标了。

2. 总量指标按其反映的时间状况不同可分为时期指标和时点指标

（1）时期指标。时期指标反映总体现象在某一段时期内发展过程的总数量。例如，我国 2012 年全年国内生产总值 519 322 亿元，其中，第一产业增加值 52 377 亿元，第二产业增加值 235 319 亿元，第三产业增加值 231 626 亿元。又如，某时期的产品产量、工资总额、人口的出生数、人口的死亡数等。

时期指标有两个显著特点：① 时期指标的各期数值可以直接相加，相加以后反映更长时期的指标数值。例如，一年的人口出生数是每天或每个月的出生人数加总后得出的。② 时期指标的数值大小同时期的长短有直接关系。一般而言，时期越长，指标数值就越大。如一年出生的人口必然大于该年一个月出生的人口数量；一年的国内生产总值必然大于半年的国内生产总值。

（2）时点指标。时点指标反映总体现象在某一瞬间或某一时刻状况下的发展总数量。如年末人口数、学校学生人数、储蓄存款余额、商品库存量等。

时点指标也有两个显著的特点：① 不同时点上的时点指标是不可以相加的，相加后没有任何意义。如要反映一个学校的规模，不能把全年各月初和月末的人数相加。② 时点指标只表明现象在瞬间所处的状态，其数值大小同各时点间的间隔长短没有直接关系。如在校学生人数年末不一定比某月的学生人数多。

【小思考】

请判断以下哪些属于时期指标，哪些属于时点指标？

产品产量、工资总额、人口的出生数、人口的死亡数、普查人口数、年末银行存款余额、在校生人数、毕业生人数、牲畜存栏头数。

3. 总量指标按其所采用计量单位的不同可分为实物量指标、价值量指标和劳动量指标

（1）实物量指标。实物量指标是表明事物使用价值的总量指标，采用的是实物计量单位，主要包括以下几种。

1）自然单位。它是按照被研究现象的自然状态来度量其数量的一种计量单位，如人口以人为单位，树以棵为单位，汽车以辆为单位，设备以台为单位，马以匹为单位等。

2）度量衡单位。它是按照统一的度量衡制度来度量客观事物的一种计量单位，如钢产量以吨为单位，棉布以米为单位，木材以立方米为单位等。

3）双重单位。它是采用两种或两种以上的单位以结合形式来度量客观事物的一种计量单位，如发电机用台/千瓦为单位，起重机用台/吨为单位等。

4）复合单位。它是将两种单位结合在一起，以乘积的形式来度量客观事物的一种计量单位，如发电量用千瓦时为单位，货物周转量用吨公里为单位等。

5）标准实物量单位。它是按照统一的折算标准来度量客观事物的一种计量单位，如将各种不同能力的拖拉机以 15 马力的拖拉机作为标准台折算，各种氮肥按照 100%含氮量折算等。

实物量指标的最大优点在于能够表明产品的使用价值和指标的具体内容，缺点是指标非同类的实物量不能相加，因而不能反映非同类事物的总规模和总水平，缺乏广泛的综合能力，这也是实物量指标的局限性。

（2）价值量指标。价值量指标是以货币单位来计量的总量指标，如国内生产总值、社会商品零售总额、进出口贸易总额等。我国用人民币元，法国用法郎，英国用英镑等来计量。

价值量指标的最大优点是具有广泛的综合性和概括性，能够综合地反映社会经济现象的总规模、总水平及总速度，所以，它在统计核算中有广泛的使用途径。但价值量指标脱离了物质的具体内容，便变得较为抽象，因此，应将价值量指标和实物量指标结合起来使用，才能全面认识问题。

（3）劳动量指标。劳动量指标是以劳动时间作为计量单位的总量指标，一般用工时、工日表示。

由于劳动量指标是用劳动时间表示的，因此是可以相加的，而且具有一定的综合性和概括能力，可作为评价劳动时间利用程度和计算劳动生产率的依据。但是不同企业之间的劳动量不具可加性。所以，该指标只限于企业内部使用。

4．总量指标的计算方法

（1）直接法。直接法即全面调查法。如掌握某年出生的人口指标，通常情况下，我们所采用的是先全面登记，再进行逐步汇总的方法，这是计算总体单位总数最常用的方法。采用这种方法时，必须遵守不重复、不遗漏的原则，这是准确反映总体规模的前提。

（2）推算法。推算法即根据各种关系或根据非全面调查资料推算总量指标的方法。常用的方法有以下几种。

1）平衡关系推算法，即根据现象之间的平衡关系进行总量指标的推算。

例如，期初库存+本期购进=本期销售+期末库存

根据该平衡式，当已知其中任意三个总量时便可求另一未知总量。

2）因素关系推算法，即根据各因素之间的构成关系，来进行总量指标的推算。

例如，商品销售额=商品销售量×单价

上述关系中的某两项已知的情况下可求另一未知总量。

3）比例关系推算法，是根据各种相关资料的比例关系进行统计推算的一种方法。如某企业零售额历年均占总销售额的 10%，已知某年总销售额为 100 万元，那么该企业的零售额则为 10 万元。

4）抽样推断法，又称估算法，是运用抽样推断的知识，以样本总量指标估算总体总量指标数值的方法。这将在以后章节做详细介绍。

总量指标的计算不是简单的加总，而是一个理论和实际问题，在计算过程中必须注意以下三个方面：① 要有统一的计量单位。② 计算实物指标时，要注意现象的同类性。③ 有合理的统计方法和明确的统计含义。

4.1.3 国民经济主要总量指标

1．国民生产总值

国民生产总值（Gross National Product，GNP）是按市场价格计算的国民生产总值的简称，是一个国家（地区）所有常住机构单位在一定时期内（年或季）收入初次分配的最终成果。一个国家常住机构单位从事生产活动所创造的增加值（国内生产总值）在初次分配过程中主要分配给这个国家的常住机构单位，但也有一部分以劳动者报酬和财产收入等形式分配给该国的非常住机构单位。同时，国外生产单位所创造的增加值也有一部分以劳动者报酬和财产收入等形式分配给该国的常住机构单位。从而产生了国民生产总值概念，它等于国内生产总值加上来自国外的劳动报酬和财产收入减去支付给国外的劳动者报酬和财产收入。

国民生产总值反映一个国家的经济水平。按可比价格计算的国民生产总值，可以计算不同时期不同地区的经济发展速度（经济增长率）。国民生产总值的计算方法通常有以下三种。

（1）生产法（或称部门法），是从各部门的总产值（收入）中减去中间产品和劳务消耗，得出增加值。各部门增加值的总和就是国民生产总值。

（2）支出法（或称最终产品法），即个人消费支出、政府消费支出、国内资产形成总额（包括固定资本形成和库存净增或净减）和出口与进口的差额之和。

（3）收入法（或称分配法），是将国民生产总值看做各种生产要素（资本、土地、劳动）所创造的增加价值总额。

因此，以工资、利息、租金、利润、资本消耗、间接税净额（间接税减政府补贴）等形式，在各种生产要素中间进行分配，这样，再将全国各部门（物质生产部门和非物质生产部门）的上述各个项目加以汇总，即可计算出国民生产总值。

2．国内生产总值

国内生产总值（Gross Domestic Product，GDP），指的是一国（或地区）一年以内在其境内生产出的全部最终产品和劳务的市场价值总和。GDP作为国民经济核算体系的核心指标，是衡量一个国家（或地区）综合实力的重要指标，如我们通常所说的经济要达到8%的增长目标，指的就是国内生产总值，即GDP要比去年增长8%。

国内生产总值有三种表现形态，即价值形态、收入形态和产品形态。

从价值形态看，它是所有常住单位在一定时期内生产的全部货物和服务价值超过同期中投入的全部非固定资产货物和服务价值的差额，即所有常住单位的增加值之和；从收入形态看，它是所有常住单位在一定时期内创造并分配给常住单位和非常住单位的初次收入分配之和；从产品形态看，它是所有常住单位在一定时期内最终使用的货物和服务价值与货物和服务净出口价值之和。在实际核算中，国内生产总值有生产法、收入法和支出法三种计算方法。三种方法分别从不同的方面反映国内生产总值及其构成。

（1）生产法，是从货物和服务活动在生产过程中形成的总产品入手，剔除生产过程中投入的中间产品价值，得到新增价值的方法。即：

$$增加值=总产出-中间投入$$

（2）收入法，也称分配法，是从生产过程创造的收入角度对常住单位的生产活动成果进行核算。即：

增加值=劳动者报酬+固定资产折旧+生产税净额+营业盈余

（3）支出法，是从最终使用角度来反映国内生产总值最终去向的一种方法，最终使用包括货物和服务的总消费、总投资和净出口三部分内容。即：

增加值=总消费+总投资+出口–进口

国内生产总值的三种计算方法，无论是从生产、收入（分配）和支出的哪个角度核算，理论上其结果都应该是一致的。但在实际操作中，由于资料来源不同，计算结果会出现某些差异，这种差异称为统计误差，而一定限度内的统计误差是允许的。目前，根据资料的来源情况，在国内生产总值的三种计算方法中多采用收入法，但三种方法可以同时使用，相互验证。

国内生产总值与国民生产总值都是反映宏观经济的总量指标，但二者既有联系又有区别。

国内生产总值是指一个国家或地区范围内的所有常住单位，在一定时期内生产最终产品和提供劳务价值的总和。所谓常住单位，其内涵与常住居民相同。一国的常住居民包括：① 居住在本国的本国公民。② 暂居（一年以内）外国的本国公民。③ 长期（一年及一年以上）居住在本国的外国居民。也就是说，在一国领土范围内，其居民无论国籍如何，只要符合本国常住居民的定义，在一定时期内所生产的最终产品和提供的劳务价值都可算做本国的国内生产总值。国内生产总值的价值形态是指国民经济各部门增加值之和，增加值等于国民经济各部门的总产出减去中间产品和劳务价值后的余额。国民生产总值是指一个国家或地区的所有常住单位在一定时期内在国内和国外所生产的最终成果和提供的劳务价值。它等于国内生产总值加上来自国外的净要素收入。国外净要素收入是指从国外得到的生产要素收入减去支付给国外的要素收入。可见，国民生产总值与国内生产总值的区别就在于国外的净要素收入。而生产要素的提供者不一定都是本国居民，有时也有外国居民，当然，本国居民也有向外国的经济活动提供要素的。国内经济活动所创造的收入，作为要素收入，既分配给本国居民，也分配给外国居民，反之，国外的经济活动所创造的收入同样也分配给本国居民，这两项的差额就是国外净要素收入。

由此可以看出，国内生产总值是“领土”概念，国民生产总值是“生产要素”概念；国内生产总值是“生产”概念，国民生产总值是“收入”概念。在经济封闭的国家或地区，国民生产总值等于国内生产总值；在经济开放的国家或地区，国民生产总值等于国内生产总值加上国外净要素收入。因此，国内生产总值和国民生产总值是有区别但又有联系的两个指标。

3．三次产业

按照国际惯例，把国民经济各部门划分为三次产业。我国已制定了《国民经济行业分类和代码》（国际修订方案）并同国际标准产业分类基本兼容。

根据社会生产活动历史发展的顺序对产业结构的划分，产品直接取自自然界的部门称为第一产业；初级产品进行再加工的部门称为第二产业；为生产和消费提供各种服务的部门称为第三产业。它是世界上通用的产业结构分类，但各国的划分不完全一致。我国的三次产业划分情况分述如下。

第一产业：农业（包括种植业、林业、牧业、副业和渔业）。

第二产业：工业（包括采掘工业、制造业、自来水、电力、蒸汽、热水、煤气）和建筑业。

第三产业：除第一、第二产业以外的其他各行业。由于第三产业包括的行业多、范围广，所以，根据我国的实际情况，第三产业又可分为两部分：一是流通部门，二是服务部门。具体又可分为以下四个层次。

第一层次：流通部门，包括交通运输业、邮电通信业、商业、饮食业、物资供销和仓储业。

第二层次：为生产和生活服务的部门，包括金融、保险业、地质普查业、房地产、公用事业；居民服务业；咨询服务业和综合技术服务业；农、林、牧、渔、水利服务业和水利业；公路、内河（湖）航道养护业等。

第三层次：为提高科学文化水平和居民素质服务的部门，包括教育、文化、广播电视、科学研究、卫生、体育和社会福利事业等。

第四层次：为社会公共需要服务的部门，包括国家机关、政党机关、社会团体以及军队和警察等。

除此之外，通常说的办"三产"，其内容并不一定都指第三产业，把企事业单位创办的营利性的经济实体都称为"三产"是不确切的。这些实体如养牛场属于第一产业，工厂、施工队属于第二产业，商店、招待所、咨询机构、游艺厅等才属于第三产业。

4．增加值

增加值是各单位或部门在一定时期内生产活动的最终成果，它等于总产出与中间投入的差额。从实物形态看，增加值表现为各单位或部门的最终生产经营结果；从价值形态看，增加值表现为新创新的价值与固定资产折旧之和。而各部门增加值之和等于国内生产总值。可见，增加值可以反映各单位或部门的最终生产经营成果，同时也是计算国内生产总值的基础。

5．绿色 GDP

人类的经济活动包括两方面的活动。一方面在为社会创造着财富，即所谓正面效应，但同时另一方面又在以种种形式和手段对社会生产力的发展起着阻碍作用，即所谓负面效应。这种负面效应集中表现在两个方面，一是无休止地向生态环境索取资源，使生态资源从绝对量上逐年减少；二是人类通过各种生产活动向生态环境排泄废弃物或砍伐资源，又使生态环境从质量上日益恶化。由于现行的国民经济核算制度只反映了经济活动的正面效应，而没有反映负面效应的影响，因此是不完整的，是有局限性的，是不符合可持续发展战略的。

改革现行的国民经济核算体系，对环境资源进行核算，从现行 GDP 中扣除环境资源成本和对环境资源的保护服务费用，其计算结果可称为绿色 GDP。绿色 GDP 这个指标，代表了国民经济增长的净正效应。绿色 GDP 占 GDP 的比重越高，表明国民经济增长的正面效应越高，负面效应越低，反之亦然。根据北京市哲学社会科学"九五"重点课题——"以 EPD 为核心指标的国民经济核算体系研究"中对北京市 1997 年绿色 GDP 进行核算的结果表明，按生产法计算的绿色 GDP 占 GDP 的 74.94%，而按支出法计算的绿色 GDP 则占 GDP 的 75.75%。

4.2　相对指标

总量指标虽然可以综合地反映社会现象的总规模和总水平，但社会经济现象之间的相互联系和相互制约是客观存在的，在许多情况下，总量指标不能清楚地鉴别事物发展的优劣、快慢和现象的普遍程度，不能表明现象之间的数量关系。因此，为了能更好地解决这一问题，我们必须利用相对指标。

4.2.1　相对指标的概念及表现形式

相对指标又称相对数，是由两个有联系的指标数值对比计算得出的统计指标，也称相对数指标，用以反映现象的发展程度、结构、强度、普遍程度或比例关系。例如，我国的产业结构分布，我国人口密度，我国汽车产量的发展速度，中美贸易总额的发展速度，各种计划的完成程度等都是相对指标。

相对指标可分为有名数和无名数两种表现形式。

1．有名数

有名数就是用相对指标中分子与分母指标数值的双重计量单位来表示的，主要用来表现强度相对指标的数值，如人均国内生产总值用元/人表示，人口密度用人/平方公里表示，人均粮食产量用公斤/人表示等。

2．无名数

无名数是一种抽象化的数值，多以系数、倍数、成数、百分数、千分数、百分点和翻番数等表示，相对指标大多数情况下以无名数表示。

（1）系数、倍数是将对比基数抽象化为 1 而计算得出的相对数，表明比数是基数的几倍或几分之几。两个指标对比，若分子和分母相差不大时用系数，大得多时则常用倍数。

（2）成数是将对比基数抽象化为 10 而计算得出的相对数，表明比数是基数的十分之几。例如，今年的粮食亩产量比去年增加了一成，也就是增加了去年的 1/10。

（3）百分数和千分数是将对比基数抽象化为 100 或 1 000 而计算得出的相对数，表明比数是基数的百分之几或千分之几。百分数是较为常见的相对指标的表现形式。如计划完成相对指标、动态相对指标、结构相对指标等都以百分数表示。千分数则适用于比数比基数小很多的情况，如人口的出生率和死亡率指标。

（4）百分点是百分比中相当于 1%的单位，它与百分数不同。百分点是指不同时期以百分数形式表示的相对指标（如速度、指数、构成等）的变动幅度，通常指不同时期以百分数形式表示的相对指标的变动幅度。例如，中国人民银行决定自 2007 年 3 月 18 日起上调金融机构人民币存贷款基准利率，分别上调 0.27 个百分点，即一年期存款基准利率由现行的 2.52%提高到 2.79%；一年期贷款基准利率由现行的 6.12%提高到 6.39%。又如，某地区生产总值中，第二产业所占的比重由上年的 38.6%上升到今年的 39.8%，用百分点可表述为：某地区生产总值中，第二产业所占的比重今年比上年提高了 1.2 个百分点。

（5）翻番数。若两个相比较的数值中一个数是另一个数的“2^n”的倍数，则 n 是翻番。“番”

是按几何级数计算的，是发展速度的一种特殊表现形式。如翻一番是 2，表示比基期增加了 100%；翻两番是 4，表示比基期增加了 300%；翻三番是 8，表示比基期增加了 700%。计算翻番的公式为：

$$n=[\lg(\text{报告期数}\div\text{基期数})]\div\lg 2$$

n 表示翻番数，lg 为常用对数符号。

4.2.2 相对指标的作用

相对指标是由两个有联系的指标数值对比计算得出的统计指标，在国民经济管理、企业经济活动分析和统计研究中的应用十分广泛，其作用主要表现在以下两个方面。

（1）可以综合地反映社会经济现象之间的数量关系，说明现象和过程的比率、构成、速度、密度、普遍程度等，从而能够更加深刻地反映现象的实质。

例如，第六次全国人口普查，这次人口普查登记的全国总人口为 1 339 724 852 人，男性人口占 51.27%，女性人口占 48.73%，这次人口普查，0～14 岁人口占 16.60%，比 2000 年人口普查下降 6.29 个百分点；60 岁及以上人口占 13.26%，比 2000 年人口普查上升 2.93 个百分点，其中 65 岁及以上人口占 8.87%，比 2000 年人口普查上升 1.91 个百分点。我国人口年龄结构的变化，说明随着我国经济社会快速发展，以及人民生活水平和医疗卫生保健事业的巨大改善，生育率持续保持较低水平，老龄化进程逐步加快。这就比用总量指标来反映我国人口的构成要简明、深刻得多。

（2）可以使原来不能直接相比的数量关系变为可比，有利于对所研究的事物进行比较分析。

例如，2012 年甲、乙两个企业利税总额分别为 10 万元和 8 万元，如果直接从这两个数字判断两个企业的好坏，好像甲企业的经营效益更好些，而事实上，甲企业的资本金 100 万元，乙企业的资本金 50 万元，这样计算出甲企业的资金利税率是 10%，乙企业的资金利税率是 16%，很显然，乙企业的经营效益更好些。所以，由于企业的规模不同，不能直接用利税额比较企业间的经济效益，但可以通过计算利税率比较不同规模企业间的经济效益，并做出恰当的评价。

4.2.3 几种常用的相对指标

由于研究的目的和任务不同，选择的对比基数不同，相对指标一般可以分为结构相对指标、比例相对指标、比较相对指标、强度相对指标、计划完成程度相对指标、动态相对指标六种。下面分别介绍各种相对指标的作用和计算方法。

1．结构相对指标

结构相对指标又称比重指标，是在统计分组的基础上，以部分的指标数值同总体数值相比得出的比值，用以反映现象总体中各部分的组成状况与数量关系。其计算公式为：

$$\text{结构相对指标}=\frac{\text{总体中某一部分数值}}{\text{总体全部数值}}\times 100\%$$

结构相对指标一般用百分数或系数表示，计算公式中的分子和分母既可以是单位总量指标，也可以是标志总量指标，同一总体各部分之和必须等于 100%或 1，并且分子分母不能互换。

【例 4-1】2012 年某高校教职工有 1 000 人，其中教授和副教授 350 名，讲师 250 名，助教 200 名，其他职工 200 名，求结构相对指标。

教授和副教授所占比重为：$\frac{350}{1000}=35\%$

讲师所占比重为：$\frac{250}{1000}=25\%$

助教所占比重为：$\frac{200}{1000}=20\%$

其他职工所占比重为：$\frac{200}{1000}=20\%$

上述结构表明了该校教职工的职称结构状况。对于结构的合理与否，该校领导可以制定相应的政策。

另外，结构相对指标有以下两种作用。

（1）将不同时期的结构相对指标进行对比，对事物的内部情况加以分析，可以反映现象的发展过程及其规律性。

例如，根据某高职高专院校 2010 年和 2012 年的招生情况，文理系学生占该校学生比重资料如表 4-1 所示，反映了随着市场经济的发展，该校在培养目标上所发生的重大变化。

表 4-1　某高职高专院校 2010 年和 2012 年招生统计表

	2010 年		2012 年	
	学生（人）	比重（%）	学生（人）	比重（%）
文科系学生	1 800	60.00	1 200	34.29
理科系学生	1 200	40.00	2 300	65.71
每年招生总人数	3 000	100	3 500	100

从表 4-1 的资料可以发现，该校文科系学生由 2010 年占 60%的比重下降到 2012 年的 34.29%，这明确地说明了该校在培养目标结构上变动的过程和趋势，从而揭示了经济现象的本质及其变化。

（2）运用结构相对指标，可以研究经济现象的内部联系及构成，进而反映总体的质量或某项工作质量的好坏以及资源的利用程度。

例如，计算产品合格率、出勤率、设备利用率等，可以表明生产企业的产品质量和商业企业的工作质量；计算职工出勤率、设备利用率等，可以反映企业的人力、物力、财力的利用状况；计算人口的文盲半文盲率、中小学入学率、接受中高等教育人数比率等，可以反映人口的素质构成情况。

2．比例相对指标

比例相对指标也称比例相对数，是反映总体内部各个组成部分之间数量联系程度和比例关系的指标，它是用同一总体中各不同部分的数值相互对比求得的指标。其计算公式为：

$$比例相对指标=\frac{总体中某一部分指标数值}{同一总体中另一部分指标数值}$$

比例相对指标为无名数，用百分数或比值形式表示，有时也用连比形式反映总体中若干部分的比例关系，如 $1:m:n$。

【例 4-2】某班有学生 40 名，其中男生 25 名，女生 15 名，则男女比例为 25:15，即 5:3，用百分数表示为 166:100。

计算比例相对指标，要求分子与分母的数值应是同一总体内部的部分数值，并且分子与分母可以互换。

比例相对指标和结构相对指标既有联系又有区别：二者都为同一时间、同一总体、无名数；不同的是结构相对指标分子是分母的一部分，表现为一种包含关系，且分子、分母不可以互换；而比例相对指标的分子和分母则是一种并列关系，分子、分母可以互换。在实际统计中，常常把二者结合起来使用，既可分析总体各部分构成比例的协调程度，也可以研究总体的结构是否合理。

【小思考】

下列属于结构相对指标的是（　　），属于比例相对指标的是（　　）。

① 男女性别比为 107:100　　② 第三产业从业人数占 43%

③ 设备利用率　　④ 学生出勤率

3．比较相对指标

比较相对指标又称比较相对数，是同一时期同类现象在不同单位、不同地区、不同部门或不同国家之间进行的对比，用来表明同类现象在不同空间条件下的数量对比关系。其计算公式为：

$$比较相对指标=\frac{某条件下某类指标数值}{另一条件下同类指标数值}$$

【例 4-3】2012 年第一季度，甲企业的销售额为 120 万元，乙企业的销售额为 100 万元。则甲企业的销售额是乙企业的 1.2 倍，乙企业的销售额是甲企业的 83.33%，这说明甲企业的销售额高于乙企业。又如，将上海的人口数同北京的人口数相对比；将甲、乙两个学校某年的学生人数相对比等。

在计算比较相对指标时，究竟如何选择比较基础，要依据研究的目的而定。通常情况下，在反映工作成果时，应以较小的数值作为比较基数；在分析差距时，则应以较大的数值作为比较基数。比较相对指标既可以用百分数表示，也可以用倍数表示；用于比较的指标既可以是总量指标，也可以是相对指标或平均指标，无论采取哪种指标对比，都必须注意分子指标和分母指标的可比性，即指标含义、计算方法、计算口径、计量单位和所属时间必须一致。

比较相对指标与比例相对指标的区别，就是看同类指标的分子、分母是否属于同一总体，分属两个总体的同类指标对比得到的是比较相对指标，而属于同一总体的同类指标对比得到的则是比例相对指标。

4．强度相对指标

强度相对指标又称强度相对数，是将同一时期内两个性质不同却有一定联系的指标数值进行对比而得出的指标，用来表明现象的强度、密度或普遍程度。其计算公式为：

$$强度相对指标=\frac{某一总量指标数值}{另一性质不同但有联系的总量指标数值}$$

例如，以全国人口计算的人均国内生产总值、人均粮食（钢）产量；以人口数同土地面积对比得到的人口密度；以居民人口数同商业网点数对比得出的商业网点密度；财务指标中的产值利润率、固定资产利润率、流通费用率等。

强度相对指标的计量形式多数情况下为有名数，由分子、分母的单位相比而得，为双重单位。如人口密度用人/平方公里，人均 GDP 总值用元/人，人均粮食（钢）产量用公斤/人表示。不过，也有少量强度相对指标的计量形式用次数、倍数、系数、百分数或千分数表示，如高炉利用程度用高炉的利用系数表示；货币流通速度用货币流通次数表示；流通费用率用百分数表示。

强度相对指标有正、逆指标之分。其基本含义是：当该指标数值越大，说明其反映的现象密度越大、强度越高、普遍程度越强时，称为"正指标"，如每百人拥有的汽车数量、每千人拥有的商业网点数量等；而当该指标数值越大，说明其反映的现象密度越小、强度越低、普遍程度越弱时，称为"逆指标"，如每个商业网点负担的人口数、每所医院所负担的病人数等。强度相对指标的正、逆指标是通过分子与分母的交换计算得出的。

【例 4-4】某地区 2012 年年末人口数为 100 万人，该地居民拥有汽车数量为 1 万辆，那么：

$$每百人拥有的汽车数量=\frac{1}{100}\times100=1（辆/每百人）$$

$$每辆汽车所负担的人数=\frac{100}{1}=100（人/每辆车）$$

【例 4-5】某地区 2012 年有大小医院 566 个，医生 2.10 万人，医院床位数 2.88 万张，人口 1 210 万人，求强度相对指标。

$$每千人拥有的医生数=\frac{2.10}{1210}\times1000=1.74（人/每千人）$$

$$每千人医院床位数=\frac{2.88}{1210}\times1000=2.38（张/每千人）$$

$$每个医院服务人数=\frac{1210\times10000}{566}=21378（人/每医院）$$

在实际经济统计中，强度相对指标主要有以下三方面的作用：首先，被广泛运用于反映国民经济和社会发展的基本情况，经常用来表明一个国家、地区、部门的经济实力或为社会服务的能力，如人均粮食（钢产量、棉布、汽车）占有量、人均国内生产总值、人均利税总额等，数值越大，表明一个国家的经济实力越强；其次，也可以用来说明社会经济活动的条件或效果，这类指标一般指各种技术经济指标，如高炉有效容积利用系数（吨/立方米·天）、每百元资金利税额、每百元销售利润、资金周转速度等；最后，还可以反映现象的密度或普遍程度，如人口密度、网点密度等。

强度相对指标与其他指标相比较，其最明显的特点是单位不一样，强度相对指标有名数（复名数较多）和无名数都存在，而其他指标只为无名数；强度相对指标具有平均的意思，形式上与平均数类似，具体情况将在第 5 章中讲解。

【小思考】

（1）以储蓄网点数与土地面积数对比得到的储蓄网点普及程度属于强度相对指标，你能说明储蓄网点数与土地面积数分别属于哪两个总体吗？

（2）人口出生率、人口死亡率是强度相对指标还是结构相对指标？

5．计划完成程度相对指标

计划完成程度相对指标又称计划完成相对数，是用实际完成数与计划任务数相对比计算得出的指标，用以表明计划完成的程度，是检查、监督计划执行情况的重要指标。其基本计算公式为：

$$\text{计划完成程度相对指标}=\frac{\text{实际完成数}}{\text{计划任务数}}\times 100\%$$

计划完成相对指标为无名数，通常用百分数表示。公式中的分子、分母应在指标含义、计算口径、计算方法、计量单位、空间范围等方面一致，并且分子、分母不可互换。

【例 4-6】某企业 2012 年第一季度计划销售总额为 200 万元，实际执行结果是第一季度实际销售总额为 220 万元，则该企业 2012 年第一季度销售总额的计划完成程度为：

$$\text{计划完成程度}=\frac{220}{200}\times 100\%=110\%$$

计算结果表明该企业 2012 年第一季度销售总额已超额完成计划 10%，超出计划 20 万元。

计划完成相对指标在实际工作中被广泛应用，在计算和使用该指标时，主要可从以下两方面考虑。

（1）作为衡量计划完成情况的标准。由于所下达的计划任务数可以是绝对数，也可以是相对数或平均数，所以计算相对指标一般有以下三种情况。

1）当计划数为绝对数时，计划完成情况相对指标的计算公式为：

$$\text{计划完成程度相对指标}=\frac{\text{实际完成数}}{\text{计划任务数}}\times 100\%$$

它一般适用于考核社会经济现象的规模或水平的计划完成情况。

2）当计划数为平均数时，计划完成情况相对指标的计算公式为：

$$\text{计划完成程度相对指标}=\frac{\text{实际完成数}}{\text{计划任务数}}\times 100\%$$

它一般适用于平均水平表示的技术经济指标的计划完成情况。

3）当计划数为相对数形式时，计算计划完成情况相对指标就需用实际完成百分数与计划规定百分数对比求得。其计算公式为：

$$计划完成程度相对指标=\frac{实际完成百分数}{计划规定百分数}\times100\%$$

【例 4-7】某企业 2013 年计划规定产品销售额比 2012 年提高 10%，实际执行结果是产品销售额比上年提高了 15%。求该企业产品销售额的计划完成程度。

$$计划完成程度相对指标=\frac{1+15\%}{1+10\%}\times100\%=104.55\%$$

上述计算结果表明，该企业 2013 年实际产品销售额比计划提高了 4.55%，超额完成了计划。

需要注意的是：实际完成百分数和计划规定百分数的计算，一定要加上原来的基数。

【例 4-8】某企业计划规定 2013 年产品制造成本比 2012 年降低 8%，实际执行结果是产品制造成本比上年降低了 10%。求该企业产品成本的计划完成程度。

$$计划完成程度相对指标=\frac{1-10\%}{1-8\%}\times100\%=97.83\%$$

上式计算结果表明，该公司 2012 年实际产品制造成本比计划降低了 2.17%，超额完成了计划。

在用相对数计算计划完成程度相对指标时需要注意以下几点：

首先，计划任务数是以比上期增长或减少的百分数规定的，不能以实际增长率或降低率除以计划增长率或降低率，而应当包括原有的基数，即要用实际完成的百分数与计划的百分数进行对比。

其次，评价计划完成相对指标时，由于计划指标的性质不同，所以对计划完成相对指标的评价标准也有所不同。当指标性质属于成果、效益类指标时，如产值、利润、产量、固定资产投资额等，计划指标是以最低限额规定的，计划完成相对指标数值等于或大于 100%为完成计划或超额完成计划；如果指标性质属于成本、费用类指标时，如产品成本、销售费用、材料消耗等，则计划指标是以最高限额规定的，这时，计划完成相对指标数值小于或等于 100%为超额完成计划或完成计划。所以，我们在利用计划完成相对指标分析问题时，要分清计划指标的性质。

（2）作为衡量计划完成情况标准的同时，进行计划执行进度的检查。为了保证计划的顺利完成，在计划的执行过程中应随时了解和掌握计划的完成进度，分析计划的执行情况。检查计划的执行进度一般是通过计算计划执行进度百分数来实现的。其计算公式为：

$$计划执行进度指标=\frac{期初至检查日止的累计实际完成数}{全期的计划任务数}\times100\%$$

【例 4-9】某企业 2012 年年度计划利税总额为 200 万元，1 月至 6 月实际累计完成利税 125 万元，求该企业 2012 年年度利税计划执行进度指标。

$$计划执行进度指标=\frac{125}{200}\times100\%=62.5\%$$

上述计算结果表明，该企业 2012 年年度利税截止到 6 月已完成全年计划的 62.5%，计划执行进度良好。

这种指标主要用于分析整个计划期间计划执行的进度，考核计划执行的均衡性，以便及时发现问题，采取措施，保证计划的完成和超额完成。

计划完成情况的检查，分为长期计划检查和短期计划检查两种，长期计划检查根据任务数的规定不同，又可分为水平法和累计法两种。

1）水平法。水平法是指在长期计划中，只规定计划期最末一年应达到的水平，如国内生产总值、社会商品零售总额、粮食总产量等计划指标。采用水平法检查长期计划执行情况的计算公式为：

$$长期计划完成程度相对指标=\frac{长期计划末期实际达到水平}{长期计划规定的末期水平}\times 100\%$$

【例 4-10】某煤矿 2008—2012 年计划规定 2012 年原煤产量应达到 400 万吨，实际执行结果是 2012 年该煤矿全年原煤产量为 440 万吨。则该煤矿原煤产量计划完成情况为：

$$长期计划完成程度相对指标=\frac{440}{400}\times 100\%=110\%$$

该计算结果表明，该煤矿原煤产量超额 10%完成了计划。

利用水平法检查长期计划的执行情况时，还应计算出提前完成长期计划的时间。一般的做法是：在长期计划期内只要有连续一年（可以跨年度）的资料已经达到长期计划规定的末年水平，则以后的剩余时间就是提前完成计划的时间。如例 4-10，该煤矿原煤产量从 2011 年 7 月初至 2012 年 6 月底实际上已经达到 400 万吨，则该地区原煤产量提前半年（6 个月）完成了计划。

2）累计法。累计法是指在长期计划中，规定整个计划期内累计应达到的水平，如固定资产投资、造林面积、地质勘探工作量等计划指标。采用累计法检查长期计划执行情况的计算公式为：

$$长期计划完成程度相对指标=\frac{长期计划期间内实际完成累计数}{长期计划规定的累计数}\times 100\%$$

【例 4-11】某地区“十一五”计划规定，5 年内基本建设投资总额累计应达到 2 000 亿元，实际执行结果是 5 年内实际累计完成基本建设投资 2 400 亿元。则该地区“十一五”基本建设投资计划完成程度为：

$$长期计划完成程度相对指标=\frac{2400}{2000}\times 100\%=120\%$$

上式计算结果表明，该地区基本建设投资总额超额 20%完成计划。

利用累计法检查长期计划，可以计算出提前完成长期计划的时间。即将计划期的全部时间减去从长期计划执行之日起截止到累计实际完成计划数的时间，其剩余时间即为提前完成计划的时间。如例 4-11，假设自 2006 年年初起至 2010 年 6 月底，该地区基本建设投资总额已经达到 2 000 亿元，则表明该地区提前半年（6 个月）完成基本建设投资的“十一五”计划。

6．动态相对指标

动态相对指标也称动态相对数，是将同类指标在两个不同时期的数值相对比得出的结果，用来反映经济现象在时间上的发展变化方向和变化程度。其计算公式为：

$$动态相对指标=\frac{报告期指标数值}{基期指标数值}\times 100\%$$

动态相对指标为无名数，一般用百分数、倍数、翻番数表示。一般而言，分析研究哪一时期，哪一时期就称为报告期，用来作为比较的时期称为基期。

【例4-12】某高校1986年招收学生200人，1996年招收学生480人，2006年招收学生2 000人，2008年招收学生3 500人，求动态相对指标。

动态相对指标分别为：以2008年为报告期

1986年：$\frac{3500}{200}\times 100\%=17.50$

1996年：$\frac{3500}{480}\times 100\%=7.29$

2008年：$\frac{3500}{2000}\times 100\%=1.75$

上述计算结果表明，随着市场经济的发展，该校学生在20多年内，增长了16.5倍，在近10多年内增长了6.29倍，在近2年内增长了75%。反映了我国教育事业的良好发展势头。

4.3　计算和应用相对指标应注意的原则

相对指标是相互联系的两个指标，反映事物的数量对比关系，为了正确地计算和使用相对指标，充分发挥它们各自的作用，以下几个问题值得注意。

1．可比性

由于相对指标是由两个有联系的指标数值对比形成的，因此，分子与分母指标的可比性是计算相对指标的关键问题。如果将不可比的指标加以比较，就会歪曲事实，从而导致认识上的错误。这就要求在计算相对指标时，应确保对比的分子指标与分母指标所包括的内容、范围、计算方法、计量单位必须一致。例如，在计算计划完成相对指标时，必须保证实际完成数与计划任务数是同一时期同类现象的两个指标；强度相对指标必须是两个有联系总体的指标数值的对比。当遇到分子指标与分母指标不可比时，应加以调整，使其具有可比性。如调整指标的计算方法、总体范围、计量单位和计算口径等，以便保证两个指标的相互可比性。

2．相对指标和总量指标相结合

无论哪种指标，都有其自身的优缺点。总量指标虽然能够反映事物发展的总规模和总水平，但是却看不清事物差别的程度；而相对指标虽然反映了现象之间的数量对比关系和差异程度，却又将现象的具体规模和水平抽象化了。为了能更好地认识社会经济现象的本质，需要将二者加以结合。因此，只有将相对指标和总量指标结合起来使用，才能全面地认识客观事物的本质。

3. 各种相对指标的联系和区别

相对指标有多种形式，不同的相对指标只能各自从不同的侧面来反映社会经济现象之间的数量对比关系。因此，要想全面深刻地认识事物和分析问题，就必须会区分各种相对指标，在掌握了几种常用的相对指标的概念、作用及计算后，要特别注意区分不同的相对指标。

（1）结构相对指标和比例相对指标的区别是：结构相对指标以总体总量为比较标准，计算各组总量占总体总量的比重，是用来反映总体内部组成情况的综合指标；比例相对指标是总体不同部分数量对比的相对数，用以分析总体范围内各个局部之间的比例关系和协调平衡状况。二者的相同点是：都是无名数，同一时间，同一总体。

（2）比例相对指标和比较相对指标的区别是：比例相对指标是同一总体内，不同组成部分的指标数值的对比，说明总体内部的比例关系；比较相对指标是同类现象在不同空间上的对比，说明现象发展的不均衡程度，如甲地职工平均收入是乙地职工平均收入的 1.3 倍。二者的相同点是：都是无名数，同一时间，同类现象。

（3）强度相对指标与其他指标的主要区别是：其他各种相对指标都属于同类现象内的数量进行对比，而强度相对指标是将同一时期内两种性质不同但又有联系的属于不同总体的总量指标之间进行对比；其他相对指标用无名数表示，而强度相对指标则主要用有名数表示；当计算强度相对指标的分子、分母的位置互换后，一般会产生正指标和逆指标，而其他相对指标不存在正、逆指标之分。

在实际应用中，有时各种指标要综合运用才能说明事物的本质。例如，要检查某个企业的生产发展情况，除了要计算计划完成相对指标，用来评价该企业的计划完成情况以外，还需将本期的实际水平同前一时期的实际水平加以对比，以分析企业的生产发展状况，同时，还应考察企业内部的各种比例关系，以保证生产能够稳定协调地发展。另外，还可以将企业生产的实际水平与同行业的平均水平或先进水平相对比，考察本企业在同行业中所处的位置等。总之，只有把各种相对指标结合起来运用，才能对客观事物做出全面、客观、综合的评价。

职业知识检测

一、单项选择题

1. 总量指标按其反映的时间状况不同可以分为（　　）。

① 总体总量和标志总量　② 实物指标和价值指标
③ 时期指标和时点指标　④ 实物指标和相对指标

2. 直接反应总体规模大小的指标是（　　）。

① 平均指标　② 相对指标　③ 总量指标　④ 变异指标

3. 某单位某月职工的出勤率是95%，这个指标是（　　）。

① 结构相对指标　② 比较相对指标
③ 比例相对指标　④ 强度相对指标

4．下列指标属于总量指标的是（　　）。

① 人均粮食产量　　② 国内生产总值
③ 产品合格率　　④ 男女生比率

5．将对比的基数抽象为10，则计算出的相对数称为（　　）。

① 倍数　　② 百分数　　③ 系数　　④ 成数

6．由反映总体各单位数量特征的标志值汇总得出的指标是（　　）。

① 总体单位总量　　② 总体标志总量　　③ 质量指标　　④ 相对指标

7．下列指标属于时期指标的是（　　）。

① 商品库存额　　② 职工人数　　③ 普查人口　　④ 商品销售额

8．下列指标中属于时点指标的是（　　）。

① 死亡人口数　　② 人均利税额　　③ 商店总数　　④ 国内生产总值

9．某地区2013年年末居民储蓄存款余额已达到250亿元，这个指标属于（　　）。

① 时点指标　　② 平均指标　　③ 相对指标　　④ 时期指标

10．在计算结构相对指标时，其分子和分母（　　）。

① 只能是总体标志数值
② 只能是总体单位数值
③ 可以是总体单位数值，也可以是总体标志数值
④ 只能是时点指标，不能是时期指标

11．下列相对指标的表现形式可以用有名数表示的是（　　）。

① 比例相对指标　　② 计划完成相对指标
③ 动态相对指标　　④ 强度相对指标

12．计划完成情况相对指标，公式中分子和分母的数值（　　）。

① 既可以是绝对数，也可以是相对数或平均数
② 只能是相对数
③ 只能是绝对数
④ 只能是平均数

13．计划规定商品销售额较去年增长3%，实际增长5%，则商品销售额计划完成情况相对指标的算式为（　　）。

① 103%/105%　　② 3%/5%　　③ 5%/3%　　④ 105%/103%

14　某企业销售某种商品，销售成本按计划规定降低5%，实际降低了9%，则该企业销售成本的计划（　　）。

① 尚未完成　　② 刚好完成　　③ 都不是　　④ 超额完成

15．某地区2012年1—6月新批240个外商投资项目，这个指标属于（　　）。

① 时期指标　　② 时点指标　　③ 平均指标　　④ 相对指标

16．将两个不同地区的同类指标相对比而得出的指标属于（　　）。

① 强度相对指标　　② 动态相对指标
③ 比较相对指标　　④ 比例相对指标

17．某商场2012年空调销售量为2 000台，年末库存100台，这两个总量指标是（　　）。

① 时期指标　　② 时点指标

③ 前者是时期指标，后者是时点指标　　④ 前者是时点指标，后者是时期指标

二、填空题

1．总量指标按其反映的内容不同，可分为______和______。

2．总量指标按其反映的时间状况不同，可分为______和______。

3．相对指标的计量形式有两种，即______和______，其中，除强度相对指标用______表示外，其余都用______表示。

4．检查长期计划的完成程度时，若计划任务规定的是长期计划期末应达到的水平，检查计划完成程度应采用______法。

5．当计划指标为长期计划内完成工作总量时，计算计划完成程度应采用______。

6．与同一总体对比的相对指标有______、______、______和______；属于不同总体对比的相对指标有______和______。

7．强度相对指标数值大小，如果与现象的发展程度成正比，称为______。

8．下列指标属于总量指标、相对指标，还是平均指标？

（1）2012年国民生产总值为300 670亿元，属于______指标。

（2）2012年年末某学院教职工人数为879人，属于______指标。

（3）2013年某市所有企业按经济类型划分，国有企业占48.7%，民营企业占28.6%，个体企业占15.7%，属于______指标。

（4）某企业2013年的销售额是2012年的销售额的112%，属于______指标。

（5）2012年某市平均每人看电影2次，属于______指标。

（6）2012年某市电视机厂的工人的日劳动生产率为213台，属于______指标。

（7）2013年某市每位医生为2 000人服务，属于______指标。

（8）某高职学院2012年女学生占53%，属于______指标。

三、判断题

1．总量指标数值的大小不随总体范围的大小而变化，而相对指标和平均指标数值的大小随总体范围的大小而变化。（　　）

2．实物指标的综合性能差，而价值指标的综合性能好。（　　）

3．总体单位总量和总体标志总量是固定不变的，不能互相变换总体单位总量和总体标志总量。（　　）

4．相对指标都是用无名数形式表现出来的。（　　）

5．强度相对指标数值大小，如果与现象的发展程度成正比，称之为逆指标。（　　）

6．某地区2013年人均粮食产量1 600千克，这是一个平均指标。（　　）

7．计划完成程度大于相对指标100%一定是超额完成计划。（　　）

8．某地区某年出生人数是时点指标。（　　）

9．全国每平方公里有107人，属于平均指标。（　　）

职业技能训练

四、简答题

1．时期指标和时点指标有何区别和联系？

2．比例相对指标和比较相对指标的区别是什么？

3．强度相对指标和其他相对指标的主要区别是什么？

4．强度相对指标和平均数的区别是什么？

五、技能计算题

1．某地区土地面积为 4.4 万平方公里，人口资料如表 4-2 所示。

表 4-2　某地区人口资料

单位：万人

人口分布	2013 年
城市	240
农村	160
合计	400

根据上述资料计算出所有可能的指标，并指明其种类。

2．某企业 2012 年销售某种产品单位成本为 50 元，2013 年计划规定销售该产品单位成本降低 4%，实际降低 6%。试计算：

（1）2013 年销售该产品单位成本的计划数和实际数；

（2）2013 年该产品降低销售成本计划完成程度相对指标。

3．某企业 2011 年 A 产品产量为 10 000 台，计划规定 2012 年产量增长 4%，实际增长 5%。试计算：

（1）2012 年 A 产品产量计划数和实际数；

（2）2012 年 A 产品产量计划完成情况相对指标。

4．下列资料是某人撰写的本单位统计分析报告的一部分。你认为其中所用的数据和所下的结论是否恰当？为什么？

（1）本厂计划规定：第一季度单位产品成本应当比去年同期降低 10%，但实际执行结果只比去年同期降低 8%，因此，本厂仅完成产品成本计划的 80%。

（2）本厂有三个门市部，1 月因未能保管好，造成 A 门市储存的 5 箱产品中 1 箱变质；B 门市储存的 50 箱产品中 5 箱变质；C 门市储存的 100 箱产品中变质 20 箱。因 C 门市变质最多，损失最大，所以问题最严重。

5．某公司所属 A、B、C 三个车间在 2011 年、2012 年两年产量完成情况如表 4-3 所示。

表4-3 2011年、2012年两年产量完成情况统计

车间名称	2011年产量	2012年计划产量		2012年实际产量		2012年计划完成程度（%）	本年为上年的（%）
		产量（吨）	比重	产量（吨）	比重		
A	90		20	110		110	
B		150				100.7	115
C	230	250		237			
合计		500		498			110.3

请填出空格中的数字。

阅读资料

2012年石家庄经济稳中有进，生产总值4 500亿元

长城网石家庄1月9日讯（冯素琴 程行）记者从1月7日召开的中共石家庄市委九届四次全会上获悉，2012年，石家庄市经济发展态势良好，经济稳中有进，转型升级步伐加快，预计全市生产总值完成4 500亿元，安排省、石家庄市重点项目171个，完成投资1 186亿元。

据了解，2012年石家庄全市生产总值预计完成4 500亿元，增长9.5%，全部财政收入完成573.2亿元，其中公共财政预算收入完成272.3亿元。全社会固定资产投资完成3 632亿元，增长20%，规模以上工业增加值完成1 840亿元，实现利润561亿元，均增长13%，社会消费品零售总额完成1 910亿元，增长15%。

2012年，石家庄市转型升级步伐明显加快，共安排省、石家庄市重点项目171个，完成投资1 186亿元，占年度计划的128%。其中，格力电器等48个项目竣工，欣意电缆、盈德电器等一批超百亿元项目开工。工业完成技改投资930亿元，增长46%，高新技术产业增加值增长25%。在石家庄市所有的县（市），都有了省级以上工业聚集区或园区，良村经济技术开发区升为国家级园区，循环化工园区升格为副厅级园区。27个商贸物流项目建成开业，11个城市综合体竣工运营，华药新制剂等19个项目列入国家重点专项。石家庄市节能目标如期实现，万元生产总值能耗下降3.89%。

2012年，石家庄市改革开放不断深化，完成21家国企改制重组，6家企业在境内外上市。石家庄市还成功举办了动博会等大型会展，组织参加了香港投洽会等经济洽谈活动，签订外资项目27个，协议利用外资13.8亿美元，新对接央企项目19个，总投资441亿元。全年实际利用外资8.8亿美元，引进市外资金660亿元。

在大力实施“工业强市”战略的同时，石家庄市还注重“三农”工作的有序推进。2012年，石家庄市粮食产量创历史纪录，肉、蛋、奶产量分别增长3.6%、2.3%和5.9%。新谋划特色农产品基地66个，省级以上农业产业化重点龙头企业达48家，农产品加工转化率达75%。农村科技服务体系、农田水利建设、林业生态绿化都取得了新进展，新增省级新民居示范村70个，省级幸福乡村示范点达176个。

石家庄市经济的快速发展得益于生态环境和发展环境的改善。自开展“两个环境”建设以来，石家庄市共削减审批事项 31.5%，查处损害发展环境案件和问题 866 件，815 人（次）。随着石家庄新火车站正式启用，京石、石武高铁开通运营，西柏坡高速建成通车，正定新区园博园建成开放，石家庄行政服务中心、城市轨道交通等项目有序建设，石家庄市城市载体功能得到了极大的提高。

石家庄市蓝天碧水、洨河治理和市容市貌综合整治等十大工程的实施，拆改市区分散燃煤锅炉 468 台，治理建材企业 394 家，淘汰黄标车 5 万辆，森林覆盖率增加 1.65%……在着力改善生态环境的工作中，石家庄市环境有了极大改善，城市形象显著提升。经济快速发展的成果要让老百姓得到实惠。

2012 年，石家庄市城市居民可支配收入 22 998 元，农民人均纯收入 8 920 元，分别增长 12%和 14%。城镇新增就业 10.6 万人，城镇登记失业率控制在了 3.76%以内。2012 年，石家庄市实施的民生幸福十大工程、20 件实事工程全面完成，并在全省率先实现了乡村卫生室场所和设备标准化，城乡居民养老保险工作受到国务院表彰。保障性安居工程竣工 1.35 万套，山区教育扶贫新投用寄宿制学校 20 所，极大地提高了人民的幸福感。

第 5 章

平均指标和标志变异指标分析

学习目标

☑ 了解平均指标的概念、特点和作用；

☑ 掌握平均数计算的基本公式，熟练掌握算术平均数的计算方法及应用条件；

☑ 掌握调和平均数的计算方法及应用条件；

☑ 了解中位数、众数的概念及作用；

☑ 掌握标志变异指标的概念、作用，能够进行平均指标代表性的对比分析。

5.1 平均指标

5.1.1 平均指标的概念和特点

1. 平均指标的概念

平均指标又称平均数，是统计中十分重要的综合指标，是指在同质总体内将各单位某一数量标志表现的差异抽象化，用以反映在一定时间、地点、条件下的总体单位一般水平数量特征的综合指标。其特征通常表现为：一般距离其平均值远的标志值比较少，而距离其平均值近的或接近其平均值的标志值比较多，所以，平均指标反映了总体分布的集中趋势或一般水平。

例如，职工的平均工资、商品的平均价格、单位面积粮食产量等都是平均指标。

2. 平均指标的特点

（1）将数量差异抽象化。平均指标是把各个单位标志表现之间的差异抽象化，从而说明总体的一般水平。如某企业的平均工资就是把职工之间不同工资的差异抽象化，用以说明该企业职工工资的一般水平。只有数量标志才能计算其平均数，品质标志一般不能计算平均数，但个别能以数量大小来表示其变异的品质标志，如产品质量等级，既可以用自然数表示，也可计算其平均指标，用来反映其质量变动的情况。

（2）只能进行同类现象计算。计算平均指标的各单位必须具有同类性质，这是计算平均指标的前提。因为只有本质相同的现象计算平均数才能正确反映客观实际情况，如果把不同性质的个体混杂在一起，则由此计算的平均数只会掩盖事物的本质区别，得出错误的结论。

（3）反映总体分布的集中趋势。从总体变量分布的情况看，多数现象的分布服从钟形分布，即不管用什么技术方法计算的平均数，结果都靠近分布的中间，而不会在两头。这就说明多数标志值集中在平均数附近，所以，平均指标是标志值集中趋势的测度数，是反映总体变量集中倾向的代表值。

5.1.2　平均指标的作用

由于平均指标能够综合反映某种社会经济现象总体在一定条件下的一般水平，所以应用十分广泛，其作用主要体现在以下几点。

1．平均指标可用于同类现象在不同空间条件下的对比

对于不同国家、不同地区、不同单位的同类现象的水平，由于其总体的大小可能不同，通常不能直接进行比较分析，因而只能通过计算平均指标才能将不能直接比较的现象变为可以比较的现象。通过对比，可以反映出现象之间在空间上的差异性。

【例 5-1】2013 年我国两个大城市的国际旅游外汇收入和国际旅游业从业人数情况如表 5-1 所示。

表 5-1　两城市国际旅游业基本情况比较

城　市	国际旅游外汇收入（万美元）	国际旅游业从业人数（人）	人均创外汇（万美元/人）
（甲、乙）	（1）	（2）	（3）=（1）/（2）
甲城市	238 400	185 080	1.288
乙城市	121 791	76 238	1.600

表 5-1 中资料说明，从总量指标国际旅游外汇收入上来看，甲市高于乙市，但是如果从人均创外汇这一平均指标来看，则乙市要高于甲市 0.312 万美元/人，结果很明显，乙市创外汇能力和效果优于甲市。

2．平均指标可用于同一现象在不同时间的对比

事物总是在不断发展变化之中的，利用平均指标，可以研究某一总体在时间上的变化，反映总体发展的过程及其变化的趋势。例如，为反映改革开放 30 年来我国城镇居民生活水平的提高，我们可以通过这 30 年之间职工平均工资在不同时间上的发展趋势或变动规律来揭示；同时还可以通过将现在职工的平均工资水平与改革开放前 30 年的平均工资水平进行比较分析，从而显示出两个 30 年之间的巨大差异。所以说，平均指标可以消除因总体范围不同而带来的总体数量差异，使不同规模的总体具有可比性。

3．平均指标可以概括说明总体的一般水平

平均指标是把一个总体内各单位的数量差异抽象化了，用一个指标数值来说明总体的数量大小。如用某市职工年平均工资 8 000 元，来反映该市职工的收入水平，具有高度的综合性和

概括能力，给人以鲜明、深刻的印象。

4. 平均指标可以分析现象之间的依存关系

在对现象总体进行分组的基础上，可以运用平均指标分析现象之间的依存关系。例如，根据商品流转额来划分不同规模的贸易企业，再通过计算各类企业的平均商品流通费用率，就可分析商品流转额的增减和流通费用率升降之间的关系。在农业生产中，施肥量与农作物的产量之间存在着一定的关系，但由于一些其他不确定因素的影响，直接分析各田亩产量之间的关系，可能得不出正确的结论，此时可以通过计算各田的单产，然后再结合其施肥量进行分析，从而研究它们之间的关系。

5. 平均指标可以进行数量上的估算

对社会经济现象的总量指标进行数量推算时，可采用科学的方法，利用由某一标志值计算出的平均指标来估算未知总体的平均指标或者推算总体的标志总量。例如，通过某地区牛奶的平均消费量，可以推算出本地区牛奶的消费总量。

【小思考】

举实例说明平均指标的作用。

5.1.3 平均指标的种类

1. 根据平均指标反映的内容不同，可以把平均数分为静态平均数和动态平均数

凡反映在同一时间范围内总体各单位某一数量标志一般水平的平均数称为静态平均数；凡反映不同时间同一总体某一指标一般水平的平均数称为动态平均数。本章只介绍静态平均数，因而本章所称的平均指标都指静态平均数，故又称其为一般平均数。

2. 根据平均指标计算方法的不同，可以把平均数分为数值平均数和位置平均数

数值平均数包括算术平均数、调和平均数和几何平均数（常用于动态平均数的计算），因为它们是根据分布数列中各单位的标志值计算而来的，所以称为数值平均数；位置平均数包括中位数和众数，因为它们是根据分布数列中某些标志值所处的特殊位置来确定的，所以称为位置平均数。

5.2 算术平均数

5.2.1 算术平均数的基本形式

算术平均数是分析社会经济现象一般水平和典型特征的最基本指标，是统计中计算平均指标最常用的方法之一。一般如不加特别说明，所称的平均数都是指算术平均数。其基本公式为：

$$\text{算术平均数}=\frac{\text{总体标志总量}}{\text{总体单位总量}}$$

例如，某企业某月职工工资总额为 180 000 元，职工总人数为 200 人，则该企业该月职工的平均工资为：

$$\frac{180000}{200}=900\text{（元）}$$

上述公式中，要注意分子和分母必须属于同一总体，分子数值是分母各单位数量特征的总和，这也是平均指标与强度相对指标的区别之处。平均指标的分子与分母即各单位的标志值与各单位之间一一对应，而强度相对指标虽然也是两个有联系的总量指标之比，但事实上并不存在各标志值与各单位的对应问题，其常带有的“平均”二字实际上是“分摊”的含义。例如，工人劳动生产率是工人总产量与工人总数之比，是平均指标；而全员劳动生产率则是工人总产量与全部职工人数之比，是强度相对指标。

【小思考】

（1）人均创外汇=国际旅游外汇收入/国际旅游业从业人数

　　人均外汇收入=国际旅游外汇收入/人口总数

这两个指标有何异同?

（2）概括平均指标与强度相对指标的区别。

（3）请说出以下指标属于平均指标还是强度相对指标？为什么？

- 每百户居民拥有电话机的数量
- 人均粮食产量
- 人口密度
- 粮食平均亩产量
- 人均粮食消费量
- 从业人员平均劳动报酬

5.2.2　算术平均数的计算与分析

根据资料的不同，算术平均数的计算方法有简单算术平均数和加权算术平均数两种。

1. 简单算术平均数

如果掌握的资料是没有经过分组整理的各单位标志值，则可先将各单位的标志值相加后得出标志总量，然后再除以总体单位数，这种计算平均数的方法称为简单算术平均数。

【例 5-2】某企业的一个生产班组有 8 名工人，生产某种零件。某日各人的日产量（件）分别为：15、15、19、19、19、21、21、18，则该组工人的人均日产零件数为：

$$\frac{15+15+19+19+19+21+21+18}{8}=18.375\text{（件）}$$

上式用符号可表示为：

$$\overline{X}=\frac{x_1+x_2+\cdots+x_n}{n}=\frac{\sum x}{n}$$

式中

$\overline{X}$——算术平均数；

x_1，x_2，…，x_n——各个变量值；

n——变量值个数；

Σ——总和符号。

顾名思义，简单算术平均数计算方法简便，但其应用的前提条件是资料未经加工整理或加工整理后的数列中每个变量值出现的次数相同。

2．加权算术平均数

如果掌握的资料是经过分组整理而成的变量数列，并且每组次数不同，则应采用加权的方法计算算术平均数。具体计算步骤是：① 将各组标志值分别乘以相应的频数求得各组的标志总量，并加总得到总体标志总量。② 将各组的频数加总，得到总体单位总量。③ 将总体标志总量除以总体单位总量，即得算术平均数。具体计算方法分述如下。

（1）由单项数列计算加权算术平均数。

【例 5-3】根据例 5-2 的资料，把工人按日产量分组可得表 5-2。

表 5-2　加权算术平均数的计算（1）

按日产量分组（件）x	工人数（人）f	各组日产量（件）xf
15	2	30
18	1	18
19	3	57
21	2	42
合　计	8	147

$$工人平均日产量=\frac{147}{8}=18.375（件）$$

上式用符号表示为：

$$\overline{X}=\frac{x_1f_1+x_2f_2+\cdots+x_nf_n}{f_1+f_2+\cdots+f_n}=\frac{\sum xf}{\sum f}$$

式中

f——次数，也称频数；

$\sum xf$——总体标志总量；

$\sum f$——总体单位总量，也称总次数或总权数。

从上述计算公式可看出，平均日产量的大小，不仅取决于各组变量值 x 的大小，同时也取决于各组单位数 f 的多少。某个变量值出现的次数多，平均数受该组的影响就较大；反之，次数少的变量值，其对平均数的影响也小。可见，次数在这里起着权衡轻重的作用，所以统计上把次数称为权数。用加权法计算的算术平均数叫做加权算术平均数。

变量数列的权数有两种形式：一种以绝对数表示，称为次数或频数；另一种以比重表示，称为频率。权数采用频率的形式计算时，其计算公式为：

$$\overline{X}=\sum x\cdot\frac{f}{\sum f}$$

对于同一总体的资料，采用频率作为权数计算的平均数与直接用次数作为权数计算的平均数是相等的。

【例 5-4】仍以表 5-2 的资料为例，采用频率作为权数计算加权算术平均数，如表 5-3 所示。

表 5-3　加权算术平均数的计算（2）

按日产量分组（件）x	工人人数		$x\frac{f}{\Sigma f}$
	绝对数（人）f	频率（%）$f/\Sigma f$	
15	2	25.0	3.75
18	1	12.5	2.25
19	3	37.5	7.125
21	2	25.0	5.25
合　计	8	100.0	18.375

$$\overline{X}=\sum x\cdot\frac{f}{\sum f}=18.375（件）$$

由此可见，其计算结果与用次数公式计算的结果完全相同。

（2）由组距数列计算加权算术平均数。

如果掌握的资料是组距数列，则要选用各组的组中值作为对应组的标志值代表来计算加权算术平均数。具体计算方法是以各组的组中值乘以各组权数，然后再计算加权算术平均数。

【例 5-5】某县粮食生产情况如表 5-4 所示。

表 5-4　粮食亩产量分组及算术平均数的计算

按亩产分组（千克）	播种面积比重（%）$f/\Sigma f$	组中值 x	$x\cdot f/\Sigma f$
200 以下	8	175	1 400
200 ~ 250	35	225	7 875
250 ~ 400	45	325	14 625
400 以上	12	475	5 700
合　计	100	—	29 600

$$粮食平均产量\ \overline{X}=\sum x\cdot\frac{f}{\sum f}=\frac{29600}{100}=296（千克）$$

这里应该指出的是，应用这种计算方法需要一个假定条件，即假定各单位标志值在各组内是均匀分布的。实际上各单位标志值在组内呈均匀分布是很少见的，组中值同该组各单位标志值的平均值之间总会存在一定的误差，因而这种方法计算的平均数仅是个近似值，而不是精确值。一般而言，分配数列各组组距越小，组中值同该组各单位标志值的平均值就越接近，用组中值计算的加权算术平均数的误差也就越小；反之，误差就越大。

（3）计算加权算术平均数时需要注意的问题。

1）权数的引入。简单算术平均数的大小，只受一个因素即变量值本身大小的影响。当变量值的水平较高时，平均数就较大；反之，平均数就较小。而加权算术平均数的大小，同时受两个因素的影响：一个是变量值本身，另一个则是各个变量值出现的次数。

2）权数的性质。变量值出现的次数对加权算术平均数的大小起着权衡轻重的作用，平均数往往靠近次数最多的那个变量值。权数大的变量值对平均数的影响就大，同理，权数小的变量值对平均数的影响就小。

3）权数的选择。在计算加权算术平均数时，必须慎重考虑权数的选择。选择权数的基本原则是：各组的变量值与其出现的次数的乘积等于各组的标志总量，并具有实际经济意义。一般来说，在变量数列中，变量值出现的次数就是权数。但也有例外，特别是用相对数或平均数计算加权算术平均数时，应特别注意。

4）权数的实质。权数对算术平均数的影响，不取决于权数本身数值的大小，而取决于权数比重的大小。权数比重是指作为权数的各组单位数占总体单位数的比重，也就是频率。单位数所占比重大的组，其变量值对平均数的影响就大，反之，影响就小。

简单算术平均数与加权算术平均数之间具有内在的联系。加权算术平均数公式是算术平均数的代表公式，而简单算术平均数公式则只是加权算术平均数公式在各组权数相等时的一个特例。

3．算术平均数的缺点

算术平均数适合用代数方法运算，因此，在实践中有很广泛的应用，但也有其不足之处。

（1）算术平均数易受极端数值影响，而且受极大值的影响大于受极小值的影响，从而降低 $\overline{X}$ 的代表性。

（2）当组距数列为开口组时，由于组中值不易确定，因而 $\overline{X}$ 的代表性也不很高。

4．算术平均数的基本数学性质

（1）算术平均数与权数和的乘积等于各标志值与权数乘积的总和。这个性质说明，算术平均数是所有标志值的代表数值，根据算术平均数与权数之和，可以推算出总体标志总量。

（2）各标志值与其算术平均数的离差之和恒等于零。

（3）所有标志值与算术平均数的离差平方和为最小值。

【小思考】

（1）举例说明权数具有什么性质与作用。

（2）举例说明如何根据实际问题的需要确定合理的权数。

（3）下列可应用加权算术平均法计算平均数的有（　　）。

① 由各营业员按工资分组的变量数列求平均工资

② 由营业员按工资分组的变量数列求平均工资

③ 由工资总额及营业员总数计算平均工资

④ 由各产品等级及各级产品产量求平均等级

5.3 调和平均数

5.3.1 调和平均数的概念

调和平均数又称“倒数平均数”，它是各个变量值倒数的算术平均数的倒数。调和平均数实际是算术平均数的变形使用，但它仍然是依据算术平均数的基本公式——总体标志总量除以总体单位总量来计算的。

在掌握的资料没有直接提供被平均标志值的相应单位数的场合，计算平均数采用此方法，也就是先还原出各组的单位数，之后再计算平均数。具体计算方法分述如下。

（1）先计算各个变量值的倒数，即 $\frac{1}{x}$。

（2）计算上述各个变量值倒数的算术平均数，即 $\frac{\sum\frac{1}{x}}{n}$。

（3）再计算这个算术平均数的倒数，即 $\frac{n}{\sum\frac{1}{x}}$，就是所要计算的调和平均数，即：

$$\overline{X_{\mathrm{h}}}=\frac{n}{\sum\frac{1}{x}}$$

式中，$\overline{X_{\mathrm{h}}}$ 代表调和平均数。

5.3.2 调和平均数的计算方法

在计算调和平均数时，由于所掌握资料的具体内容不同，调和平均数又分为简单调和平均数和加权调和平均数两种。

1. 简单调和平均数

当所掌握的分组资料为分组及各组标志总和，而且各组标志总和又都相等时，则计算调和平均数采用简单调和平均数公式。简单调和平均数的具体计算公式如下：

$$\overline{X_{\mathrm{h}}}=\frac{n}{\sum\frac{1}{x}}$$

此时，n 代表的不是单位总量，而是分组的组数。

【例 5-6】某农贸市场某日青菜交易价格分别为早晨 1 元/斤、中午 0.8 元/斤、傍晚 0.5 元/斤，早晨、中午、傍晚成交总额均为 1 万元，那么该农贸市场该日青菜交易的平均价格为：

$$\overline{X_{\mathrm{h}}}=\frac{n}{\sum\frac{1}{x}}=\frac{3}{\frac{1}{1}+\frac{1}{0.8}+\frac{1}{0.5}}=0.71\ （元/斤）$$

2．加权调和平均数

当所掌握的分组资料为分组及各组标志总和，而且各组标志总和又不等时，则计算调和平均数采用加权调和平均数公式。加权调和平均数的具体计算公式如下：

$$\overline{X_{\text{h}}}=\frac{\sum m}{\sum \frac{m}{x}}$$

式中

m——总体各组标志总量；

$\sum m$——总体标志总量。

m 具有权数的数学性质，即各组权数 m 同时扩大或缩小若干倍数时，平均数值不变。

【例 5-7】某食堂购进某种蔬菜，相关资料如表 5-5 所示，计算这种蔬菜的平均价格。

表 5-5　某种蔬菜价格资料及计算

	价格（元/千克）x	购买金额（元）m	购买量（千克）m/x
早	1.00	10.0	10.0
午	1.20	15.0	12.5
晚	1.10	20.0	18.2
合　计	—	—	40.7

根据表 5-5 中的资料，计算该食堂购进这种蔬菜的平均价格为：

$$\overline{X_{\text{h}}}=\frac{\sum m}{\sum \frac{m}{x}}=\frac{10.0+15.0+20.0}{40.7}=1.106\text{（元/千克）}$$

通过例 5-7 的计算，可以看出，加权调和平均数实质上是加权算术平均数的一种变形。它们之间的关系为：

若令 $m=xf$，则

$$\overline{X_{\text{h}}}=\frac{\sum m}{\sum \frac{m}{x}}=\frac{\sum xf}{\sum \frac{xf}{x}}=\frac{\sum xf}{\sum f}=X$$

由此可见，加权调和平均数与加权算术平均数，两者只是计算形式上的不同，其经济内容是一致的，都反映总体标志总量与总体单位总量的比值。因此，在计算平均数时，可以根据所掌握资料的不同，选择加权算术平均数或加权调和平均数。

5.3.3　调和平均数的应用

调和平均数是由于所掌握的资料限制而产生的。

1．由平均数计算平均指标时调和平均数法的应用

以工业企业生产工人劳动生产率为例，如果所掌握的资料是各车间的生产工人劳动生产率

及其产值，则计算该企业生产工人的平均劳动生产率时应采用加权调和平均数；而如果所掌握的资料是各车间的生产工人劳动生产率及其生产工人人数，则计算生产工人的平均劳动生产率时应采用加权算术平均数。

【例 5-8】某工业企业 2013 年的相关资料如表 5-6 所示，确定采用加权调和平均数还是采用加权算术平均数来计算生产工人的平均劳动生产率。

表 5-6　某工业企业 2013 年有关资料

按劳动生产率分组（万元/人）	工业增加值（万元）
2～4	12 750
4～6	9 500
6～8	7 350
合　计	29 600

根据表 5-6 中所给的资料，可采用加权调和平均数来计算生产工人的平均劳动生产率，其计算过程见表 5-7。

表 5-7　生产工人平均劳动生产率的计算

按劳动生产率分组（万元/人）	组中值 x	工业增加值（万元）m	生产工人数（人）m/x
2～4	3	12 750	4 250
4～6	5	9 500	1 900
6～8	7	7 350	1 050
合　计	—	29 600	7 200

则生产工人平均劳动生产率为：$\overline{X}=\dfrac{\sum m}{\sum \dfrac{m}{x}}=\dfrac{29600}{7200}=4.11$（万元/人）

若例 5-8 中所掌握的资料不是工业增加值，而是生产工人数，则应该采用加权算术平均数来计算生产工人的平均劳动生产率。

2. 由相对数计算平均指标时调和平均数法的应用

以计划完成程度相对数为例，当掌握的资料为实际完成数，计算平均计划完成程度时，应以实际完成数为权数，采用加权调和平均数来计算。因为只掌握了基本公式中分子的明细资料，缺少分母的明细资料，此种情况下，只能利用分子的资料先计算出分母的明细资料，之后再按基本公式的形式计算平均指标。

【例 5-9】某公司下属三个企业某年产值计划完成程度及实际产值资料如表 5-8 所示，求该公司产值计划完成程度。

表 5-8　某公司三个企业计划完成程度

企业名称	计划完成程度（%）x	实际产值（万元）m
甲	120	450

续表

企业名称	计划完成程度（%）x	实际产值（万元）m
乙	105	315
丙	95	361
合　计	—	1 126

根据上表中的资料计算该公司计划完成程度指标，实际上是计算三个企业计划完成程度的平均数。我们知道计划完成程度相对数为实际完成数与计划任务数的比，分子为实际完成数，分母为计划任务数。所掌握的是分子实际完成数的明细资料 m，分母的明细资料尚未掌握，此时需要用各企业的实际产值除以计划完成程度来还原出计划任务数，即 $\frac{m}{x}$。因此，计算该公司计划完成程度应采用加权调和平均数公式来进行。具体计算如下（见表 5-9）。

表 5-9　该公司计划完成程度的计算

企业名称	计划完成程度（%）x	实际产值（万元）m	$\frac{m}{x}$
甲	120	450	375
乙	105	315	300
丙	95	361	380
合　计	—	1 126	1 055

则计划完成程度为：$\overline{X}=\frac{\sum m}{\sum \frac{m}{x}}=\frac{1126}{1055}=106.73\%$

从上述两例可以看出，在由相对数或平均数计算平均指标时，要想判断在何种情况下采用加权算术平均数或加权调和平均数的问题，关键在于要以总平均指标的基本公式为依据。如果我们所掌握的是基本公式中分母的明细资料，则直接采用加权算术平均数形式；如果我们所掌握的资料是基本公式中分子的明细资料，则须采用加权调和平均数形式。

应当注意的是：

（1）如果数列中有一标志值为零，则无法计算 $\overline{X_h}$。

（2）调和平均数作为一种数值平均数，受所有标志值的影响，但受极小值的影响大于受极大值的影响，而较之算术平均数，$\overline{X_h}$ 受极端值的影响要小。

【小思考】

（1）例 5-9 中，如果所掌握的资料不是实际产值，而是计划产值，则如何计算平均计划完成程度？

（2）加权算术平均数和加权调和平均数计算方法的选择，应根据已知资料的情况来定（　　）。

① 如掌握基本公式中的分母则用加权算术平均数计算
② 如掌握基本公式中的分子则用加权算术平均数计算
③ 如掌握基本公式中的分母则用加权调和平均数计算
④ 如掌握基本公式中的分子则用加权调和平均数计算

5.4　应用平均指标应注意的问题

1. 注意社会经济现象的同质性

同质性，也就是总体各单位在被平均的标志上具有同类性，这是应用平均指标的基本原则。如果各单位在类型上是不同的，特别是在社会生产关系上存在着根本差别时，那么这样的平均数不仅不能反映事物的本质和内在规律性，而且还会歪曲事物的本质，掩盖事实真相，这样即使计算出平均数的数值，也只能是虚构的、不真实的。例如，在研究农民收入水平的变化时，如果把长期在外打工和长期从事非农业生产劳动的农民，如从事工业、建筑业、商业的农民的收入与从事农业生产劳动的农民的收入合在一起来计算农民的收入，则平均的结果将不能反映农民收入水平的真实变化，因为两者的收入无论在构成上还是在使用的性质上，都存在着显著的差异。所以说，只有在同质总体的基础上计算和应用平均指标，才有真实的社会经济意义。

2. 注意用组平均数补充说明总体平均数

平均指标反映了总体单位某一数量标志值的一般水平，却掩盖了各组数量之间的差异。总体各组之间及组内各单位之间的差异往往影响总体的特征和分布规律，各组结构变动也会对总体变动产生影响。因此，为了全面认识总体的特征和分布规律，需要将平均指标与统计分组结合起来，用组平均数补充说明总体平均数。

【例 5-10】表 5-10 为某高校教师的月工资收入资料。

表 5-10　某高校教师的月基本工资收入资料

按职称分组	月基本工资收入（元）		人数（人）	
	2011 年	2012 年	2011 年	2012 年
教授	1 280	1 360	90	60
副教授	1 040	1 090	200	100
讲师	860	900	180	300
助教	690	700	115	125
合　计	—	—	585	585

表 5-10 中的数据，利用加权算术平均法算得，该高校教师 2012 年的月总平均基本工资收入为 936.92 元，比 2011 年的总平均工资收入 952.74 元降低了 15.82 元。但实际上，从按职称的分组资料来看，不论是高职称还是低职称，2012 年的工资收入都比 2011 年有显著提高，结果出现了与总平均数相反的结论。之所以出现这种矛盾，原因在于这两年各职称人数的结构发生了较大的变化，2012 年高职称、高收入的结构比例占 27.35%，较 2011 年同职称的结构低

22.22%；而 2012 年的中、低职称人数所占的比重则由 2011 年的 50.43%上升为 72.65%。正是由于这种权重结构的变化，导致出现了两种平均数的矛盾结果。因此，将总平均数与组平均数结合起来进行分析，得出正确的评价是 2012 年的月平均基本工资收入水平高于 2011 年。

3．注意用分配数列补充说明总体平均数

平均指标的重要特征是把总体各单位的数量差异抽象化，进而掩盖了各单位的数量差异及其分布情况。因此，需要用分配数列来补充说明总体平均数。

【例 5-11】有如下两个班组工人的日产量资料，如表 5-11 所示。

表 5-11　工人的日产量资料

甲　班　组		乙　班　组	
日产量（件）	工人人数（人）	日产量（件）	工人人数（人）
3	1	3	0
4	1	4	1
5	5	5	8
6	3	6	1
合　计	10	合　计	10

根据表 5-11 中的资料分别采用加权算术平均法，得知甲、乙两个班组工人的平均日产量相等，但这两个班组的产量分布却存在明显的差异，甲班组日产量的整个分布偏低，乙班组日产量的整个分布偏高。甲班组日产量低于平均水平的占 20%，而乙班组仅占 10%。分布结构的这种变化，反映了事物内部的差异。这种差异单从总体平均数这一点上还不足以看清楚，必须结合分配数列的分析和观察，才能有效地反映出来。

4．注意极端数值的影响

计算和运用平均数时，要注意极端数值的影响，因为算术平均数受极端数值的影响很明显。为了正确反映总体的一般水平，当总体存在过大或过小的极端数值时，应予以剔除，然后将其余数值计算平均数。

5.5　中位数和众数

5.5.1　中位数

1．中位数的概念

将被研究总体各单位的标志值按大小顺序排列后，位于中间位置的那个标志值就是中位数，用 M_e 表示。在变量数列中，有一半单位的标志值小于中位数，另一半单位的标志值大于中位数，因而中位数又叫分割值。

2．中位数的特点和作用

（1）中位数是一种位置平均数，它的大小取决于数列中间位置的标志值，不受其他标志值的影响。如果数列两端出现极端值时，用中位数来表示该现象的一般水平比算术平均数更有代表性。例如，在社会成员收入悬殊的国家，用该国社会成员收入的中位数代表多数成员收入的一般水平比用算术平均数更好。

（2）各单位标志值与中位数离差的绝对值之和最小，即 $\sum\left|X-M_{\mathrm{e}}\right|=\min$。利用中位数的这一性质，可以解决一些实际中的问题。例如，铺设通信线路时，可用中位数来决定总控制室的位置，使其到各点的距离之和最短，从而节省部分原材料及费用。

3．中位数的确定方法

根据所掌握资料的不同，中位数的确定可分为以下两种情况。

（1）根据未分组资料确定中位数。根据未分组的资料确定中位数，先把各单位的标志值按大小顺序排列，然后依据公式确定中点位置，其公式表示为：

$$\text{中点位置}=\frac{n+1}{2}$$

式中，n 代表变量值的个数，也就是总体单位数。

当变量值的个数 n 为奇数时，中点位置所对应的变量值即为中位数；当变量值的个数 n 为偶数时，则中点位置的前、后两个变量值的简单算术平均数即为中位数。

【例 5-12】有 5 名工人的工资额分别为 800 元、880 元、970 元、1 190 元、1 198 元，则中点位置为 $3(\frac{5+1}{2})$，即中位数为第三个工人的工资额 970 元。

【例 5-13】某生产班组有 10 名工人，每人日产零件件数分别为 15、16、17、17、18、20、22、22、23、40。则中位数的位置在 $5(\frac{10}{2}=5)$ 与 $6(\frac{10}{2}+1=6)$ 之间，即第 5 位和第 6 位工人日产量的算术平均数，这表明第 5 位和第 6 位工人日产量的算术平均数 $19(\frac{18+20}{2})$ 件为中位数。

（2）根据分组资料确定中位数。数列有单项数列和组距数列两种，尽管在确定中位数所在组时使用的方法相同，但在具体确定中位数时，组距数列中位数的确定要稍微复杂些，需要假定中位数组内各标志值的变化是均匀的，然后再采用插值法计算中位数。

下面分别介绍利用分组资料确定中位数的具体过程。

1）根据单项数列确定中位数。具体方法如下。

① 确定中位数的位置 $=\frac{\sum f}{2}$（$\sum f$ 为各组单位数之和）。

② 根据各组的向上（或向下）累计次数，确定中位数所在组。

③ 中位数所在组的标志值即为中位数。

【例 5-14】某学院 2011—2012 学年共有 30 名同学获得奖学金，如表 5-12 所示。

表 5-12　学生奖学金统计及中位数的计算

奖学金金额（元/人）	人数（人）	人数累计	
		向上累计（人）	向下累计（人）
300	3	3	30
500	6	9	27
800	8	17	21
1 000	7	24	13
1 500	6	30	6
合　计	30	—	—

确定中位数的位置为：$\frac{30}{2}=15$

上式计算结果表明，中位数在第15人的位置上。无论向上累计还是向下累计，累计人数大于15的第一个组均为第三组，故第三组为中位数组。其标志值800元/人就是中位数。

2）根据组距数列确定中位数。具体方法如下。

① 确定中位数位置$=\frac{\sum f}{2}$（$\sum f$ 为各组单位数之和）；

② 根据各组的向上（或向下）累计次数，确定中位数所在组；

③ 用比例插值法确定中位数的近似值。其计算公式为：

下限公式：

$$M_{\mathrm{e}}=L+\frac{\frac{\sum f}{2}-S_{m-1}}{f_m}\times d$$

上限公式：

$$M_{\mathrm{e}}=U-\frac{\frac{\sum f}{2}-S_{m+1}}{f_m}\times d$$

式中

L——中位数所在组的下限；

U——中位数所在组的上限；

f_m——中位数所在组的次数；

S_{m-1}——中位数所在组以前的累计次数；

S_{m+1}——中位数所在组以后的累计次数；

d——中位数所在组的组距。

【例 5-15】某村农户某年人均纯收入资料如表5-13所示。

表 5-13　某村农户某年人均纯收入统计

按年人均纯收入分组（元）	农户数（户）	农户数累计	
		向上累计（户）	向下累计（户）
1 200 ~ 1 400	5	5	500
1 400 ~ 1 600	10	15	495
1 600 ~ 1 800	80	95	485
1 800 ~ 2 000	130	225	405
2 000 ~ 2 200	180	405	275
2 200 ~ 2 400	50	455	95
2 400 ~ 2 600	30	485	45
2 600 ~ 2 800	15	500	15
合　计	500	—	—

根据表 5-13 计算出中位数位置 $=\frac{\sum f}{2}=\frac{500}{2}=250$

这说明中位数在 2 000 ~ 2 200 元这一组内。$L=2000$，$U=2200$，$f_m=180$，$S_{m-1}=225$，$S_{m+1}=95$，$d=2200-2000=200$。

按下限公式确定中位数为：

$$M_e = 2000 + \frac{\frac{500}{2}-225}{180}\times 200 = 2027.8\text{（元）}$$

按上限公式确定中位数为：

$$M_e = 2200 - \frac{\frac{500}{2}-95}{180}\times 200 = 2027.8\text{（元）}$$

以上计算结果表明，采用下限公式或上限公式确定中位数，其结果都是一样的，在实际工作中，可视情况选择其中的一种方法计算。

5.5.2　众数

1．众数的概念

众数是指总体中出现次数最多的标志值。众数是总体中最常遇到的标志值，是最普遍、最一般的标志值，不但能直观地说明客观现象分布的集中趋势，而且还可代表社会经济现象的一般水平。

在实际工作中，众数有相当广泛的应用。例如，市场上某种商品一天的价格可能有多次变化，可不必全面登记该商品的全部价格来计算其算术平均数，而只需用该商品成交量最多的那个价格即众数作为代表值，就可以反映出该商品价格的一般水平。再如，在大批量生产的男式皮鞋中有多种尺码，其中 40 码的销售量最多，这说明 40 码就是众数，可代表男式皮鞋尺码的一般水平，宜大量生产，而其余尺码的生产量就要相应少一些，这样才能满足市场上大部分消费者的需要。

2．众数的特点和作用

（1）众数作为总体中出现次数最多的标志值，能直观地说明总体各单位该标志值的集中趋势，因而能说明该现象数量方面的一般水平。

（2）只有当总体单位数比较多，而且标志值的分布又具有明显的集中趋势时，众数的确定才具有实际意义。如果总体单位数很少，尽管次数分配较集中，计算出来的众数意义也不大；如果总体单位数较多，但次数分配不集中，即各总体单位的标志值在总体中出现的比重较均匀，那么也无所谓众数。如果总体中出现次数最多的标志值不是一个，而是两个时，则存在复众数的情况。

（3）在不容易计算算术平均数的情况下，众数可直接代替算术平均数。

3．众数的确定方法

（1）单项数列确定众数的方法。根据单项数列确定众数的方法是直接观察次数，出现次数最多的标志值就是众数。如表5-12所示，通过直接观察可知第三组出现次数最多，那么该组标志值800元就是众数。

（2）组距数列确定众数的方法。根据组距数列确定众数时，首先由最多次数来确定众数所在级，然后再用比例插值法计算众数的近似值。其计算公式如下：

下限公式：$M_0=L+\dfrac{\Delta_1}{\Delta_1+\Delta_2}\times d$

上限公式：$M_0=U-\dfrac{\Delta_1}{\Delta_1+\Delta_2}\times d$

式中

M_0——众数；

L——众数所在组的下限；

U——众数所在组的上限；

Δ_1——众数所在组次数与小邻组次数之差；

Δ_2——众数所在组次数与大邻组次数之差；

d——众数所在组的组距。

【例5-16】利用例5-15的资料（见表5-13），计算该村农户人均纯收入的众数。

根据表5-13的资料，户数最多为180，2 000～2 200元这一组就是众数所在组，用下限公式可近似地算出该村农户某年人均纯收入的众数：

$$M_0=L+\frac{\Delta_1}{\Delta_1+\Delta_2}\times d=2000+\frac{180-130}{(180-130)+(180-50)}\times 200=2055.56\text{（元）}$$

计算结果表明该村农户人均纯收入为2 055.56元。

众数的下限公式和上限公式是等值的，即两个公式计算的结果是完全相同的，但通常采用下限公式。

应当注意的是以下两点。

（1）众数是一个位置平均数，它只考虑总体分布中出现最频繁的变量值，而不受极端值和开口组数列的影响，从而增强了对变量数列一般水平的代表性。

（2）众数是不容易确定的平均指标，当分布数列没有明显的集中趋势而趋于均匀分布时，则无众数可言；当变量数列是不等距分组时，众数的位置同样也不易确定。

5.6　标志变异指标

对于某些社会经济现象，如果仅用平均指标反映其一般水平，进行不同时空上的比较，有时显然还不够。例如，对某班 20 名学生进行某门课程的期中测验，男同学和女同学的得分情况分述如下。

女同学：68 70 72 76 80 82 85 88 89 90

男同学：60 62 63 65 76 88 95 96 97 98

通过平均指标计算可知，男、女同学的平均成绩相等，均为 80 分，表明从平均水平的意义上说，男、女同学的平均成绩没有差异。但从男、女同学各自的成绩分布来看，显而易见，女同学成绩的分布较均匀，男同学成绩的分布则具有高、低相差悬殊的特点。从此例中可以看出，平均水平掩盖了总体内部各单位标志值的差异程度，所以，在具体分析实际问题时，除了要反映总体的一般水平外，还需要把总体内部各单位标志值之间的差异程度反映出来，这就需要引入另一类指标——标志变异指标来完成。

标志变异指标也是社会经济现象数量关系所具有的重要特征之一，是客观过程中多种因素制约的结果。如果说平均指标说明分配数列中变量的集中趋势，则标志变异指标说明的就是变量的离中趋势。

5.6.1　标志变异指标的概念和作用

1．标志变异指标的概念

标志变异指标是反映总体各单位标志值差异程度的综合指标，又称标志变动度。

标志变异指标与平均指标之间具有既相互联系又相互对立的关系。平均指标表现总体各单位标志值的一般水平，反映总体各单位标志值的集中趋势，反映的是各单位某一数量标志的共性，而不是它们之间的差异性。而标志变异指标则表现总体各单位标志值的变异程度，反映总体各单位标志值的离中趋势。因此，只有将两者结合起来，才能更加全面、深入地认识所研究的现象总体的特征。

2．标志变异指标的作用

（1）标志变异指标反映总体数据分布的离中趋势。现象总体数据总围绕着总体平均数变动，平均数是个变动中心，统计平均数反映数据的集中趋势。而标志变异指标则表明总体各单位数据的分散程度，是反映总体数据相对于变动中心而言的离中趋势。总体数据变动差异越大，变异指标数值越大，表明总体数据的离中趋势越大；反之，变异指标数值越小，表明总体数据的离中趋势越小。所以说，标志变异指标反映总体数据分布的离中趋势。

（2）标志变异指标可以衡量平均指标的代表性。平均指标作为数据分布的代表值，其代表性如何，完全取决于各变量值之间的差异程度。变异指标越大，平均指标的代表性越小；反之，变异指标越小，平均指标的代表性就越大。

（3）标志变异指标可以说明现象总体变动的均衡性及稳定性。计算同类总体的标志变异，并进行比较，可以看出标志值变动的稳定程度或均衡状态。例如，观察工业企业的生产情况，在研究生产计划完成程度的基础上，利用标志变异指标可以测定生产过程的均衡性；此外，测定产品质量的稳定性也需要利用标志变异指标。变异指标还是衡量投资风险程度的尺度，如果投资收益的标准差大，说明投资收益的不确定性大，即风险大；如果投资收益的标准差小，则说明投资收益的风险性小。

（4）标志变异指标是确定必要抽样单位数和计算抽样误差的必要依据。进行抽样调查时，为了更加合理地利用人力、物力、财力和时间，应正确地确定必要的样本单位数（具体内容见第8章抽样推断分析），抽取的样本单位数过多或过少都会影响样本平均指标的代表性。而标志变异指标的大小则可以帮助我们正确地确定必要的样本单位数。

5.6.2 标志变异指标的计算方法

标志变异指标通常分为两大类，一类用绝对数或平均数表示，主要有全距、平均差、标准差等，其计量单位与标志值的单位相同；另一类用相对数表示，常用的有变异系数（包括全距系数、平均差系数、标准差系数），其中，标准差系数是最常用的标志变异指标。

1. 全距

全距又称极差，是总体各单位中最大标志值与最小标志值之差，一般用符号 R 表示，用来反映数据的最大变动范围。其计算公式为：

$$R=\text{最大标志值}-\text{最小标志值}$$

【例5-17】有两个学习小组的统计学原理成绩分别如下。

甲组：65　70　80　90　95

乙组：78　79　80　81　82

应用算术平均数计算出两个小组的平均成绩都是80分。下面分别计算两个组的全距：

$$R_{\text{甲}}=95-65=30\text{（分）}$$

$$R_{\text{乙}}=82-78=4\text{（分）}$$

计算结果表明 $R_{\text{甲}}>R_{\text{乙}}$，说明第一组的分数变动程度远大于第二组的分数变动程度，或者说第一组资料的离中趋势远大于第二组资料的离中趋势。

根据组距数列计算全距时，可用“R=最大组的上限−最小组的下限”来计算。

全距能粗略地说明数据的变动范围，但全距受极端值的影响较大，不能全面而充分地反映现象总体数据的离散程度，因而一般不能用以评价平均数的代表性。

在实际工作中，全距计算比较简单、直观，常用来检查产品质量的稳定性和进行质量控制。

在正常生产条件下，产品质量指标如强度、硬度、浓度、长度等的全距总在一定范围内波动，若全距超过给定的范围，就说明有异常情况出现。

全距的特点是：计算方法简单，容易被理解和应用；计算结果受极端值影响很大；不能全面反映所有标志值的真实变动程度，应用组距数列测定全距时必须参考原始数据；只能粗略地描述数据离散程度。

2．平均差

平均差是各单位标志值与其算术平均数的离差绝对值的算术平均数，一般用符号 A.D 表示，用来反映总体分布的离中趋势。由于各标志值与算术平均数的离差之和等于零，因此计算平均差时，采用离差的绝对值。平均差越大，表明总体分布的离中趋势越大，标志变异程度也越大，平均数代表越低；反之，平均差越小，平均数代表越高。

由于所掌握的资料不同，平均差的计算公式表现为以下两种形式。

（1）根据未分组资料计算简单算术平均差，其公式为：

$$\text{A.D}=\frac{\sum\left|x-\overline{X}\right|}{n}$$

【例 5-18】某班 10 名女生和 10 名男生某门课程的期中考试成绩如表 5-14 所示，计算男女生组的平均差。

表 5-14　某班男、女生组成绩及平均差的计算

女生组			男生组		
成绩（分）x	离差 $x-\overline{X}$	$\left\|x-\overline{X}\right\|$	成绩（分）x	离差 $x-\overline{X}$	$\left\|x-\overline{X}\right\|$
68	−12	12	60	−20	20
70	−10	10	62	−18	18
72	−8	8	63	−17	17
76	−4	4	65	−15	15
80	0	0	76	−4	4
82	2	2	88	8	8
85	5	5	95	15	15
88	8	8	96	16	16
89	9	9	97	17	17
90	10	10	98	18	18
合计	0	68	合计	0	148

由表 5-14 计算可知，$\overline{X}_{\text{女生}}=\frac{\sum x}{n}=80$（分），$\overline{X}_{\text{男生}}=\frac{\sum x}{n}=80$（分）

根据简单算术平均法计算两个组成绩的平均差分别为：

$$\text{A.D}_{\text{女生}}=\frac{\sum\left|x-\overline{X}\right|}{n}=\frac{68}{10}=6.8\text{（分）}$$

$$A.D_{男生}=\frac{\sum\left|x-\overline{X}\right|}{n}=\frac{148}{10}=14.8\text{（分）}$$

通过计算可以看出，在平均成绩相等的情况下，女生组的平均差是 6.8 分，男生组的平均差是 14.8 分，很显然，男生组的平均差大于女生组，说明女生组平均成绩的代表性要大于男生组平均成绩的代表性。也说明女生的成绩比男生的成绩更加均匀。

（2）根据分组资料计算加权平均差，其公式如下：

$$A.D=\frac{\sum\left|x-\overline{X}\right|f}{\sum f}$$

【例 5-19】利用例 5-2 的资料（见表 5-2），计算加权平均差，如表 5-15 所示。

表 5-15　加权平均差的计算

按日产量分组（件）x	工人数（人）f	$\left\|x-\overline{X}\right\|$	$\left\|x-\overline{X}\right\|f$
15	2	3.375	6.750
18	1	0.375	0.375
19	3	0.625	1.875
21	2	3.625	7.250
合　计	8	—	16.250

$$A.D=\frac{\sum\left|x-\overline{X}\right|f}{\sum f}=\frac{16.250}{8}=2\text{（件）}$$

平均差考虑了每个标志值的离差，弥补了全距的不足，但由于对离差取绝对值不便于进行数学处理，因而在实际应用中有很大的局限性。

【小思考】

你能说明在计算平均差时，其公式中的分子为何要采用绝对值的形式吗？

3．标准差

标准差又称均方差，是总体各单位标志值与其算术平均数的离差平方的算术平均数的平方根。它是标志变异指标中最重要、最常用的指标，通常以符号“σ”（读做“西格玛”）表示。标准差的平方称为方差，用符号σ^2表示。

（1）变量标准差的计算。根据所掌握资料的不同，变量标准差的计算有简单平均法和加权平均法两种。

未经分组整理的原始数据，采用简单平均法计算标准差。其计算公式为：

$$\sigma=\sqrt{\frac{\sum(x-\overline{X})^2}{n}}$$

【例 5-20】根据例 5-18 的资料（见表 5-14），编制男、女生成绩标准差计算表（见表 5-16）并比较平均成绩的代表性。

表 5-16　某班男、女生组成绩标准差的计算

女生组			男生组		
成绩（分）x	离差 $x-\bar{X}$	离差平方 $(x-\bar{X})^2$	成绩（分）x	离差 $x-\bar{X}$	离差平方 $(x-\bar{X})^2$
68	−12	144	60	−20	400
70	−10	100	62	−18	324
72	−8	64	63	−17	289
76	−4	16	65	−15	225
80	0	0	76	−4	16
82	2	4	88	8	64
85	5	25	95	15	225
88	8	64	96	16	256
89	9	81	97	17	289
90	10	100	98	18	324
合计	0	598	合计	0	2 412

由表 5-16 计算可知：

$$\sigma_{女生}=\sqrt{\frac{\sum(x-\overline{X})^2}{n}}=\sqrt{\frac{598}{10}}=7.73（分）$$

$$\sigma_{男生}=\sqrt{\frac{\sum(x-\overline{X})^2}{n}}=\sqrt{\frac{2412}{10}}=15.53（分）$$

上述计算结果表明，在男女生两个组平均成绩相等的情况下，女生组成绩的标准差小于男生组成绩的标准差，因而可说明女生组平均成绩的代表性比男生组的要好。

经过分组整理后的变量数列，采用加权平均法计算标准差。其计算公式为：

$$\sigma=\sqrt{\frac{\sum(x-\overline{X})^2 f}{\sum f}}$$

【例 5-21】利用例 5-15 的资料（见表 5-13），采用加权平均法计算该村农户某年人均纯收入的标准差，如表 5-17 所示。

表 5-17　某村农户某年人均纯收入标准差的计算

按年人均纯收入分组（元）	组中值（元）x	农户数（户）f	xf	$x-\bar{X}$	$(x-\bar{X})^2$	$(x-\overline{X})^2 f$
1 200 ~ 1 400	1 300	5	6 500	−726	527 076	2 635 380
1 400 ~ 1 600	1 500	10	15 000	−526	276 676	2 766 760

续表

按年人均纯收入分组（元）	组中值（元）x	农户数（户）f	xf	$x-\bar{X}$	$(x-\bar{X})^2$	$(x-\bar{X})^2f$
1 600 ~ 1 800	1 700	80	136 000	−326	106 276	8 502 080
1 800 ~ 2 000	1 900	130	247 000	−126	15 876	2 063 880
2 000 ~ 2 200	2 100	180	378 000	74	5 476	985 680
2 200 ~ 2 400	2 300	50	115 000	274	75 076	3 753 800
2 400 ~ 2 600	2 500	30	75 000	474	224 676	6 740 280
2 600 ~ 2 800	2 700	15	40 500	674	454 276	6 814 140
合　计	—	500	1 013 000	—	—	34 262 000

由表 5-17 计算可知：

$$\overline{X}=\frac{\sum xf}{\sum f}=\frac{1013000}{500}=2026\text{（元）}$$

$$\sigma=\sqrt{\frac{\sum(x-\overline{X})^2f}{\sum f}}=\sqrt{\frac{34262000}{500}}=261.77\text{（元）}$$

当同类总体不同数据组的平均水平相等时，可以通过标准差的大小来比较平均水平的代表性，并以此衡量现象总体的均衡性和稳定性。

在实际计算中，有时可将上述标准差公式进行变形，从而使计算更简便些。变形的公式如下。

对于未分组资料：$\sigma=\sqrt{\frac{\sum(x-\overline{X})^2}{n}}=\sqrt{\frac{\sum x^2}{n}-\left(\frac{\sum x}{n}\right)^2}=\sqrt{\overline{X^2}-\overline{X}^2}$

对于分组资料：$\sigma=\sqrt{\frac{\sum(x-\overline{X})^2f}{\sum f}}=\sqrt{\frac{\sum x^2f}{\sum f}-(\overline{X})^2}$

（2）是非标志标准差的计算。有些品质标志的表现可分为具有某种属性和不具有某种属性两个方面。例如，将全部产品分为合格品与不合格品两组；在评审企业内部控制系统时，将评审结果分为评审过关和不过关两组。这种用“是”与“否”、“有”与“无”来表示的标志称为是非标志或交替标志。

为便于对是非标志表现进行离散状况分析，一般需要对是非标志的表现进行量化处理，以 0 表示不具有某种属性的标志值，以 1 表示具有某种属性的标志值。

设 n 为总体单位数，其中具有某种属性的单位数用 n_1 表示，不具有某种属性的单位数用 n_0 表示，则有 $n=n_1+n_0$。各部分单位数在总体单位总数中所占的比重称为成数，其中具有某种属性的单位数比重称为是的成数，用 p 表示；不具有某种属性的单位数比重称为非的成数，用 q 表示，所以 $p+q=1$。

交替标志的平均数与标准差的换算公式分别为：

$$\overline{X}=\frac{\sum xf}{\sum f}=\frac{1\times n_1+0\times n_0}{n_1+n_0}=\frac{n_1}{n}=p$$

$$\sigma=\sqrt{\frac{\sum(x-\overline{X})^2 f}{\sum f}}=\sqrt{\frac{(1-p)^2 n_1+p^2 n_0}{n}}=\sqrt{(1-p)^2 p+p^2 q}$$

由于 $p+q=1$，所以 $q=1-p$

所以 $\sigma=\sqrt{(1-p)^2 p+p^2 q}=\sqrt{p(1-p)(1-p+p)}=\sqrt{p(1-p)}$

从而，是非标志的标准差为：$\sigma=\sqrt{p(1-p)}$

由计算结果可知，交替标志的平均数就是交替标志中具有某种属性的单位数在总体中所占的比重；其标准差就是具有某种属性的单位数在总体中所占比重和不具有这种属性的单位数占总体比重的乘积的平方根。

【例 5-22】某银行为提高工作效率，规定了为客户办理业务的时间，经观察发现有 3%的业务超时，97%的业务符合规定。则该银行客服时间符合规定的标准差为：

$$\sigma=\sqrt{p(1-p)}=\sqrt{0.97\times 0.03}=17.05\%$$

当是非标志的成数为 0.5 时，其标准差也等于 0.5，是最大值。

标准差是每个标志值与其均值的平均离差，能准确地反映出数据的离散程度，具有数学性质上的优点，其分析数值合理，是实际中应用最广泛的离散程度测度值。

标准差数值的大小主要受三个因素的影响：① 标志值的差异程度；② 总体一般水平的高低；③ 计量单位。当所对比的两组数据属不同类总体或水平高低不同时，就不能采用标准差进行对比分析。

4. 变异系数

变异系数又称离散系数，是变异指标和平均指标的比值，一般用来反映总体分布的离散趋势。它消除了总体平均水平高低和计量单位不同对离散程度测度值的影响，可用于对不同类总体或不同水平总体的分布差异程度进行比较分析。

变异系数主要有全距系数、平均差系数、标准差系数等，其中最常用的是标准差系数。

标准差系数是标准差与其相应的均值之比，用 V_σ 表示，是反映数据离散程度的相对指标。其计算公式表示为：

$$V_\sigma=\frac{\sigma}{\overline{X}}\times 100\%$$

【例 5-23】某班两组学生统计基础成绩如表 5-18 所示，试问两组学生平均成绩的代表性哪个大？为什么？

表 5-18　某班两组学生统计基础成绩

一　组		二　组	
成绩（分）	人数（人）	成绩（分）	人数（人）
64	1	70	1
70	3	73	2
76	4	76	3
82	3	79	2
88	1	82	1
合　计	12	合　计	9

由计算可知，一组学生的平均成绩为 77.2 分，二组学生的平均成绩为 75.4 分。两组成绩的标准差分别为 6.645 3 分和 3.322 6 分。根据标准差系数公式，可以得出：

$$V_{\sigma 1}=\frac{\sigma}{\overline{X}}\times 100\%=\frac{6.6453}{77.2}\times 100\%=8.6\%$$

$$V_{\sigma 2}=\frac{\sigma}{\overline{X}}\times 100\%=\frac{3.3226}{75.4}\times 100\%=4.4\%$$

很显然，二组的标准差系数小于一组，即二组成绩的变异程度低于一组，所以，二组平均成绩的代表性高于一组。

标准差系数作为测度总体离散程度的指标，其重要的特点是不受计量单位和标志值水平的影响，从而消除了不同总体之间平均水平高低和计量单位不同方面的不可比性。标准差系数大，说明该总体分布的离散程度大；反之，则说明该现象分布的离散程度小。另外，标准差系数还适宜不同总体的比较。

【小思考】

（1）各种变异指标中受极端数值影响最大的是哪个？

（2）标准差和标准差系数的特点是什么？在实际应用中这些特点如何体现？

（3）如何实现平均指标与变异指标的综合运用？

职业知识检测

一、单项选择题

1．分配数列中各组标志值都增加两倍，每组次数都减少 1/2，则算术平均数（　　）。

① 不变　　② 增加两倍　　③ 减少 1/2　　④ 无法确定

2．加权算术平均数（　　）。

① 只受各组变量值大小的影响　　② 只受各组次数多少的影响

③ 同时受以上两个因素的影响　　④ 无法判断

3．计算平均指标的基本要求是，所要计算的平均指标总体单位应是（　　）。

① 大量的　　② 同质的　　③ 差异的　　④ 少量的

4．算术平均数的基本形式是（　　）。

① 同一总体不同部分对比

② 总体的部分数值与总体数值对比

③ 总体单位数量标志值之和与总体单位数之比

④ 不同总体两个有联系的指标数值之比

5．众数是由变量数列中（　　）。

① 标志值大小决定的　　② 极端数值决定的

③ 标志值平均水平决定的　　④ 标志值出现次数多少决定的

6．中位数和众数都属于位置平均数，它们是一种（　　）。

① 代表值　　② 常见值　　③ 典型值　　④ 实际值

7．对于两个变量值相差比较大的数列，标准差数值大的，其平均数的代表性（　　）。

① 大　　② 小　　③ 差得多　　④ 无法判定

8．交替标志平均数是（　　）。

① $p+q$　　② $p-q$　　③ p　　④ pq

9．同质总体标志变异指标反映（　　）。

① 离中趋势　　② 集中趋势　　③ 变动情况　　④ 一般水平

10．权数对算术平均数的影响作用，实质上取决于（　　）。

① 作为权数的各组单位数占总体单位数比重的大小

② 各组标志值占总体标志总量比重的大小

③ 标志值本身的大小

④ 标志值数量的多少

11．标志变异指标中易受极端数值影响的是（　　）。

① 全距　　② 平均数　　③ 标准差　　④ 标准差系数

12．随机调查某城市 100 户家庭，得到家庭订阅报纸杂志份数的资料如表 5-19 所示。

表 5-19　某市 100 户家庭订阅报纸杂志的情况

报纸杂志数（份）	0	1	2	3	4	5	合计
家庭户数（户）	9	54	21	12	2	2	100

则根据这份资料计算的众数是（　　）。

① 21　　② 1　　③ 54　　④ 2

13．已知某工业局所属各企业职工的平均工资和职工人数资料，要计算该工业局职工的平均工资，应选择的权数是（　　）。

① 职工人数　　② 平均工资　　③ 工资总额　　④ 职工人数或工资总额

二、填空题

1．平均指标反映了总体各单位某一数量标志值的______。

2．调和平均数是总体各单位标志值______的______的倒数，又称为倒数平均数。

3．中位数是位于数列______的那个变量值。众数是总体中出现______的那个变量值。中位数和众数也可以称为______平均数。

4．加权算术平均数受两个因素的影响，一是分配数列中______，另一个是______。

5．平均指标反映总体数据的______趋势；标志变异指标反映总体数据的______程度。

6．直接用标准差比较两个变量数列平均数的代表性的前提条件是两个变量数列的______相等。

三、判断题

1．众数是总体中出现最多的次数。(　　)

2．加权算术平均数的大小，只受总体各单位标志值大小的影响。(　　)

3．全国人均粮食产量是平均指标。(　　)

4．权数对平均数的影响作用取决于权数本身绝对值的大小。(　　)

5．对于两个算术平均数不等的数列，可直接通过标准差来比较其标志变异程度的大小。(　　)

6．标志变异指标数值越大，则平均指标的代表性就越小。(　　)

7．假定每个标志值都缩小1/3，则这个算术平均数比原平均数也缩小1/3。(　　)

8．中位数和众数都属于平均数，因此它们的数值大小受到总体内各单位标志值大小的影响。(　　)

职业技能训练

四、简答题

1．加权算术平均数受哪两个因素的影响？怎样理解权数对平均数数值的影响？

2．什么是平均指标？它和强度相对指标有什么不同？

3．什么是变异系数？变异系数的应用条件是什么？

4．加权算术平均数和加权调和平均数之间的关系怎样？在什么情况下，加权调和平均数等于简单调和平均数？

五、计算题

1．某班50名学生参加统计学考试，其考试成绩资料如表5-20所示。

表5-20　某班考试成绩

按成绩分组（分）	学生人数（人）
60以下	4
60～70	10

续表

按成绩分组（分）	学生人数（人）
70 ~ 80	20
80 ~ 90	14
90 ~ 100	2
合 计	50

试计算该班的平均分数和标准差。

2. 已知某地区各工业企业产值计划完成情况及计划产值资料如表 5-21 所示。

表 5-21 某地区工业企业产值完成情况

计划完成程度（%）	企业个数（个）	计划产值（万元）
90 以下	7	140
90 ~ 100	22	310
100 ~ 110	57	1 650
110 ~ 120	26	710
120 以上	3	40

请根据上述资料计算该地区各企业产值计划的平均完成程度。

3. 某地甲、乙两个农贸市场三种主要蔬菜价格及销售额资料如表 5-22 所示。

表 5-22 甲、乙两农贸市场蔬菜销售情况

品 种	价格（元/公斤）	甲市场成交额（万元）	乙市场成交量（万公斤）
A	0.30	75.0	125
B	0.32	40.0	250
C	0.36	45.0	125

试计算比较该地区哪个农贸市场蔬菜平均价格高？

4. 某学院市场营销专业共有 120 名学生选修统计学，在期末考试中，男生的平均成绩为 77 分，女生的平均成绩为 81 分。则：

（1）若 120 名学生中，男女生各占一半，全体学生平均成绩是多少？

（2）若 120 名学生中，男生 80 人，女生 40 人，全体学生平均成绩是多少？

（3）若 120 名学生中，男生 40 人，女生 80 人，全体学生平均成绩是多少？

（4）比较上述三种情况下全体学生平均成绩的变化，并解释变化的原因。

5. 某车间有甲、乙两个班组，甲组平均每个工人的日产量为 36 件，标准差为 9.6 件；乙组工人的日产量资料如表 5-23 所示。

表 5-23 乙组工人的日产量

日产量（件）	工人数（人）
15	15
25	38
35	34
45	13

（1）计算乙组平均每个工人的日产量和标准差。

（2）比较甲、乙两生产小组哪个组的日产量更有代表性。

6．某制造厂生产车间生产300件产品，其中不合格品为15件，试求平均合格率、标准差及标准差系数。

7．某工厂生产一批零件共10万件，为了解这批产品的质量，采取不重复抽样的方法抽取1 000件进行检查，其结果如表5-24所示。

表 5-24 某零件的抽样检查结果

使用寿命（小时）	零件数（件）
700以下	10
700 ~ 800	60
800 ~ 900	230
900 ~ 1 000	450
1 000 ~ 1 200	190
1 200及以上	60
合　计	1 000

根据质量标准，使用寿命800小时及以上者为合格品。试计算平均合格率、标准差及标准差系数。

8．设有A、B两个班级的某课程同时考试，A班考试成绩用百分制记分，B班考试成绩用五分制记分，有关资料如表5-25和表5-26所示。

表 5-25 A班

按成绩分组（分）	学生人数（人）
60以下	1
60 ~ 70	15
70 ~ 80	20
80 ~ 90	12
90 ~ 100	2
合　计	50

表 5-26　B 班

五分制组（分）	学生人数（人）
1	1
2	3
3	13
4	17
5	16
合　计	50

试计算每个班级学生学习成绩的平均成绩、标准差和标准差系数，分析说明两个班的特点。

阅读资料

城市薪酬角力

2006 年，在北京、上海、广州、深圳的城市薪酬角力中，上海继续拉开与北京的差距，尤其在最高职位上，曾经是上海强劲对手的深圳，如今已不能和上海竞争了。

北京的耐用消费品总经理平均年收入为 623 211 元，上海高达 925 834 元，高出北京 50%。而深圳和广州分别是 584 034 元和 580 699 元，显示了两地人力资本的趋同。在其他职位上，如副总、总监、部门经理，四地互有短长。例如，耐用消费品的销售总监，在深圳、广州、北京、上海的平均年收入分别是 306 207 元、327 555 元、319 934 元、368 530 元，地域差异不太明显。

在外资企业，几乎所有行业，上海都比北京的企业年终现金奖高，在副总、财务经理、人事经理和销售经理四个职位上尤其明显。

在北京的外资金融企业中，副总的年终奖中位值是 37 563 元，而上海外资金融行业副总的年终奖中位值为 43 259 元，比北京高出 15%；北京的财务经理年终奖中位值是 17 938 元，而上海则为 23 821 元，比北京高出 45%；北京外资金融业人事经理年终奖中位值是 14 424 元，而上海为 19 699 元，比北京高出 14%；北京外资金融业销售经理的年终奖中位值为 15 351 元，而上海为 21 106 元，比北京高出 14%，在几个核心城市领域，上海的同等职位，几乎都高出北京 15% 左右。

在深圳，金融、房地产、IT 和电子技术四个行业的 CEO 赚钱最多，在 62 万～70 万元。在加工制造业，财务、行政、市场、销售等总监们的总年薪都在 32 万～35 万元，只有技术总监低于 30 万元，为 24 万多元，但首席技术官则拥有高薪，总年薪达 39 万多元，仅次于副总经理。

（摘自“中国人力资源开发网”，2007 年）

第 6 章

时间数列分析

学习目标

☑ 了解时间数列的概念、种类、编制原则；
☑ 熟练掌握时间数列水平指标的计算方法及应用条件；
☑ 熟练掌握时间数列速度指标的计算方法及应用条件；
☑ 掌握时间数列长期趋势的测定方法及应用条件；
☑ 掌握时间数列季节变动的测定方法及应用条件。

6.1 时间数列的概念和种类

6.1.1 时间数列的概念与作用

1. 时间数列的概念

时间数列分析，是指从时间的发展变化角度，研究客观事物在不同时间的发展状况，探索其随时间推移的演变趋势和规律，揭示其数量变化和时间的关系，预测客观事物在未来时间上可能达到的数量和规模。我们把某一社会经济现象在不同时间上的一系列统计指标数值按时间的先后顺序加以排列形成的数列称为时间数列或时间序列，又称动态数列。表 6-1 是我国历年国内生产总值等时间数列表。

表 6-1　中国国内生产总值等时间数列

年份	国内生产总值（亿元）	第三产业占 GDP 比重（%）	年底总人口（万人）	人均用水量（立方米）
2008	300 670	40.1	132 802	452.0
2009	335 353	42.6	133 474	452.0
2010	397 983	43.0	134 100	453.2
2011	471 564	43.1	134 735	445.7
2012	519 322	44.6	135 404	440.9

由表 6-1 可见，时间数列由两个基本要素构成：一是被研究现象所属的时间；二是现象在不同时间上的观察值。现象所属的时间可以是年份、季度、月份或其他任何时间形式，而现象的观察值则根据表现形式不同分为绝对数、相对数和平均数三种。

2．时间数列的作用

时间数列对于统计分析有着极其重要的作用，它是对现象进行动态研究与分析的依据，其作用主要表现在以下三个方面。

（1）通过时间数列的编制和分析，可以从事物在不同时间上的量变过程中，认识社会经济现象的发展变化方向、程度、趋势和规律，为制定政策、编制计划提供可行的依据。

（2）通过对时间数列资料的研究，可以发现研究现象发展变化的规律和未来趋势，以便对经济现象进行预测分析。

（3）通过时间数列可以将不同国家或地区的同类现象进行比较分析。

由此可见，时间数列分析的主要内容包括：根据时间数列计算各种分析指标，描述现象所处的状态；总结时间数列的变动规律和趋势，并依此对现象的未来进行预测分析。

6.1.2　时间数列的种类

根据时间数列中统计指标的表现形式不同，时间数列可分为总量指标（绝对数）时间数列、相对指标（相对数）时间数列、平均指标（平均数）时间数列三种。

1．总量指标时间数列

总量指标时间数列，又称绝对数时间数列，是指将反映现象总规模、总水平的某一总量指标在不同时间上的观察数值按时间先后顺序排列起来所形成的数列。总量指标时间数列反映了社会经济现象总量在各个时期所达到的绝对水平及其发展变化过程，是计算与分析相对指标时间数列和平均指标时间数列的基础。

总量指标时间数列按其指标所反映时间状况的不同，又分为时期数列（见表 6-1 第 2 栏）和时点数列（见表 6-1 第 4 栏）两种类型。

（1）时期数列。所谓时期数列是指由时期指标构成的数列，即数列中每个指标值都反映某现象在一段时间内发展过程的总量。时期数列具有下述特点：数列中各个指标值可以相加；数列中各个指标值大小与所包括的时期长短有直接关系，一般来讲，时期越长指标值就越大，反之就越小；时期数列中每个指标值，通常都是通过连续不断的登记取得的。

（2）时点数列。所谓时点数列是指由时点指标构成的数列，即数列中的每个指标值反映的是现象在某一时刻（时点）上的总量。时点数列具有以下特点：数列中各个指标值不具有可加性；数列中每个指标值的大小与其时间间隔的长短没有直接联系；时点数列中每个指标值通常都是经过定期（间断）登记取得的。

【小思考】

下面是改革开放以来，某省国民经济发展变化的情况。请指出哪些是时期数列，哪些是时点数列。

年　份	2008	2009	2010	2011	2012
国内生产总值（亿元）	281.0	518.6	1 062.7	2 793.4	4 669.1
年末库存商品额（亿元）	73.5	118.1	273.8	691.8	967.4
社会消费品零售总额（亿元）	101.8	195.5	421.1	1 122.0	1 847.6
进出口总额（亿美元）	40.5	53.9	63.2	109.9	190.2
竣工房屋建筑面积（万平方米）	1 386	2 785	3 049	3 649	5 202

2. 相对指标时间数列

相对指标时间数列，又称相对数时间数列，是指将反映现象发展变化的一系列同类相对指标数值，按照时间先后顺序排列所组成的时间数列。它用来反映社会经济现象之间数量对比关系的发展变化过程及其规律（见表6-1第3栏）。

3. 平均指标时间数列

平均指标时间数列，又称平均数时间数列，是指将反映现象发展变化的一系列同类平均指标数值，按时间先后顺序排列而形成的动态数列，以反映社会经济现象一般水平的发展变化趋势（见表6-1第5栏）。

由于平均指标有静态平均指标和动态平均指标之分，所以，平均指标时间数列也有静态平均指标时间数列和动态平均指标时间数列之分。

在三种时间数列中，相对指标时间数列和平均指标时间数列都是由相应的两个总量指标时间数列的指标数值进行对比而得到的。因此，总量指标时间数列是基本的时间数列，相对指标时间数列和平均指标时间数列则是派生数列。由于总量指标时间数列有时期数列和时点数列之分，因而，两个总量指标数列对比所形成的相对指标或静态平均指标时间数列又可分为以下三种。

（1）由两个时期数列对比而成的相对指标或静态平均指标时间数列。

（2）由两个时点数列对比而成的相对指标或静态平均指标时间数列。

（3）由一个时期数列和一个时点数列对比形成的相对指标或静态平均指标时间数列。

6.1.3　时间数列的编制原则

编制时间数列的目的，是进行时间数列分析，因而，保证数列中各项观察值具有可比性，是编制时间数列的基本原则，具体体现在以下几个方面。

（1）各项观察值所属时间可比。即要求各观察值所属时间的一致性。对时期数列而言，由于各观察值的大小与所属时期的长短直接相关，因此，各观察值所属时间的长短应该一致，否则不便于对比分析。对于时点数列，虽然两时点间间隔长短与观察值无明显关系，但为了更好地反映现象的发展变化状况，两时点间的间隔也应尽可能相等。

（2）各项观察值总体范围可比。指标所属空间范围要相同，如地区范围、隶属范围、分组范围等。当时间数列中某些观察值的总体范围不一致时，必须进行适当调整，否则前后期的指标数值不能直接对比。

（3）各项观察值经济内容可比。指标的经济内容是由其理论内涵决定的，随着社会经济条件的变化，有些指标的经济内容也发生了相应的变化。对于名称相同而经济内涵不一致的指标，务必使各时间上的观察值内涵一致，否则也不具备可比性。例如，我国的工业总产值指标，有的年份包括了乡村企业的工业产值，有的年份则不包括。

（4）各项观察值的计算方法可比。对于指标名称总体范围和经济内容都相同的指标，其计算方法不同也会导致数值上的差异。如国内生产总值，按照生产法、支出法、分配法计算的结果就有差异。因此，同一时间数列中，各个时期（时点）指标值应采用统一的计算方法。

（5）指标的计算价格和计量单位可比。对于价值型的统计指标，其计算价格有现行价格和不变价格之分。不变价格为了适应客观经济条件的变化也在不断地进行调整，形成了多个时期的不变价格，当编制时间序列遇到前后时期所用的计算价格不同时，就需要进行调整，使其统一。对于实物型的统计指标的时间序列，则要求计量单位保持一致，否则也要进行相应的调整。

6.2　时间数列的水平指标

对时间数列进行分析最常用的方法有指标分析法与构成因素分析法两种。

时间数列指标分析法，是指通过计算一系列时间数列分析指标，包括发展水平、平均发展水平、增减量、平均增减量、发展速度、平均发展速度、增减速度、平均增减速度等，可分为时间数列的水平指标和速度指标两类，用来揭示现象的发展状况和发展变化程度。

时间数列构成因素分析法，是将时间数列看做由长期趋势、季节变动、循环变动和不规则变动几种因素共同所构成，通过对这些因素的分解分析，从而揭示现象随时间变化而演变的规律，并在揭示这些规律的基础上，假定事物今后的发展趋势遵循这些规律，从而对事物的未来发展做出预测。

时间数列的这两种基本分析方法，有着各自不同的特点和作用，各揭示不同的问题和状况，因此在分析问题时应视研究的目的和任务，分别采用或综合应用。本节重点研究时间数列的水平指标。

时间数列的水平指标，是指经济现象在某一时期或时点上的发展水平和增减水平，通常包括发展水平、平均发展水平、增减量、平均增减量四类。

6.2.1　发展水平和平均发展水平

1．发展水平

在时间数列中，发展水平是指时间数列中的每项具体指标数值，它反映了某种社会经济现象在某一时间上所达到的一种数量状态，也是计算各项动态分析指标的基础。发展水平一般是时期或时点总量指标，如销售额、在册工人数等；也可以是相对指标，如计划完成程度、商品流转次数等；还可以是平均指标，如平均工资、单位产品成本等。发展水平在文字说明上还习惯用增加到、增加为或降低到、降低为来表示事物增加或降低到某种水平，如 2007 年某市高等学校在校生人数为 36 700 人，2012 年增加到 65 000 人。需要指出的是增加或降低后面的到、为两个字很重要，遗漏掉就会改变原有的意思。

根据发展水平在时间数列中所处的位置不同，可分为最初发展水平、中间发展水平和最末发展水平。时间数列中的第一个指标数值叫最初发展水平，最后一个指标数值叫最末发展水平，中间各项指标数值叫中间发展水平。当时间数列中两个时期的指标数值进行对比时，用做对比基础时期的指标数值称为基期水平；所要计算研究的那个时期的指标数值称为报告期水平。报告期水平和基期水平不是固定不变的，它根据研究目的的不同和时间的变更而改变。

2．平均发展水平

平均发展水平，又称序时平均数或动态平均数，能概括性地描述现象在一段时间内所达到的一般水平，是把动态数列中各个不同时期或时点上的发展水平加以平均而得到的平均数。序时平均数作为一种平均数，与静态平均数有着相同点，即它们都抽象了现象的个别差异，以反映现象总体的一般水平。但二者又存在明显的区别，主要表现在：序时平均数是根据时间数列计算的，抽象的是现象在不同时间上的数量差异，因而它能够从动态上说明现象在一定时期内发展变化的一般趋势；静态平均数是根据变量数列计算的，抽象的是总体各单位某一数量标志值在同一时间上的差异，因此，它从静态上说明现象总体各单位的一般水平。由于在不同时间数列中观察值的表现形式不同，因而序时平均数有不同的计算方法。

（1）由绝对数时间数列计算序时平均数。绝对数时间数列序时平均数的计算方法是最基本的，它是计算相对数或平均数时间数列序时平均数的基础。绝对数时间数列有时期数列和时点数列之分，由于两种指标的性质不同，在计算序时平均数时，所采用的计算方法也有所不同。

1）由时期数列计算序时平均数。由时期数列计算序时平均数比较简单。因为它的各项指标能直接相加，可采用简单算术平均法，即将数列中各项指标数值之和除以时期项数。其计算公式如下：

$$\bar{a}=\frac{a_1+a_2+\cdots+a_n}{n}=\frac{\sum a}{n}$$

式中

$\bar{a}$——序时平均数；

$a_1, a_2, \cdots, a_n$——各时期发展水平；

n——观察值的个数。

【例 6-1】某商业企业 2012 年各月商品销售额资料如表 6-2 所示。

表 6-2　某商业企业 2012 年各月商品销售额

单位：万元

月　份	1	2	3	4	5	6	7	8	9	10	11	12
销售额	300	400	380	440	480	520	540	600	660	760	700	820

则第一季度月平均销售额$=\dfrac{300+400+380}{3}=360$（万元）

第二季度月平均销售额$=\dfrac{440+480+520}{3}=480$（万元）

第三季度月平均销售额$=\dfrac{540+600+660}{3}=600$（万元）

第四季度月平均销售额$=\dfrac{760+700+820}{3}=760$（万元）

全年月平均销售额$=\dfrac{360+480+600+760}{4}=550$（万元）

2）由时点数列计算序时平均数。由时点数列计算序时平均数的方法比较复杂，而且随着掌握资料的详细情况不同而有所区别。时点数列有连续时点数列和间断时点数列之分，而间断时点数列又有间隔相等与间隔不等之别，因此，其序时平均数的计算方法略有不同，现分述如下。

① 连续时点数列计算序时平均数。

a. 间隔相等的连续时点数列。如果时点数列的资料是逐日进行记录并排列的，应视其为连续时点资料，这样的连续时点数列，可采用简单算术平均法计算其序时平均数，即用各个时点数值之和除以时点个数（天数）。其计算公式如下：

$$\overline{a}=\frac{\sum a}{n}$$

【例 6-2】某专业学生星期一至星期五出勤人数资料如表 6-3 所示。计算该专业学生平均每天出勤人数。

表 6-3　某专业学生出勤资料

星　期	一	二	三	四	五
人数（人）	160	156	162	158	154

根据公式$\overline{a}=\dfrac{\sum a}{n}$，得

该专业平均每天出勤人数$=\dfrac{160+156+162+158+154}{5}=158$（人）

b. 间隔不等的连续时点数列。如果被研究现象不是逐日变动的，而是每隔一段时间变动一次，并且只在指标值发生变动时才记录一次，此时用每指标值的持续天数为权数，对其时点水平加权，采用加权算术平均数的方法计算序时平均数。

计算公式如下：

$$\overline{a}=\frac{\sum af}{\sum f}$$

【例 6-3】某企业 2013 年 4 月上旬职工出勤人数如表 6-4 所示。计算 4 月上旬该企业平均每

日出勤人数。

表 6-4　某企业 2013 年 4 月上旬职工出勤人数

日　　期	1—3 日	4—5 日	6—7 日	8 日	9—10 日
职工出勤人数（人）	250	262	258	266	272

根据公式 $\overline{a}=\dfrac{\sum af}{\sum f}$，得

$$\text{该企业平均每日出勤人数}=\frac{250\times3+262\times2+258\times2+266\times1+272\times2}{3+2+2+1+2}=260\text{（人）}$$

② 间断时点数列计算序时平均数。在实际统计工作中，很多现象并不是逐日对其时点数据进行统计，而是隔一段时间（如一月、一季度、一年等）才对其期初（期末）时点数据进行登记，此时的时点数列称为间断时点数列。如果每隔相同的时间登记一次，所得数列称为间隔相等的间断时点数列；如果每两次登记时间的间隔不尽相同，则所得数列称为间隔不等的间断时点数列。此种情况下，不可能像连续时点资料那样求得准确的时点平均数。但可以根据资料所属时间的间隔特点，选用不同的计算公式。

a. 间隔相等的间断时点数列。如果掌握了间隔相等的每期期初（期末）资料，如商业企业中职工人数和商品库存等月初（月末）数字，即可采用简单算术平均法计算序时平均数，现举例说明如下。

【例 6-4】某商业企业 2013 年第二季度某种商品的库存量如表 6-5 所示，试求该商品第二季度月平均库存量。

表 6-5　某商业企业 2013 年第二季度某商品库存量

月　　份	3 月末	4 月末	5 月末	6 月末
库存量（百件）	66	72	64	68

解决这一问题的基本思路是首先求出各月的平均库存量，然后再对各月平均库存量计算平均数。求各月平均库存量时，按理应该计算该月平均每天的库存量，但由于未能掌握该月内每日的库存量资料，所以只能在一定的假设条件下推算，即把本月末的库存量看成下月初的库存量，并假设各月内库存量的变动是均匀的，那么，每月的平均库存量就等于月初数加月末数除以 2，这样可计算出 2013 年第二季度每月的平均库存量为：

$$\text{4 月平均库存量}=\frac{66+72}{2}=69\text{（百件）}$$

$$\text{5 月平均库存量}=\frac{72+64}{2}=68\text{（百件）}$$

$$\text{6 月平均库存量}=\frac{64+68}{2}=66\text{（百件）}$$

$$\text{第二季度平均库存量}=\frac{69+68+66}{3}=67.67\text{（百件）}$$

上述计算步骤可以简化为：

$$第二季度平均库存量=\frac{\frac{66+72}{2}+\frac{72+64}{2}+\frac{64+68}{2}}{3}=\frac{\frac{66}{2}+72+64+\frac{68}{2}}{3}=67.67\text{（百件）}$$

根据上述计算过程可推导出如下计算公式：

$$\bar{a}=\frac{\frac{a_1+a_2}{2}+\frac{a_2+a_3}{2}+\cdots+\frac{a_{n-1}+a_n}{2}}{n-1}=\frac{\frac{a_1}{2}+a_2+\cdots+a_{n-1}+\frac{a_n}{2}}{n-1}$$

式中，n 表示时点数列的项数。

该公式形式上表现为首末两项观察值折半，故又称为首末折半法。这种方法适用于间隔相等的间断时点数列求序时平均数。

b. 间隔不等的间断时点数列。其序时平均数的计算也可以采用“两次平均”的基本思路，且第一次的平均计算与间隔相等的时点数列相同；当进行第二次平均时，由于各间隔不相等，所以可用各间隔时间为权数，再应用加权算术平均法计算序时平均数。其计算公式如下：

$$\bar{a}=\frac{\frac{(a_1+a_2)}{2}f_1+\frac{(a_2+a_3)}{2}f_2+\cdots+\frac{(a_{n-1}+a_n)}{2}f_{n-1}}{f_1+f_2+\cdots+f_{n-1}}$$

【例 6-5】我国 1998—2007 年年末人口资料如表 6-6 所示，计算年平均人口数。

表 6-6 我国 1998—2007 年年末人口数

年 份	1998	2000	2003	2006	2007
年底总人口（万人）	114 333	117 171	121 121	124 810	125 909

对资料进行观察分析，属间隔不等的间断时点资料。

年平均人口数

$$=\frac{\frac{114333+117171}{2}\times 2+\frac{117171+121121}{2}\times 3+\frac{121121+124810}{2}\times 3+\frac{124810+125909}{2}\times 1}{9}$$

$$=120355.33\text{（万人）}$$

（2）由相对数时间数列或静态平均数时间数列计算序时平均数。相对数和平均数由两个有联系的绝对数对比求得，因而，根据相对数时间数列或平均数时间数列计算序时平均数时，不能直接根据该相对数或平均数数列中各项观察值简单平均计算，而是要先计算出构成这个相对数时间数列或平均数时间数列的分子、分母数列的序时平均数，然后再将这两个序时平均数对比求得。其基本计算公式表示为：

$$\bar{c}=\frac{\bar{a}}{\bar{b}}$$

式中

$\bar{c}$——相对指标或平均指标动态数列的序时平均数；

$\bar{a}$——分子数列的序时平均数；

$\bar{b}$——分母数列的序时平均数。

1）由两个时期数对比形成的相对数或静态平均数时间数列。若掌握形成相对数或静态平均数时间数列的分子、分母的完备资料，则用两个简单算术平均数计算即可。其计算公式如下：

$$\bar{c}=\frac{\bar{a}}{\bar{b}}=\frac{\frac{\sum a}{n}}{\frac{\sum b}{n}}=\frac{\sum a}{\sum b}$$

【例 6-6】某企业 2012 年 1—3 月产量计划完成程度资料如表 6-7 所示。计算该企业第一季度平均计划完成程度。

表 6-7　某企业 2012 年 1—3 月产量计划完成程度情况

单位：件

月　份	1	2	3
实际完成（a）	510	618	864
计划完成（b）	500	600	800
计划完成程度（%）（c）	102	103	108

根据公式 $\bar{c}=\frac{\sum a}{\sum b}$，得

$$该企业第一季度平均计划完成程度=\frac{510+618+864}{500+600+800}=104.8\%$$

2）由两个时点数对比形成的相对数或静态平均数时间数列。时点数列可分为连续时点数列和间断时点数列，且它们又有间隔期相等和间隔期不等两种，因此，其计算方法也不一样。

两个间隔期相等的连续时点数列相对比所形成的时间数列，可用简单算术平均法来计算序时平均数，其计算公式为：

$$\bar{c}=\frac{\bar{a}}{\bar{b}}=\frac{\frac{\sum a}{n}}{\frac{\sum b}{n}}=\frac{\sum a}{\sum b}$$

两个间隔期相等的间断时点数列组成的动态数列，其计算公式为：

$$\bar{c}=\frac{\bar{a}}{\bar{b}}=\frac{(\frac{a_1}{2}+a_2+\cdots+a_{n-1}+\frac{a_n}{2})/(n-1)}{(\frac{b_1}{2}+b_2+\cdots+b_{n-1}+\frac{b_n}{2})/(n-1)}=\frac{(\frac{a_1}{2}+a_2+\cdots+a_{n-1}+\frac{a_n}{2})}{(\frac{b_1}{2}+b_2+\cdots+b_{n-1}+\frac{b_n}{2})}$$

【例 6-7】某企业 2013 年第四季度职工人数资料如表 6-8 所示，计算该企业工人人数占职工总人数的平均比重。

表 6-8　某企业 2013 年第四季度职工人数资料

月　份	9 月末	10 月末	11 月末	12 月末
工人人数（人）	342	355	358	364
职工总人数（人）	448	456	469	474
工人人数占职工总人数比重（%）	76.34	77.85	76.33	76.79

根据上述公式计算得：

$$\text{该企业工人人数占职工总人数的平均比重}=\frac{342/2+355+358+364/2}{448/2+456+469+474/2}=76.91\%$$

3）由一个时期数列与一个时点数列对比形成的相对数或静态平均数时间数列。其计算公式为：

$$\overline{c}=\frac{\overline{a}}{\overline{b}}=\frac{\dfrac{a_1+a_2+\cdots+a_{n-1}+a_n}{n}}{\dfrac{\dfrac{b_1}{2}+b_2+\cdots+b_{n'-1}+\dfrac{b_{n'}}{2}}{n'-1}}$$

【例 6-8】某企业下半年劳动生产率资料如表 6-9 所示，计算平均月劳动生产率和下半年平均劳动生产率。

表 6-9　某企业下半年劳动生产率资料

月　份	6	7	8	9	10	11	12
总产值（万元）	87	91	94	96	102	98	91
月末职工人数（人）	460	470	480	480	490	480	450
劳动生产率（元/人）	1 948	1 957	1 979	2 000	2 103	2 021	1 957

从表中可以看到，劳动生产率的分子总产值是时期指标，分母职工人数是时点指标，则平均月劳动生产率的计算如下：

$$\text{平均月劳动生产率}=\frac{(91+94+96+102+98+91)/6\times10000}{(460/2+470+480+480+490+480+450/2)/(7-1)}$$

$$=2003.5\text{（元/人）}$$

$$\text{下半年平均职工劳动生产率}=\frac{(91+94+96+102+98+91)\times10000}{(460/2+470+480+480+490+480+450/2)/(7-1)}$$

$$=12021\text{（元/人）}$$

（3）由动态平均数组成的时间数列计算序时平均数。

1）由间隔期相等的序时平均数所形成的平均数时间数列计算序时平均数，可以用简单算术平均法计算。

2）由间隔期不相等的序时平均数所形成的平均数时间数列计算序时平均数，则以间隔期长度为权数，用加权算术平均法计算。

【小思考】

（1）若只掌握相对数（或静态平均数）时间数列中各自的比值和分母资料，如何计算序时平均数，写出计算公式。

（2）若只掌握相对数（或静态平均数）时间数列中各自的比值和分子资料，如何计算序时平均数，写出计算公式。

（3）如果已知某企业各月的平均库存额资料如下：

月　份	1	2	3	4
月平均库存额（万元）	12	23	17	10

那么，该企业第一季度月平均库存额采用首末折半法计算是否正确？为什么？

6.2.2 增减量和平均增减量

1. 增减量

增减量是报告期水平与基期水平之差，用以说明现象在一定时期内增减的绝对数量。当报告期水平大于基期水平时，结果为正值，表示现象的水平增加；当报告期水平小于基期水平时，结果为负值，表示现象的水平减少。随着所选择基期的不同，增减量又可分为逐期增减量和累积增减量。

（1）逐期增减量。逐期增减量是报告期水平与其前一期水平之差，说明本期较上期增减的绝对数量，用公式表示为：

$$a_i - a_{i-1} \qquad (i = 1, 2, \cdots, n)$$

（2）累积增减量。累积增减量是报告期水平与某一固定基期水平之差，说明报告期与某一固定时期相比增减的绝对数量，用公式表示为：

$$a_i - a_0 \qquad (i = 1, 2, \cdots, n)$$

逐期增减量与累积增减量之间存在下列关系：各逐期增减量之和等于相应时期的累积增减量；两相邻时期累积增减量之差等于相应时期的逐期增减量。用公式分别表示为：

$$\sum_{i=1}^{n}(a_i - a_{i-1}) = a_n - a_0$$

$$(a_i - a_0) - (a_{i-1} - a_0) = a_i - a_{i-1} (i = 1, 2, \cdots, n)$$

【例 6-9】2007—2012 年某省社会消费品零售总额资料如表 6-10 所示，计算消费品零售总额的历年逐期增减量和累积增减量。

表 6-10　2007—2012 年某省社会消费品零售总额

单位：亿元

年　份	2007	2008	2009	2010	2011	2012
消费品零售总额	20 620	24 774	27 299	29 153	31 135	34 153
逐期增减量	—	4 154	2 525	1 854	1 982	3 018
累积增减量	—	4 154	6 679	8 533	10 515	13 533

在实际统计分析工作中，为了消除季节变动的影响，也经常计算发展水平比去年同期发展水平的增减量，这个指标叫年距增减量，其计算公式为：

年距增减量=本期发展水平−去年同期发展水平

2．平均增减量

平均增减量是观察期内各逐期增减量的序时平均数，用于描述现象在观察期内平均每期增减的数量。它既可以根据逐期增减量求得，也可以根据累积增减量求得。其计算公式为：

$$\text{平均增减量}=\frac{\sum_{i=1}^{n}(a_i-a_{i-1})}{n}=\frac{a_n-a_0}{n}$$

式中，n 表示逐期增减量个数。

【例 6-10】以表 6-10 资料为例，计算消费品零售总额的平均增长量。

$$\text{消费品零售总额的平均增长量}=\frac{4154+2525+1854+1982+3018}{5}$$

$$=2706.6\ （亿元）$$

或

$$\text{消费品零售总额的平均增长量}=\frac{34153-20620}{5}=2706.6\ （亿元）$$

6.3　时间数列的速度指标

时间数列的速度指标包括发展速度、增减速度、平均发展速度、平均增减速度四类。

6.3.1　发展速度和增减速度

1．发展速度

发展速度是指反映社会经济现象发展变化情况的动态相对指标，是报告期发展水平与基期发展水平之比，计算结果一般用百分数或倍数表示。若计算结果大于百分之百（或大于 1）则表示为上升速度；若计算结果小于百分之百（或小于 1）则表示为下降速度。

发展速度由于采用的基期不同，可以分为环比发展速度、定基发展速度和年距发展速度。

（1）环比发展速度。环比发展速度是报告期水平与前一时期水平之比，用以说明现象逐期发展变化的程度。设时间序列的观察值为 $a_i\ (i=1,2,\cdots,n)$，发展速度为 R，则环比发展速度的计算公式表示为：

$$R_i = \frac{a_i}{a_{i-1}} \quad (i=1,\cdots,n)$$

（2）定基发展速度。定基发展速度又称总发展速度，是报告期水平与某一固定时期水平之比，用以说明现象在整个观察期内总的发展变化程度，定基发展速度的计算公式可表示为：

$$R_i = \frac{a_i}{a_0} \quad (i=1,\cdots,n)$$

环比发展速度与定基发展速度之间存在着重要的数量关系，即观察期内各个环比发展速度的连乘积等于相应时期的定基发展速度；两个相邻时期的定基发展速度之比等于相应时期的环比发展速度，其关系式表示为：

$$\frac{a_1}{a_0}\cdot\frac{a_2}{a_1}\cdot\frac{a_3}{a_2}\cdot\cdots\cdot\frac{a_n}{a_{n-1}} = \frac{a_n}{a_0}$$

$$\frac{a_i}{a_0} \div \frac{a_{i-1}}{a_0} = \frac{a_i}{a_{i-1}}$$

（3）年距发展速度。年距发展速度是用本期发展水平与去年同期发展水平之比，消除季节因素影响，以反映现象本期的发展水平较去年同期发展水平变动的相对程度。其计算公式为：

年距发展速度=本期发展水平/去年同期发展水平×100%

2．增减速度

增减速度又称增减率，是根据增减量与基期水平对比求得的，也可用发展速度减 1 求得，用于说明报告期水平较基期水平的相对增减程度，其计算公式如下：

$$\text{增减速度} = \frac{\text{增减量}}{\text{基期水平}} = \frac{\text{报告期水平} - \text{基期水平}}{\text{基期水平}}$$

或

增减速度 = 发展速度−1（或 100%）

增减速度和发展速度各自说明不同的问题。发展速度说明报告期水平较基期发展到多少，而增减速度说明报告期水平较基期增减多少（扣除了基数）。当发展速度大于 1 时，增减速度为正值，表示现象的增长程度；当发展速度小于 1 时，增减速度为负值，表示现象的降低程度，此时称为降低速度。

增减速度与发展速度类似，由于采用对比的基期不同，分为环比增减速度和定基增减速度两种。

（1）环比增减速度。环比增减速度是逐期增减量与前一时期水平之比，表明社会经济现象逐期的相对增减方向和程度，计算公式表示为：

$$\text{环比增减速度} = \frac{a_i - a_{i-1}}{a_{i-1}} = \frac{a_i}{a_{i-1}} - 1(100\%) \qquad (i=1,\cdots,n)$$

（2）定基增减速度。定基增减速度是报告期累积增减量与某一固定时期水平之比，用于描述现象在观察期内总的增减程度，计算公式表示为：

$$定基增减速度=\frac{a_i-a_0}{a_0}=\frac{a_i}{a_0}-1(100\%) \qquad (i=1,\cdots,n)$$

定基增减速度与环比增减速度之间的换算关系：定基增减速度和环比增减速度都是发展速度的派生指标，两者之间不能直接换算。如果要进行换算，则首先要将环比增减速度加 1（100%）变成环比发展速度，再将各期环比发展速度连乘，得到定基发展速度，最后用定基发展速度减 1（100%），即为定基增减速度。

【例 6-11】表 6-11 以国内生产总值为例，计算出相应指标。

表 6-11　国内生产总值相关指标的计算

年　份		2008	2009	2010	2011	2012
国内生产总值（万元）		300 670	335 353	397 983	471 564	519 322
增减量	逐期	—	34 683	62 630	73 581	47 758
	累积	0	34 683	97 313	170 894	218 652
发展速度（%）	环比	—	111.5	118.7	118.5	110.1
	定基	100	111.5	132.4	156.8	172.7
增减速度（%）	环比	—	11.5	18.7	18.5	10.1
	定基	0	11.5	32.4	56.8	72.7

【小思考】

某学校的学生数年年增长，2012 年比 2011 年增长 10%，2011 年比 2010 年增长 6%，2010 年比 2009 年增长 3%，求三年来学校学生增长的总速度。

6.3.2　平均发展速度和平均增减速度

社会经济现象的发展受许多因素的影响，使得现象各期的发展速度和增减速度在数量上存在着一定的差别。为了消除偶然因素的影响，说明现象在更长时期内平均每期发展变化的程度和平均每期增减变化的程度，则需要计算平均发展速度和平均增减速度指标。

1. 平均发展速度

（1）平均发展速度的概念。平均发展速度是时间数列中各个时期环比发展速度的平均数，即把全期的总发展速度平均化，说明某种现象在整个观察期内逐期平均发展变化的程度。平均发展速度总是正值。

（2）平均发展速度的作用。平均发展速度在实际工作中起着举足轻重的作用，是编制国民经济计划，进行国民经济宏观调控的重要指标，也经常用来对比不同阶段、不同时期、不同国家或地区同类现象发展变化的情况，还可作为各种推算和预测的依据。

（3）平均发展速度的计算方法。在实际统计工作中，计算平均发展速度有几何平均法和方程式法两种方法。

几何平均法又称水平法，根据各期的环比发展速度，采用几何平均法计算平均发展速度，计算公式如下：

$$\overline{x}=\sqrt[n]{\frac{a_1}{a_0}\times\frac{a_2}{a_1}\times\cdots\times\frac{a_n}{a_{n-1}}}=\sqrt[n]{\frac{a_n}{a_0}}=\sqrt[n]{R}$$

式中

$\overline{x}$——平均发展速度；

n——环比发展速度的个数，等于观察数据的个数减 1。

从水平法计算平均发展速度的公式中可以看出，$\overline{x}$ 实际上只与数列的最初观察值 a_0 和最末观察值 a_n 有关，而与其他各项观察值无关，水平法目的是考察现象在最后一期所达到的发展水平。

【例 6-12】根据第四次、第五次全国人口普查资料，我国大陆人口 1990 年普查时为 113 368 万人，2000 年普查时为 126 583 万人，试求两次人口普查之间我国人口的平均发展速度。

由题中已知，$n=10$，$a_0=113368$，$a_n=126583$

则

$$我国人口的平均发展速度=\sqrt[n]{\frac{a_n}{a_0}}=\sqrt[10]{\frac{126583}{113368}}=101.11\%$$

【例 6-13】已知某省社会消费品零售总额 2007—2012 年各年的环比发展速度分别为 120.1%、110.2%、106.8%、106.8%、109.7%，试计算社会消费品零售总额的年平均发展速度。

$$\begin{aligned}社会消费品零售总额&=\sqrt[n]{\prod x_i}\\&=\sqrt[n]{120.1\%\times110.2\%\times106.8\%\times106.8\%\times109.7\%}\\&=\sqrt[5]{1.656}=110.6\%\end{aligned}$$

【例 6-14】已知某省社会消费品零售总额 2007—2012 年的总发展速度为 1.656，计算其年平均发展速度。

$$社会消费品零售总额=\sqrt[n]{R}=\sqrt[5]{1.656}=110.6\%$$

水平法计算平均发展速度的特点是侧重于考察最末一期的发展水平；不能准确地反映中间水平的起伏变化状况。

方程式法又称累计法，是以各期发展水平的总和与某一固定基期水平之比为基础，利用一元高次方程式计算平均发展速度的方法。

设 a_0 为现象的最初水平，$\overline{x}$ 为平均发展速度，$a_0, a_1, a_2,\cdots, a_n$ 为各期发展水平，则各期均按平均速度发展的理论水平为 $a_0\overline{x}$，$a_0\overline{x^2},\cdots$，$a_0\overline{x^n}$，这样计算出的各期理论发展水平之和应与各期的实际发展水平之和相等，即：

$$a_0\overline{x}+a_0\overline{x^2}+\cdots+a_0\overline{x^n}=\sum a$$

则有

$$\bar{x}+\bar{x}^2+\cdots+\bar{x}^n=\frac{\sum a}{a_0}$$

上述公式是关于 $\bar{x}$ 的一个高次方程，解这个高次方程所得的正根，就是所求的平均发展速度。但求解此高次方程是比较复杂的，在实际工作中为简便起见，通常都根据事先编制的“平均发展速度查对表”直接查表得出。

2．平均增减速度

平均增减速度用以表明现象在一段时期内逐期平均增减变化的程度。但平均增减速度不能根据环比增减速度直接计算，只能根据增减速度与发展速度之间的关系来推算。要计算平均增减速度，必须先计算平均发展速度，然后用平均发展速度减 1（100%）计算求得，其计算公式为：

平均增减速度=平均发展速度−1（100%）

当平均发展速度大于 1（100%）时，平均增减速度为正值，表明现象在某一较长时期内逐期平均递增的程度；当平均发展速度小于 1（100%）时，平均增减速度为负值，表明现象在某一较长时期内逐期平均递减的程度，平均递减速度也称为平均递减率。

【例 6-15】某地区 2006—2011 年粮食产量资料如表 6-12 所示。

表 6-12　2006—2011 年粮食产量

年　份	2006	2007	2008	2009	2010	2011
粮食产量（万吨）	200					
累积增长量（万吨）	—		31	40		
环比发展速度（%）	—	110			105	93

要求：（1）利用指标间的关系将表中所缺数字计算补齐。

（2）计算该地区 2006—2011 年这 5 年期间粮食产量的年平均增长量及按水平法计算的年平均增长速度。

（1）计算结果如表 6-13 所示。

表 6-13　2006—2011 年粮食产量

年　份	2006	2007	2008	2009	2010	2011
粮食产量（万吨）	200.0	220.0	231.0	240.0	252.0	234.4
累积增长量（万吨）	0	20.0	31.0	40.0	52.0	34.4
环比发展速度（%）	—	110.0	105.0	103.9	105.0	93.0

（2）年平均增长量 $=\frac{34.4}{5}=6.88$（万吨）

年平均增长速度 $=\sqrt[n]{\frac{a_n}{a_0}}-1=\sqrt[5]{\frac{234.4}{200}}-1=1.032-1=3.2\%$

3．速度指标的分析与应用

在应用速度指标分析实际问题时，应注意以下几个问题。

（1）当时间数列中的观察值出现0或负数时，不宜计算速度指标。例如，假如某企业连续5年的利润额分别为5万元、2万元、0万元、–3万元、2万元，如果对这一数列计算速度指标，要么不符合数学公理，要么无法解释其实际意义。在这种情况下，适宜直接用绝对数进行分析。

（2）在有些情况下，还要注意速度指标与水平指标的结合分析。速度指标反映社会现象发展或增长的相对程度，是一种相对数。由于相对数自身固有的抽象化特点，速度指标把所对比的发展水平掩盖住了。高速度可能掩盖着低水平，低速度的背后也可能隐藏着高水平。因此，仅仅观察速度指标往往不易全面地认识现象的发展情况。为了了解增长速度带来的实际效果，通常情况下，要把增长速度与增长量联系起来，计算增长1%的绝对值。

增长1%的绝对值，是用逐期增长量与环比增长速度对比求得的，用以说明报告期发展水平比基期发展水平每增长1%所包含的绝对量，其计算公式为：

$$\text{增长1\%的绝对值}=\frac{\text{逐期增长量}}{\text{环比增长速度}\times 100}=\frac{\text{前期水平}}{100}$$

【小思考】

（1）假定有两个生产条件基本相同的企业，资料如下表，请对两个企业的经营业绩进行分析评价。

甲、乙两个企业的有关资料

年　份	甲企业		乙企业	
	利润额（万元）	增长率（%）	利润额（万元）	增长率（%）
2010	500	—	60	—
2011	600	20	84	40

（2）通常说："高水平难以高速度，而低水平却可以高速度。"你能理解这是为什么吗？

6.4 长期趋势及其测定

6.4.1 长期趋势的概念

编制时间数列，进行时间数列分析，除了要考察现象发展过程中的水平和速度之外，还需要用数学模型来对时间数列做一些在定性认识基础上的定量分析，进而找出影响现象发展的基本因素或主要因素。现象发展过程主要受长期趋势、季节变动趋势、循环变动趋势和偶然变动趋势四种主要因素的影响。

1．长期趋势（*T*）

长期趋势，是指社会经济现象在一段较长的时间内，由于普遍的、持续的、决定性的基本因素的作用，使其发展变化逐渐呈上升或下降的变动趋势。例如，我国国民生产总值、人均纯收入等近几年都呈现上升趋势；高新技术在生产中的应用使产品的单位成本、原材料消耗等呈现下降趋势。总之，认识和掌握现象的长期趋势，可以把握事物发展变化的基本特点。

2．季节变动趋势（*S*）

季节变动趋势，是指社会经济现象随着季节的更替变换而表现出来的与日历周期同步的周期性的变动趋势。例如，商场中电风扇、服装等商品的销售量具有鲜明的季节特征，具有受季节变动影响很大的特点。在商场中，冬季的电风扇销售量很少，而夏季则增加。虽然有的年份早一些，有的年份可能晚一些，但年复一年，这种规律与季节的变化是同步的。

需要特别指出的是，与日历同步的周期性并不一定都指一年四季的概念。按月、按周、按天的循环变动，也可以称为季节变动。例如，一个城市一天中的用电量就具有鲜明的季节特征，早晨上班的时候，各单位开始使用机器或者办公设备，城市用电量上升，到下班时，用电量下降。晚上天黑以后，照明用电增加，此时城市的总用电量达到一天的高峰。当人们逐渐熄灯睡觉后，用电量又下降到了最低点。这样周而复始，也可以表现为一种季节变动。由此可见，季节变动的原因，既有自然因素又有社会因素。

3．循环变动趋势（*C*）

循环变动又称波浪式变动，是指现象受多种不同因素的影响，且在较长时间内发生周期性的起伏波动的变动趋势。循环变动也是一种周期性的变动，但这种周期无法直接用日历周期来进行解释。一般来说，循环变动的周期往往比一年时间要长，而且根据周期的不同，一般又划分为几级：短周期，一般在 3～5 年之内的周期；中周期，10～20 年的周期；长周期，20 年以上的周期。

4．偶然变动趋势（*I*）

偶然变动也称不规则变动，是指现象由于受偶然性因素或不明原因引起的非周期性、非趋势性的随机变动趋势。由于它是无法解释的因素所引起的现象波动，所以一般不表现出明显的规律性。

以上四种因素的相互作用构成了事物在一定时期内的变动。在对时间数列进行分析时，要明确这四种因素变动的构成形式，这种构成形式通常可概括为两种不同的组合模型，即加法模型和乘法模型。

（1）加法模型。加法模型假定四种变动因素是互相独立的，则时间数列各期发展水平是各个影响因素相加的总和，适用丁动态总量指标总变动的计算。其计算公式为：

$$Y_t=T+S+C+I$$

在加法模型中，构成时间数列的各个因素均是绝对量的形式，分别作为影响时间数列的一个组成部分。

（2）乘法模型。乘法模型假定四种变动因素存在着某种相互影响关系，互不独立。因此，时间数列各期发展水平是各个影响因素相乘的积，适用于动态相对指标总变动的计算。其计算公式为：

$$Y_t=T\times S\times C\times I$$

在乘法模型中，T 是绝对量，而 S、C、I 均以相对量的形式影响时间序列值，表现为对长期趋势的一个影响比例，从理论上来说，这种模型更趋于合理。

【小思考】

请从时间长短、起伏规律和形成原因三个方面判断下面这些现象属于动态数列构成因素中的哪一个。

（1）银行的活期储蓄额，发放工资前减少，发放工资后增多。

（2）旅游景点的游客人数，周末达到高峰。

（3）耐用消费品如电视、冰箱等周期性更新导致需求量的变化。

（4）我国粮食产量从长期来看是不断增加的。

（5）由于猪流感造成对猪肉需求量的减少。

6.4.2 长期趋势的测定方法

长期趋势是指现象在较长时期内持续发展变化的一种趋势或状态，通过对时间数列长期趋势变动的分析，不仅可以掌握现象变动的规律性，还可以对其未来的发展趋势做出判断或预测。长期趋势的测定，就是运用一定的方法对时间数列进行修匀，排除季节变动、循环变动和不规则变动等多种因素的影响，使其固有的长期趋势显示出来。测定长期趋势的方法主要有时距扩大法、移动平均法和数学模型法三种。

1．时距扩大法

时距扩大法又称间隔扩大法。它是将原有的时间数列中间隔较短的各个时期或时点的数值加以合并归总，得到间隔较长的各个数值，进而形成一个新的时间数列，以消除原数列中因受季节变动和各种偶然因素的影响所引起的波动，从而呈现出现象发展的长期趋势的方法，它是测定长期趋势最简便易行的一种方法。

时距扩大法，可以采用时距扩大总数，也可以采用时距扩大平均数对时间数列进行修匀，前者仅适用于时期数列，后者则可用于时期数列和时点数列。以某商店某年各月商品销售额的资料为例（见表6-14），说明如下。

表6-14　某商店某年各月商品销售额

月　份	1	2	3	4	5	6	7	8	9	10	11	12
销售额（万元）	21.2	20.6	23.2	25.0	24.2	26.8	25.4	27.4	28.0	27.5	29.0	30.4

从表中数字大致可以看出销售额呈上升趋势，但不够明显，各月间仍有升有降。若将原数列的时距由月扩大为季，重新编制新的时间数列，则销售额的增长趋势就能清晰地显现出来（见表6-15）。

表6-15　某商店某年各季度商品销售额

季　度	1	2	3	4
总销售额（万元）	65.0	76.0	80.8	86.9
平均销售额（万元）	21.7	25.3	26.9	29.0

时距扩大法一般来说只能用于时间数列的修匀，不能用来预测。修匀时，要求所扩大的各个时期的时距应该相等，否则就不能相互比较，更难以反映现象的发展变化趋势。时间间隔的扩大程度选择要适度，应视研究目的和研究对象的性质、特点而定，时距扩大太短，难以消除偶然因素的影响；时距扩大太长，又会掩盖现象在不同时期发展变化的差异。

2. 移动平均法

移动平均法也是时间数列的一种修匀方法。这一方法的基本思想和原理是，将原来的时间数列的时距扩大，并按一定的间隔长度逐期移动，分别计算出一系列移动平均数，形成新的时间数列，新的时间数列对原时间数列的波动起到一定的修匀作用，削弱了原数列中短期偶然因素的影响，从而呈现出现象发展的变动趋势。该方法又可分为简单移动平均法和加权移动平均法两种。

根据资料的特点及研究的具体任务，移动平均法可能进行三项、四项、五项乃至更多项的移动平均。奇数项移动平均所得的数值放在中间一项的位置上；偶数项移动平均所得的数值放在中间两项位置的中间，但还需要移正平均。

（1）简单移动平均法。它是直接用简单算术平均数作为移动平均值，重新编制新的时间数列的一种方法。以某公司 2013 年各月的销售额资料为例，采用移动平均法进行修匀，结果如表 6-16 所示。

表 6-16　移动平均法计算示例

单位：万元

月　份	实际销售额	三项移动平均值	五项移动平均值
1	28	—	—
2	30	31	—
3	35	34	34.4
4	37	38	37.6
5	42	41	41.4
6	44	45	44.0
7	49	47	46.6
8	48	49	48.6
9	50	50	52.4
10	52	55	58.0
11	63	64	—
12	77	—	—

表 6-16 中，三项移动第一个移动平均数为(28+30+35)/3=31，放在第二项对应的位置上，五项移动第一个移动平均数为(28+30+35+37+42)/5=34.4，放在第三项对应的位置上，以此类推。

（2）加权移动平均法。它是在简单移动平均法的基础上给近期数据以较大的权数，给远期数据以较小的权数，计算加权移动平均数，重新编制新的时间数列的一种方法。

仍以表 6-16 中的已知数据为例，用加权移动平均法，计算三项移动平均数，第一个移动平均数为(28×1+30×2+35×3)/6≈32.17，放在第二项对应的位置上，其余以此类推。

应用移动平均法测定长期趋势时有以下三点值得注意。

（1）要根据研究对象的特点来确定移动平均的项数，如果现象的变动具有周期性或存在自然周期，则应以周期长度或自然周期数为移动平均项数。如果原数列中无明显的周期变动，则应采用奇数项移动平均，此时，各移动平均值都能与各期原值对正，进行一次移动即可。而当移动项数为偶数时，需要移动两次才能得到移动平均值。若四项移动，第一个移动平均数为(28+30+35+37)/4=32.5，对应的位置应是 2 月、3 月两月的中间，第二个移动平均数为(30+35+37+42)/4=36.0，对应的位置应是 3 月、4 月两月的中间，此时需再进行一次移正平均，平均数为(32.5+36.0)/2=34.25，才能与 3 月的原值对正。

（2）移动平均项数的多少与修匀效果的好坏直接相关。移动项数越多，修匀效果就越好，反之，修匀效果就越差。因此，为了更好地消除不规则波动，达到修匀的目的，可以适当增加移动的步长。移动的步长越大，所得趋势值越少，个别观察值的影响作用就越弱，移动平均序列所表现的趋势就越明显，但若移动间隔过长，有时会脱离现象发展的真实趋势；若移动间隔过短，则个别观察值的影响作用就越大，有时又不能完全消除序列中短期偶然因素的影响，从而看不出现象发展的变动趋势。总而言之，移动平均的项数应适度为宜。

（3）移动平均法只适用于直线型数列的修匀。

3. 数学模型法

数学模型法是对时间数列进行分析修匀的方法，是根据时间数列发展变化的特点，选择一个合适的数学方程式来描述现象发展变化的长期趋势，并据以计算各期趋势值的方法，包括直线型和曲线型两种类型。

应用数学模型法，首先要判断长期趋势的形态，有两种判断方法：一种是散点图法，即在以时间为横轴，指标数值为纵轴的直角坐标系中作时间数列数值的散点图，根据散点的分布规律来确定时间数列的模型，以便选择合适的数学模型；另一种是指标法，即通过计算时间数列的动态分析指标来确定时间数列的类型，其判别条件是，若时间数列的逐期增减量大致相等，则可判定现象具有直线型的长期趋势；若时间数列的二级增减量（逐期增减量的逐期增减量）大致相等，则现象具有抛物线型的长期趋势；若时间数列的各期环比发展速度大致相等，则现象具有指数曲线型的长期趋势。

数学模型法的关键是确定模型中的待定系数，参数的求解方法有分段平均法和最小平方法（最小二乘法）两种。

（1）分段平均法。它是一种进行趋势方程拟合的简单方法，具体的做法是将时间数列的各项数值平均分为几部分，分别求各部分的平均数，然后将各个平均数标在图上，由此确定两个点或三个点，再根据这些点确定对应的趋势方程。分段平均法一般只限于线性趋势方程或抛物线趋势方程的拟合，简单原理是，两点即可确定一条直线，三点可以确定一条抛物线。

1）直线趋势方程为：

$$y_c = a + bt$$

式中

y_c——趋势线的估计值；

a——趋势线的截距；

b——趋势线的斜率；

t——时间变量。

求解参数时将时间数列的数据等分成两段，分别计算每段的 t 和 y 的平均值，从而获得两个平均值点 $(\overline{t_1},\overline{y_1})$、$(\overline{t_2},\overline{y_2})$，将其代入方程得下列方程组：

$$\begin{cases}\overline{y_1}=a+b\overline{t_1}\\ \overline{y_2}=a+b\overline{t_2}\end{cases}$$

解方程组，求得参数的计算公式如下：

$$b=\frac{\overline{y_2}-\overline{y_1}}{\overline{t_2}-\overline{t_1}}，\quad a=\overline{y_2}-b\overline{t_2}$$

但是若时间数列的项数为奇数项，则删掉第一期数据。

2）抛物线趋势方程为：

$$y_c - a+bt+ct^2$$

【例 6-16】根据表 6-17 所示资料，拟合抛物线趋势方程。

表 6-17　1997—2011 年针织内衣零售量

年　　份	时间序号 t	零售量 y（亿件）
1997	1	7.00
1998	2	9.10
1999	3	9.70
2000	4	10.80
2001	5	11.70
2002	6	12.10
2003	7	13.10
2004	8	14.30
2005	9	14.40
2006	10	14.80
2007	11	15.00
2008	12	12.30
2009	13	11.20
2010	14	9.40
2011	15	8.90

由判别条件可知，1997—2011 年针织内衣的零售量呈现抛物线型的发展趋势，可以拟合抛物线方程。

将数据等分成三段，每 5 年为一段，分别计算每段的平均值为（3, 11, 9.66），（8, 66, 13.74），（13, 171, 11.36），将三个平均值点的坐标代入方程式，得：

$$\begin{cases} 9.66 = a+3b+11c \\ 13.74 = a+8b+66c \\ 11.36 = a+13b+171c \end{cases}$$

解上述方程组，得：

$$a = 4.3696，b = 2.2372，c= -0.1292$$

即抛物线模型为：

$$y_c=4.3696+2.2372t-0.1292t^2$$

分段平均法的计算过程比较简单易行，比较适合在社会生产实践中进行精度要求不太高的曲线拟合分析。

（2）最小平方法。它又称最小二乘法，是依据时间数列的观察值与趋势值的离差平方和为最小值的基本要求，拟合一种趋势模型，然后利用多元函数求极值的方法，推导出标准联立方程组，并求其参数，进而测定各期的趋势值，最后形成一条较为理想的趋势线。最小平方法是分析测定长期趋势的最重要方法，可以拟合直线趋势模型和曲线趋势模型。

1）直线趋势方程为：

$$y_c = a+bt$$

根据最小二乘法的原理，即 $\sum(y-y_c)^2 =$ 最小值，利用求偏导数的方法，推导出联立方程组：

$$\begin{cases} \sum y = na + b\sum t \\ \sum ty = a\sum t + b\sum t^2 \end{cases}$$

解这个方程组，得：

$$b = \frac{n\sum ty - \sum t\sum y}{n\sum t^2 - \left(\sum t\right)^2}$$

$$a = \frac{1}{n}\left(\sum y - b\sum t\right) = \frac{\sum y}{n} - b\frac{\sum t}{n} = \overline{y} - b\overline{t}$$

为了简化 a、b 的计算，可令 $\sum t = 0$。即采用以时间数列的中点为原点的方法，当数列项数为奇数时，可令中间一项为原点，记做 0，原点以前各项依次记做–1，–2，–3，…，原点以后各项依次记做 1，2，3，…；当数列项数为偶数时，以中间两项的中间为原点，记做 0，原点以前各项依次记做–1，–3，–5，…，原点以后各项依次记做 1，3，5，…。则上述标准方程可简化为：

$$\sum y = na，\sum ty = b\sum t^2$$

则

$$a=\bar{y}，b=\frac{\sum ty}{\sum t^2}$$

【例 6-17】某游览点历年观光游客资料如表 6-18 所示，用最小平方法进行长期趋势分析。

表 6-18 某游览点历年观光游客的最小二乘法计算

年 份	时间 t	游客（百人）y	逐期增减量Δy	t^2	ty	y_c
2005	1	100	—	1	100	99.08
2006	2	112	12	4	224	112.72
2007	3	125	13	9	375	126.36
2008	4	140	15	16	560	140.00
2009	5	155	15	25	775	153.64
2010	6	168	13	36	1 008	167.28
2011	7	180	12	49	1 260	180.92
合 计	28	980	—	140	4 302	980.00

由表中数据计算可知，游客人数随时间的推移呈直线型发展趋势。

$\sum t=28$，$\sum y=980$，$\sum t^2=140$，$\sum ty=4302$，代入参数计算公式得：

$$b=\frac{n\sum ty-\sum t\sum y}{n\sum t^2-\left(\sum t\right)^2}=\frac{7\times4302-28\times980}{7\times140-28\times28}=\frac{2674}{196}=13.64$$

$$a=\bar{y}-b\bar{t}=\frac{980}{7}-13.64\times4=85.44$$

即直线趋势方程为：

$$y_c=85.44+13.64t$$

将代表各年份的 t 值代入直线趋势方程，可求出各年份相对应的趋势值 y_c，见表 6-18 最后一列。也可以用简化方法求方程的参数，如表 6-19 所示。

表 6-19 某游览点历年观光游客的最小二乘法计算

年 份	时间 t	游客（百人）y	t^2	ty	y_c
2005	−3	100	9	−300	99.08
2006	−2	112	4	−224	112.72
2007	−1	125	1	−125	126.36
2008	0	140	0	0	140.00
2009	1	155	1	155	153.64
2010	2	168	4	336	167.28
2011	3	180	9	540	180.92
合 计	0	980	28	382	980.00

由简捷计算公式得参数：$a=\frac{980}{7}=140$，$b=\frac{382}{28}=13.64$

则直线趋势方程为：

$$y_c=140+13.64t$$

2）抛物线趋势方程为：

$$y_c=a+bt+ct^2$$

根据最小二乘法的原理，即$\sum(y-y_c)^2=$最小值，利用求偏导数的方法，推导出联立方程组：

$$\begin{cases}\sum y=na+b\sum t+c\sum t^2\\ \sum yt=a\sum t+b\sum t^2+c\sum t^3\\ \sum yt^2=a\sum t^2+b\sum t^3+c\sum t^4\end{cases}$$

解此方程组求解参数时，先利用简化方法，使$\sum t=0$，$\sum t^3=0$，得出如下计算公式：

$$a=\frac{\sum y-c\sum t^2}{n}$$

$$b=\frac{\sum yt}{\sum t^2}$$

$$c=\frac{n\sum yt^2-\sum y\sum t^2}{n\sum t^4-(\sum t^2)^2}$$

3）指数曲线方程为：

$$y_c=ab^t$$

指数方程中参数的求解，只能用最小二乘法，此时需先将指数曲线方程化为直线方程，即对上式两边各取常用对数：

$$\lg y_c=\lg a+t\lg b$$

根据最小二乘法的原理，即$\sum(\lg y-\lg y_c)^2=$最小值，利用求偏导数的方法，得以下方程组：

$$\begin{cases}\sum\lg y=n\lg a+\lg b\sum t\\ \sum t\lg y=\lg a\sum t+\lg b\sum t^2\end{cases}$$

解此方程组，得参数的计算公式如下：

$$\lg b=\frac{n\sum t\lg y-\sum t\sum\lg y}{n\sum t^2-(\sum t)^2}$$

$$\lg a=\frac{\sum\lg y}{n}-\lg b\frac{\sum t}{n}$$

按照 t 的简化方法，使$\sum t=0$，解方程组，又得如下计算公式：

$$\lg a=\frac{\sum \lg y}{n}，\ \lg b=\frac{\sum t\lg y}{\sum t^2}$$

对 $\lg a,\lg b$ 分别取反对数，可得 a, b 的值。

【例 6-18】某地区 2006—2011 年人口资料如表 6-20 所示，配合指数曲线趋势方程。

表 6-20　指数曲线趋势方程的计算

年　份	t	人口数（万人）y	$\lg y$	t^2	$t\lg y$
2006	1	85.50	1.931 97	1	1.931 97
2007	2	86.48	1.936 92	4	3.873 84
2008	3	87.46	1.941 81	9	5.825 43
2009	4	88.47	1.946 80	16	7.787 20
2010	5	89.46	1.951 63	25	9.758 15
2011	6	90.44	1.956 36	36	11.738 16
合　计		—	11.665 49	91	40.914 75

计算数据见表 6-20，将相关数据代入参数计算公式得：

$$\lg b=\frac{n\sum t\lg y-\sum t\sum \lg y}{n\sum t^2-(\sum t)^2}=\frac{6\times 40.91475-21\times 11.66549}{6\times 91-21^2}=0.004888$$

$$\lg a=\frac{\sum \lg y}{n}-\lg b\frac{\sum t}{n}=\frac{11.66549}{6}-0.004888\times\frac{21}{6}=1.92714$$

则指数曲线趋势方程为：

$$\lg y_{\mathrm{c}}=1.92714+0.004888t$$

或

$$y_{\mathrm{c}}=84.555\times 1.011^t$$

【小思考】

请根据自己喜爱的形式，将各种趋势方程中参数的求解方法进行汇总。

6.5　季节变动的测定

6.5.1　季节变动的概念

季节变动是指社会经济现象由于受自然条件或经济条件的影响，在一个年度内随着季节的更替而出现的有规律的周期变动。例如，许多农副产品的产量都因季节更替而有淡季、旺季之分；商业部门许多商品的销售量也随着气候变化的影响而形成有规律的周期性变动。研究季节变动的目的在于了解季节变动对社会经济生活的影响，以便更好地组织生产和安排生活。季节变动具有三个显著的特点：① 季节变动每年重复进行；② 季节变动按照一定的周期进行；③ 每个周期变化强度大体相同。

6.5.2 季节变动的测定方法

季节变动的测定主要是计算季节比率，也称季节指数，它是表明一年中各季度（月份）现象波动程度的一个相对指标。测定季节变动的方法从是否排除长期趋势的影响方面看，可分为两种：一是不考虑长期趋势的影响，直接根据原时间数列，用平均的方法消除循环变动和不规则变动的影响，测定季节变动，这种方法称为“同期平均法”，又称为按季（月）平均法；二是考虑长期趋势的影响，则要先消除长期趋势的影响，再用平均的方法消除循环变动和不规则变动的影响，这种方法称为“移动平均趋势剔除法”。无论采用哪种方法，都需具备连续 3 年以上的各季（月）资料，以保证所求的季节比率具有代表性，从而能比较客观地描述现象的季节变动。一般而言，季节比率越高，说明相应季度或月份的生产或销售越好，称为旺季；反之越差，称为淡季。

1. 按季（月）平均法

这种方法不考虑现象受长期趋势因素的影响，根据已知的时间数列，用按季（月）平均法测定季节变动的影响情况，计算步骤如下。

（1）根据各年按季（月）的时间数列资料，计算出各年同季（月）的合计数和平均数。

（2）计算各年所有季（月）的总平均数。

（3）将各年同季（月）的平均数与总平均数进行对比，即得出用百分数表示的各季（月）的季节比率，又称季节指数，季节指数是进行季节变动分析的重要指标，用来说明季节变动的程度。其计算公式为：

$$季节指数=\frac{各年同季(月)平均数}{全期各季(月)总平均数}\times 100\%$$

如果某季（月）的季节指数大于 100%，则为旺季；如果某季（月）的季节指数小于 100%，则为淡季；如果某季（月）的季节指数等于 100%，则说明现象不受季节变动因素的影响。

从理论上来说，一年四个季度（或 12 个月）的季节指数之和应为 400%（1 200%），如不等于 400%（1 200%），则需对计算出的季节指数进行调整，用调整系数分别乘各季（月）的季节比率即可。调整系数的计算公式为：

$$调整系数=\frac{400\%(或1200\%)}{调整前各季(月)季节指数之和}$$

【例 6-19】以某商场一年中四个季节的衬衣销售量资料为例（见表 6-21），测定季节变动的影响。

表 6-21 季节指数的计算

年 份	春季销售量（件）	夏季销售量（件）	秋季销售量（件）	冬季销售量（件）	平 均
2007	3 000	12 000	6 000	1 200	5 550
2008	3 500	13 500	7 000	1 600	6 400
2009	3 800	15 000	8 500	2 100	7 350

续表

年　份	春季销售量（件）	夏季销售量（件）	秋季销售量（件）	冬季销售量（件）	平　均
2010	4 200	17 000	9 300	2 500	8 250
2011	4 800	19 500	10 200	2 900	9 350
平 均 数	3 860	15 400	8 200	2 060	7 380
季节指数（%）	52.30	208.67	111.11	27.92	400.00

在表 6-21 中，计算 5 年中 20 个季度的总平均销售量为 7 380 件，用每个季度的平均销售量除以 7 380 件，可得该季度的季节指数。例如，5 年中春季的平均销售量为 3 860 件，除以 7 380 件得 52.30%，即为春季的季节指数。很显然，衬衣的销售夏季和秋季为旺季，而春季和冬季则为淡季。

按季（月）平均法的优点在于简单易懂，但其缺点在于没有考虑到社会经济现象本身的趋势变动。从本例中可观察到，同样是春季的销售量，2011 年的数值比 2007 年高出 60%，这意味着在整个时间数列中，除了存在季节因素的影响外，还存在着趋势变动因素的影响。因此，为了更精确地测定季度变动，应该把由于趋势因素的影响而产生的差异剔除掉。

2．移动平均趋势剔除法

这种方法在考虑长期趋势因素影响的情况下，利用移动平均法先消除原时间数列中的长期趋势的影响，然后再测定季节变动，具体计算步骤如下。

（1）根据时间数列中各年按季（月）的数值计算移动平均数（若是季度资料则进行四项移动平均，若是月资料则进行 12 项移动平均），由于移动项数是偶数，要进行两次移动平均来求得趋势值。

（2）用时间数列中各季（月）的数值（y）与其相对应的趋势值（y_c）对比，计算求出 y/y_c 的百分比数值。

（3）把 y/y_c 的百分比数值按季（月）排列，计算出各年同季（月）的平均数，这个平均数就是各季（月）的季节比率，即季节指数。

（4）把各季（月）的季节比率加计汇总，其总计数应等于 400%（1 200%），如果不符，则要进行相应的调整。

【例 6-20】仍以例 6-19 的资料为例来进行季节指数的计算（见表 6-22）。

表 6-22　趋势剔除法计算季节指数

年　份	季　节	销售量 y（件）	一次移动平均	二次移动平均 y_c	季节变化 y/y_c
2007	春季	3 000			
	夏季	12 000			
	秋季	6 000	5 550	5 612.5	106.90
	冬季	1 200	5 675	5 862.5	20.47

续表

年 份	季 节	销售量 y（件）	一次移动平均	二次移动平均 y_c	季节变化 y/y_c
2008	春季	3 500	6 050	6 175	56.68
	夏季	13 500	6 300	6 350	212.60
	秋季	7 000	6 400	6 437.5	108.74
	冬季	1 600	6 475	6 662.5	24.02
2009	春季	3 800	6 850	7 037.5	54.00
	夏季	15 000	7 225	7 287.5	205.83
	秋季	8 500	7 350	7 400	114.86
	冬季	2 100	7 450	7 700	27.27
2010	春季	4 200	7 950	8 050	52.17
	夏季	17 000	8 150	8 200	207.32
	秋季	9 300	8 250	8 325	111.71
	冬季	2 500	8 400	8 712.5	28.69
2011	春季	4 800	9 025	9 137.5	52.53
	夏季	19 500	9 250	9 300	209.68
	秋季	10 200	9 350		
	冬季	2 900			

首先，根据表 6-22 已知资料进行四项移动平均、二项移正平均，计算出各季度的趋势值，计算结果见表 6-22 中的第五列。

其次，将原数列中的实际值除以趋势值，剔除长期趋势得到一个新数列，见表 6-22 第六列，该列数据即为各个季度的季节变动比率。

最后，将 y/y_c 重新排列，计算若干年同一季度变动情况的平均值，即为季节比率（季节指数）（见表 6-23）。

表 6-23　季节指数的计算

	2007	2008	2009	2010	2011	未修正指数	修正后指数
春季		56.68	54.00	52.17	52.53	53.85	54.07
夏季		212.60	205.83	207.32	209.68	208.86	209.71
秋季	106.90	108.74	114.86	111.71		110.55	111.01
冬季	20.47	24.02	27.27	28.69		25.11	25.22
						398.37	400.00
					修正系数	1.004 1	

从表 6-23 中可以看到，根据各季度的平均销售量计算的季节指数之和为 398.37%，而理论上各季度的季节指数之和应当为 400%，两者之间存在着差异，因而应对计算出的季节指数进行调整。

$$调整系数=\frac{400\%}{398.37\%}\approx 1.0041$$

【小思考】

（1）进行季节变动的测定，为什么需要连续 3 年以上的资料？

（2）根据实际资料，如何采用两种不同的方法测定季节变动，同时应注意的问题有哪些？

职业知识检测

一、单项选择题

1．已知环比增长速度为 9.2%、8.6%、7.1%、7.5%，则定基增长速度为（　　）。

① 9.2%×8.6%×7.1%×7.5%

② (9.2%×8.6%×7.1%×7.5%) −100%

③ 109.2%×108.6%×107.1%×107.5%

④ (109.2%×108.6%×107.1%×107.5%) −100%

2．下列等式中，不正确的是（　　）。

① 发展速度=增长速度+1

② 定基发展速度=相应各环比发展速度的连乘积

③ 定基增长速度=相应各环比增长速度的连乘积

④ 平均增长速度=平均发展速度−1

3．累计增长量与其相应的各个逐期增长量的关系表现为（　　）。

① 累计增长量等于相应的各个逐期增长量之积

② 累计增长量等于相应的各个逐期增长量之和

③ 累计增长量等于相应的各个逐期增长量之差

④ 以上都不对

4．编制时间数列的基本原则是要使时间数列中各项指标数值具有（　　）。

① 可加性　　② 可比性　　③ 一致性　　④ 同质性

5．某地区 2000—2006 年排列的每年年终人口数时间数列是（　　）。

① 绝对数时间数列　　② 绝对数时点数列

③ 相对数时间数列　　④ 平均数时间数列

6．由日期间隔不等的连续时点数列计算序时平均数，应按（　　）计算。

① 简单算术平均法　　② 加权算术平均法

③ 几何平均法　　④ 以上都不对

7．已知某地区 2009 年粮食产量的环比发展速度为 104%，2011 年为 106.2%，2012 年为 105%；又知 2012 年的定基发展速度为 122.58%，则 2010 年的环比发展速度为（　　）。

① 105.1%　② 105.7%　③ 103.5%　④ 104.8%

8．假定某产品产量2013年比2008年增长了135%，那么2008—2013年的平均发展速度为（　）。

① 35%　② 135%　③ 118.63%　④ 235%

9．按水平法计算的平均发展速度的大小取决于（　）。

① 现象环比发展速度之和　② 现象最末水平和最初水平的大小
③ 现象中间各期发展水平的大小　④ 现象时期的长短

10．已知各个时期的发展水平之和与最初水平及时期数，要计算平均发展速度（　）。

① 采用水平法　② 采用累计法
③ 两种方法都不能采用　④ 两种方法都可以采用

11．某省人口数2012年比1965年增长了1.4倍，比1991年增长了50%，则1991年人口数比1965年增长（　）。

① 60%　② 160%　③ 280%　④ 70%

12．以1979年为基期，2012年为报告期，计算现象的平均发展速度，应开（　）次方。

① 33　② 32　③ 31　④ 30

13．时间序列中，各个指标数值可以相加的是（　）。

① 时点数列　② 平均数动态数列
③ 时期数列　④ 相对数动态数列

14．根据时期数列，计算平均发展水平用（　）。

① 首尾折半法　② 简单算术平均法
③ 倒数平均法　④ 加权算术平均法

15．增长1%的绝对值是（　）。

① 本期水平的1%　② 前期水平除以100
③ 本期累计增长量的1%　④ 本期的逐期增长量除以100

二、判断题

1．发展水平就是时间数列中的每项具体指标数值，它只能表示为绝对数。（　）

2．若将2007—2012年年末全民所有制企业固定资产净值按时间顺序排列，此种时间数列称为时点数列。（　）

3．平均发展水平是一种序时平均数，平均发展速度也是一种序时平均数。（　）

4．平均增长量等于累计增长量除以逐期增长量的个数。（　）

5．环比增长速度的连乘积等于定基增长速度。（　）

6．增长1%的绝对值表示的是速度指标增长1%而增加的水平值。（　）

7．若逐期增长量每年相等，则其各年的环比发展速度是年年下降的。（　）

8．季节变动指的是现象受自然因素的影响而发生的一种有规律的变动。（　）

9．时间数列中各个指标数值是不能相加的。（　）

10．时期数列是最基本的时间数列。（　）

11．保证时间序列中各个指标数值的可比性是编制时间序列的基本原则。(　　)

12．增长量可以是正值，也可以是负值。(　　)

13．增长 1%的绝对值等于前期水平除以 100。(　　)

14．一定阶段内，各期发展水平之和与最初水平之比，实际上就是各定基发展速度之和。(　　)

15．报告期比基期翻一番，即增加一倍，翻两番也就是增加两倍。(　　)

三、填空题

1．动态数列有两个要素，一是______，二是______。

2．动态数列中的每项指标数值都称为______，根据其在动态数列中的位置不同，又可分为______、______和______三种。

3．各个发展水平反映现象在______或______上所达到的实际水平。

4．发展速度是______和______之比。

5．按对比基期的不同，发展速度可分为______发展速度和______发展速度。两者的数量关系是______。

6．由于选择的基期不同，增长量可分为______增长量和______增长量。两者的数量关系是______。

7．增长 1%绝对值等于______，经济意义是______。

8．某校在校生 2010 年比 2009 年增加 5%，2011 年比 2010 年增加 10%，2012 年比 2011 年增加 1.5%，则这 3 年共增加在校生______%，年平均增长率是______%。

职业技能训练

四、简答题

1．简述时间数列的概念和种类。

2．时期数列和时点数列有何区别？

3．什么是发展水平、增减量、平均增减量、发展速度和增减速度？定基发展速度和环比发展速度、发展速度与增减速度的关系如何？

4．什么是平均发展水平？它的计算可以分成哪几种情况？

5．时间数列可以分解为哪几种因素？各种因素的基本概念是什么？

五、计算题

1．某只股票 2011 年各统计时点的收盘价如表 6-24 所示。

表 6-24　某只股票各统计时点的收盘价

统计时点	1 月 1 日	3 月 1 日	7 月 1 日	10 月 1 日	12 月 31 日
收盘价（元）	15.2	14.2	17.6	16.3	15.8

计算该股票 2011 年的年平均价格。

2．某企业 2011 年 9—12 月月末职工人数资料如表 6-25 所示。

表6-25 某企业职工人数

日期	9月30日	10月31日	11月30日	12月31日
月末人数	1 400	1 510	1 460	1 420

计算该企业第四季度的平均职工人数。

3．2006—2011年各年底某企业职工人数和工程技术人员数资料如表6-26所示。

表6-26 某企业职工人数和工程技术人员数

年份	2006	2007	2008	2009	2010	2011
职工人数	1 000	1 020	1 085	1 120	1 218	1 425
工程技术人员数	50	50	52	60	78	82

试计算工程技术人员占全部职工人数的平均比重。

4．某企业2011年各月的总产值资料如表6-27所示。

表6-27 某企业2011年各月的总产值

单位：万元

月份	总产值	月份	总产值
1	190	7	270
2	190	8	300
3	220	9	330
4	240	10	380
5	220	11	350
6	260	12	410

计算各季度平均每月的总产值。

5．某机械厂2011年第四季度各月产值和职工人数资料如表6-28所示。

表6-28 某机械厂各月产值和职工人数

月份	10	11	12
产值（元）	400 000	46 200	494 500
平均职工人数（人）	400	420	430
月平均劳动生产率（元）	1 000	1 100	1 150

试计算该季度平均劳动生产率。

6．某企业2011年商品销售额计划完成情况如表6-29所示。

表 6-29　某企业商品销售额计划完成情况

季　度	一	二	三	四
计划数（万元）	300	280	270	320
实际数（万元）	330	290	290	345
计划完成（%）	110.00	103.57	107.41	107.81

计算全年平均商品销售计划完成程度。

7．某地区国民生产总值（GNP）在 2003—2004 年平均每年递增 15%，2005—2007 年平均每年递增 12%，2008—2012 年平均每年递增 9%，试计算：

（1）该地区国民生产总值这 10 年间的总发展速度及平均增长速度。

（2）若 2007 年的国民生产总值为 500 亿元，以后每年增长 8%，到 2010 年可达到多少亿元？

8．某化工企业 2007—2011 年的化肥产量资料如表 6-30 所示。

表 6-30　某化工企业化肥产量

年　份	2007	2008	2009	2010	2011
化肥产量（万吨）	400			484	
环比增长速度（%）	—	5			12.5
定基发展速度（%）	—		111.3		

利用指标间关系将表中所缺数字补充完整。

9．某地区粮食总产量如表 6-31 所示。

表 6-31　某地区粮食总产量

年　份	2003	2004	2005	2006	2007	2008	2009	2010	2011	2012
产量（万吨）	230	236	241	246	252	257	262	276	281	286

（1）试检查该地区粮食生产发展趋势是否接近于直线型。

（2）如果是直线型，用最小平方法配合直线趋势方程。

（3）预测 2013 年的粮食产量。

10．某产品专卖店 2009—2011 年各季度销售额资料如表 6-32 所示。

表 6-32　某产品专卖店各季度销售额

年　份	一季度	二季度	三季度	四季度
2009	51	75	87	54
2010	65	67	82	62
2011	76	77	89	73

（1）采用按季平均法和移动平均趋势剔除法计算季节指数。

（2）计算 2011 年无季节变动情况下的销售额。

阅读资料

美国内华达职业健康诊所是一家私人医疗诊所，位于内华达州的Sparks市。这个诊所专攻工业医疗，并且在该地区经营已经超过15年。1991年年初，该诊所进入了增长的阶段。在其后的26个月里，该诊所每个月的账单收入从57 000美元增长到超过300 000美元。直到1993年4月6日诊所的主建筑物被烧毁，诊所一直经历着戏剧性的增长。

诊所的保险单包括实物财产和设备，也包括出于正常商业经营的中断而引起的收入损失。对于确定实物财产和设备在火灾中的损失额，受理财产的保险索赔要求是一个相对简单的事情。但是确定在进行重建诊所的7个月中收入的损失额，则是很复杂的，它涉及业主和保险公司之间的讨价还价。对如果没有发生火灾，诊所的账单收入“将会有什么变化”的计算，没有预先制定的规则。为了估计失去的收入，诊所用一种预测方法，来测算在7个月的停业期间将要实现的营业增长。火灾前的账单收入的实际历史资料，为拥有线性趋势和季节成分的预测模型提供了基础。这个预测模型使诊所得到损失收入的一个准确的估计值，这个估计值最终被保险公司所接受。

这是一个时间数列分析方法在保险业务中应用的成功案例。这个案例中的时间序列分析方法的统计思想对现代经济管理同样具有重要的启迪和现实意义。例如，对于企业销售收入和销售成本的预测，当然要观察过去的实际资料，根据这些历史资料，我们可以对其发展水平、发展速度进行分析，也可能得到销售的一般水平或趋势，如销售收入随时间增长或下降的趋势；对这些资料的进一步观察，还可能显示一种季节轨迹，如每年的销售高峰出现在第三季度，而销售低谷则出现在第一季度以后。通过观察历史资料，可以对过去的销售轨迹有较好的了解，因此对产品的未来销售情况，才可以做出较为准确、公正的判断。时间数列分析能反映客观事物的发展变化，揭示客观事物随时间演变的趋势和规律。

第 7 章

指数分析

学习目标

☑ 了解有关指数的基本理论，包括指数的概念、种类和作用；
☑ 熟练掌握综合指数的编制原则、编制方法及应用条件；
☑ 熟练掌握平均数指数的编制方法；
☑ 熟练掌握指数体系和因素分析的方法及应用条件；
☑ 了解几种实际应用指数。

7.1 指数的概念、作用和种类

7.1.1 指数简述

统计指数起源于 18 世纪的欧洲，当时欧洲的物价上涨、社会动荡，人们迫切需要了解物价变动的相对程度，于是便产生了最初的物价指数。指数是用于经济分析的一种特殊的统计分析方法，主要用于反映事物的相对变化程度。

1. 指数的概念

随着社会经济的发展，指数的应用范围在不断扩大，相应地，指数的概念也在不断扩展，指数的概念有广义和狭义之分。

广义上的指数是指反映社会经济现象数量变动的全部相对数。如比较相对数、动态相对数（发展速度）、计划完成程度相对数等都可称为指数。

狭义上的指数是指综合反映数量上不能直接加总的复杂社会经济现象总体数量综合变动程度的相对数。由于复杂总体中各种事物的性质不同，使用价值及计量单位不同，即不能同度量，所以，我们无法将它们的数量直接加计汇总，因而也就无法通过计算一般的相对数来反映其数量的综合变动程度，而应运用专门的特殊的方法才能解决此类问题。例如，对于工业产品的产量，就个别种类如电视机、汽车、钢材等，用速度指标即可分别测定其变动程度，但要把品种繁多的工业产品作为一个总体来考察，以反映全部产品产量的总变动，则是速度指标所不能直接测定的，这时就要通过编制实物产量指数、销售量指数、单位成本指数、价格指数等，来反映总体数量的综合变动情况。

指数的两种含义，都被广泛地应用在实际工作中。不过，在社会经济统计学中，指数理论研究的主要是狭义的指数，为此，阐述狭义指数的基本计算原理和方法以及在经济分析中的应用，构成了本章的主要内容。

2．指数的特点

概括地讲，统计指数具有如下三个特点。

（1）相对性。统计指数反映的是事物发展变化的相对程度，它可以度量总体在不同空间或时间上的相对变化。

（2）综合性。对于狭义的指数而言，它反映的是复杂社会经济现象总体内部各个组成部分的综合变动，而不是其中某一个组成部分的变动。

（3）平均性。统计指数是总体水平的一个代表性数值。

7.1.2 指数的作用

统计指数法作为一种特殊的计算和分析方法，在经济分析中有着非常广泛的应用，其基本作用体现在以下三个方面。

（1）可以用来说明不能直接相加和对比的社会经济现象综合变动的方向和程度。无论在宏观还是微观的经济管理与分析中，都经常需要以多种不同事物为总体进行研究。由于各种事物的数量不同度量，不能直接加总，因此，无法通过计算一般的动态相对数来反映其数量的综合变动程度，只能通过计算指数来解决此类问题，通常情况下，指数的计算结果用百分数表示。

（2）可以用来分析受多种因素影响的现象总变动中各个因素变动影响的方向和程度。社会经济领域中的许多现象的总变动，都是其内部诸多因素综合影响的结果，例如，商品销售额受销售量和销售价格因素的影响；工业总产值受职工人数、劳动生产率和产品价格因素的影响；劳动生产率受各类人员劳动生产率水平和人员构成的影响等。运用指数体系的因素分析方法，可以分别测定出每个因素的变动对现象总变动的影响方向、影响程度及影响的绝对值。

（3）通过编制指数数列，反映社会经济现象在长时期内的变动趋势。通过编制指数数列，对相互联系的一系列指数进行比较分析，可以进一步认识复杂现象总体在数量上的变动关系，反映被研究现象的变化规律和发展变化趋势。例如，根据 2001—2011 年的零售商品价格资料，编制出 10 个环比价格指数，从而构成价格指数数列，这样就可以揭示这段时期内价格的变动趋势，研究物价变动对这 10 多年间经济建设和人民生活水平的影响程度。

此外，利用统计指数还可以进行地区经济综合评价，对比研究经济现象的计划执行情况。

7.1.3 指数的种类

（1）按指数反映对象范围的不同，分为个体指数和总指数。个体指数是反映单一事物数量变动程度的相对数，或者说是反映简单现象总体数量变动程度的相对数。个体指数的计算相对来说比较简单，只要将个别现象的报告期水平与基期水平直接对比即可，常用的个体指数主要有以下三种。

个体物量指数：

$$k_q = \frac{q_1}{q_0}$$

个体价格指数：

$$k_p = \frac{p_1}{p_0}$$

个体产品单位成本指数：

$$k_z = \frac{z_1}{z_0}$$

式中

k——个体指数；

q——产量或销售量；

p——产品或商品的价格；

z——产品的单位成本；

下标号1——报告期；

下标号0——基期。

总指数是综合反映不能直接相加或对比的复杂社会经济现象总体总变动的相对数，即狭义的指数。例如，反映全部工业产品产量总变动程度的工业生产指数，反映全部零售商品价格变动程度的零售物价指数等都属于总指数。总指数按其计算方法和计算公式的不同，分为综合指数和平均数指数两种。

实际的统计工作中，在编制总指数的同时，有时还需要结合分组法来编制组（类）指数，借以反映现象总体内部各部分事物的数量变动程度。如在编制全国居民消费价格总指数时，需要将全部消费品分成食品类、烟酒类、衣着类、家庭设备用品及服务类、医疗保健及个人用品类、交通和通信类、娱乐教育文化用品及服务类、居住类八个大类，再分别计算各类消费的价格指数，这里的各类消费价格指数，即是指组（类）指数。组（类）指数是介于个体指数和总指数之间的指数，它所反映的对象仍然是由多种不同事物构成的复杂总体，实质上仍属于总指数的范畴。

（2）按指数化指标的性质不同，分为数量指标指数和质量指标指数。数量指标指数，简称数量指数，是根据数量指标计算的，用来综合反映社会经济现象总规模、总水平的变动情况。如产品产量指数、商品销售量指数、职工人数指数等，都是数量指标指数。

质量指标指数，简称质量指数，是根据质量指标计算的，用来综合反映社会经济现象质量、内涵的变动情况。如物价指数、产品单位成本指数、劳动生产率指数等，都是质量指标指数。

根据我国传统的统计指数理论，数量指标指数与质量指标指数的编制方法是不同的，因此，区分数量指标指数和质量指标指数对于学习指数的编制方法是非常有必要的。

（3）在指数数列中，按指数采用的基期不同，分为定基指数、环比指数和年距指数。定基指数，是指在指数数列中的各个指数都以某一固定时期作为比较的时期而编制的指数。环比指数，是指在指数数列中的各个指数都以前一期作为比较基础而编制的指数。年距指数，是指以报告期某一指标与上年同期同一指标对比编制的统计指数。

（4）按编制指数的方法不同，分为综合指数和平均数指数。

（5）按指数反映现象的状况不同，分为时间指数、区域指数和计划完成指数。时间指数是反映同类现象在不同时间发展变化情况的相对数，它的编制和应用，主要用于计算和分析现象在时间上的变动。区域指数是反映同类现象在不同地区或不同单位之间对比的相对数。计划完成指数是反映所研究现象在同一单位或同一地区实际数与计划数之间对比的相对数。

【小思考】

（1）在什么情况下对现象进行分析时，要引用指数分析法?

（2）你能正确区分下表中各指数的种类吗?

指　　数	个体指数	总指数	数量指标指数	质量指标指数
某一商品单位成本指数				
三种商品的价格指数				
全国消费品零售价格指数				
企业产量指数				
企业工人劳动生产率指数				
某商品销售量指数				

7.2　综合指数

7.2.1　综合指数的概念

编制总指数的目的，在于说明多种不同事物的综合数量动态变动情况，但由于各种事物的性质不同，使用价值不同，计量单位也不同，即不同度量，因此，对各种事物的数量不能直接进行加总对比分析。可见，编制总指数，要想只用一个数值反映出多种事物的综合动态情况，则必须解决不同事物数量的不同度量问题，设法变不能加总为可以加总，只有这样才能进行对比分析。

综合指数是编制总指数的基本形式，是由两个时期的总量指标进行对比所得的动态相对数。它是将不可同度量现象的指标数值，通过同度量因素，过渡到同度量的数值，再将过渡后的报告期数值与基期数值进行对比，用来综合说明多种现象总变动的动态相对数。凡是一个总量指标可以分解为两个或两个以上因素指标的乘积，为研究其中一个因素指标的变动程度，而将其余因素指标固定下来，再将两个时期的总量指标进行对比，这种方法编制的总指数统称为综合指数。其中，所研究的因素指标是指数化指标，而被固定的指标是同度量因素，同度量因素不仅起着转化同度量的作用，还起着一定的加权作用，所以，同度量因素又称为“权数”。

在实际应用中，常用的综合指数主要有以下三种。

物量综合指数：

$$K_Q = \frac{\sum p_0 q_1}{\sum p_0 q_0}$$

价格综合指数：

$$K_P = \frac{\sum p_1 q_1}{\sum p_0 q_1}$$

产品单位成本综合指数：

$$K_Z = \frac{\sum z_1 q_1}{\sum z_0 q_1}$$

由此可见，在编制综合指数时，以下三个基本问题必须解决。

（1）把不能同度量现象转化为能够同度量现象。为了综合反映不能同度量现象的总变动，必须把它们由使用价值的形式转化为价值形式。因为作为使用价值，各种商品是异质的，而作为价值，则是同质的，换言之，也就是说，能够同度量的现象只能是商品的价值形态。

（2）同度量因素变动影响的消除。同度量因素虽然解决了指数化因素不能直接加总的问题，但是，通过转化综合而来的价值总量的变动仍然包含了指数化因素和同度量因素变化的双重影响，为了单独测定指数化因素的变动，就必须消除价值总量中同度量因素变动的影响。即在编制综合指数时，必须采用同一时期的指标作为同度量因素，只有这样，才能纯粹研究指数化因素的变动。

（3）同度量因素所属时期的选择。为了测定指数化因素的总变动，我们通常用同一时期的同度量因素。这个同度量因素既可以是报告期，也可以是基期，但是，究竟应该选择在哪个时期，也是编制综合指数所要考虑的重要问题。

7.2.2 综合指数的编制方法

综合指数有数量指标指数和质量指标指数两种形式，其编制方法有所不同。

1. 数量指标指数的编制

数量指标指数是综合说明社会经济现象数量指标变动方向和程度的指数，如工业产品产量指数、商品销售量指数、农副产品收购量指数等。在编制数量指标指数时，需要解决的是如何使不能直接加总的实物量变为能综合对比的问题，下面以产品产量指数为例说明数量指标指数的编制原理和方法。

【例 7-1】以表 7-1 资料为依据，编制产品产量指数。

表 7-1 某公司产品生产情况

产品名称	计量单位	产量		出厂价格（元）		产值（万元）		
		基期 q_0	报告期 q_1	基期 p_0	报告期 p_1	基期 p_0q_0	报告期 p_1q_1	假定 p_0q_1
甲	条	10 000	12 000	50	60	50	72.0	60.0
乙	米	40 000	40 400	20	20	80	80.8	80.8

续表

产品名称	计量单位	产量		出厂价格（元）		产值（万元）		
		基期 q_0	报告期 q_1	基期 p_0	报告期 p_1	基期 p_0q_0	报告期 p_1q_1	假定 p_0q_1
丙	件	6 000	5 000	110	100	66	50.0	55.0
合计	—	—	—	—	—	196	202.8	195.8

根据表中所给数据资料，可以分别编制三种产品的个体产量指数。

甲产品的个体产量指数：$k_q=\dfrac{q_1}{q_0}=\dfrac{12000}{10000}=120\%$

乙产品的个体产量指数：$k_q=\dfrac{q_1}{q_0}=\dfrac{40400}{40000}=101\%$

丙产品的个体产量指数：$k_q=\dfrac{q_1}{q_0}=\dfrac{5000}{6000}\approx 83.33\%$

编制个体产量指数，只能分别说明每种产品产量的单一变动情况，现在，要说明三种产品产量的综合变动情况，只有编制和计算产品产量综合指数。

由于各种产品的使用价值、计量单位不同，若将其产量直接相加后进行综合对比没有任何经济意义。所以，在编制综合指数时，需要引进同度量因素，使不能直接相加的产量转化为能够相加的产值。所谓同度量因素，就是指在综合指数编制中，将不能直接相加的因素转化为能够直接相加的量的媒介因素，它在综合指数的编制中起着过渡和媒介作用。如产品产量综合指数，以产品出厂价格为同度量因素，即可得到能够相加的产值。即：

$$价格\times产量=产值$$

或

$$p\times q=pq$$

很显然，产值可以分解为两个因素指标的乘积：一个因素指标产量是数量指标，另一个因素指标出厂价格是质量指标。此时，产品的出厂价格起到了“同度量”的作用，它使不能直接相加的产量转化为能够相加的产值。

可见，要单纯反映三种产品产量的变动情况，就要将出厂价格固定，以排除出厂价格变动的影响，即假定两个时期的产品产量都是按同一时期的出厂价格计算的。将同度量因素固定在同一时期可以有不同的选择，而选择不同时期（基期或报告期）的出厂价格将得到不同的结果，且有不同的经济意义。

（1）用报告期的出厂价格作为同度量因素。其计算公式为：

$$K_Q=\frac{\sum p_1q_1}{\sum p_1q_0}$$

此式表明，当出厂价格变化为报告期的出厂价格时，产品产量的综合变动情况，既包含了出厂价格的变动，又包含了产品产量的变动。

（2）用基期的出厂价格作为同度量因素。其计算公式为：

$$K_Q=\frac{\sum p_0q_1}{\sum p_0q_0}$$

此式表明，在出厂价格保持基期水平不变的情况下，产品产量的综合变动情况，符合经济现象变动的客观实际情况。因为在实际工作中，计算工业产品产量指数的目的是要排除价格因素变动的影响，从而单纯反映产品产量的总变动。

上面两式中

K_Q——产品产量综合指数；

q——产品产量；

p——出厂价格；

下标号 1——报告期；

下标号 0——基期。

根据我国传统的综合指数理论，编制数量指标综合指数的一般原则是采用基期的质量指标作为同度量因素，即通常采用第二个公式计算。

根据表 7-1 的有关资料，可以计算三种产品的产量综合指数。

$$K_Q=\frac{\sum p_0q_1}{\sum p_0q_0}=\frac{195.8}{196}\approx 99.90\%$$

$$\sum p_0q_1-\sum p_0q_0=195.8-196=-0.2\text{（万元）}$$

上述计算结果表明，三种产品各自的产量报告期比基期有增有减，而且增减程度不同，但综合来讲下降了 0.1%；同时说明由于产品产量的下降，使总产值也下降了 0.1%，分子和分母的差额，说明由于产品产量的变动，使总产值减少了 0.2 万元。

由上例可以看出，用综合指数形式编制总指数有一个优点，它不仅可以综合地说明复杂总体变动的相对程度，而且由于用来对比的两个综合总量包含着明显的经济内容，因而有利于从绝对量上分析指数化指标变动所带来的绝对效果。在上例中，分子与分母之差就是由于产量的下降而减少的产值。

在编制数量指标综合指数时，对于同度量因素所属时期的选择，除了采用基期以外，也可以采用某一固定时期，这个固定时期可以同基期一致，也可以不一致。此时数量指标综合指数的计算公式表示为：

$$K_Q=\frac{\sum q_1p_n}{\sum q_0p_n}$$

式中，p_n 表示某一固定时期的价格。

利用固定价格编制工农产品产量总指数广泛地应用在我国实际工作中。在我国工业统计实践中，一直采用不变价格计算工业总产值。如果我们采用不变价格作为同度量因素，那么，计算指数所使用的分子、分母资料（报告期与基期的不变价格总产值）都是现成的统计资料，从而大大简化了工业生产指数的编制工作。

2. 质量指标指数的编制

质量指标综合指数是综合说明社会经济现象质量、内涵变动情况的指数，如产品出厂价格指数、工业产品成本指数、农副产品收购价格指数等。在编制质量指标指数时，需要解决的是如何使不能直接加总的经济现象的量变为能综合对比的问题，下面以产品出厂价格指数为例来说明质量指标指数的编制原理和方法。

【例 7-2】以表 7-1 的资料为依据，编制产品出厂价格指数。

根据表中所给资料，可以分别计算出三种产品的个体价格指数。

甲产品的个体价格指数：$k_p=\dfrac{p_1}{p_0}=\dfrac{60}{50}=120.00\%$

乙产品的个体价格指数：$k_p=\dfrac{p_1}{p_0}=\dfrac{20}{20}=100.00\%$

丙产品的个体价格指数：$k_p=\dfrac{p_1}{p_0}=\dfrac{100}{110}\approx 90.91\%$

编制个体产品的出厂价格指数，只能分别说明每种产品的价格单一变动情况，若要说明三种产品出厂价格的综合变动情况，只有编制和计算价格综合指数。

由于各种产品的使用价值、计量单位不同，虽说产品的价格都是用货币表示的，但把它们的价格直接相加后进行综合对比没有实质性经济意义。为此，需要引入同度量因素，使不能直接相加的价格分别乘以相应的产量进而得到能够相加的产值。即：

价格×产量=产值

或

$$p\times q=pq$$

在这里，产品的产量起到了“同度量”的作用，它使不能直接相加的价格转化为能够相加的产值，故产量称为同度量因素，价格称为指数化指标。

可见，要单纯地反映三种出厂价格的变动情况，就要将产量固定，以排除产量变动的影响，即假定两个时期的产品出厂价格都是按同一时期的产量计算的。那么，应将产品产量固定在哪个时期呢？使用不同时期的产品产量作为同度量因素，则计算出来的出厂价格指数会有不同的结果，相应地也就具有不同的经济意义。

（1）用报告期的产品产量作为同度量因素，则出厂价格综合指数的计算公式为：

$$K_P=\frac{\sum p_1q_1}{\sum p_0q_1}$$

（2）用基期的产品产量作为同度量因素，则出厂价格综合指数的计算公式为：

$$K_P=\frac{\sum p_1q_0}{\sum p_0q_0}$$

上面两式中

K_P——产品出厂价格综合指数；

q——产品产量；

p——出厂价格；

下标号 1——报告期；

下标号 0——基期。

第一个公式计算的出厂价格指数是报告期生产的产品，由于出厂价格变动带来的影响情况，第二个公式计算的出厂价格指数是假定企业生产规模仍保持在基期时，出厂价格变动带来的影响情况。究竟采用哪一种情况，要根据实际情况而定。一般而言，编制价格指数不仅要反映市场物价水平变动的方向和程度，同时还要反映这种变动对社会经济生活带来的实际影响。由于价格变化发生在报告期，国家和企业因价格变动而受到的影响，也同报告期的数量有关，而不可能同价格变动以前的任何一个时期的数量有关。由此可见，用报告期的产品产量作为同度量因素，才具有现实的经济意义。

按照我国传统的综合指数理论，编制质量指标综合指数的一般原则是采用报告期的数量指标作为同度量因素，即采用第一个公式计算。

根据表 7-1 的有关资料，可以计算三种产品的出厂价格综合指数。

$$K_P = \frac{\sum p_1 q_1}{\sum p_0 q_1} = \frac{202.8}{195.8} = 103.58\%$$

$$\sum p_1 q_1 - \sum p_0 q_1 = 202.8 - 195.8 = 7 \text{（万元）}$$

上式计算结果说明，三种产品的价格报告期比基期有涨有落，并且涨落的程度有所不同，但综合来讲上涨了 3.58%； 同时说明由于价格的提高，使产品的产值报告期比基期增长了 3.58%。分子和分母相减的差额，说明了价格的变动对产值的绝对影响，即由于价格提高使产品产值增加 7 万元。

产品价格综合指数的编制原理和方法，同样也适用于其他质量指标指数，如产品单位成本综合指数。用公式表示为：

$$K_Z = \frac{\sum z_1 q_1}{\sum z_0 q_1}$$

式中，K_Z 表示产品单位成本综合指数。

综上所述，综合指数的编制原理基本可以表述为：① 根据客观现象间的内在联系，引入同度量因素，把不能直接相加的指标转化为可以加总的总量指标，从而解决复杂总体在指数化指标上不能直接综合的问题。② 将同度量因素固定，以消除同度量因素变动的影响。③ 将两个时期的总量指标进行对比，以测定指数化指标的变动程度和变动效果。

3．编制综合指数的一般原则

根据上述数量指标指数和质量指标指数的编制方法，可以概括出编制综合指数的一般原则，即同度量因素与指数化指标相乘后必须是有实际经济意义的总量指标；数量指标指数以基期的质量指标为同度量因素；质量指标指数则以报告期的数量指标为同度量因素。

4．其他形式的综合指数公式

在统计指数实践中，根据不同的目的和任务，还可以采用其他一些编制综合指数的方法，如拉氏指数、派氏指数等。

（1）拉氏指数。拉氏指数是德国经济学家拉斯贝尔于 1864 年首先提出的，称为拉斯贝尔公式，他主张不论数量指标指数还是质量指标指数都采用基期指标作为同度量因素，其价格指数和物量指数的计算公式如下。

拉氏物量指数：

$$(K_L)=\frac{\sum q_1p_0}{\sum q_0p_0}$$

拉氏价格指数：

$$(K_L)=\frac{\sum p_1q_0}{\sum p_0q_0}$$

（2）派氏指数。派氏指数是德国经济学家派许于 1874 年首创的，称为派许公式，他主张不论数量指标指数还是质量指标指数都采用报告期指标作为同度量因素，其价格指数和物量指数的计算公式如下。

派氏物量指数：

$$(K_P)=\frac{\sum q_1p_1}{\sum q_0p_1}$$

派氏价格指数：

$$(K_P)=\frac{\sum p_1q_1}{\sum p_0q_1}$$

（3）费喧的"理想公式"。在实际应用中，由于派氏指数要求每期更换权数资料，计算起来比较麻烦，而拉氏指数的同度量因素（权数）固定在基期，在编制长期连续性的指数数列时比较方便，因此，拉氏指数得到了更为普遍的应用。国际上，为了调和拉氏与派氏两种指数的矛盾，还应用一种被称为费喧的"理想公式"的指数方法。它是由美国统计学家费喧提出的。费喧的"理想指数"是拉氏指数和派氏指数的几何平均数。其指数的"理想公式"表示如下：

$$KP=\sqrt{\frac{\sum p_1q_0}{\sum p_0q_0}\times\frac{\sum p_1q_1}{\sum p_0q_1}}$$

$$K_Q=\sqrt{\frac{\sum p_0q_1}{\sum p_0q_0}\times\frac{\sum p_1q_1}{\sum p_1q_0}}$$

【小思考】

（1）举例说明什么是复杂现象总体。如何解决复杂现象总体不能直接相加的问题？

（2）单位成本指数 $K_Z=\frac{\sum z_1q_1}{\sum z_0q_1}$=98%，试说明指数的含义。

7.3　平均数指数

7.3.1　平均数指数的概念及种类

综合指数的经济内容既可以反映现象变动的方向和程度，又可以说明现象变动所产生的实际效果。但是，综合指数的应用条件却是相当高的。首先，它必须使用全面的原始资料，否则就会失去其优越性。如前所述，计算产品产量总指数和产品价格总指数，就需要全面掌握基期和报告期各种产品的产量和价格资料，只要有一方面的资料不全面，就无法用综合指数的形式进行计算，而全面的统计资料在某些情况下的确又难以取得；其次，它需要使用一个假定的价值量，而这个资料也是难以取得的；因此，在实际工作中，除在较小的范围内，且研究对象总体中的个体较少的情况下，采用综合指数法编制总指数外，通常采用综合指数的变形形式即平均数指数形式来编制总指数。平均数指数是总指数的另一种计算形式，有其独立应用的意义，它是从个体指数出发来编制总指数的。根据选用的权数不同，其基本形式主要有加权算术平均数指数和加权调和平均数指数两种。

7.3.2　平均数指数的编制方法

1. 加权算术平均数指数

加权算术平均数指数是编制数量指标总指数的常用形式。在掌握了数量指标的个体指数和基期的总价值量时，可以通过计算加权算术平均数指数，得到数量指标总指数。

在上一节中，计算产品物量指数 $K_Q=\dfrac{\sum p_0q_1}{\sum p_0q_0}$，由于无法掌握全面资料，要计算其分子资料相对来说是有困难的，因此，需要对其计算公式进行变形，其变形过程如下。

根据 $k_q=\dfrac{q_1}{q_0}$，得 $q_1=k_qq_0$，代入 $K_Q=\dfrac{\sum p_0q_1}{\sum p_0q_0}$，得：

$$K_Q=\frac{\sum p_0q_1}{\sum p_0q_0}=\frac{\sum k_qp_0q_0}{\sum p_0q_0}$$

上述公式中，k_q 表示数量指标的个体指数，p_0q_0 表示基期的某个总量指标，该式是以个体产量指数 k_q 为变量值，以基期产值 p_0q_0 为权数，对个体产量指数计算的加权算术平均数，所以把 K_Q 称为加权算术平均数指数。综上所述，要编制加权算术平均数指数，一要掌握数量指标的个体指数，二要掌握基期总量数值。

【例 7-3】根据表 7-2 资料，计算三种产品的产量总指数。

表 7-2　某公司产品生产情况

产品名称	单　位	基期实际产值（万元）p_0q_0	产量个体指数（%）$k_q=q_1/q_0$	报告期假定产值（万元）$k_qp_0q_0$
甲	条	50	120.0	60.0

续表

产品名称	单 位	基期实际产值（万元）p_0q_0	产量个体指数（%）$k_q=q_1/q_0$	报告期假定产值（万元）$k_qp_0q_0$
乙	米	80	101.0	80.8
丙	件	66	83.3	55.0
合计	—	196	—	195.8

由表中数据可知，产品的基期实际产值和相应的各种产品的产量个体指数是已知的，根据加权算术平均数指数的计算公式，计算三种产品的产量总指数为：

$$K_Q=\frac{\sum k_q p_0 q_0}{\sum p_0 q_0}=\frac{195.8}{196.0}=99.9\%$$

上述计算结果和综合指数的计算结果一样。

以上产品产量综合指数变形为加权算术平均数指数的方法，同样适用于其他数量指标指数。如：

$$K_Q=\frac{\sum z_0 q_1}{\sum z_0 q_0}=\frac{\sum k_q z_0 q_0}{\sum z_0 q_0}$$

2．加权调和平均数指数

加权调和平均数指数主要适用于编制质量指标指数。一般情况下，在掌握了质量指标的个体指数和报告期的实际总价值量时，通过计算加权调和平均数指数，即可得到质量指标指数。

在上一节中，计算产品价格指数 $K_P=\frac{\sum p_1q_1}{\sum p_0q_1}$，由于无法掌握全面资料，要计算其分母资料相对而言也是有困难的，因此，需要对其计算公式进行变形，其变形过程如下：

根据 $k_p=\frac{p_1}{p_0}$，得 $p_0=\frac{1}{k_p}p_1$，代入公式 $K_P=\frac{\sum p_1q_1}{\sum p_0q_1}$ 中得：

$$K_P=\frac{\sum p_1q_1}{\sum p_0q_1}=\frac{\sum p_1q_1}{\sum \frac{1}{k_p}p_1q_1}$$

上述公式中，k_P 表示质量指标个体指数，p_1q_1 表示报告期的某个总量指标。该式是以个体价格指数 k_P 为变量值，以报告期产值 p_1q_1 为权数，对个体价格指数的加权调和平均数，所以把 K_P 称为加权调和平均数指数。综上所述，要编制加权调和平均数指数，一要掌握质量指标个体指数，二要掌握报告期总量数值。

【例 7-4】根据表 7-3 资料，计算三种产品的价格总指数。

表 7-3 某公司产品生产情况

产品名称	单位	报告期实际产值（万元）p_1q_1	价格个体指数（%）$k_p=p_1/p_0$	基期假定产值（万元）p_1q_1/k_p
甲	条	72.00	120.00	60.00
乙	米	80.80	100.00	80.80
丙	件	50.00	90.91	55.00
合计	—	202.80	—	195.80

由表中数据可知，产品的报告期实际产值和相对应的各种产品的价格个体指数是已知的，根据加权调和平均数指数的计算公式，计算三种产品的价格总指数为：

$$K_P=\frac{\sum p_1q_1}{\sum \frac{1}{k_p}p_1q_1}=\frac{202.8}{195.8}=103.58\%$$

上述计算结果和综合指数的计算结果相同。

以上产品价格综合指数变形为加权调和平均数指数的方法，同样适用于其他质量指标指数，如产品单位成本总指数等。

$$K_Z=\frac{\sum z_1q_1}{\sum z_0q_1}=\frac{\sum z_1q_1}{\sum \frac{1}{k_z}z_1q_1}$$

我国目前农产品收购价格总指数，就是以报告期各类农产品收购额作为权数，以各类农产品的收购价格的个体（类）指数作为变量值，用加权调和平均法计算得到的。

根据以上加权算术平均数指数和加权调和平均数指数的编制过程，可以得出平均数指数的编制原则，即在掌握资料不全的情况下，编制数量指标指数时，可以以基期总值作为权数采用加权算术平均数指数法；编制质量指标指数时，可以以报告期总值作为权数采用加权调和平均数指数法。

在平均数指数的应用中，平均数指数和综合指数相比具有两个重要特点：综合指数主要适用于依据全面资料编制总指数，而平均数指数既可以依据全面资料，也可以依据非全面资料编制总指数；综合指数一般采用实际资料做权数编制总指数，而平均数指数在编制时，除了用实际资料做权数外，还可以用估算的资料做权数编制总指数。

3．统计指数法的实际应用

在客观经济领域中，有许多重要经济指数的编制工作，都广泛应用平均数指数。这些平均数指数的编制往往使用重点产品或代表产品的个体指数，权数则根据实际资料作进一步推算后确定。

（1）工业生产指数。工业生产指数是综合反映工业产品产量增减变动的相对数，用来表明一个国家国民经济发展的基本状况。在编制时除了采用固定权数综合指数外，世界上许多国家

都以基期的增加值 p_0q_0 为权数，依据代表产品的产量个体指数 k_q，采用加权算术平均法的形式计算总指数，其基本公式如下：

$$K_Q=\frac{\sum k_q p_0 q_0}{\sum p_0 q_0}$$

式中

k_q——产品的个体产量指数；

p_0q_0——相应地代表产品的基期增加值。

西方许多国家在编制工业生产指数时，通常采用固定权数加权算术平均数指数形式，即用某一年各工业部门增加值在全部工业增加值中所占的比重 w 作为权数，用固定权数加权算术平均法编制工业生产指数，其基本公式为：

$$K_Q=\frac{\sum k_q w}{\sum w}$$

（2）居民消费价格指数。居民消费价格是指城乡居民购买生活消费品和支付服务项目消费的价格，是社会产品和服务项目的最终价格，在整个国民经济价格体系中具有极为重要的地位。居民消费价格指数，又称消费者价格指数或居民生活费价格指数，是指反映一定时期内居民消费价格变动趋势和变动程度的相对数。编制时，通常是以各类生活消费品的消费额占全部生活消费品消费额的比重 w 为权数，对各类代表性生活消费品的价格个体指数，采用固定权数加权算术平均法来计算，其基本公式表示为：

$$K_P=\frac{\sum k_p w}{\sum w}$$

式中，w 是根据居民家庭生活收支调查资料确定的，一经确定几年内不变动。

（3）农产品收购价格指数。农产品收购价格，是指各种经济类型的工商企业和其他单位以及个人直接从农民个人或国有农业生产单位收购的农产品的价格。农产品收购价格指数，是反映一定时期内农产品收购价格变动趋势和程度的相对数。由于农产品收购具有季节性强，时间比较集中、产品品种比较少的特点，为了在年末能够较快地取得各类农产品实际收购金额和各代表规格品的价格资料，在编制时，用报告期农产品实际收购金额作为权数，对各类代表规格品价格个体指数采用加权调和平均法计算，其基本计算公式为：

$$K_P=\frac{\sum p_1 q_1}{\sum \frac{1}{k_p} p_1 q_1}$$

式中

K_p——各类代表规格品的收购价格指数；

p_1q_1——相应各类代表规格品的报告期收购金额。

（4）股票价格指数。股票价格的变动是股票市场（证券市场）最重要的经济现象之一，股票价格指数是用来表示多种股票价格的一般变动趋势的相对数，通常用“点”表示，由证券交易所、金融服务机构、咨询研究机构或新闻单位编制和发布。目前，世界上的主要证券交易所都有自己的股价指数，如美国的道琼斯指数和标准普尔股价指数、伦敦金融时报指数、法兰克福 DAX 指数、巴黎 CAC 指数、瑞士的苏黎世 SMI 指数、日本的日经指数、香港的恒生指数等。

编制方法主要采用加权综合法，即以样本股票的发行量或成交量为同度量因素，计算股票价格指数，其基本公式如下：

$$\text{基期加权综合股价指数}=\frac{\sum P_1Q_0}{\sum P_0Q_0}$$

$$\text{报告期加权综合股价指数}=\frac{\sum P_1Q_1}{\sum P_0Q_1}$$

上述公式中，P_0、P_1 分别为基期、报告期的股价，Q_0、Q_1 分别为基期、报告期的发行量或交易量。其中，以发行量加权的综合股价指数，称为市价总额指数；以交易量加权的综合股价指数，称为成交总额指数。

（5）货币购买力指数。所谓货币购买力，是指单位货币所能购买商品和服务的数量。货币购买力指数，就是用以表明单位货币所能购买到的商品和劳务变动程度的相对数。货币购买力的大小同商品和服务价格的变化成反比，统计上根据这种关系，通过编制居民消费价格指数，以其倒数来表示货币购买力指数，其基本公式如下：

$$\text{货币购买力指数}=\frac{1}{\text{居民消费价格指数}}$$

由于物价的变动影响货币购买力，因此，不同时期等量的货币收入，与其实际收入存在差异，为此，在考察居民收入水平变化时，要考虑到物价变动或货币购买力的变化，它们之间的关系是：

$$\text{实际收入指数}=\text{货币收入指数}\times\text{货币购买力指数}$$

对职工而言，则有：

$$\text{实际工资指数}=\text{货币工资指数}\times\text{货币购买力指数}$$

除此之外，还有农业生产资料价格指数、工业产品出厂价格指数、固定资产投资价格指数、外贸商品价格指数、原材料、燃料及动力购进价格指数、农村工业品零售价格指数等。

【小思考】

（1）数量指标综合指数为什么适合变形为加权算术平均数指数？质量指标综合指数为什么适合变形为加权调和平均数指数？

（2）综合指数和平均数指数有什么区别和联系？

（3）结合实际思考几种常用指数的经济意义和应用。

7.4 指数体系与因素分析

7.4.1 指数体系的概念和作用

1. 指数体系的概念

社会经济现象之间客观上存在着相互联系、相互影响的经济关系，这些经济关系表现为指标间的数量对等关系，用数学方程式可以表示为：

工业总产值=产品产量×产品价格

商品销售额=商品销售量×商品销售价格

原材料消耗总额=产品产量×原材料单耗×原材料价格

产品总成本=产品产量×单位产品成本

上述经济现象之间在静态上存在着这种数量关系，在动态上也存在着相互联系，即指数之间必然存在数量对等关系。例如，商品销售额的变动必然是由商品销售量和商品销售价格两个因素指标共同变动引起的；原材料消耗总额的变动，必然是产品产量、原材料单耗、原材料价格这三个因素指标共同变动所作用的结果。指数之间的这种关系可以表示为：

工业总产值指数=产品产量指数×产品价格指数

商品销售额指数=商品销售量指数×商品销售价格指数

原材料消耗总额指数=产品产量指数×原材料单耗指数×原材料价格指数

产品总成本指数=产品产量指数×单位产品成本指数

我们把等式的左边称为总变动指数，把等式的右边称为因素指数。可见，总变动指数等于因素指数的连乘积。

在统计上，一般把经济上有联系、数量上保持一定对等关系的若干个指数所形成的整体，称为指数体系。

不仅在相对数上，总变动指数等于各个因素指数的连乘积，而且在绝对数上，总变动的差额也等于各个因素变动影响的差额之和，例如：

工业总产值实际增减额=产品产量变动影响的增减额+产品价格变动影响的增减额

商品销售额实际增减额=商品销售量变动影响的增减额+商品销售价格变动影响的增减额

原材料消耗总额实际增减额=产品产量变动影响的增减额+原材料单耗变动影响的增减额+原材料价格变动影响的增减额

产品总成本实际增减额=产品产量变动影响的增减额+单位成本变动影响的增减额

这种绝对差额之间的数量对等关系，称为绝对差额体系。

由此可见，统计指数体系一般具有三个特征：① 关系式中具备三个或三个以上的指数。② 指数体系中的单个指数在数量上能相互推算，如已知工业总产值指数、产品产量指数，可以推导出产品价格指数；已知产品产量指数和产品价格指数，可以推导出工业总产值指数。③ 现象总变动差额等于各个因素变动影响差额的总和。

【小思考】

列举出你所熟悉的指数体系。

2．指数体系的作用

（1）指数体系是因素分析法的基本依据。利用指数体系，可以分析复杂经济现象总变动中各个影响因素作用的方向、影响的程度以及影响的绝对额，从而探索现象变动的具体原因。利用指数体系，既可对简单经济现象总体的总变动进行因素分析，也可对复杂经济现象总体的总变动进行因素分析；既可分析总量指标变动的具体原因，又可分析平均指标、相对指标变动的具体原因。

（2）利用指数体系可以进行指数之间的相互推算。例如，某地区某年的社会商品零售总额比上一年增长 42%，商品零售量比上年增长了 25%，则利用指数之间的关系，可以推算出商品零售价格指数。计算如下：

$$\text{商品零售额指数}=\text{商品零售量指数}\times\text{商品零售价格指数}$$

则

$$\text{商品零售价格指数}=\frac{\text{商品零售额指数}}{\text{商品零售量指数}}=\frac{142\%}{125\%}=113.6\%$$

即该地区商品零售物价比上年上涨了 13.6%。

此外，用综合指数法编制总指数时，指数体系也是确定同度量因素时期的依据之一。因为指数体系是进行因素分析的依据，要求各个指数之间在数量上要保持一定的联系。例如，编制产品产量指数时如果用基期价格作为同度量因素，那么编制产品价格指数时就必须用报告期的产品产量作为同度量因素。

7.4.2　因素分析

1．因素分析的含义

因素分析是指以指数体系为基础，以综合指数的编制原则为依据，从数量上分析社会经济现象的总变动中各因素变动影响的方法。其目的就是测定复杂现象总变动中，各因素的变动情况及其所产生的影响程度和影响效果。

社会现象总是相互联系、相互作用的，其中一种现象的变动往往会引起另外一些现象随之变动，而这种现象本身的变动又是另一些现象变动的结果。现象之间这种相互联系和相互作用的关系是指数因素分析的客观基础，因素分析就是要从数量上分析在被研究现象的变动中，各个因素变动对其影响的方向和程度。

因素分析的对象是复杂现象，是指多因素影响的现象，现象的总量表现为若干因素的乘积，其中任何一个因素的变动都会使总量发生变化。例如，总成本表现为单位产品成本和产量的乘积，那么对于单位成本和产量中的任意一个因素发生变化，都会使总成本产生变动，而因素分析的目的就是要测定这些因素的变动对总成本变动的影响方向、影响程度及影响效果。

一般情况下，因素分析中的指数体系以等式的形式表现。例如，将生产费用的变动分解为产品产量、单位产品的材料消耗量、原材料单价三个因素的影响时，在进行因素分析构建指数体系时，用固定单位产品的材料消耗量、原材料单价编制产品产量指数；用固定产品产量、原材料单价编制单位产品的材料消耗量指数；用固定产品产量、单位产品的材料消耗量编制原材料单价指数，形成以下等式形式的指数体系：

生产费用指数=产品产量指数×单位产品的材料消耗量指数×原材料单价指数

总之，因素分析的结果有相对数和绝对数两种表示形式，相对数的表示形式表明若干因素指数的连乘积等于现象变动的总指数，绝对数的表示形式表明若干因素的影响差额之和等于现象总体变动实际发生的总差额。

2. 因素分析的要点

因素分析的要点体现在：① 根据被研究现象与各因素之间的客观联系，建立有实际经济意义的指标关系，并形成指数体系。② 按照被研究现象的内在规律，在分析因素变动时，合理确定各因素的排列顺序。③ 根据综合指数的编制原则，在测定某一因素的变动时，合理固定其他因素的时期。④ 从相对数和绝对数两个方面，合理确定现象与因素在变动程度和变动效果之间的关系。

3. 因素分析的步骤

因素分析的步骤可以概括为：① 计算现象总变动指数，测定现象总变动的相对程度和绝对效果。② 分析计算各因素指数，测定各因素变动对现象总变动影响的相对程度和绝对效果。③ 从相对数和绝对数两方面进行影响因素的综合分析，即总变动程度等于各因素影响程度的连乘积，总变动的绝对效果等于各因素影响的绝对效果之总和。

4. 因素分析的基本类型

通常情况下，因素分析按照被分析指标影响因素的多少，分为两因素分析和多因素分析；按照分析指标的性质不同，分为总量指标因素分析和平均指标因素分析。其中，总量指标因素分析用于分析现象总体总量指标的变动，如工资总额的变动中，各类人员的工资水平和各类人员数的影响情况；平均指标因素分析用于分析在资料分组的条件下，总体平均指标的变动中，各组平均水平和总体内部结构的影响情况，如平均工资的变动中，各类人员工资水平和人员结构的影响情况。

将两种分类方法综合来看，利用指数体系进行因素分析的情况主要有：总量指标的两因素分析；总量指标的多因素分析；平均指标指数体系的因素分析；总量指标和平均指标结合的因素分析。本章主要介绍前三种指数体系的因素分析方法。

7.4.3 指数体系因素分析的方法

1. 综合指数体系的因素分析

综合指数体系因素分析的对象是总量指标，它根据影响因素的多少又分为两因素分析法和多因素分析法。

（1）总量指标的两因素分析。总量指标的两因素分析即总量指标的变动同时受两个因素指标变动的影响，总量指标等于两个因素指标（其中一个是数量指标，一个是质量指标）的乘积，在指数体系上也表现为总变动指数等于两个因素指数的乘积。利用指数体系进行因素分析的目的在于测定两个因素指标的变动对总量指标产生的影响方向和影响程度。

在构建指数体系时，关键的问题是确定同度量因素的时期，遵循的一般原则是：一个因素指数的同度量因素固定在报告期，则另一个因素指数的同度量因素必须固定在基期，即两个因素指数的同度量因素的时期不能同时固定在报告期或基期。

【例 7-5】依据表 7-4 的资料，从相对数和绝对数两个方面分析总成本的变动情况。

表 7-4　某公司生产三种产品的产量和单位成本资料

产品名称	产品产量（件）		单位成本（元）		总成本（万元）		
	2010q_0	2011q_1	2010z_0	2011z_1	2010z_0q_0	2011z_1q_1	假定 z_0q_1
甲	240 000	280 000	10	8	240	224	280
乙	110 000	140 000	12	10	132	140	168
丙	60 000	80 000	22	19	132	152	176
合计	—	—	—	—	504	516	624

总成本（zq）= 单位成本（z）× 产品产量（q）

在因素分析中，它们的指数体系与绝对量的关系表示为：

总成本指数=产品产量指数×单位成本指数，即

$$\frac{\sum z_1q_1}{\sum z_0q_0}=\frac{\sum z_0q_1}{\sum z_0q_0}\times\frac{\sum z_1q_1}{\sum z_0q_1}$$

总成本变动的增减额=产量变动引起的增减额+单位成本变动引起的增减额，即

$$\sum z_1q_1-\sum z_0q_0=(\sum z_0q_1-\sum z_0q_0)+(\sum z_1q_1-\sum z_0q_1)$$

▶计算总成本指数及变动额，反映总成本的变动情况。

总成本指数：$\dfrac{\sum z_1q_1}{\sum z_0q_0}=\dfrac{516}{504}=102.38\%$

$$\sum z_1q_1-\sum z_0q_0=516-504=12\text{（万元）}$$

计算结果说明报告期的总成本比基期的总成本增长了 2.38%，实际增加的总成本为 12 万元。

▶计算产品产量指数及差额，分析产品产量变动对总成本变动的影响情况。

产品产量指数：$\dfrac{\sum z_0q_1}{\sum z_0q_0}=\dfrac{624}{504}=123.81\%$

$$\sum z_0q_1-\sum z_0q_0=624-504=120\text{（万元）}$$

计算结果说明报告期对比基期，由于产品产量的变动使总成本增长了 23.81%，总成本增加

额为 120 万元。

▶计算单位成本指数及差额，分析单位成本的变动对总成本变动的影响情况。

单位成本指数：$\dfrac{\sum z_1q_1}{\sum z_0q_1}=\dfrac{516}{624}=82.69\%$

$$\sum z_1q_1-\sum z_0q_1=516-624=-108 \text{（万元）}$$

计算结果说明报告期对比基期，由于单位成本的变动使总成本下降 17.31%，总成本减少额为 108 万元。

▶利用指数体系，从相对数和绝对数两方面进行综合分析。

指数之间的关系：102.38%=123.81%×82.69%

变动差额之间的关系：12（万元）=120（万元）+(−108)（万元）

上述计算结果表明，该公司三种产品报告期的总成本比基期增长了 2.38%，增加了 12 万元。由于各种产品的产量增加使总成本增长了 23.81%，增加了 120 万元；由于各种产品的单位成本降低使总成本下降 17.31%，减少了 108 万元。

【小思考】

（1）同样多的人民币却少购商品 12%，请问物价上涨了多少？

（2）粮食总产量增长 5%，而播种面积却减少 4%，试问粮食单位面积产量有什么变化？

（3）“某企业的某种产品单位成本上升 10%，产量下降 10%，总成本没升也没降”，这种说法对吗？为什么？

（2）总量指标的多因素分析。总量指标的多因素分析即被研究现象总量指标的变动受三个或三个以上因素指标变动的影响，总量指标等于三个或三个以上因素指标的乘积，则现象的总变动指数等于三个或三个以上的因素指数的连乘积。此时，利用指数体系进行因素分析的方法与两因素指数体系因素分析的方法基本一致，当分析一个因素变动时，将其他因素固定不变，但由于包含的影响因素较多，最关键的问题是确定同度量因素的时期，为此，分析时必须注意以下几方面的问题。

1）根据被研究现象与各因素之间的内在联系，按一定的顺序排列因素指标。其排列的一般原则是数量指标在前，质量指标在后；相邻的两个因素指标相乘有实际的经济意义。例如，原材料支出总额的变动，受产品产量、单位产品原材料消耗量和原材料价格三个因素变动的影响。其中，产品产量是数量指标，应排在最前面，而单位产品原材料消耗量和原材料价格都是质量指标，应排在后面。按照这种排列原则，三个因素指标的正确排列顺序表示如下。

原材料支出总额（qmp）=产品产量（q）×单位产品原材料消耗量（m）×原材料价格（p）

综上所述，三个因素指标的性质即产品产量是数量指标，而单位原材料消耗量表明生产单位产品所消耗的某种原材料数量，相对于产品产量应是质量指标，而相对于单位原材料价格，则应是数量指标，单位原材料价格则是质量指标。

2）将指标体系转换为指数体系，根据综合指数的编制原则，计算各因素指标的指数，计算时除将被观察的因素指标作为指数化指标外，其余因素指标一律作为同度量因素，并将其固定不变。

3）在上述分析的基础上，认真确定因素分析时所依据的指数体系。

根据以上问题，建立的原材料支出总额指数体系表述如下。

相对数指数体系表示为：

原材料支出总额指数=产品产量指数×单位产品原材料消耗量指数×原材料价格指数，即

$$\frac{\sum q_1 m_1 p_1}{\sum q_0 m_0 p_0} = \frac{\sum q_1 m_0 p_0}{\sum q_0 m_0 p_0} \times \frac{\sum q_1 m_1 p_0}{\sum q_1 m_0 p_0} \times \frac{\sum q_1 m_1 p_1}{\sum q_1 m_1 p_0}$$

绝对差额体系表示为：

$$\begin{aligned}(\sum q_1 m_1 p_1 - \sum q_0 m_0 p_0) &= (\sum q_1 m_0 p_0 - \sum q_0 m_0 p_0) + (\sum q_1 m_1 p_0 - \sum q_1 m_0 p_0) \\ &\quad + (\sum q_1 m_1 p_1 - \sum q_1 m_1 p_0)\end{aligned}$$

【例 7-6】依据表 7-5 的资料，计算分析原材料支出总额的变动受产品产量、单位产品原材料消耗量和单位原材料价格变动的影响情况。

表 7-5　某公司原材料消耗情况

产品种类	产品产量（件）		原材料单耗（元）		单位原材料价格（元）	
	基期 q_0	报告期 q_1	基期 m_0	报告期 m_1	基期 p_0	报告期 p_1
甲	150	200	10	9.0	100	110
乙	500	600	2	1.8	20	24
丙	300	400	5	6.0	50	40

根据上述指数体系，为了方便计算，设计一张原材料支出总额计算表（见表 7-6）。

表 7-6　各种产品原材料支出总额的计算

产品名称	原材料支出总额（万元）			
	$q_1m_1p_1$	$q_0m_0p_0$	$q_1m_0p_0$	$q_1m_1p_0$
甲	19.800	15.0	20.0	18.00
乙	2.592	2.0	2.4	2.16
丙	9.600	7.5	10.0	12.00
合计	31.992	24.5	32.4	32.16

（1）计算原材料支出总额指数及差额，反映原材料支出总额的变动情况。

原材料支出总额指数：$K_{qmp} = \frac{\sum q_1 m_1 p_1}{\sum q_0 m_0 p_0} = \frac{31.992}{24.5} = 130.58\%$

变动额$=(\sum q_1 m_1 p_1 - \sum q_0 m_0 p_0) = 31.992 - 24.5 = 7.492$（万元）

上述计算结果表明，该公司原材料支出总额报告期比基期上升了 30.56%，增加的总额为 7.492 万元。

（2）计算产品产量指数及差额，反映产品产量变动对原材料支出总额变动的影响情况。

产品产量指数：$K_q=\dfrac{\sum q_1m_0p_0}{\sum q_0m_0p_0}=\dfrac{32.4}{24.5}=132.24\%$

$$\text{影响额}=\sum q_1m_0p_0-\sum q_0m_0p_0=32.4-24.5=7.9\ (\text{万元})$$

上述计算结果表明，报告期对比基期，由于产品产量的增加使该公司原材料支出总额增加了 32.24%，增加了 7.9 万元。

（3）计算单位产品原材料消耗量指数及差额，反映单位产品原材料消耗量的变动对原材料支出总额变动的影响情况。

单位产品原材料消耗量指数：$K_m=\dfrac{\sum q_1m_1p_0}{\sum q_1m_0p_0}=\dfrac{32.16}{32.4}=99.26\%$

$$\text{影响额}=\sum q_1m_1p_0-\sum q_1m_0p_0=32.16-32.4=-0.24\ (\text{万元})$$

上述计算结果表明，报告期对比基期，由于单位产品原材料消耗量的降低使该公司原材料支出总额降低了 0.74%，减少了 0.24 万元。

（4）计算原材料价格指数及差额，反映原材料单价变动对原材料支出总额变动的影响情况。

原材料价格指数：$K_p=\dfrac{\sum q_1m_1p_1}{\sum q_1m_1p_0}=\dfrac{31.992}{32.16}=99.48\%$

$$\text{影响额}=\sum q_1m_1p_1-\sum q_1m_1p_0=31.992-32.16=-0.168(\text{万元})$$

上述计算结果表明，报告期对比基期，由于原材料价格的降低使该公司原材料支出总额降低了 0.52%，减少了 0.168 万元。

（5）利用指数体系，从相对数和绝对数两方面进行综合分析。

指数之间的关系：$130.58\%=132.24\%\times 99.26\%\times 99.48\%$

变动差额之间的关系：7.492（万元）=7.9（万元）–0.24（万元）–0.168（万元）

上述计算结果表明，该公司原材料支出总额报告期比基期增长了 30.58%，增加了 7.492 万元。由于产品产量变动使原材料支出总额增长了 32.24%，增加了 7.9 万元；由于单位产品原材料消耗量的变动使原材料支出总额降低了 0.74%，减少了 0.24 万元；由于原材料价格变动使原材料支出总额降低了 0.52%，减少了 0.168 万元。

2．平均指标指数体系的因素分析

平均指标是表明社会经济现象总体一般水平的指标。在统计资料分组的条件下，总体平均指标的计算公式表示为：

$$\overline{x}=\frac{\sum xf}{\sum f}=\sum x\frac{f}{\sum f}$$

上述计算公式表明，在统计资料分组的情况下，社会经济现象总体平均水平的变动，完全取决于两个因素：一个是总体内部各部分（组）的水平，另一个是总体的结构，即各部分（组）在总体中所占的比重。总体平均指标的变动是这两个因素变动的综合结果，如何分别测出两个因素指标在平均指标的总变动中各起多大的作用，需要借助于指数。

由此可见，平均指标指数体系因素分析的对象是研究现象总体的平均指标，目的是利用因素分析的方法，测定总体平均水平的变动中，各组平均水平和总体内部结构两个因素变动的影响程度和影响效果。

平均指标指数，是指经济内容相同的，不同时期的两个平均指标对比形成的指数。从以上分析可知，在平均指标对比形成的指数中，同时包含着各组平均水平（x）和总体结构（$\frac{f}{\sum f}$）这两个因素变动的影响，统计上把同时包括这两个因素变动的平均指标指数，称为可变构成指数，简称可变指数，其计算公式为：

$$\overline{K}_{可变}=\frac{\overline{x}_1}{\overline{x}_0}=\frac{\sum x_1\frac{f_1}{\sum f_1}}{\sum x_0\frac{f_0}{\sum f_0}}=\frac{\frac{\sum x_1 f_1}{\sum f_1}}{\frac{\sum x_0 f_0}{\sum f_0}}$$

可变构成指数反映研究现象总体的平均指标的实际变动方向和变动程度，分子、分母的差额反映了总体平均指标增减的绝对量。

在实际工作中，要观察其中一个因素的影响情况，首先需将另一个因素固定下来。那么如何固定，固定在哪个时期？要解决这个问题，必须确定两个因素指标的性质，由于（x）代表的是各组平均水平，是质量指标；而总体结构（$\frac{f}{\sum f}$），虽然是结构相对数，但它是次数（f）的变形，在分析中将其作为数量指标来考虑毋庸置疑，且符合实际情况。根据综合指数的编制原则，可以将因素指数编制如下：

为了反映各组平均水平（x）对总体平均指标的影响，将总体结构（$\frac{f}{\sum f}$）固定在报告期，这种把总体结构因素固定不变，来测定组平均数变动程度的指数叫做固定构成指数，其计算公式如下：

$$\overline{K}_{固定}=\frac{\sum x_1\frac{f_1}{\sum f_1}}{\sum x_0\frac{f_1}{\sum f_1}}=\frac{\frac{\sum x_1 f_1}{\sum f_1}}{\frac{\sum x_0 f_1}{\sum f_1}}=\frac{\overline{x}_1}{\overline{x}_n}$$

式中，$\overline{x}_n$ 表示按基期组平均数和报告期的结构计算的假定平均数。

固定构成指数反映了各组平均水平的变动对研究现象总体平均水平变动的影响方向和影响程度，分子、分母的差额反映了影响效果。

如果使各组平均水平（x）这个因素固定不变，反映总体结构（$\frac{f}{\sum f}$）的变动对总体平均指标的影响，则将组平均水平因素（x）固定在基期，这种把各组平均水平因素固定不变来测定总体结构变动程度的指数叫做结构影响指数，其计算公式如下：

$$\overline{K}_{结构}=\frac{\sum x_0\frac{f_1}{\sum f_1}}{\sum x_0\frac{f_0}{\sum f_0}}=\frac{\frac{\sum x_0 f_1}{\sum f_1}}{\frac{\sum x_0 f_0}{\sum f_0}}=\frac{\overline{x}_n}{\overline{x}_0}$$

结构影响指数反映了被研究现象总体内部结构的变化对总体平均水平变动的影响方向以及影响程度，分子、分母的差额反映了影响效果。

从上述总体平均指标指数、固定构成指数和结构影响指数的编制中，可以明显地看出三个指数之间具有密切的联系，且可以建立如下指数体系。

相对数指数体系：

可变构成指数=固定构成指数×结构影响指数

$$\frac{\overline{x}_1}{\overline{x}_0}=\frac{\overline{x}_1}{\overline{x}_n}\times\frac{\overline{x}_n}{\overline{x}_0}$$

绝对差额体系：$\overline{x}_1-\overline{x}_0=(\overline{x}_1-\overline{x}_n)+(\overline{x}_n-\overline{x}_0)$

【例 7-7】根据表 7-7 的资料，分析平均工资的变动情况。

表 7-7　某公司工人平均工资变动因素分析的计算

工人组别	月平均工资（元）		工人数（人）		工资总额（元）		
	基期 x_0	报告期 x_1	基期 f_0	报告期 f_1	基期 x_0f_0	报告期 x_1f_1	假定 x_0f_1
老工人	8 000.00	8 600.00	700	660	5 600 000	5 676 000	5 280 000
新工人	5 000.00	5 500.00	300	740	1 500 000	4 070 000	3 700 000
合　计	（7 100.0）	（6 961.4）	1 000	1 400	7 100 000	9 746 000	8 980 000

根据表中数据资料，具体分析如下：

$$\overline{x}_1=\frac{\sum x_1 f_1}{\sum f_1}=\frac{9746000}{1400}=6961.4（元）$$

$$\overline{x}_0=\frac{\sum x_0 f_0}{\sum f_0}=\frac{7100000}{1000}=7100.0（元）$$

$$\overline{x}_n=\frac{\sum x_0 f_1}{\sum f_1}=\frac{8980000}{1400}=6414.3（元）$$

（1）计算平均工资指数及差额，反映平均工资的变动情况。

$$\overline{K}_{\text{可变}}=\frac{\overline{x}_1}{\overline{x}_0}=\frac{6961.4}{7100.0}=98.05\%$$

$$\overline{x}_1-\overline{x}_0=6961.4-7100.0=-138.6\text{（元）}$$

上述计算结果表明，该公司工人的总平均工资报告期比基期下降了1.95%，平均每人减少138.6元。

（2）计算各组工人工资水平指数，反映各组工资水平变动对平均工资水平的影响。

$$\overline{K}_{\text{固定}}=\frac{\overline{x}_1}{\overline{x}_n}=\frac{6961.4}{6414.3}=108.53\%$$

$$\overline{x}_1-\overline{x}_n=6961.4-6414.3=547.1\text{（元）}$$

上述计算结果表明，由于各组工人的工资水平提高，使平均工资提高了8.53%，平均每人增加了547.1元。

（3）计算各组工人比重指数，反映各组工人比重变动对总平均工资水平的影响。

$$\overline{K}_{\text{结构}}=\frac{\overline{x}_n}{\overline{x}_0}=\frac{6414.3}{7100.0}=90.34\%$$

$$\overline{x}_n-\overline{x}_0=6414.3-7100.0=-685.7\text{（元）}$$

上述计算结果表明，由于工人内部结构发生变动，使平均工资下降了9.66%，每人平均减少685.7元。

（4）利用指数体系，从相对数和绝对数两方面进行综合分析。

指数之间的关系：$98.05\%=108.53\%\times90.34\%$

变动差额之间的关系：-138.6（元）$=547.1$（元）-685.7（元）

上述计算结果表明：该公司工人的平均工资报告期比基期降低了1.95%，平均每人减少138.6元。由于各组工人的工资水平提高，使平均工资提高了8.53%，平均每人增加了547.1元；由于工人内部结构变动，使总平均工资降低了9.66%，平均每人减少685.7元。

【小思考】

（1）“某企业报告期平均工资比基期下降，而各组工人平均工资比基期上升，原因是工人人数的变动影响”，这种分析对吗？

（2）在利用指数体系进行因素分析时，当影响因素是两个以上时，如何排列因素的顺序？

（3）解释平均数指数和平均指标指数的区别。

职业知识检测

一、单项选择题

1．统计指数是说明社会现象数量对比关系的（　　）。

① 相对数　② 绝对数　③ 平均数　④ 倒数

2．工业产品产量指数为110%，货物运输总量指数为130%，这些指数都是（　　）。

① 数量指标指数　② 平均指数
③ 质量指标指数　④ 个体指数

3．在物价上涨后，同样多的人民币少购买商品3%，则物价指数为（　　）。

① 97%　② 103.09%　③ 3%　④ 109.13%

4．粮食价格指数为80%，农产品亩产量指数为90%，工人工资水平指数为109%，这些指数都是（　　）。

① 数量指标指数　② 平均指数
③ 质量指标指数　④ 个体指数

5．按照一般原则，计算数量指标数时，选择的同度量因素是（　　）。

① 基期数量指标　② 报告期数量指标
③ 基期质量指标　④ 报告期质量指标

6．按照一般原则，计算质量指标指数时，选择的同度量因素是（　　）。

① 基期数量指标　② 报告期数量指标
③ 基期质量指标　④ 报告期质量指标

7．计算综合指数时，同度量因素一方面起到同度量作用，另一方面起（　　）。

① 权数作用　② 平均作用　③ 固定作用　④ 比较作用

8.若粮食作物播种面积增加5.0%,粮食作物平均亩产提高2.0%,则粮食总产量增加(　　)。

① 7.0%　② 10.0%　③ 7.1%　④ 3.0%

9．数量指标指数与质量指标指数的划分依据是（　　）。

① 所反映的对象范围不同　② 所比较的现象特征不同
③ 编制综合指数的方法不同　④ 指数化指标的性质不同

10．某企业2013年比2012年产量增加了15%，单位产品成本下降了4%，2012年企业总成本为3 000万元，则2013年的总成本比2010年增加了（　　）万元。

① 30　② 450
③ 312　④ 138

11．某工厂报告期与基期比较，某产品的产量增长了6%，其单位产品成本下降了6%，那么该产品报告期的生产总成本比基期（　　）。

① 增加了　② 减少了
③ 不变　④ 无法确定

12．拉氏数量指标指数公式的同度量因素采用（　　）。

① 基期质量指标　② 报告期质量指标
③ 基期数量指标　④ 报告期数量指标

13．平均数指数和综合指数的联系主要表现为（　　）。

① 排斥关系　② 变形关系

③ 相反关系　　④ 因果关系

14．因素分析法的依据是（　　）。

① 指标体系　　② 指数体系

③ 派氏指数　　④ 拉氏指数

15．价格综合指数中$\sum p_1q_1-\sum p_0q_1$表示（　　）。

① 综合反映多种商品销售量变动程度

② 综合反映多种商品销售额变动程度

③ 报告期销售商品的价格综合变动程度

④ 基期销售商品的价格综合变动程度

二、判断题

1．数量指标综合指数的同度量因素必须是质量指标，质量指标综合指数的同度量因素必须是数量指标。（　　）

2．数量指标综合指数的同度量因素质量指标必须固定在基期水平上，质量指标综合指数的同度量因素数量指标必须固定在报告期水平上。（　　）

3．综合价格指数中，指数化指标是销售量，同度量因素是价格。（　　）

4．如果物价上涨16%，则用同样多的货币能买到原来商品数量的84%。（　　）

5．某企业2013年比2012年产量增长了15%，单位成本降低了1%，2013年总成本为120万元，则2012年总成本为105.40万元。（　　）

6．若生活费用价格指数为120%，则报告期1元人民币只等于基期的0.80元。（　　）

7．用相同金额的人民币，报告期比基期多购买5%的商品，则物价上涨了5%。（　　）

8．三个个体指数之间不可形成指数体系。（　　）

9．平均数指数是综合指数的变形，也是一种独立的总指数形式。（　　）

10．总指数的计算形式包括综合指数、平均数指数和平均指标指数。（　　）

三、填空题

1．统计指数，从广义上讲，是说明社会现象数量对比关系的______；从狭义上讲，专指说明______的相对数。

2．统计指数按其所反映的对象范围不同，分为______和______；按其所反映的经济指标性质（或特征）不同，分为______和______。

3．同度量因素在指数的计算中起着______和______作用。

4．在编制数量指标指数时，一般采用______作为同度量因素；而在编制质量指标指数时，一般采用______作为同度量因素。

5．综合销售量指数中，指数化指标是______，同度量因素是______。

6．某工厂2013年比2012年工资水平提高了10%，职工人数增加了3%，则工资总额增加了______%。

7．价格上涨以后，同样多的人民币少购买商品8%，则价格上涨了______%。

8．粮食总产量增长3%，播种面积减少0.5%，则亩产量上升______%。

9．报告期与基期相比，总成本增加5万元，由于产量变动使总成本增加5.2万元，则单位成本变化使总成本______万元。

10．因素分析包括______和______分析。

职业技能训练

四、简答题

1．指数有什么作用？

2．综合指数有哪些特点？

3．同度量因素的作用是什么？确定的一般原则是什么？

4．编制综合指数的方法有哪些？

5．加权算术平均数指数如何应用？怎样编制？

6．加权调和平均数指数如何应用？怎样编制？

五、计算题

1．某企业有如表7-8所示的资料。

表7-8　某企业资料

产品名称	单位	产品产量（件）		单位成本（元）		出厂价格（元）	
		基期	报告期	基期	报告期	基期	报告期
甲	吨	2 000	2 210	10	8	15	13
乙	件	3 000	3 500	12	12	17	16

（1）计算该企业的产品产量总指数。

（2）计算该企业的单位产品成本总指数。

（3）计算该企业产品出厂价格总指数。

（4）计算由于产量、成本、价格的变动而发生的实际经济效果。

2．某集市三种商品的资料如表7-9所示。

表7-9　某集市商品资料

商品	贸易额（元）		价格上涨(+)或下降(–)（%）
	1月	2月	
甲	3 600	4 000	–50.0
乙	400	700	–12.5
丙	600	600	+50.0

分别计算三种商品的贸易额、贸易量和价格变动的总指数，并对三个指数之间的联系加以分析。

3．某单位月工资资料如表 7-10 所示。

表 7-10 某单位月工资

职工类别	职工人数（人）		平均工资（元）	
	基 期	报告期	基 期	报告期
老职工	400	400	7 000	8 200
新职工	200	300	3 500	4 000
合 计	600	700	—	—

（1）分析工资总额的提高受职工人数及其平均工资变化的影响。

（2）分析全厂职工平均工资的变化受职工结构和组平均工资的影响。

4．某企业总产值及产量增长速度资料如表 7-11 所示。

表 7-11 某企业总产值及产量增长速度

产品名称	总产值（万元）		产量增长（%）
	基 期	报告期	
甲	240	300	10
乙	400	420	5
丙	800	880	20
合 计			

（1）列表计算三种产品产量平均变动程度。

（2）列表计算三种产品价格总指数。

（3）列表计算由于价格变动所引起的总产值增加或减少额。

5．某公司生产三种产品的单位成本的计划完成情况如表 7-12 所示。

表 7-12 某公司产品单位成本计划完成情况

产品名称	单位成本（元）		产品产量（件）	
	计 划	实 际	计 划	实 际
甲	10	15	200	50
乙	15	10	100	200
丙	20	15	50	100

计算该公司全部产品的成本计划完成指数。

6．某公司生产三种产品的有关资料如表 7-13 所示。

表 7-13　某公司生产三种产品的有关资料

产品种类	计量单位	产品产量		单位产品原材料消耗量		单位原材料价格（元）	
		基期	报告期	基期	报告期	基期	报告期
甲	吨	400	450	120	110	50	60
乙	件	1 000	1 500	75	60	30	28
丙	套	4 800	4 840	30	25	15	20

分析该公司原材料费用总额的总变动中，产品产量、单位产品原材料消耗量和单位原材料价格三个因素的影响方向、程度和绝对差额。

阅读资料

统计指数的应用——中国生态小康指数为 56 分

在构建和谐社会的各项工作中，有个重要指标就是人与自然和谐相处。“生态小康”主要就是从人类发展与自然和谐进行阐述的。衡量是否小康，必须把“生态小康”作为一个重要的衡量指标。“生态小康”的本质是绿色的、清澈的、洁净的、安宁的、健康的、和谐的、可持续的。

1．“中国小康指数”调查的组织

处于小康社会发展进程中的中国，不可避免地将以环境为核心的生态文明建设提上议程，力争在这个时代命题前交出一份令人满意的答卷。那么，这份答卷目前完成的情况如何呢？为此，《小康》杂志社与有关政府部门、社会团体与专家联合组成“中国小康指数”调查组。调查时，城镇地区采取多阶段随机抽样法，农村地区采取整群抽样法，共发放调查问卷 10 000 份，获得有效问卷 8 756 份，调查有效样本的基本情况如表 7-14 所示。

表 7-14　有效样本基本构成

年龄分组	样本单位数（人）	占样本的比重（%）	受教育程度分组	样本单位数（人）	占样本的比重（%）
16～25	1 506	17.2	小学及小学以下	981	11.2
26～35	2 145	24.5	初中	2 723	31.1
36～45	2 373	27.1	高中	3 099	35.4
46～55	2 049	23.4	大专	954	10.9
56～60	657	7.5	大学本科及以上	989	11.3
60 以上	26	0.3	—	—	—

注：没有回答受教育程度的 10 人，占有效样本的 0.1%。

调查的主要内容包括：公众对周边环境状况的满意度评价；公众对我国生态环境保护政策、法律法规体系的评价；公众对政府对环境保护投入、执行及效率的认同度；公众环保意识、参与程度自评；公众对我国生态环境保护情景的预期五个方面。作具体分析时，将主观指标和客观指标相结合，并将调查数据按各地实际人口规模进行加权处理，最终得出中国生态小康指数为 56 分。经过整理的调查资料如表 7-15 所示，在 95%的置信度下，抽样误差为+1.04%，具有较好的代表性。

表 7-15　生态小康指数资料

指　　标	对周边环境状况的满意度评价	对我国生态环境保护政策、法律法规体系的评价	公众对政府对环境保护投入、执行及效率的认同度	公众环保意识、参与程度自评	公众对我国生态环境保护情景的预期
评分值（分）	54.3	78.5	47.2	46.7	71.5
权数（%）	25	15	30	20	10

生态小康指数=54.3×25%+78.5×15%+47.2×30%+46.7×20%+71.5×10%=56（分）

2．统计调查分析

统计调查数据表明，我国的生态环境形势依然十分严峻，广大民众对环境污染与生态恶化的焦虑日益加深。公众对周边环境状况的满意度、公众对政府对环境保护投入、执行及效率的认同度、公众环保意识、参与程度均为不及格。尽管如此，多数调查对象普遍还是对中国的未来环境形势持乐观态度。

（1）七成以上民众认为环境污染比较严重。从本次调查的总体情况分析，广大民众对我国生态环境问题的关注度普遍较高。有超过九成的居民对自己所生活的环境密切关注；分别有 43.2%和 51.5%的居民表示非常关注和比较关注；选择不太关注和不关注的人群比例仅为 1.2%和 0.9%。调查结果还显示，超过七成以上的居民认为中国环境污染状况比较严重，对周边环境状况给出的平均分是 54.3 分，很显然，该分数值偏低。

（2）受教育程度与满意度成反比。调查还显示，居民的受教育程度是影响对环境判断的重要因素之一。文化水平和知识层次越高，对中国环境问题的严峻形势认识得就越清楚，从而造成对环境状况的满意度下降。

（3）多数民众缺乏环保参与意识。在评价政府的环境治理工作时，82.3%的民众认为中国政府已经采取一定措施遏制环境恶化，但有超过 50%的人群觉得效果不明显。调查结果还显示出，我国民众在环境意识上呈现比较强的政府依赖心理，而缺乏主动参与和主动维护的意识与行为。在回答“如何加强环保措施，提高环境保护效率（多选题）时，民众最多提到的是政府加大宣传教育的力度和环保执法力度，比例分别为 66.4%和 67.2%，而很少提到发挥民间环保组织作用与自身积极参与环保活动，比例分别为 4.7%和 7.5%。

尽管如此，多数民众对我国环境保护的未来趋势仍然持乐观的态度。认为“肯定会好转的”占 23.4%；认为“可能会好转的”占 47.5%；回答“说不清楚的”占 6.2%。其中，45.3%的民众把环境好转的原因归为政府会进一步加大特制建设和执法力度，22.3%的民众认为经济的发展会帮助缓解环境的压力，还有 10.5%的民众将原因归为民众环保意识的进一步提高。

（资料来源：张辉. 2005. 中国生态小康指数为 56 分）

第 8 章

抽样推断分析

学习目标

☑ 了解抽样推断的概念、特点、作用；
☑ 理解抽样误差的影响因素，熟练掌握抽样平均误差的计算方法；
☑ 熟练掌握总体指标的推断方法；
☑ 掌握必要样本容量的确定原理及方法。

8.1 抽样推断的概念和作用

8.1.1 抽样推断的概念和特点

1. 抽样推断的概念

抽样推断又称抽样调查，其概念有广义和狭义两种理解。从广义的角度来说，凡是抽取一部分单位进行观察，并根据观察结果来推断全体的都是抽样调查，可分为随机抽样和非随机抽样两种。随机抽样是按照随机的原则抽取调查单位，而非随机抽样则是由调查人员根据自己的认识和判断，选取若干个有代表性的单位，如民意测验等。一般所讲的抽样推断，大多数情况下是指按随机原则抽样并进行推断，即狭义的抽样推断。所以，抽样推断是指在随机抽样调查的基础上，运用数理统计的原理，以被抽取部分单位的数量特征为代表，从数量上对总体做出具有一定可靠程度的估计与推断的一种统计分析方法。

2. 抽样推断的特点

（1）抽样推断是由部分推算总体的一种认识方法。抽样调查作为进一步推断的手段，目的在于认识总体的数量特征，抽样调查资料如果不进行抽样推断，就无价值可言。抽样推断能科学地论证样本指标和总体指标之间存在的联系，说明两者的误差分布规律，提供一套利用抽样调查的资料来推断总体数量特征的方法，从而大大提高了统计分析的认识能力。

（2）抽样推断建立在按随机原则抽取样本的基础上。作为抽样推断基础的抽样调查必须是概率抽样，即按随机原则抽取样本单位。只有把抽样推断建立在随机样本的基础上，才可能事先掌握各种样本出现的概率大小，提供样本指标数值的分布情况，计算样本指标的抽样平均误差，同时估计样本指标与总体指标的抽样误差不超过一定范围的概率保证程度。

（3）抽样推断运用概率估计的方法。利用样本指标估计总体指标，从数学上来说是运用不确定的概率估计法。因为样本数据和总体参数之间并不存在严格对应的自变量和因变量的关系，因而不能利用一定的函数关系来推算总体参数。

抽样调查从总体中抽取部分单位时，非常客观，毫无偏见，不受调查人员任何主观意图的影响，严格按照随机原则抽取调查单位。

（4）抽样推断产生的误差可以事先计算并加以控制。抽样推断是依据部分单位的实际观察标志值，去推断总体的综合数量特征。这种推断虽然也会存在一定的误差，但抽样误差的范围可以事先加以计算和控制，从而保证抽样推断的结果达到一定的准确性、可靠性。

8.1.2　抽样推断的作用

（1）应用抽样推断法，可对某些不可能或不容易进行全面调查，而又要了解其全面情况的社会经济现象进行数量方面的统计分析。

1）对无限总体不可能进行全面调查。例如，环境保护要了解空气中某种有害气体的含量或水质中某种物质的成分，是无法进行全面调查的；又如，要研究新的工艺设计是否改善了产品质量，应该包括未来生产的全部产品质量，但我们也只能抽取部分产品进行检验。

2）有些现象总体范围过大，单位分布又过于分散，很难或不必要进行全面调查。例如，要检验水库的鱼苗数、森林的木材蓄积量等，可以进行全面调查，但实际上办不到，也完全没这个必要。对这类情况的了解一般只采取抽样推断的方法。

3）对于产品或商品具有破坏性的质量检验也不能进行全面调查。例如，灯泡、电视机使用寿命的检验、种子发芽率的检验、炮弹射程的测试等，总之，不能为了鉴定质量而破坏所有的产品。这种情况下，也只能采取抽样推断的方法。

4）有时虽然能全面调查，但抽样调查仍有独到作用，它可以大大节省人力、物力、时间，提高调查的时效性，并且能取得比较详细的资料。因此，对那些资料要求紧迫，需以较短时间，迅速了解总体全面情况的，也可用抽样推断的方法。

（2）应用抽样推断法可对全面调查的结果加以补充或订正。全面调查由于涉及范围广、动用人员多以及种种原因的干扰，所收集的全面资料比较容易发生差错，我们可以在全面调查结束后立即做一次抽样调查，提出可靠的修正数据以修正全部资料，保证全面调查结果的准确性。例如，我国人口普查规定，在人口普查工作完毕后，还要按照规定的调查方案抽取若干个地区进行复查，根据抽样调查的资料，计算人口普查的重复和遗漏的差错率，然后根据这个比率去修正普查资料，从而保证人口普查数据的质量。

（3）应用抽样推断法可对生产过程中的产品质量进行检查和控制。抽样推断不但广泛应用于生产结果的核算和估计，而且也有效地应用于对成批或大量连续生产的工业产品在生产过程中的质量控制，检查生产过程是否正常，及时提供有关的信息，便于采取措施，预防废品的发生。

（4）应用抽样推断法可对总体的某种假设进行检验以判断假设的真伪。例如，新教学方法的采用、新工艺新技术的推广、化工原料新配方的使用、新医疗方法的使用等是否有明显的效果，可以对未知的或不完全知道的总体做出一些假设，然后利用抽样的方法，根据实验资料对所做的假设进行检验，及时做出判断，并在行动上做出抉择，这就是抽样推断法在决策上的应用。

【小思考】

下列属于抽样调查的事项有（　　）。

① 为了测定车间的工时损失，对车间中的每三班工人中的第一班工人进行调查。

② 为了了解某大学食堂卫生状况，对该校的五个食堂进行调查。

③ 对某城市居民1%的家庭进行调查，以便研究该城市居民的消费水平。

④ 对某公司三个分厂中的一个分厂进行调查，以便研究该工厂的能源利用效果。

8.2 抽样推断中的几个基本概念

8.2.1 全及总体和样本总体

1. 全及总体

全及总体是我们所要研究的对象，而样本总体则是我们所要观察的对象，两者是既有区别又有联系的不同范畴。全及总体又称母体，简称总体，是由被调查对象的全部单位所构成的集合体，即具有某种共同性质的许多单位组成的整体。例如，要研究某城市职工的生活水平，则该城市的全部职工即构成全及总体。

对于一个总体而言，若被研究的标志是品质标志，则将这个总体称为属性总体；若被研究的标志是数量标志，则将这个总体称为变量总体。前者如研究性别差异的新生婴儿总体、研究完好情况的设备总体；后者如反映体重、身高的学生总体、反映工资水平高低的职工总体等。

全及总体的单位数通常用 N 来表示，称为总体容量，是唯一确定的量。全及总体分为有限总体和无限总体两种。作为全及总体，单位数 N 即使有限，但总是很大，大到几千、几万、几十万、几百万，例如，人口总体、棉花纤维总体、粮食产量总体等。对于有限总体的认识，理论上虽可以应用全面调查来收集资料，但实际上往往由于不可能或不经济的原因，通常还是借助抽样推断的方法以求得对有限总体的认识。而对于无限总体的认识只能采用抽样推断的方法。

2. 样本总体

样本总体又称子样，简称样本，是从全及总体中按照随机原则抽取出来的，代表全及总体的那部分单位的集合体。样本总体的单位数称为样本容量，通常用 n 来表示，对于全及总体单位数 N 来说，n 是个很小的数，随着样本容量的增大，样本对总体的代表性越来越高，并且当样本单位数足够多时，样本指标越接近总体指标。一般而言，样本单位数达到或超过 30 称为大样本，而在 30 以下称为小样本，样本单位数 n 是一个随机变量。在对社会经济现象进行抽样推断时，绝大多数的样本为大样本。样本含量和总体含量之比称为抽样比。

样本容量和样本个数是两个既有联系但又完全不同的概念。

样本容量是指一个样本所包含的样本单位的个数。一个样本包含多少个样本单位最合适，通常应结合调查任务的要求以及总体标志值的变异程度来考虑。样本个数又称样本可能数目，是指从一个总体中抽取的所有可能出现的样本数。一个总体中可抽取多少个样本与样本容量以及抽样方法等因素有关。

8.2.2 总体指标和样本指标

1. 总体指标

总体指标又称全及指标或母体参数，是根据全及总体各个单位的标志值或标志特征计算的反映总体特征的综合指标。由于全及总体是唯一确定的，因而根据全及总体计算的全及指标也是唯一确定的。

不同性质的总体需要计算不同的全及指标。对于变量总体，各单位的标志值可以用数值来表示，常用的总体指标有总体平均数 $\overline{X}$ 和总体标准差 σ（或总体方差 σ^2），其计算公式如下。

在总体未分组的情况下，计算公式为：

$$\overline{X}=\frac{\sum X}{N}，\ \sigma=\sqrt{\frac{\sum(X-\overline{X})^2}{N}}，\ \sigma^2=\frac{\sum(X-\overline{X})^2}{N}$$

在总体分组的情况下，计算公式为：

$$\overline{X}=\frac{\sum XF}{\sum F}，\ \sigma=\sqrt{\frac{\sum(X-\overline{X})^2F}{\sum F}}，\ \sigma^2=\frac{\sum(X-\overline{X})^2F}{\sum F}$$

在社会经济统计中，有时把某种社会经济现象总体中的全部单位，分为具有某一标志表现的单位和不具有某一标志表现的单位两组。例如，把全部产品分为合格与不合格两组；把全部人口分为男性和女性两组等。这种总体叫做属性总体，用是或否、有或无来表示的标志称为是非标志，也叫交替标志。

对于属性总体，由于各单位的标志不可以用数量来表示，只能用一定的文字加以描述，因而需要研究其成数。成数是指全及总体中具有某种属性标志的单位数占总体单位总数的比重，是一种结构相对数，是将总体按照某 标志分成两部分时，其中一部分的单位数占总体单位总数的比重。例如，某工厂有 2 000 名职工，其中男职工 1 200 名，男职工占全部职工的比重为 60%（1 200/2 000），即为成数，一般用 P 表示。

设总体 N 个单位中，有 N_1 个单位具有某种属性，N_0 个单位不具有某种属性，$N_1+N_0=N$，P 为总体中具有某种属性的单位数所占的比重，Q 为不具有某种属性的单位数所占的比重，则总体成数计算公式为：

$$P=\frac{N_1}{N}，\ Q=\frac{N_0}{N}=\frac{N-N_1}{N}=1-P$$

总体成数平均数的计算公式为：

$$\overline{X}_p = P$$

总体成数标准差的计算公式为：

$$\sigma_p = \sqrt{P(1-P)}$$

总体成数方差的计算公式为：

$$\sigma_P^2 = P(1-P) = PQ$$

【例 8-1】 某厂生产的 1 000 件产品，经全部检查后得知，合格品为 950 件，不合格品为 50 件，求合格率的标准差和方差。

产品的合格率为：$P = \dfrac{950}{1000} \times 100\% = 95\%$

产品合格率的平均数为：$\overline{X}_P = P = 95\%$

产品合格率的标准差为：$\sigma_P = \sqrt{95\%(1-95\%)} = \sqrt{4.75\%} = 21.9\%$

产品合格率的方差为：$\sigma_P^2 = P(1-P) = 95\%(1-95\%) = 4.75\%$

但要注意的是，在实际的抽样推断中，各种全及指标都是未知数，需要根据样本资料计算的样本指标来估计和推断。

2. 样本指标

样本指标又称样本统计量或抽样指标，是根据样本总体中各单位标志值或标志特征计算的综合指标，是用来推断或估计总体指标的。由于一个全及总体可以抽取许多个不同的样本，而样本不同，抽样指标的数值也就不同，所以，抽样指标的数值不是唯一确定的，即抽样指标是样本变量的函数，是随机变量。常用的样本指标有：样本平均数 $\overline{x}$、抽样成数 p、样本标准差 s 和样本方差 s^2 等。样本指标通常用小写英文字母表示，以示区别。

在样本未分组的情况下，计算公式为：

$$\overline{x} = \frac{\sum x}{n}，\quad s = \sqrt{\frac{\sum (x-\overline{x})^2}{n}}，\quad s^2 = \frac{\sum (x-\overline{x})^2}{n}$$

在样本分组的情况下，计算公式为：

$$\overline{x} = \frac{\sum xf}{\sum f}，\quad s = \sqrt{\frac{\sum (x-\overline{x})^2 f}{\sum f}}，\quad s^2 = \frac{\sum (x-\overline{x})^2 f}{\sum f}$$

设样本 n 个单位中有 n_1 个单位具有某种属性，n_0 个单位不具有某种属性，$n_1 + n_0 = n$，p 为样本中具有某种属性的单位数所占的比重，q 为不具有某种属性的单位数所占的比重，则抽样成数计算公式为：

$$p = \frac{n_1}{n}，\quad q = \frac{n_0}{n} = \frac{n-n_1}{n} = 1-p$$

则样本成数平均数的计算公式为：

$$\bar{x}_p = p$$

样本成数标准差的计算公式为：

$$s_p = \sqrt{p(1-p)}$$

样本成数方差的计算公式为：

$$s_p^2 = p(1-p)$$

【小思考】

全及指标和样本指标（　　）。

① 都是随机变量

② 都是确定性变量

③ 前者是唯一确定的，后者是随机变量

④ 前者是随机变量，后者是唯一确定的

8.2.3　重复抽样和不重复抽样

1．重复抽样

重复抽样，也称重置抽样、回置抽样，是指从全及总体 N 个单位中随机抽取一个容量为 n 的样本，每次抽中的单位在登录其有关标志表现后又放回总体中，重新参加下一次的抽选。在这种抽样方式中，同一单位可能有多次被重复抽取的机会。可见，重复抽样的总体单位数在各次抽选中都是不变的，每个单位中选的机会在每次都是均等的。一般来说，从总体 N 个单位中，随机抽取 n 个单位构成样本，则能抽取的样本可能数目为 N^n 个。

2．不重复抽样

不重复抽样，也称不重置抽样、不回置抽样，是指从总体 N 个单位中随机抽取容量为 n 的样本，每次从总体中抽取一个单位登录其有关标志表现后，不再放回去，下一次则从剩下的总体单位中继续进行抽取，如此反复构成一个样本，也就是说，每个总体单位只能被抽取一次，所以从总体中每抽取一次，总体就少一个单位，因此，先后抽出来的各个单位被抽中的机会是不相等的。一般而言，从总体 N 个单位中，随机不重复抽取 n 个单位构成一个样本，则能抽取的样本可能数目为 C_N^n 个。

以上两种抽样方法的根本区别在于：所有可能出现的样本个数不同；抽样误差的大小不同；抽样平均误差的计算公式不同。

由上可知，在相同的样本容量的要求下，不重复抽样的样本可能数目比重复抽样要少。在实际工作中，一般多采用不重复抽样，但有些调查如公交车辆乘客情况的调查、商场顾客流量情况的调查等，只宜用重复抽样。

8.2.4　抽样方式

抽样推断是以有效取得各项实际资料为基础的，要保证抽样推断的准确性和可靠性，事先必须结合一定的抽样调查组织方式做好抽样设计工作，根据随机原则，结合具体研究对象的性质以及调查工作的目的和条件进行抽样。在统计工作实践中，主要有五种抽样组织方式，即简单随机抽样、类型抽样、等距抽样、整群抽样和多阶段抽样。

1. 简单随机抽样

简单随机抽样又称纯随机抽样，是在不对总体进行任何划分、排队的情况下，完全按随机原则直接从总体中抽取一部分单位来组成样本的抽样组织方式，是抽样中最基本、最简单的组织方式，它适用于均匀分布的总体，具体方法主要有以下三种。

（1）直接抽选法。直接抽选法就是对总体不进行任何处理，直接抽选样本单位的方法。例如，从仓库中存放的所有同类产品中随机指定若干件产品进行质量检验；从粮食仓库中不同的地点取出若干粮食样本进行含杂量、含水量的检验等。

（2）抽签法。抽签法是先将全及总体各个单位按照某种自然的顺序编号，并做成号签，再把号签混合均匀，从中任意抽取所需单位数的号签，按照抽中的号码取得对应的调查单位的方法。例如，某系共有学生 400 人，学生会打算从中抽取 60 人进行调查，并决定采用简单随机抽样的方法。为了保证抽样的科学性，他们从系办公室得到一份全系学生的名单，然后给名单编号（001 ~ 400）。再用 400 张小纸条分别写上 001, 002, …, 400 的号码，把这 400 张写好不同号码的小纸条放在一个盒子里，混合均匀，随机摸出 60 张已写好不同号码的小纸条，然后，按这 60 张小纸条上的号码找到总体名单上所对应的 60 位同学，这 60 位同学就构成了本次调查的样本。这种方法简便易行。但当总体单位很多时，写号码的工作量很大，也不容易混合均匀，因而，此种方法往往在总体单位较少时使用。在操作足够精细的情况下，抽签方式能够产生出一个近似的简单随机样本。

（3）随机数表法。随机数表是含有一系列随机数字的表格，这种表格的编制，可以借助计算机产生，也可以利用数码机产生，表中数字的出现及其排列是按照完全随机的方法形成的，随机数表的使用要遵守随机原则。首先给总体中的总体单位编号，按编号的最大位数确定将要使用的随机数字表的列数，然后从表中任意一行、任意一列开始，竖查、横查、顺查、逆查均可，遇到属于总体单位编号范围内的数字（组）就确定为样本单位，依次类推，如果要求不重复抽样时，遇到重复出现的数字（组）就舍掉，直到取足要求的单位数为止。

表 8-1 是随机数表中的一种。

表 8-1　随机数表（部分）

8	5	9	4	4	4	1	8	8	5
3	4	0	6	6	1	0	5	8	3
9	1	3	1	1	8	5	3	5	0
6	0	4	0	6	3	5	2	1	3
3	8	8	3	0	7	7	6	4	3
8	0	0	6	5	7	2	9	3	8
6	7	3	5	3	9	5	2	0	9

续表

5	7	7	7	8	2	4	9	2	4
5	2	3	3	9	1	2	2	0	2
8	6	7	7	6	5	4	5	6	6

例如，有一个由 80 个单位构成的总体，要从中抽取 8 个单位。首先将总体各单位从 01 至 80 编号，然后从随机确定的行、列开始取数，假定从第二行、第四列的数字开始，沿行抽取，于是就有 66、10、58、30、53、11、31、60 这 8 个数所对应的单位构成所需的样本。

2．类型抽样

类型抽样又称分类抽样或分层抽样，抽样时先将总体按主要标志划分为若干个组，在各组中按随机原则抽取样本单位的抽样组织形式。类型抽样通过分组，把总体中标志值或标志表现比较接近的单位归为一组，这样可以使样本的结构与总体的结构更相似，提高所选样本的代表性，取得比简单随机抽样更好的抽样效果。例如，在一所大学抽取学生进行调查时，可以先把全部学生总体按性别分为男生和女生两类；然后按随机原则分别从男生和女生中各抽取 100 名学生，由这 200 名学生构成所需的样本。也可以按年级、系或专业来对全部总体进行分组。

类型抽样的样本单位数在各类型之间的分配有以下三种方法。

（1）等数分配类型抽样法。这是在各类型组中分配同等的样本单位数的方法。这种方法通常只在各类型的总体单位数相等或差异不大时使用，可使综合计算变得比较简单。

（2）等比例类型抽样法。这是按各类型总体单位数占全及总体单位数的一定比例来抽取样本单位数的方法，单位数较多的组应该多取样，单位数较少的组则少取样。即在每个组中所抽选的样本单位数与组的总体单位数的比例是固定的，即：

$$\frac{n_1}{N_1}=\frac{n_2}{N_2}=\cdots=\frac{n_n}{N_n}=\frac{n}{N}$$

则各组的样本单位数应为：

$$n_i=n\frac{N_i}{N}(i=1,2,\cdots,k)$$

【例 8-2】某校有 5 000 名学生，为了解学生参加课外体育活动的情况，决定从中抽取 100 人进行调查。根据事先了解的情况可知，学生是否经常参加体育活动与性别有关，所以首先将 5 000 名学生按性别分成两组，其中男生组 3 000 人，女生组 2 000 人，按等比例分配法，则各组应抽取的样本单位数为：

男生组：$n_1=n\cdot\frac{N_1}{N}=100\times\frac{3000}{5000}=60$（人）

女生组：$n_2=n\cdot\frac{N_2}{N}=100\times\frac{2000}{5000}=40$（人）

采用等比例类型抽样能够使样本的结构接近总体的结构，对样本单位的分配比较合理，因而在实际工作中应用较多。

（3）不等比例类型抽样法。这是在各类型组中按不同的比例分配样本单位数的方法，也叫最优分配法。在各类型组中抽选样本单位数时，按各类型组标志值的变动程度来确定，变动程度大的组多抽一些单位，变动程度小的组少抽一些单位，此方法没有统一的比例关系。各组的样本单位数的计算公式为：

$$n_i = n\frac{N_i\delta_i}{\sum N_i\delta_i}$$

或

$$n_i = n\frac{w_i\delta_i}{\sum w_i\delta_i}$$

式中，δ 代表各组的组内标准差。

采用不等比例抽样的原因在于各组的单位离散程度不同，或者调查成本不同。一般来说，离散程度越高，或者调查成本越低的组，抽选的比例应当越高，这样能够在相同费用的情况下，获得最好的抽样效果。在实际工作中，由于事先很难了解各组的标志变异程度，因此，大多数类型抽样采用的是等比例类型抽样法。

3．等距抽样

等距抽样又称机械抽样或系统抽样，是将总体各单位按某一标志进行排序后，按固定的顺序和相同的间隔抽选样本单位的方法。根据排序标志的不同，等距抽样又可分为有关标志排序抽样、无关标志排序抽样两种形式。所谓无关标志排序，是指排序的标志与单位标志值的大小无关或不起主要影响作用，如时间、地理位置、门牌号码等。所谓有关标志排序，是指排序的标志与单位标志值的大小有密切的关系，例如，职工生活水平调查按职工平均工资排序。等距抽样的第一个样本单位的抽取，如果是按无关标志排序，可以从第一个间隔内的任意一个单位开始抽取；如果是按有关标志排序，考虑到样本单位的代表性，一般从第一个间隔内居中的单位开始抽取，也可以采取对称等距抽样的方法。抽样距离的计算公式为：

$$k = \frac{N}{n}$$

通常情况下，等距抽样比简单随机抽样更能保证样本具有较高的代表性。这是因为，等距抽样抽取的样本单位比简单随机抽样抽取的样本单位在全及总体中的分布更为均匀。而按有关标志排队比按无关标志排队抽取的样本也更具代表性。

4．整群抽样

整群抽样又称集团抽样或区域抽样，是将总体全部单位分为许多个“群”，然后随机抽取若干“群”，对被抽中的各“群”内的所有单位进行全面调查的抽样方法。整群抽样与前几种抽样的最大区别在于，它的抽样单位不是单个的个体，而是成群的个体。

整群抽样与类型抽样相比较，虽然两者都是将总体划分许多组，但划分组的作用不同。类型抽样划分的组称为“类”，它的作用是缩小总体，使总体的差异减少，但抽取的样本仍是总体单位；而整群抽样划分的组是“群”，它的作用却是扩大抽样单位。

例如，假设某大学共有 100 个班级，每班都有 30 名学生，总共有 3 000 名学生。现要抽取 300 名学生作为样本进行调查。如果采用整群抽样的方法，就不是直接去抽一个个的学生，而是从学校 100 个班级中，采取简单随机抽样的方法（或类型抽样、等距抽样的方法）抽取 10 个班级，然后由这 10 个班级的全体学生构成样本。

5．多阶段抽样

多阶段抽样是把整个抽样过程分为若干个阶段，逐级抽出样本单位的抽样方法。在大多数情况下，抽样调查都是针对一个极大的总体进行的，在这种情况下，直接进行纯随机抽样是不现实、不可取的。例如，从某省 100 多万农户中抽取 1 000 户，调查农户生产性投资情况，此时构造数百万人的名单就将是一个非常浩大的工程。实际进行抽样时，可以采用多阶段抽样，具体如下。

第一阶段：从省内全部县中抽取 5 个县。

第二阶段：从抽中的 5 个县中各抽 4 个乡。

第三阶段：从抽中的 20 个乡中各抽 5 个村。

第四阶段：从抽中的 100 个村中各抽 10 户。

则样本单位数为：$n=100\times10=1000$（户）

8.3　抽样误差

8.3.1　抽样误差的概念

调查误差是指调查所得的统计数据与调查总体未知的真实数据之间的差别，包括登记性误差和代表性误差两种。登记性误差是在调查过程中由于观察、测量、登记、计算上的差错而引起的误差，是所有统计调查都可能发生的。代表性误差是由于样本各单位的结构不足以代表总体特征而引起的误差。代表性误差有两种情况：一种是由于违反抽样调查的随机原则，如有意地多选较好的单位或较坏的单位进行调查，此时据以计算的抽样指标必然会出现偏高或偏低的现象，造成系统性误差。系统性误差和登记性误差都是不应该发生的，是可以、也应该采取措施避免其发生或将其减小到最小限度的。另一种是即使遵守随机原则，但由于被抽选的样本各种各样，只要被抽中的样本其内部各单位被研究标志的构成比例和总体有所出入，就会出现或大或小的偶然性代表误差。而我们所研究的抽样误差指的就是这种偶然性代表误差。即抽样误差是指由于随机抽样的偶然因素，使样本各单位的结构不足以代表总体各单位的结构，而引起抽样指标和全及指标之间的绝对离差，因而又称为随机误差，但它不包括登记性误差，也不包括系统性误差。常见的抽样误差有：样本平均数与总体平均数之差$(\bar{x}-\bar{X})$，样本成数与总体成数之差$(p-P)$。

抽样误差是抽样调查所固有的，是无法避免与消除的误差，但可以运用数学方法计算其数量界限，并通过抽样设计程序控制其范围，所以这种抽样误差也称为可控制误差。抽样误差不是固定不变的，它的数值随样本不同而变化，因此，也是随机变量。

8.3.2 影响抽样误差的因素

1．样本容量的大小

由于总体内各单位之间总存在着差异，在其他条件不变的情况下，大量观察总比少量观察更易于发现总体的特征或规律，因此，抽样单位数越多，抽样误差就越小；反之，抽样误差就越大。对于一个确定的总体，减小抽样误差的主要手段就是增加样本含量。

2．总体各单位被研究标志的变异程度

总体内各单位之间的变异程度是影响抽样误差的最主要因素之一，在其他条件不变的情况下，抽样误差和总体变异程度成正比变化，即总体内各单位被研究标志的差异程度越小，则抽样误差就越小，反之，抽样误差就越大。

3．抽样方法

抽样方法不同，抽样误差也不同，在其他条件不变的情况下，重复抽样的误差比不重复抽样的误差要大。但有一点需要指出，在抽样比（$f=n/N$）非常小的情况下，不重复抽样与重复抽样的误差基本是相同的，因此，可以利用重复抽样误差的计算公式来代替不重复抽样的情况。

4．抽样的组织方式

采取不同的抽样组织方式，所抽取出来的样本对于总体的代表性也不相同，可见，抽样组织方式影响抽样误差的大小。在实践中，可以利用不同抽样组织方式下抽样误差的大小来判断不同方式的有效性。

【小思考】

抽样误差是（　　）。

① 由于样本数目过少引起的　　② 由于观察、测量、计算的失误引起的

③ 抽样过程中的偶然因素引起的　　④ 指随机性的代表性误差

8.3.3 抽样平均误差

1．抽样平均误差的含义

在实际进行抽样时，从一个总体中可能抽取出很多个样本，因此样本指标（样本平均数、样本成数）就有不同的数值，它们与总体指标（总体平均数、总体成数）的离差（抽样误差）也就不同，也就是说，可以计算出很多个误差，这些误差大小不一，要想反映抽样误差的一般水平，有必要计算抽样误差的平均数即抽样平均误差。抽样平均误差是反映抽样误差一般水平的指标，是所有可能出现的样本指标和总体指标的平均离差，但这个平均离差不是用算术平均的方法计算得出的，而是用计算标准差的方法来计算的，所以，确切地说，抽样平均误差是所有可能样本指标（样本平均数或样本成数）的标准差。

2．抽样平均误差的理论计算公式

抽样平均误差是以全部可能样本指标为变量，以总体指标为平均数计算得到的标准差，用

符号 μ 表示。$\mu_{\bar{x}}$ 表示平均数的抽样平均误差，μ_p 表示成数的抽样平均误差，K 表示可能抽取的样本数，根据抽样平均误差的含义可得其理论计算公式如下：

$$\mu=\sqrt{\frac{\sum(\text{样本指标}-\text{总体指标})^2}{\text{可能抽取的样本个数}}}$$

即

$$\mu_{\bar{x}}=\sqrt{\frac{\sum(\bar{x}-\bar{X})^2}{K}}$$

$$\mu_p=\sqrt{\frac{\sum(p-P)^2}{K}}$$

上述公式表明了抽样平均误差的意义。但是当总体单位数较多，而抽取的样本单位数也较多时，样本可能数目就非常多。即使求出样本可能数目，上述公式也不适用，这是因为，在该公式中出现了总体指标（总体平均数和总体成数），在实践中是未知的。

3．抽样平均误差的实际计算方法

数理统计证明，在纯随机抽样方式下，抽样平均误差可以借助全及总体的标志变动度，采用以下公式进行计算。

（1）平均数的抽样平均误差。

重复抽样条件下的计算公式为：

$$\mu_{\bar{x}}=\sqrt{\frac{\sigma^2}{n}}=\frac{\sigma}{\sqrt{n}}$$

公式表明，在重复抽样的条件下，抽样平均误差与总体标准差成正比，与样本容量的平方根成反比。

不重复抽样条件下的计算公式为：

$$\mu_{\bar{x}}=\sqrt{\frac{\sigma^2}{n}\left(\frac{N-n}{N-1}\right)}$$

上述公式中 $\frac{N-n}{N-1}$ 叫修正因子。不难看出，当 N 较大时，$\frac{N-n}{N-1}$ 与 $1-\frac{n}{N}$ 的计算结果是十分接近的，因此，在不重复抽样条件下，计算抽样平均误差可采用下面的公式：

$$\mu_{\bar{x}}=\sqrt{\frac{\sigma^2}{n}\left(1-\frac{n}{N}\right)}$$

与重复抽样相比，不重复抽样平均误差是在重复抽样平均误差的基础上，乘以 $\sqrt{(N-n)/(N-1)}$，而 $\sqrt{(N-n)/(N-1)}$ 总是小于 1，所以，不重复抽样的平均误差总是小于重复抽样的平均误差。

【例 8-3】 有 5 个工人的日产量（单位：件）分别为 6, 8, 10, 12, 14，用重复抽样的方法，从中随机抽取 2 个工人的日产量作为样本，计算抽样平均误差。

由题意可知：

总体平均数为：$\bar{X}=\dfrac{6+8+10+12+14}{5}=10$（件）

总体标准差为：$\sigma=\sqrt{\dfrac{\sum(X-\bar{X})^2}{N}}=\sqrt{\dfrac{40}{5}}=\sqrt{8}$（件）

抽样平均误差为：$\mu_{\bar{x}}=\dfrac{\sigma}{\sqrt{n}}=\dfrac{\sqrt{8}}{\sqrt{2}}=2$（件）

若上述改用不重复抽样方法，则抽样平均误差为：

$$\mu_{\bar{x}}=\sqrt{\frac{\sigma^2}{n}(\frac{N-n}{N-1})}=\sqrt{\frac{8}{2}\times(\frac{5-2}{5-1})}=1.732\text{（件）}$$

（2）成数的抽样平均误差。

重复抽样条件下的计算公式为：

$$\mu_p=\sqrt{\frac{P(1-P)}{n}}$$

不重复抽样条件下的计算公式为：

$$\mu_p=\sqrt{\frac{{\sigma_p}^2}{n}(\frac{N-n}{N-1})}=\sqrt{\frac{P(1-P)}{n}(\frac{N-n}{N-1})}$$

当总体单位数 N 很大时，上述公式也可近似写成：

$$\mu_p=\sqrt{\frac{P(1-P)}{n}(1-\frac{n}{N})}$$

【例 8-4】从某企业生产的 5 000 件产品中随机抽取 50 件，按正常生产检验，合格率为 90%，求产品合格率的抽样平均误差。

根据题意得：

在重复抽样条件下，合格率的抽样平均误差为：

$$\mu_p=\sqrt{\frac{P(1-P)}{n}}=\sqrt{\frac{0.9\times0.1}{50}}=4.24\%$$

在不重复抽样条件下，合格率的抽样平均误差为：

$$\mu_p=\sqrt{\frac{P(1-P)}{n}(1-\frac{n}{N})}=\sqrt{\frac{0.9\times0.1}{50}\times(1-\frac{50}{5000})}=4.22\%$$

由上述计算公式可知，计算抽样平均误差需要用到总体各单位标志值和总体成数的标准差，但这两个数据只有通过全面调查才能取得，而在进行抽样推断时常常是未知的，所以，通常只能采用以下几种方法来代替：

- 用样本资料代替总体资料，即用样本标准差 s 代替总体标准差 σ，用样本成数 p 来代替总体成数 P。

- 用过去进行过的全面调查或抽样调查的经验数据代替，如果有几个不同的总体方差资料，则应该采用数值较大的。
- 用正式抽样调查前的试验性资料也可以。
- 在不重复抽样的条件下，若样本含量相对较少，而总体含量相对很多时，修正因子接近于1，为简化起见，在实际工作中，对于不重复抽样的情况往往也采用重复抽样公式计算抽样平均误差。

8.3.4 抽样极限误差

1. 抽样极限误差的概念

抽样平均误差只是从理论上衡量样本指标与总体指标之间产生误差的平均程度，并不是估计值与总体参数之间的绝对误差，因而无法确定某一项或几项实际抽样中样本指标偏离总体指标的范围。由于总体指标是一个确定值，而样本指标则是随着抽取的样本不同，围绕总体指标左右变动的量，它与总体指标可能产生正离差，也可能产生负离差，因此，样本指标与总体指标之间实际上存在一个误差范围。

抽样极限误差又称抽样允许误差，是指样本指标和总体指标之间产生抽样误差的最大可能范围。样本指标围绕总体指标变动的上限或下限与总体指标之差的绝对值可以用来表示抽样误差的可能范围，这种以绝对值形式表示的抽样误差的可能范围即是抽样极限误差。抽样极限误差有两种，即抽样平均数的抽样极限误差和抽样成数的抽样极限误差，分别用符号 $\varDelta_x$ 和 $\varDelta_p$ 表示。

$$\varDelta_x = \left|\bar{x} - \bar{X}\right|$$

$$\varDelta_p = \left|p - P\right|$$

上述公式表明，变动的抽样平均数 $\bar{x}$ 以确定的全及平均数 $\bar{X}$ 为中心，在 $\bar{X} \pm \varDelta_x$ 之间变动，变动的抽样成数 p 是以确定的全及成数 P 为中心，在 $P \pm \varDelta_p$ 之间变动，因此，可以将上述公式变换为如下不等式：

$$\bar{X} - \varDelta_x \leqslant \bar{x} \leqslant \bar{X} + \varDelta_x$$

$$P - \varDelta_p \leqslant p \leqslant P + \varDelta_p$$

上述两个不等式虽然表明了样本指标与全及指标之间产生抽样误差的可能范围，却不符合抽样推断的要求，因它表明的是用全及指标来推断抽样指标。而事实上，全及指标是未知的，要求用实测的抽样指标进行推断与估计，即希望全及平均数落在 $\bar{x} \pm \varDelta_{\bar{x}}$ 的范围内，全及成数落在 $p \pm \varDelta_p$ 的范围内，这才符合抽样极限误差的实际意义。因此，需要将上述两个不等式变形为：

$$\bar{x} - \varDelta_{\bar{x}} \leqslant \bar{X} \leqslant \bar{x} + \varDelta_{\bar{x}}$$

$$p - \varDelta_p \leqslant P \leqslant p + \varDelta_p$$

上述第一个公式表明，总体平均数是以抽样平均数为中心，在 $\bar{x} - \varDelta_{\bar{x}}$ 至 $\bar{x} + \varDelta_{\bar{x}}$ 之间变动，区间[$\bar{x} - \varDelta_{\bar{x}}$，$\bar{x} + \varDelta_{\bar{x}}$]称为总体平均数的置信区间；第二个公式表明，总体成数是以抽样成数为

中心，在 $p-\Delta_p$ 至 $p+\Delta_p$ 之间变动，区间[$p-\Delta_p$ ， $p+\Delta_p$]称为总体成数的置信区间。

2．抽样推断的概率度

数理统计证明，如果总体单位的标志值的分布是正态分布，则全部可能样本指标的分布也一定是正态分布；如果总体单位的标志值的分布不是正态分布，但只要是大样本（即 $n\geqslant 30$ ），则全部可能样本指标的分布也会接近正态分布。正态分布具有两个重要的特征：① 抽样指标高于或低于总体指标的概率分布是完全对称的。② 样本指标越接近总体指标，出现的可能性越大，概率就越大；反之，出现的可能性越小，概率也就越小。

在抽样推断中，抽样极限误差是指样本指标和总体指标之间抽样误差的允许可能范围，基于概率估计理论上的要求，抽样极限误差通常以抽样平均误差为标准单位来衡量，即：

$$\Delta_{\bar{x}}=t\mu_{\bar{x}}$$

$$\Delta_p=t\mu_p$$

上式中，扩大或缩小的抽样平均误差的倍数叫做概率度，用 t 来表示。公式表明，极限误差、概率度、抽样平均误差三者之间存在如下关系，即在抽样平均误差保持不变的情况下，极限误差与概率度成正比关系，概率度的数值越大，抽样误差的范围就越大。而公式中的 t 值与全及指标的估计值落入某一允许误差范围内的概率有关，因此又称概率度。

【例 8-5】从某农场种植的 3 000 亩小麦中抽取 36 亩，测得平均亩产为 400 千克，亩产的标准差 30 千克，若规定概率度为 1.96，求平均亩产的抽样极限误差。

亩产量的抽样平均误差为：$\mu_{\bar{x}}=\dfrac{s}{\sqrt{n}}=\dfrac{30}{\sqrt{36}}=5$（千克）

亩产量的抽样极限误差为：$\Delta_{\bar{x}}=t\mu_{\bar{x}}=1.96\times 5=9.8$（千克）

由以上计算得知，该农场小麦的平均亩产应在 400 ± 9.8 千克之间。

【例 8-6】对某种农作物种子发芽率进行检测，随机抽取 100 粒，测得发芽率为 90%，若规定的概率度 t=2，求种子发芽率的抽样极限误差。

发芽率的抽样平均误差为：$\mu_p=\sqrt{\dfrac{p(1-p)}{n}}=\sqrt{\dfrac{0.9(1-0.9)}{100}}=3\%$

发芽率的抽样极限误差为：$\Delta_p=t\mu_p=2\times 3\%=6\%$

由以上计算得知，该农作物的种子发芽率应在 $90\%\pm 6\%$之间。

3．抽样推断的可靠程度

抽样极限误差只是抽样误差的可能范围而非完全肯定的范围，这个可能范围的大小是与抽样指标落在某一可能范围内的可能性的大小即概率紧密相连的。在抽样推断中，这个概率叫置信度，又称为可信程度、把握程度或概率保证程度，用 P 表示。由以上分析可知，这个概率的大小与抽样误差的范围有关，误差范围越大，概率就越大，而误差范围又与概率度成正比关系，由此可见，这个概率是概率度 t 的函数，即 $P=F(t)$ 。将这种对应函数关系编成正态分布概率表，对于给定的 t 值，便可以很方便地直接从表上查找抽样估计的置信度。

$F(t)$的函数形式表示为：

$$F(t)=P\left(\left|\overline{x}-\overline{X}\right|\leqslant t\mu_{x}\right)$$

当$t=1$时，$F(1)=P\left\{\left|\overline{x}-\overline{X}\right|\leqslant 1\mu_{\overline{x}}\right\}=68.27\%$

当$t=2$时，$F(2)=P\left\{\left|\overline{x}-\overline{X}\right|\leqslant 2\mu_{\overline{x}}\right\}=95.45\%$

当$t=3$时，$F(3)=P\left\{\left|\overline{x}-\overline{X}\right|\leqslant 3\mu_{\overline{x}}\right\}=99.73\%$

总之，抽样误差的可能范围是估计的准确性问题，而保证抽样指标落在抽样误差的可能范围之内则是估计的可靠性问题。极限误差Δ_x与概率度t和抽样平均误差μ三者成正比，即三者之间存在如下关系。

（1）在μ保持不变的情况下，增大t值，把握程度相应增加，误差范围Δ_x也随之扩大，这时估计的精确度将降低；反之，要提高估计的精确度，就得缩小t值，此时把握程度也会相应地降低。

（2）在t保持不变的情况下，抽样平均误差μ越小，则误差范围Δ_x就越小，估计的精确度也就越高；反之，抽样平均误差μ越大，误差范围Δ_x也越大，估计的精确度也就越低。

由此可见，在实际工作中，估计的精确度与可靠度要求是一对矛盾体，因而在进行抽样推断时必须在两者之间进行慎重的选择。

【小思考】

在一定的误差范围要求下（　　）。

① 概率度大，要求可靠性低，抽样数目相应要多

② 概率度大，要求可靠性高，抽样数目相应要多

③ 概率度小，要求可靠性低，抽样数目相应要少

④ 概率度小，要求可靠性高，抽样数目相应要少

⑤ 概率度小，要求可靠性低，抽样数目相应要多

8.4　抽样估计的方法

抽样调查的直接目的，就是推断全及总体的平均数和全及总体的成数，再结合总体单位数去推算总体的有关标志总量。抽样推断实际上是一种估计方法，所以又称抽样估计，具体来说，包括点估计和区间估计两种。

8.4.1　点估计

点估计也称定值估计，它不考虑抽样误差，直接以抽样得到的样本指标（平均数和成数）的实际值作为总体指标（平均数和成数）的估计值的一种抽样推断方法。

例如，甲企业某天共生产某产品20 000件，其耐用时间和合格率未进行全面检测。此时，随机抽查6%的产品进行检验，测得样本平均耐用时间为4 120小时，合格率为98.56%，据此，

则可以推算这天生产的全部产品的平均耐用时间为 4 120 小时，合格率为 98.56%。

在实际工作中，作为估计依据的样本指标是一个随机变量，随着抽取的样本不同，就有许多可能的数值作为总体指标的估计值，至于哪一个估计值更好，有以下三个判别标准。

设 θ 为总体参数，如总体平均值或总体成数；$\hat{\theta}$ 为样本统计量，如样本平均值或样本成数。

（1）无偏性。用抽样指标估计总体指标时，要求抽样指标的平均数等于被估计的总体指标。也就是说，虽然每次的抽样指标值和总体指标值之间都可能有误差，但在多次反复的估计中，各个抽样指标值的平均数等于所估计的总体指标，其公式表示如下：

$$E(\hat{\theta})=\theta$$

式中，$E(\hat{\theta})$ 代表样本统计量 $\hat{\theta}$ 的数学期望值，即平均值。

（2）一致性。用抽样指标估计总体指标，要求样本含量足够多时，抽样指标也充分接近总体指标。也就是说，随着样本含量的无限增加，抽样指标和未知的总体指标之间产生误差的绝对值小于任意小的正数，其公式表示如下：

$$\operatorname*{Lim}_{n\to N} P(|\hat{\theta}-\theta|\leqslant\varepsilon)=1$$

式中，ε 代表任意小的正数。

（3）有效性。用抽样指标估计总体指标，要求作为优良估计量的方差应该比其他估计量的方差小。

点估计方法的优点是简便易行、原理直观，对于那些要求不太高的判断和分析，可以使用此种方法。但不足之处是没有表明抽样估计的误差，更没有表明误差在一定范围内的概率保证程度有多大。要解决这个问题，还必须采用区间估计的方法。

8.4.2 区间估计

区间估计就是以一定的概率保证程度，估计出包含总体参数的一个区间，即根据样本指标和抽样平均误差推断总体指标的可能范围，具体包括两部分内容：一是可能范围的大小；二是总体指标落在这个可能范围内的概率。区间估计既能表明估计结果的准确程度，又能表明这个估计结果的可靠程度。

区间估计必须同时具备三个要素，即估计值、抽样误差范围和概率保证程度。抽样误差范围决定抽样推断的准确性，概率保证程度决定抽样推断的可靠性，二者之间密切联系，但同时又是一对矛盾体，因此，在进行抽样推断时，应该根据研究的目的和任务以及研究对象的标志变异程度，科学地确定允许的误差范围，对估计的精确度和可靠性的要求慎重考虑。

区间估计应满足置信度和精确度的要求，即确定的可能范围包含总体指标的概率（可靠程度）应越大越好；而误差范围则越小越好。

在实际抽样推断中，区间估计根据给定的条件不同，有下列两种模式。

（1）根据给定的抽样误差范围 Δ，求概率保证程度 $F(t)$，具体步骤如下。

第一步，抽取样本，计算抽样平均数 $\bar{x}$ 和抽样成数 p，作为总体指标的估计值，并计算样本标准差，依此计算出抽样平均误差 μ。

第二步，根据给定的抽样误差范围 Δ（极限误差），估计总体指标的上下限。

第三步，根据抽样极限误差 Δ 和抽样平均误差 μ，计算概率度 t 的数值，查正态分布概率表，求出相应的概率保证程度 $F(t)$。

【例 8-7】 对一批某型号的电子元件进行耐用性能的检查，按随机重复抽样得到如下资料（见表 8-2），要求估计耐用时数的允许误差范围不超过 10.5 小时，试估计该批电子元件的平均耐用时数。

表 8-2　100 件电子元件耐用时数分布表

耐用时数	组 中 值	抽样检查结果（只）
900 以下	875	1
900 ~ 950	925	2
950 ~ 1 000	975	6
1 000 ~ 1 050	1 025	35
1 050 ~ 1 100	1 075	43
1 100 ~ 1 150	1 125	9
1 150 ~ 1 200	1 175	3
1 200 以上	1 225	1
合　计	—	100

第一步，计算样本平均数、样本标准差和平均数的抽样平均误差。

$$\overline{x}=\frac{\sum xf}{\sum f}=\frac{105550}{100}=1055.5(\text{小时})$$

$$s=\sqrt{\frac{\sum (x-\overline{x})^2 f}{\sum f}}=51.91(\text{小时})$$

$$\mu_{\overline{x}}=\frac{s}{\sqrt{n}}=\frac{51.19}{\sqrt{100}}=5.191(\text{小时})$$

第二步，根据给定的 $\Delta_{\overline{x}}=10.5(\text{小时})$，推断出总体平均数的上下限。

$$\text{下限}=\overline{x}-\Delta_{\overline{x}}=1055.5-10.5=1045\ (\text{小时})$$

$$\text{上限}=\overline{x}+\Delta_{\overline{x}}=1055.5+10.5=1066\ (\text{小时})$$

第三步，计算 $t=\dfrac{\Delta_{\overline{x}}}{\mu_{\overline{x}}}=\dfrac{10.5}{5.191}=2$，查正态分布概率表得概率 $F(t)=95.45\%$。

结论：能以 95.45%的概率保证程度推断，该批电子元件的平均耐用时数在 1 045 ~ 1 066 小时。

【例 8-8】 仍以上述资料为例，设该厂的产品质量检验标准规定，元件耐用时数达 1 000 小时以上为合格品，要求合格率估计的误差范围不超过 5%，试估计该批电子元件的合格率。

第一步，计算抽样成数和成数的抽样平均误差。

$$p=\frac{91}{100}=91\%$$

$$\mu_p=\sqrt{\frac{\sigma_p^2}{n}}=\sqrt{\frac{p(1-p)}{n}}=2.86\%$$

第二步，根据给定的 $\Delta_p=5\%$，计算总体合格率的上下限。

$$下限=p-\Delta_p=91\%-5\%=86\%$$

$$上限=p+\Delta_p=91\%+5\%=96\%$$

第三步，计算 $t=\dfrac{\Delta_p}{\mu_p}=\dfrac{5\%}{2.86\%}=1.75$，查正态分布概率表得概率 $F(t)=92\%$。

结论：能以92%的概率保证程度推断，该批电子元件的合格率在86%～96%。

（2）根据已给定概率保证程度 $F(t)$，估计抽样极限误差的可能范围，具体步骤如下。

第一步，抽取样本，计算抽样平均数 $\bar{x}$ 和抽样成数 p，作为总体指标的估计值，并计算出样本标准差，以此计算抽样平均误差 μ。

第二步，根据给定的概率保证程度 $F(t)$ 的数值，查正态分布概率表得到概率度 t 的数值。

第三步，根据概率度 t 和抽样平均误差 μ，计算出抽样极限误差 Δ，并根据抽样极限误差推算出被估计的总体指标的上下限。

【例 8-9】 对我国某城市居民家庭进行人均旅游消费支出的调查，采取重复抽样的方式，随机抽取400户居民家庭，调查得知居民家庭人均年旅游消费支出为350元，标准差为100元，要求以95%的概率保证程度，对该市人均年旅游消费支出额进行估计。

第一步，根据已知资料得样本平均数和样本标准差，依此计算平均数的抽样平均误差。

$$\bar{x}=350(元)$$

$$s=100(元)$$

$$\mu_{\bar{x}}=\frac{\sigma}{\sqrt{n}}=\frac{100}{\sqrt{400}}=5(元)$$

第二步，根据给定的概率保证程度 $F(t)=95\%$，查正态分布概率表得 $t=1.96$。

第三步，计算抽样平均数的极限误差，推断该市居民家庭年人均旅游消费支出额。

$$\Delta_{\bar{x}}=t\mu_{\bar{x}}=1.96\times5=9.8(元)$$

$$下限=\bar{x}-\Delta_{\bar{x}}=350-9.8=340.2(元)$$

$$上限=\bar{x}+\Delta_{\bar{x}}=350+9.8=359.8(元)$$

结论：能以95%的概率保证程度推断，该市居民家庭年人均旅游消费支出额在340.20～359.80元。

【例 8-10】 某市电视台为了解观众对某电视栏目的喜爱程度，采取重复抽样的方式，随机抽取 900 名居民进行调查，结果有 540 名居民喜欢该电视栏目，要求以 90%的概率保证程度，估计该市居民喜欢该电视栏目的比率。

第一步，根据抽样资料计算抽样成数及成数的抽样平均误差。

$$p = \frac{540}{900} = 60\%$$

$$\mu_p = \sqrt{\frac{p(1-p)}{n}} = \sqrt{\frac{0.6 \times 0.4}{540}} = 1.63\%$$

第二步，根据给定的置信度 $F(t) = 90\%$，查正态分布概率表得概率度 $t = 1.64$。

第三步，计算抽样成数的极限误差，推算出该市居民喜欢该电视栏目的比率的上下限。

$$\Delta_p = t\mu_p = 1.64 \times 1.63\% = 2.67\%$$

$$\text{下限} = p - \Delta_p = 60\% - 2.67\% = 57.33\%$$

$$\text{上限} = p + \Delta_p = 60\% + 2.67\% = 62.67\%$$

结论：能以 90%的概率保证程度，推断该市居民对此电视栏目喜爱的比率在 57.33%～62.67%。

【例 8-11】某学校进行一次英语测验，为了解学生的考试情况，采取重复抽样的方式，随机抽选部分学生进行调查，所得资料如下（见表 8-3）。试计算：① 以 95.45%的可靠性估计该校学生英语考试平均成绩所在的范围。② 该校学生成绩在 80 分以上的学生所占的比重的范围。

表 8-3　学生考试成绩分布表

考试成绩（分）	60 以下	60～70	70～80	80～90	90～100
学生人数（名）	10	20	22	40	8

（1）推断该校学生英语考试平均成绩所在的范围。

根据抽样调查的资料，计算样本平均数和样本标准差，在此基础上，计算平均数的抽样平均误差。

$$\bar{x} = \frac{\sum xf}{\sum f} = \frac{7660}{100} = 76.6\text{（分）}$$

$$s = \sqrt{\frac{\sum (x-\bar{x})^2 f}{f}} = \sqrt{\frac{12944}{100}} = \frac{113.77}{10}\text{（分）}$$

$$\mu_{\bar{x}} = \frac{\sigma}{\sqrt{n}} = \frac{11.377}{\sqrt{100}} = 1.1377\text{（分）}$$

根据给定的概率保证程度 $F(t) = 95.45\%$，查正态分布概率表得概率度 t=2。

计算极限误差，推断该校学生考试的平均成绩的区间范围。

$$\Delta_{\bar{x}} = t\mu_{\bar{x}} = 2 \times 1.1377 = 2.2754(\text{分})$$

$$\text{下限} = \bar{x} - \Delta_{\bar{x}} = 76.6 - 2.2754 = 74.32(\text{分})$$

$$\text{上限} = \bar{x} + \Delta_{\bar{x}} = 76.6 + 2.2754 = 78.89(\text{分})$$

结论：能以 95.45%的概率保证程度，推断该校学生考试的平均成绩的变动范围在 74.32～78.89 分。

（2）推断该校学生成绩在 80 分以上的学生所占的比重的范围。

根据抽样调查的资料，计算抽样成数和抽样成数的抽样平均误差。

$$p=\frac{n_1}{n}=\frac{48}{100}=48\%$$

$$\mu_p=\sqrt{\frac{p(1-p)}{n}}=\sqrt{\frac{0.48(1-0.48)}{100}}=0.049\,96$$

根据给定的置信度 $F(t)=95.45\%$，查正态分布概率表得概率度 t=2。

计算抽样成数的极限误差，推算该校学生成绩在 80 分以上的学生所占的比重的范围。

$$\varDelta_p=t\mu_p=2\times4.996\%=9.992\%$$

$$\text{下限}=p-\varDelta_p=48\%-9.992\%=38.01\%$$

$$\text{上限}=p+\varDelta_p=48\%+9.992\%=57.99\%$$

结论：能以 95.45%概率保证程度，推断该校学生成绩在 80 分以上的学生所占的比重的范围在 38.01%～57.99%。

8.4.3 总体总量指标的推算

由样本指标推断总体指标包括两个方面的内容：一是由样本平均数和样本成数推断总体的平均数和总体成数；二是对总体总量指标进行推断，第一部分内容前面已研究过，下面主要介绍对总体总量指标推算的方法。

1．直接换算法

直接换算法，是用样本指标值或总体指标（总体平均数或总体成数）的区间估计值乘以总体单位数来推算总量指标的方法。

用样本指标值（也是总体指标的点估计值）乘以总体单位数得到总体总量指标的点估计值，即 $\bar{x}N$ 和 pN。

用总体指标的区间估计值乘以总体单位数得到总体总量指标的区间估计值，即：

$$[(\bar{x}-\varDelta_{\bar{x}})N,(\bar{x}+\varDelta_{\bar{x}})N]$$

$$[(p-\varDelta_p)N,(p+\varDelta_p)N]$$

【例 8-12】某市有小学生 12 000 人，根据抽样调查结果，平均每人每年的学杂费 500 元，抽样平均误差 20 元，在 95%的概率保证下，推断该市小学生学杂费总额。

已知 $N=12\,000$，$\bar{x}=500$，$\mu_{\bar{x}}=20$，$t=1.96$

计算极限误差：$\varDelta_{\bar{x}}=t\mu_{\bar{x}}=1.96\times20=39.2$(元)

推断该市小学生学杂费平均额的变动范围的上下限：

下限=500−39.2=460.8（元）

上限=500+39.2=539.2（元）

推断该市小学生学杂费总额的变动范围的上下限：

下限=460.8×12000=5529600（元）

上限=539.2×12000=6470400（元）

推断结果表明，在 95%的概率保证下，该市小学生的学杂费总额在 552.96 万～647.04 万元。

2. 修正系数法

修正系数法，是指先将抽样调查资料与全面调查资料对比计算差错比率，即修正系数，然后用差错比率修正全面调查结果。

【例 8-13】假定某县人口普查数为 596 321 人，从中抽取约 10%的人口进行复查，抽样复查区的原普查人口为 58 720 人，复查后发现漏登人数 1 437 人，重复人口 814 人，试确定某县的人口普查数。

根据所给资料计算得知：

差错人数（遗漏人数−重复人数）=623（人）

抽样复查人口数=58720+623=59343（人）

$$修正系数=\frac{59343}{58720}=1.0106$$

修正后人口全面调查数=596321×1.0106=602642（人）

8.5 必要样本容量的确定

从前面的分析可知，只有先确定样本容量即抽样的样本单位数，才能计算抽样指标和抽样误差，进而推断总体指标。因此，在组织抽样调查时，必须事先确定所抽取的样本单位数。抽取的样本单位数越多，则样本的代表性越强、抽样误差越小，抽样推断的可靠性就越高。但抽取的样本单位数过多，就会增加不必要的人力、物力和费用的支出；抽取的样本单位数如果过少，则又会使抽样误差增大，达不到所要求的准确程度。由此可见，合理确定必要的抽样单位数，以保证取得较好的抽样推断效果，是组织抽样调查的重要问题，在抽样调查中占有十分重要的地位。

综上所述，确定必要的抽样单位数的基本原则是：在保证预期的抽样推断可靠程度的要求下，抽取的样本单位数不宜过多。

8.5.1 影响样本容量的主要因素

为了确定必要的样本容量，需要明确影响必要的样本容量的各个因素。

（1）总体被研究标志的变异程度。总体被研究标志变异程度越大，说明总体各单位的标志值相对来说就越分散，为了提高样本的代表性，在其他条件相同的情况下，就要多抽一些样本单位。反之，就可以少抽一些样本单位。

（2）允许的抽样误差的大小。允许误差的大小说明了估计的精确度，所以，在其他条件不变的情况下，如果要求估计的精确度高，抽取的样本单位数就多一些；如果要求的精确度不高，则抽取的样本单位数就少一些。

（3）概率保证程度的高低。概率保证程度说明了估计的可靠程度。所以，在其他条件不变的情况下，如果对调查结果的概率保证程度要求越高，则要抽取的样本单位数就应当越多；相反，概率保证程度要求越低，则要抽取的样本单位数就可以少些。

（4）抽样调查的组织方式和方法。在其他条件不变的情况下，抽取样本的方法不同，必要的样本单位数就不同。一般情况下，同样的条件，重复抽样比不重复抽样所需要的样本单位数要多些。

除此之外，必要的样本单位数还要受抽样组织方式的影响，这也是因为不同的抽样组织方式有不同的抽样平均误差。

（5）人力、物力和财力的允许条件。在确定必要的样本单位数时，除了考虑以上几个因素外，还应结合调查时的人力、物力、财力的具体情况做出适当的调整。

8.5.2 必要样本容量的计算

在抽样调查前，调查人员通常要根据调查对象的特点和研究目的，提出两条主要要求：一是抽样调查的允许误差不得大于多少，即规定误差范围；二是抽样推断的结果要有多大的保证程度，即规定了概率度的值。可见，必要的抽样单位数目的计算公式，是从$\Delta = t\mu$这一关系式及抽样平均误差的计算公式中推导出来的。

在简单随机抽样中，必要的样本单位数的计算公式有以下几个。

（1）在重复抽样条件下。

平均数的必要样本单位数的计算公式为：

$$n_{\bar{x}} = \frac{t^2\sigma^2}{\Delta\bar{x}^2}$$

成数的必要样本单位数的计算公式为：

$$n_p = \frac{t^2P(1-P)}{\Delta_p^2}$$

【例8-14】某食品厂要检验某月生产的10 000袋某产品的重量，根据以往的资料，这种产品每袋重量的标准差为25克，如果要求在95.45%的置信度下，平均每袋重量的误差不超过5克，那么应抽查多少袋产品？

已知$N = 10\,000$，$\sigma = 25$克，$\Delta_{\bar{x}} = 5$克，t=2

则

$$n_{\bar{x}} = \frac{t^2\sigma^2}{\Delta\bar{x}^2} = \frac{2^2 \times 25^2}{5^2} = 100(\text{袋})$$

在计算样本容量时，必须知道总体的方差，而在实际抽样调查前，总体的方差往往是未知的。在实际操作时，可以用过去的资料，若过去曾有若干个方差，应该选择其中最大的，以保证抽样推断的精确度；另外，也可以进行一次小规模的调查，用调查所得的样本方差来替代总体方差。

【例8-15】为了检查某企业生产的10 000只显像管的合格率，根据以往经验合格率为90%、91.7%，如果要求估计的允许误差不超过2.75%，置信度为95.45%，则应该取多少只显像管？

应该选择 $P=0.9$ 计算样本容量，$N=10000$，$t=2$

$$n_p=\frac{t^2P(1-P)}{\Delta_p^2}=\frac{2^2\times0.9\times(1-0.9)}{0.0275^2}=476.03\approx477(\text{只})$$

在估计成数时，计算样本容量需要总体的成数，但是总体的成数通常情况下是未知的，在实际的抽样调查时，可先进行小规模的试验调查求得样本的成数来代替。也可用历史的资料，如果有若干个成数可供选择，则应选择最靠近 50%的成数，这样可以使样本成数的方差最大，以保证估计的精确度。

（2）在不重复抽样条件下。

平均数的必要抽样单位数的计算公式为：

$$n_{\bar{x}}=\frac{Nt^2\sigma^2}{N\Delta\bar{x}^2+t^2\sigma^2}$$

根据【例 8-14】的资料，若采取不重复抽样的方式，则平均数的必要的抽样单位数为：

$$n_{\bar{x}}=\frac{Nt^2\sigma^2}{N\Delta\bar{x}^2+t^2\sigma^2}=\frac{10000\times2^2\times25^2}{10000\times5^2+2^2\times25^2}=99(\text{袋})$$

成数的必要抽样单位数的计算公式为：

$$n_p=\frac{Nt^2P(1-P)}{N\Delta_p^2+t^2P(1-P)}$$

根据【例 8-15】的资料，若采取不重复抽样的方式，则成数的必要的抽样单位数为：

$$n_p=\frac{Nt^2P(1-P)}{N\Delta_p^2+t^2P(1-P)}=\frac{10000\times2^2\times0.9\times(1-0.9)}{10000\times0.0275^2+2^2\times0.9\times(1-0.9)}=454.40\approx455(\text{只})$$

由以上计算结果可知：在其他条件相同的情况下，重复抽样所需要的样本容量大于不重复抽样所需要的样本容量。

【例 8-16】从某年级学生中按简单随机抽样方式抽取 40 名学生，对公共理论课程的考试成绩进行检查，得平均分数为 78.56 分，样本标准差为 12.13 分，试以 95.45%的概率保证程度推断全年级学生考试成绩的区间范围。如果其他条件不变，将允许误差缩小一半，应抽取多少名学生？

（1）由题意已知，$n=40$，$\bar{x}=78.56$，$s=12.13$，$t=2$

计算抽样平均误差：

$$\mu_{\bar{x}}=\frac{\sigma}{\sqrt{n}}=\frac{s}{\sqrt{n}}=\frac{12.13}{\sqrt{40}}=1.92\ (\text{分})$$

计算抽样极限误差：

$$\Delta_{\bar{x}}=t\mu_{\bar{x}}=2\times1.92=3.84\ (\text{分})$$

推算全年级学生考试成绩的区间范围是：

$$\text{下限}=\bar{x}-\Delta_{\bar{x}}=78.56-3.84=74.72\ (\text{分})$$
$$\text{上限}=\bar{x}+\Delta_{\bar{x}}=78.56+3.84=82.40\ (\text{分})$$

结论：能以 95.45%的概率保证程度推断，全年级学生考试成绩的区间范围是 74.72～82.40 分。

（2）将误差缩小一半，应抽取的学生数为：

$$n_{\bar{x}}=\frac{t^2s^2}{(\frac{\Delta_{\bar{x}}}{2})^2}=\frac{2^2\times(12.13)^2}{(\frac{3.84}{2})^2}\approx 160\text{（人）}$$

以上所介绍的一系列计算必要抽样单位数的计算公式中，各因素一般都是在调查之前预先确定的，因此，计算出的必要抽样单位数仅仅是一个参考数据，还需要结合实际情况和调查经验，适当调查必要抽样单位数，因此，在确定必要的抽样单位数时有以下几个问题值得注意。

（1）在抽样调查所需的条件允许的情况下，必要的抽样单位数应大于 30。

（2）在实际工作中，当总体单位数不多时，如果采用不重复抽样的方法抽取样本，必须应用不重复抽样的计算公式计算必要的抽样单位单位数；当总体单位数很多时，虽然采用不重复抽样方法，但也可采用重复抽样的计算公式计算必要的抽样单位数。

（3）当抽样调查是为了检验全面统计数字的质量时，全及总体的标志变异指标有实际资料的，可以直接代入公式计算必要的抽样单位数。

（4）如有几个方差可以选用时，宜选择最大数值，对于成数方差 $P(1-P)$，如果没有资料时，可取成数方差的最大值 0.25 来计算。

（5）一个总体往往同时计算抽样平均数和抽样成数。由于它们的方差和允许误差范围不同，因此，计算的必要的抽样单位数也各不相同。为了防止由于样本单位数不足而扩大抽样误差，在实际工作中往往根据比较大的必要抽样单位数进行抽样，以满足共同的需要。

职业知识检测

一、单项选择题

1．抽样调查的目的在于（　　）。

① 了解总体的基本情况　　② 用样本指标推断总体指标
③ 对样本进行全面调查　　④ 了解样本的基本情况

2．抽样调查所特有的误差是（　　）。

① 由于样本的随机性而产生的误差　　② 登记误差
③ 系统性误差　　④ ①②③都错

3．抽样调查和重点调查的主要区别是（　　）。

① 选取调查单位的方式不同　　② 调查的目的不同
③ 调查的单位不同　　④ 两种调查没有本质区别

4．当可靠度大于 0.682 7 时，抽样极限误差（　　）。

① 大于抽样平均误差　　② 小于平均误差
③ 等于抽样平均误差　　④ 与抽样平均误差的大小关系依样本容量而定

5．有一批灯泡共1 000箱，每箱200个，现随机抽取20箱并检查这些箱中的全部灯泡，此种检验属于（　　）。

① 纯随机抽样　　② 类型抽样

③ 整群抽样　　④ 等距抽样

6．当总体单位不很多且各单位间差异较小时宜采用（　　）。

① 类型抽样　　② 纯随机抽样

③ 整群抽样　　④ 两阶段抽样

7．在抽样推断中，抽样误差是（　　）。

① 可以避免的　　② 可避免且可控制

③ 不可避免且无法控制　　④ 不可避免但可控制

8．在其他条件不变的情况下，抽样单位数越多，则（　　）。

① 系统误差越大　　② 系统误差越小

③ 抽样误差越大　　④ 抽样误差越小

9．假定10亿人口的大国和100万人口的小国的居民年龄变异程度相同，现在各自用重复抽样方法抽取本国的1‰人口，则抽样误差（　　）。

① 两者相等　　② 前者大于后者

③ 前者小于后者　　④ 不能确定

10．某地有2万亩稻田，根据上年资料得知其中平均亩产的标准差为50公斤，若以95.45%的概率保证平均亩产的误差不超过10公斤，应抽选（　　）亩地作为样本进行抽样调查。

① 100　　② 250　　③ 500　　④ 1 000

11．抽样调查必须遵循的原则是（　　）。

① 典型性原则　　② 准确性原则

③ 灵活性原则　　④ 随机性原则

12．对同一总体分别按重复抽样和不重复抽样方法抽取同样多的样本单位，两种抽样方法产生的抽样平均误差的关系是（　　）。

① 前者大于后者　　② 两者相等

③ 前者小于后者　　④ 无法判断

13．在重复抽样条件下，若抽样单位数增加50%，则抽样平均误差为原来的（　　）。

① 0.5倍　　② 0.25倍　　③ 2倍　　④ 0.816倍

14．在重复抽样条件下，若使抽样极限误差减少一半（其他条件不变），则抽样单位数必须（　　）。

① 减少一半　　② 增加1倍

③ 增加3倍　　④ 增加4倍

15．对某市工商银行职工文化程度进行抽样调查，得知其中80%的人具有高中及高中以上文化程度，抽样平均误差为1.5%。试问概率度为1.96时，该行全部职工中具有高中及高中以上文化程度的人所占比重在（　　）。

① 76%～84%　　② 77.06%～82.94%

③ 大于 84%　　④ 小于 77.06%

二、判断题

1．抽样误差是由于破坏了抽样随机性原则而产生的误差。(　　)

2．样本平均数方差等于总体方差。(　　)

3．平均数的抽样平均误差实质上就是抽样平均数的标准差。(　　)

4．重复抽样的抽样平均误差有可能比不重复抽样的抽样误差小。(　　)

5．成数的抽样平均误差小于 0.5。(　　)

6．样本容量的大小与样本数目的多少成反比，而与抽样推断的可靠程度成正比。(　　)

7．纯随机抽样就是按随机的原则，直接从总体中抽取样本。(　　)

8．计算成数的抽样平均数误差或必要的抽样数目时，若无成数数值资料，可直接取 P=0.5 进行计算。(　　)

9．如果有两次抽样成数的资料 P_1、P_2，且 $P_1>P_2$，则可根据其第二次抽样成数 P_2 计算必要的抽样数目。(　　)

10．用抽样指标估计总体指标时，当样本含量充分大时，抽样指标充分接近总体指标。(　　)

三、填空题

1．抽样推断是从______中按______原则抽取______进行观察，并据以推断总体某一综合指标的方法。抽样推断所产生的误差是可以______并______的。

2．影响抽样误差大小的因素有______、______、______和______。

3．抽样极限误差是指抽样指标和总体指标之间抽样误差的______。

4．点估计是以抽样指标作为______的估计值的一种方法。

5．区间估计就是按照可靠程度的要求，根据样本指标，来推断总体指标的______。

6．计算抽样平均误差时，如果缺少总体标准差的资料，一般可以用______来代替。

7．影响抽样样本单位数目大小的因素有______、______、______。

8．对于纯随机重复抽样，若其他条件不变，允许误差缩小一半时，抽样单位数必须扩大到原来的______倍；若允许误差增加 2 倍，则抽样单位数减少到原来的______。

9．抽样单位数增加了 8 倍，纯随机重复抽样平均误差缩小到原来的______；当抽样单位数减少 50%时，纯随机重复抽样平均误差扩大为原来的______倍。

10．某乡从农产量抽样调查中得知，粮食平均亩产量的样本指标为 800 斤，抽样平均误差为 8 斤，以点估计的方法，估计该乡粮食平均亩产量为______斤，若以 95.45%的可靠程度做区间估计，则该乡粮食平均亩产量为______斤。

职业技能训练

四、简答题

1．什么叫抽样推断？它有哪些基本的特点？

2．什么是抽样误差和抽样平均误差？影响抽样平均误差的因素是什么？

3．抽样平均误差、抽样极限误差和概率度三者之间有何关系？

4．重复抽样与不重复抽样有何异同？

5．影响样本容量的因素有哪些？为什么？

五、计算题

1．某地区为了解职工家庭的收入情况，从本地区 3 000 户家庭中，按不重复抽样的方法抽取 300 户职工家庭进行调查，调查结果如表 8-4 所示。

表 8-4　某地区职工家庭收入情况调查资料

每户月人均收入（元）	收入调查户数（户）
400 以下	40
400 ~ 600	80
600 ~ 800	120
800 ~ 1 000	50
1 000 以上	10
合　计	300

（1）若用这 300 户家庭的月人均收入资料推算该地区 3 000 户家庭月人均收入情况，则抽样平均误差为多少？

（2）若又从抽样资料知，月人均收入在 800 元以上的户数的比重为 20%，那么月人均收入在 800 元以上的成数抽样平均误差为多少？

2．某进出口公司出口一种名茶，抽样检验结果如表 8-5 所示。

表 8-5　名茶抽样检验结果

每包重量 x（克）	包数 f（包）	xf
148 ~ 149	10	1 485
149 ~ 150	20	2 990
150 ~ 151	50	7 525
151 ~ 152	20	3 030
$\sum$	100	15 030

又知这种茶叶每包规格重量不低于 150 克，试以 99.73%的概率：

（1）确定每包重量的极限误差；

（2）估计这批茶叶的重量范围，确定是否达到规格重量要求。

3．对一批成品按不重复随机抽样方法抽选 200 件，其中废品 8 件，又知道抽样单位数是成品总量的 1/20，当概率为 0.954 5 时，可否认为这批产品的废品率不超过 5%？

4．对生产某种规格的灯泡进行使用寿命检验，根据以往正常生产的经验，灯泡使用寿命标准差 σ=0.4 小时，而合格品率 90%，现用重复抽样方式，在 95.45%的概率保证下，抽样平均使用寿命的极限误差不超过 0.08 小时，抽样合格率的误差不超过 5%，则必要的抽样单位数应为多少？

5．某市抽查职工家庭 900 户（占总户数的 5‰）进行统计调查，根据调查资料整理得到抽样总体有关资料如表 8-6 所示。

表 8-6　某市职工家庭抽样统计表

按平均每人每月生活费收入分组（元）	户数（户）
200 以下	10
200～300	136
300～400	204
400～500	350
500～600	200
合　计	900

（1）以概率 95.45%的保证条件，计算该市职工家庭每人每月平均生活费收入的范围。

（2）如果要求可靠程度不低于 99.73%，误差不超过 1 元，则需要抽查多少户数才能达到要求？

6．某灯泡厂对某批新试制灯泡的使用寿命长短进行抽样测定，共抽取 64 只灯泡，其平均使用寿命为 2 000 小时，标准差为 46 小时，要求：

（1）按概率为 0.683 推断该批灯泡的平均使用寿命的范围。

（2）假定抽样误差范围事先规定为 0.75，现在欲使抽样误差范围缩减到规定的 1/2，概率仍为 0.683，试问应该抽查多少只灯泡？

（3）现在要使抽样误差范围缩减为规定的 1/3，而概率又提高到 0.997，试问应该抽查多少只灯泡？

（4）通过以上计算，怎样理解抽样单位数、抽样误差范围、概率度三者之间的关系？

7．某企业对某批电子元件进行检验，随机抽取 100 只，测得平均耐用时间为 1 000 小时，标准差为 50 小时，合格率为 94%，求：

（1）以耐用时间的允许误差范围 $\Delta_{\bar{x}}=10$ 小时，估计该批产品平均耐用时间的区间及其概率保证程度。

（2）以合格率估计的误差范围不超过 2.45%，估计该批产品合格率的区间及其概率保证程度。

（3）试以 95%的概率保证程度，对该批产品的平均耐用时间做出区间估计。

（4）试以 95%的概率保证程度，对该批产品的合格率做出区间估计。

阅读资料

抽样推断——上海洋酒市场需求情况的抽样估计

1. 上海洋酒市场需求情况的抽样调查方案设计

（1）调查目的与调查对象。本次调查对象是上海的百货公司、食品店酒类专柜、宾馆酒店及酒类专卖店。考虑到洋酒消费的特殊群体，还需要对部分居民、外籍工作人员做回访式调查，以弥补抽样资料的不完全性。

（2）抽取调查样本。首先进行总体分组（分层）。调查涉及上海成千上万的宾馆、饭店、商厦，考虑到各销售商之间的差异程度较大，在选择时有意识地将调查区域分为商业繁华区、非商业区、居民居住区、商务集中区、角落区域，并将调查单位分为宾馆与饭店、百货公司、食品店专柜与专卖店三组，从而使调查数据更具有代表性。然后，依据电话号码列出所有可能销售洋酒的单位目录，编制抽样框。再采用分层抽样中的最优配置方式从每组中随机抽取 25、20、55 个样本单位组成样本。

2. 调查、整理并分析资料

（1）25 个宾馆与饭店的洋酒年销售额（万元）资料如表 8-7 所示。

表 8-7　宾馆与饭店的洋酒年销售额

销售额（万元）	样本单位数（个）
5 以下	4
5～20	6
20～40	10
40～60	3
60 以上	2
合　计	25

（2）20 个百货公司的洋酒年销售额（万元）资料如表 8-8 所示。

表 8-8　百货公司的洋酒年销售额

销售额（万元）	样本单位数（个）
5 以下	2
5～20	3
20～50	6
50～90	5
90 以上	4
合　计	20

（3）55 个食品店专柜与专卖店的洋酒年销售额（万元）资料如表 8-9 所示。

表 8-9　食品店专柜与专卖店洋酒年销售额

销售额（万元）	样本单位数（个）
5 以下	5
5 ~ 55	19
55 ~ 105	17
105 ~ 155	6
155 ~ 205	4
205 ~ 255	3
255 以上	1
合　计	55

3．洋酒销售额的估计

（1）平均值估计。由于消费者的偏好，销售主体分布的不均匀性，加上收入水平和季节变动等因素的影响，使各样本单位的销售额差异很大，为最终对总体洋酒销售额的估计带来了一定的困难。为估计总体销售额，应该对各组平均销售额进行估计与检验，以百货公司一组销售情况为例进行说明。

由表 8-8 资料计算可得：

$$\overline{x}=\frac{\sum xf}{\sum f}=49.78(\text{万元})$$

$$s^2=\frac{\sum (x-\overline{x})^2 f}{\sum f}=1\,212.38(\text{万元})$$

$$\mu_{\overline{x}}=\sqrt{\frac{s^2}{n}}=7.786(\text{万元})$$

若概率保证程度为 95%，则百货公司一组的总体洋酒平均销售额的置信区间的上下限为：

下限$=49.78-1.96\times 7.786=34.52$（万元）

上限$=49.78+1.96\times 7.786=65.04$（万元）

抽样推断表明，百货公司平均销售额在 34.52 万~65.04 万元的可信程度为 95%。

（2）总体洋酒销售额的估计。

根据表 8-7、表 8-8、表 8-9 资料计算样本的平均值和方差，结果如表 8-10 所示。

表 8-10　样本平均值和方差

类　型	样本单位数（个）	平均销售额（万元）	方差（万元）
宾馆饭店	25	25.20	587.58
百货公司	20	48.75	837.19
食品店专柜与专卖店	55	74.45	2 365.16

由表 8-10 资料计算可得：

样本平均销售额：

$$\bar{x}=\frac{\sum xf}{\sum f}=57(\text{万元})$$

$$\overline{\sigma_i^2}=\frac{\sum \sigma_i^2 n_i}{n}=1\,617.17(\text{万元})$$

抽样平均误差：

$$\mu_{\bar{x}}=\sqrt{\frac{\overline{\sigma_i^2}}{n}}=4.02(\text{万元})$$

若保证概率为 95.45%，且样本指标的分布服从正态分布，则总体平均销售额的估计区间为：

$$\text{下限}=57-2\times 4.02=48.96\ (\text{万元})$$

$$\text{上限}=57+2\times 4.02=65.04\ (\text{万元})$$

抽样推断表明，总体平均销售额在 48.96 万～65.04 万元的可信程度为 95.45%。

第 9 章

相关关系与线性回归分析

学习目标

- ☑ 理解相关关系的概念和种类；
- ☑ 熟练掌握直线相关条件下相关系数的测定方法；
- ☑ 熟练掌握一元线性回归分析的方法。

9.1　相关关系的概念和种类

9.1.1　相关关系的概念

一切客观事物都是相互联系相互制约的。客观现象间的互相联系可以通过一定的数量关系反映出来，而这种数量关系可以分为函数关系和相关关系两种类型。

函数关系是指现象之间有一种严格的确定性依存关系，表现为某一现象发生变化另一现象也随之发生变化，而且有确定的值与之相对应。例如，银行的 1 年期存款利率为年息 1.98%，存入的本金用 x 表示，到期本息用 y 表示，则 $y=x+1.98\%x$（不考虑利息税）；又如，某种股票的成交额 Y 与该股票的成交量 X、成交价格 P 之间的关系可以用公式 $Y=PX$ 来表示，这些都是函数关系。

相关关系是指客观现象之间存在的非确定的相互依存关系。也就是说，当一个现象发生数量变化时，另一个现象也会随之发生数量变化，但这种数量关系是不确定的，也不是唯一的。例如，居民收入水平提高，人们对消费品的需求量也相应提高，但这种提高不是严格一一对应的关系，因为人们对消费品需求的多少不仅受到收入水平的影响，还要受到许多其他因素（如消费习惯、消费预期高低等）的影响。

由此可见，相关关系具有如下两个特点。

（1）现象之间确实存在着数量上的依存关系。如果一个现象发生数量上的变化，则另一个现象也会相应地发生数量上的变化。例如，商品流通费增加，一般商品销售额也会增加；反之，如果商品销售额增加，一般商品流通费也要增加。又如，身材较高的人，一般体重也较重；反过来，体重较重的人一般身材也较高。再如，年龄与血压、播种量与粮食收获量之间也都存在数量上的依存关系。

在相互依存的两个变量中，可以根据研究的目的，把其中一个变量确定为自变量，一般用 x 表示，把另一个对应变化的变量确定为因变量，一般用 y 表示。例如，可以把身高作为自变量，则体重就是因变量；也可以把体重作为自变量，那么此时身高就是因变量。

（2）现象之间数量上的关系不是确定的。这意味着一个变量虽然受另一个（或一组）变量的影响，却并不由这一个（或一组）变量完全确定。例如，身高为 1.7 米的人其体重有许多个值，体重为 60 千克的人其身高也有许多个值。可见，身高和体重之间没有严格确定的数量关系存在。又如，产品单位成本和劳动生产率的变动之间存在着一定的依存关系，但是除了劳动生产率的变动以外，同时还会受到材料消耗、设备折旧、能源耗用以及管理费用等诸因素变动的影响。

相关关系和函数关系两者之间既有区别又有联系。有些函数关系往往因为有观察或测量误差以及各种随机因素的干扰等原因，在实际中常常通过相关关系表现出来；而在研究相关关系时，当对其数量间的规律性了解得越深刻的时候，其相关关系就越有可能转化为函数关系或借助函数关系来表现。

【小思考】

请指出下列哪些是相关关系，哪些是函数关系？

（1）物体的体积随着温度的升高而膨胀，随着压力的加大而收缩。

（2）家庭收入越多，其消费支出也有增长的趋势。

（3）物价上涨，商品需求量下降。

（4）圆的半径越长，其面积也越大。

（5）农作物的收获量和气温、施肥量有着密切的关系。

9.1.2　相关关系的种类

1．按照相关的方向不同可分为正相关和负相关

正相关是指当一个变量的值增加或减少，另一个变量的值也随之增加或减少。如工人劳动生产率提高，产品产量也随之增加；居民的消费水平随个人所支配收入的增加而增加等。

负相关是指当一个变量的值增加或减少时，另一变量的值反而减少或增加。如商品流转额越大，商品流通费用就越低；利润随单位成本的降低而增加等。

2．按照相关的形式不同可分为线性相关和非线性相关

线性相关又称直线相关，是指当一个变量变动时，另一变量也随之发生大致均等的变动，从图形上看，其观察点的分布近似地表现为一条直线。例如，人均消费水平与人均收入水平通常呈线性关系。

非线性相关是指当一个变量变动时，另一变量也随之发生变动，但这种变动不是均等的，从图形上看，其观察点的分布近似地表现为一条曲线，如抛物线、指数曲线等，因此又称为曲线相关。例如，工人加班加点，在一定数量界限内，产量增加，但一旦超过一定限度，产量反

而可能会下降，这就是一种非线性关系。

3．按相关的程度可分为完全相关、不完全相关和不相关

完全相关是指当一个变量的数量完全由另一个变量的数量变化所决定时，二者之间即为完全相关。例如，在价格不变的条件下，销售额与销售量之间的正比例函数关系即为完全相关，此时相关关系便成为函数关系，因此也可以说函数关系是相关关系的一个特例。

不相关又称零相关，当变量之间彼此互不影响，其数量变化又各自独立时，则变量之间为不相关。例如，股票价格的高低与气温的高低是不相关的。

不完全相关是指如果两个变量的关系介于完全相关和不相关之间，则称为不完全相关。由于完全相关和不相关的数量关系是确定的或相互独立的，因此，统计学中相关分析的主要研究对象是不完全相关。

4．按研究变量（或因素）的多少可分为单相关、复相关和偏相关

单相关又称一元相关，是指两个变量之间的相关关系，如广告费支出与产品销售量之间的相关关系。

复相关又称多元相关，是指三个或三个以上变量之间的相关关系，如商品销售额与居民收入、商品价格之间的相关关系。

偏相关是指在一个变量与两个或两个以上的变量相关的条件下，当假定其他变量不变时，其中两个变量的相关关系称为偏相关。例如，在假定商品价格不变的条件下，该商品的需求量与消费者收入水平的相关关系即为偏相关。

【小思考】

请指出下面相关关系的种类。

（1）商品流通费和商品销售额之间的关系。

（2）单位产品中的固定成本和产品产量之间的关系。

（3）人的体重与家庭收入之间的关系。

（4）产品的变动成本和产品产量之间的关系。

一些主要的相关类型用散点图表示如下（见图 9-1）。

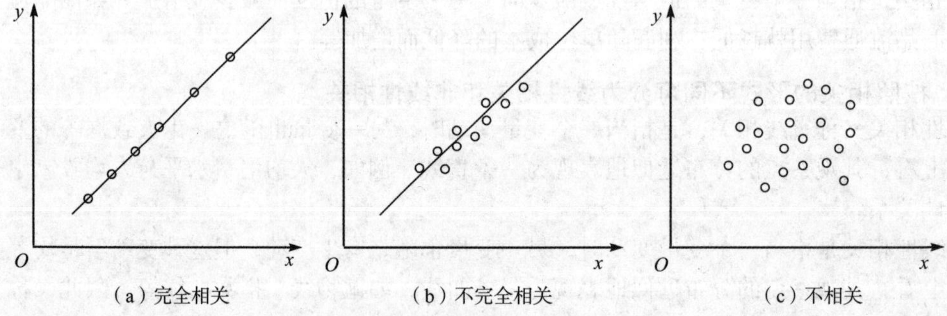

图 9-1　相关关系类型

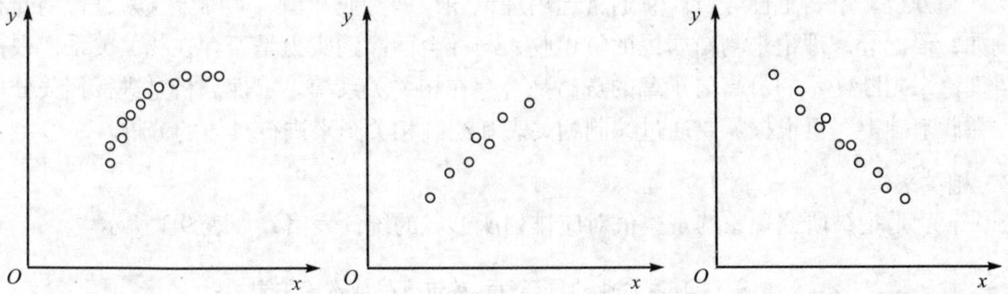

（d）曲线相关　　（e）正相关　　（f）负相关

图 9-1　相关关系类型（续）

9.1.3　相关分析的主要内容

相关分析的主要目的，就是对现象间相互关系的密切程度和变化规律，有一个具体数量的观念，从而进一步找出相互关系的模式，以便进行统计预测和推算，为制定计划、进行决策提供统计资料。具体来说，相关分析的主要内容体现在以下几个方面。

（1）确定现象之间有无关系。这是相关关系与回归分析的起点。只有存在相互依存的关系，才有必要进行进一步的分析。

（2）确定相关关系的表现形式。只有确定了现象之间相互关系的具体表现形式，才能运用相应的相关分析方法去解决，如果把曲线相关误认为是直线相关，按直线相关来分析，那么便会出现认识上的偏差，从而导致错误的结论。

（3）测定相关关系的密切程度和方向。现象之间的相关关系是一种不确定的数量关系，因此这种关系给人的感觉常常是不明确的。相关分析就是要从这种不确定、不明确的数量关系中，判断相关变量之间数量上的依存程度和方向。

【小思考】

（1）由于金融危机的影响，美国居民的人均收入下降，导致购买力也下降，人均收入与购买力是负相关吗？

（2）相关分析中的两个变量是对等的吗？

9.2　相关关系的判断

9.2.1　相关关系的一般判断

进行相关分析，首先要判断现象之间是否存在相关关系。判断现象间是否存在相关关系，一般是要对现象进行定性分析，编制相关表和绘制相关图。

1．定性分析

要分析说明现象之间相关关系的具体数量表现，首先要根据对客观事物的定性认识来判断。任何事物都有质的规定性，它表明了事物自身和其他事物之间的联系。对事物的这种质的规定性的认识和分析，就是定性分析。它通常运用理论知识、专业知识、实际经验来进行判断和分析。例如，根据经济理论来判断居民的货币收入与社会商品购买力是否存在相关关系；根据生物遗传理论来判断父辈的身高与子辈的身高是否存在相关关系等。定性分析是进行相关分析的基础，在此基础上，再根据需要通过编制相关表和绘制相关图来进行具体的分析。

2．相关表

相关表就是把被研究现象的观察值对应排列所形成的统计表格，如表 9-1 所示。

表 9-1　9 家企业的月产量和单位产品成本相关表

序　号	月产量 x（千件）	单位成本 y（元）
9	2.1	91
5	3.2	86
1	4.1	80
3	5.4	71
2	6.3	72
8	6.8	63
4	7.6	58
6	8.5	50
7	9.7	42
合　计	53.7	613

相关表中的两列数据叫相关数列，它有别于变量数量。相关表中的数值是变量的观测值，是实际资料，是样本数据，是判别相关关系的基础。在相关表中，如果观测值的分布呈现一定的规律性，则表明现象之间存在相关关系。例如，随着一个变量数值的增加或减少，另一个变量的值也大致以某一固定的速率和数量增加或减少，这就可以初步判断现象间存在相关关系。如果两个变量的观测值没有表现出任何的规律性，则可以判定现象间不存在相关关系。很明显，上表中的两列数据存在线性负相关关系。

3．相关图

相关图又称散点图，是以坐标系的横轴代表变量 x，纵轴代表变量 y，将两个变量间相对应的变量值用坐标点的形式描绘出来，用来反映两个变量之间相关关系的图形。相关图是研究相关关系的直观工具，一般在进行详细的定量分析之前，可以先利用它对现象之间存在的相关关系的方向、形式和密切程度做大致的判断。

由表 9-1 的资料绘制的散点图如图 9-2 所示。

从图中可看出，月产量和单位成本之间存在着高度的负相关关系。即产量越大，单位成本就越小；反之，产量越小，单位成本就越大。

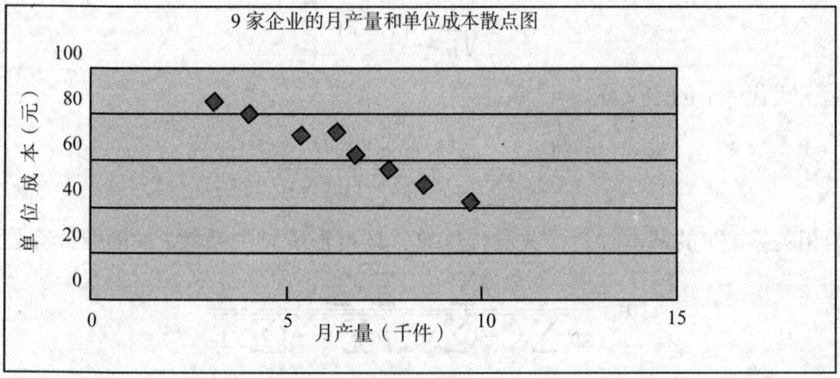

图 9-2　散点图

9.2.2　直线相关条件下的相关系数

定性分析、相关表、相关图，只能从大体上反映变量之间的相关关系。要进一步研究变量之间相关关系的密切程度及方向，我们还应该进一步地利用统计分析指标。通过上述方法，若判断出变量之间属线性相关，则有必要计算出相关系数，进一步研究现象之间关系的密切程度和相关的方向。也就是说，相关系数是我们研究具有线性关系的现象之间相关密切程度和方向的非常重要的统计分析指标。

1．相关系数的含义

相关系数是指直线相关条件下，用来说明两现象之间相关关系密切程度的统计分析指标，通常用 r 表示相关系数。

一般来说，相关系数比相关图更能概括表现相关的形式和程度。根据相关系数的大小，或者把若干相关系数加以对比，可以发现现象发展中具有决定意义的因素，因而相关系数对于判定变量之间相关关系的密切程度具有十分重要的作用。

1890 年，英国统计学家卡尔·皮尔逊（Karl Pearson）便提出了相关系数的定义公式：

$$r=\frac{\sigma_{xy}^2}{\sigma_x\sigma_y}$$

式中

r——相关系数；

σ_{xy}^2——变量 x 与变量 y 的协方差；

σ_x——变量 x 的标准差；

σ_y——变量 y 的标准差。

$$\sigma_{xy}^2=\frac{\sum(x-\overline{x})(y-\overline{y})}{n}$$

$$\sigma_x=\sqrt{\frac{1}{n}\sum(x-\overline{x})^2}$$

$$\sigma_y = \sqrt{\frac{1}{n}\sum(y-\overline{y})^2}$$

将以上三式代入 r 的定义式，可得：

$$r = \frac{\sum(x-\overline{x})(y-\overline{y})}{\sqrt{\sum(x-\overline{x})^2\sum(y-\overline{y})^2}}$$

上式为相关系数 r 的基本计算公式。经推算，还可形成相关系数 r 的简便计算公式：

$$r = \frac{n\sum xy - \sum x\sum y}{\sqrt{n\sum x^2-(\sum x)^2}\sqrt{n\sum y^2-(\sum y)^2}}$$

或

$$r = \frac{\sum xy - n\overline{x}\cdot\overline{y}}{\sqrt{\sum x^2 - n\overline{x}^2}\sqrt{\sum y^2 - n\overline{y}^2}}$$

由于它是通过将各个离差相乘的方法来说明相关程度的，所以，通常把这种相关系数的公式叫做积差法相关系数公式。

由上述公式可以看出，r 取正值或负值决定于分子 $\sum(x-\overline{x})(y-\overline{y})$，当其为正值时，即得出 r 为正相关；当其为负值，则得出 r 为负相关。

要注意理解相关系数 r 中 $\sum(x-\overline{x})(y-\overline{y})/n$ 即协方差的作用和变量 x、y 标准差的作用。

（1）协方差[$\sum(x-\overline{x})(y-\overline{y})/n$]的作用。

1）显示 x 与 y 是正相关还是负相关。相关系数的正负号完全决定着协方差的正负号。因此，当相关系数为正数时即为正相关，当相关系数为负数时即为负相关。

2）显示 x 与 y 相关程度的大小。协方差的绝对值小，表示 x 与 y 的相关程度低；协方差的绝对值大，表示 x 与 y 的相关程度高。

（2）标准差 σ_x 和标准差 σ_y 的作用。在相关系数定义公式中将协方差除以变量 x 的标准差和变量 y 的标准差的乘积，它的实际作用在于对 x 与 y 各自平均数的离差，分别用各自的标准差为尺度加以标准化，然后再求标准化变量的协方差。即：

$$r=\frac{\sum(x-\overline{x})(y-\overline{y})}{n\sigma_x\sigma_y}=\frac{\sum(\frac{x-\overline{x}}{\sigma_z})(\frac{y-\overline{y}}{\sigma_y})}{n}$$

经过上述数学处理，其作用主要体现在以下两方面。

1）x, y 协方差是名数（有单位），不同现象的变异情况不同，其相关程度不能直接以协方差的大小加以比较。而标准化结果使协方差化为无名数，此时相关系数可以比较不同现象相关程度的高度。

2）x, y 协方差的值可以无限增加或减少，不便于说明问题，而将变量离差标准化，使相关系数的绝对值不超过 1，即 $|r|\leqslant 1$。

根据相关关系的定义公式可知相关系数的含义如下。

① r 的取值范围为 $-1 \leqslant r \leqslant 1$。因为协方差的绝对值最小为 0，最大为 σ_x 和 σ_y 的乘积。

② r 的绝对值越接近于 1，表明相关关系越密切；越接近于 0，表明相关关系越不密切。

③ $r=+1$ 或 $r=-1$，表明两现象完全相关。

④ $r=0$，表明两变量无直线相关关系，但不能说明无其他曲线关系。

⑤ $r>0$，表明现象呈正直线相关；$r<0$，表明现象呈负直线相关。

⑥ 为了在判断时有个统一标准，一般认为 $|r|<0.3$，为无相关；$0.3 \leqslant |r|<0.5$，为低度相关；$0.5 \leqslant |r|<0.8$，为显著相关；$|r| \geqslant 0.8$，一般称为高度相关。

2．相关系数的计算

现在举例说明相关系数的计算。

【例 9-1】 现用表 9-1 的数据来说明相关系数的计算过程（见表 9-2）。

表 9-2　相关系数计算表

序　号	月产量 x（千件）	单位成本 y（元）	x^2	y^2	xy
1	4.1	80	16.81	6 400	328.0
2	6.3	72	39.69	5 184	453.6
3	5.4	71	29.16	5 041	383.4
4	7.6	58	57.76	3 364	440.8
5	3.2	86	10.24	7 396	275.2
6	8.5	50	72.25	2 500	425.0
7	9.7	42	94.09	1 764	407.4
8	6.8	63	46.24	3 969	428.4
9	2.1	91	4.41	8 281	191.1
合计	53.7	613	370.65	43 899	3 332.9

将表中数值代入相关系数的计算公式得：

$$r=\frac{n\sum xy-\sum x\sum y}{\sqrt{n\sum x^2-(\sum x)^2}\sqrt{n\sum y^2-(\sum y)^2}}=\frac{9\times 3\,332.9-53.7\times 613}{\sqrt{9\times 370.65-53.7^2}\times\sqrt{9\times 43\,899-613^2}}=-0.988\,6$$

上述计算结果表明，月产量和单位成本之间存在着高度的负相关关系。

在已有平均值的情况下，即 $\bar{x}=5.97$，$\bar{y}=68.11$，则：

$$r=\frac{\sum xy-n\bar{x}\cdot\bar{y}}{\sqrt{\sum x^2-n\bar{x}^2}\sqrt{\sum y^2-n\bar{y}^2}}=\frac{3\,332.9-9\times 5.97\times 68.11}{\sqrt{370.65-9\times 5.97^2}\times\sqrt{43\,899-9\times 68.11^2}}=-0.988\,6$$

可见，两个公式的计算结果完全相同。

【小思考】

（1）不对现象进行定性或定量分析，直接用上述公式计算两变量关系的密切程度，行吗？

（2）如果相关系数等于 0，能否认为两变量无相关关系？

9.3 线性回归分析

9.3.1 回归分析的概念、特点及与相关分析的关系

1．回归分析的概念

计算相关系数只能说明现象间相关关系的方向和程度，以及关系密切与否，但不能说明一个现象发生一定量的变化，另一个现象一般也会发生多大的变化。如销售收入每增加 1 万元时，销售利润一般会增加多少？施肥量增加 1 公斤，一般又会增加多少产量？

为了测定现象之间数量变化上的一般关系通常要使用数学方法，这类数学方法称为回归分析。回归就是指变量之间的一般数量关系，即根据现象之间相关关系的表现形式，配合一条直线或曲线，用这条直线或曲线来代表自变量和因变量相随变动的一般数量关系。也就是要建立并求解直线或曲线的数学方程式，从而求得变量间的一般关系值。

回归有不同的种类，按照自变量的个数可分为一元回归和多元回归。只有一个自变量的叫一元回归，有两个或两个以上自变量的叫多元回归；按照回归曲线的形态可分为线性（直线）回归和非线性（曲线）回归。在实际分析时应根据客观现象的性质、特点、研究目的和任务，选取合适的回归分析方法。这里仅讨论一元线性回归分析。

2．一元线性回归分析的特点

（1）两个变量之间不是对等关系，一个是自变量，一个是因变量，在进行回归分析时，首先加以确定。

（2）相关系数是个抽象的系数，而回归方程是利用自变量的给定值来推算因变量值，反映的是变量之间具体的变动关系。

（3）有些现象因果关系不明显，x、y 两个变量可以互换。从方程式来看，存在着两个回归方程：一个以 x 为自变量，y 为因变量，求出的回归方程称“y 倚 x 回归方程”；另一个以 y 为自变量，x 为因变量，求出的回归方程称“x 倚 y 回归方程”。画出图来，则是两条斜率不同的回归直线。

（4）直线回归方程中的回归系数也有正负号，当回归系数为正号时，表示两个变量之间的变动方向相同，为负号时则表示两变量之间的变动方向相反。

（5）回归分析中的自变量是给定数值，不是随机的，而因变量是随机的，将其代入给定的自变量值后，求出因变量的估计值，这个估计值是许多可能数值的平均值，且存在着估计标准误差。

3．相关分析与回归分析的关系

相关分析是回归分析的基础和前提，回归分析则是相关分析的深入和继续。相关分析需要依靠回归分析来表现变量之间数量相关的具体形式，而回归分析则需要依靠相关分析来表现变量之间数量变化的相关程度。只有当变量之间存在高度相关时，进行回归分析寻求其相关的具体形式才有实际的意义。如果在没有对变量之间是否相关以及相关方向和程度做出正确判断之前，就进行回归分析，则很容易造成"虚假回归"。与此同时，相关分析只研究变量之间相关的方向和程度，不能推断变量之间相互关系的具体形式，也无法从一个变量的变化来推测另一个变量的变化情况。因此，在具体应用过程中，只有把相关分析和回归分析结合起来，才能达到研究和分析的真正目的。

9.3.2　一元线性回归模型的建立与检测

1．一元线性回归模型的概念

一元线性回归模型又称简单直线回归方程，是根据两个变量的成对数据，配合直线方程式，再根据自变量的变动值，来推算因变量的估计值的一种统计分析方法。

对于所要考察的变量 y 来说，若其主要影响因素只有变量 x 一个，且 y 与 x 呈线性相关关系，则在变量 y 和 x 之间建立的数学模型为：

$$\hat{y} = a + bx$$

式中，$\hat{y}$ 表示变量 y 的估计值，又称 y 的理论值；a 表示直线在 y 轴上的截距，代表直线的起点值；b 表示直线的斜率，又称 y 对 x 的回归系数，它的实际意义是说明 x 每变化一个单位时，y 的平均变动值。也就是说，若 x 前面是"+"号，则说明 x 每增加一个单位时，y 就平均增加 b 个单位；若 x 前面是"−"号，则说明 x 每增加一个单位时，y 就平均减少 b 个单位。因此，回归系数 b 前面的"+"或者"−"还分别表示变量 y 与 x 是正相关还是负相关。a 和 b 都叫待定参数，它需要根据 y 和 x 的实际资料求解，一旦解出 a 和 b 的值，则表明变量之间一般关系的回归直线就随之确定。

2．构建回归模型应具备的条件

（1）现象间确实存在数量上的相互依存关系。只有当两个变量存在高度密切的相关关系时，所构建的回归模型才有意义，用以进行分析和预测时才有实际的价值。

（2）现象间存在直线相关关系。一元线性回归方程在图形上表现为一条直线，因此，只有当两个变量的相关关系表现为直线相关时，所配合的直线方程才是对客观现象的真实描述，才可用来进行统计分析。如果现象间的相关关系表现为曲线，却配合为一条直线，这必然会得出错误的分析结论。在实际应用中，一般是借助散点图来判断现象是否呈直线关系。

（3）具备一定数量的变量观测值。回归直线方程是根据自变量和因变量的样本观测值求得的，因此，变量 x 和变量 y 两者应有一定数量的对应观测值，这是构建直线方程的依据。如果观测值太少，受随机因素的影响较大，就不易观测出现象间的变动规律性，那么所求出的直线回归方程也就没有实质上的意义了。

3．直线回归方程中待定参数的求法

确定 $\hat{y}=a+bx$，主要是确定 a 和 b，那么如何选择最为满意的 a 和 b 呢？

最小平方法给出了此问题的解决方案，其基本思路是让 $\sum(y-\hat{y})^2=$ 最小，所以又称最小二乘法。

将 $\hat{y}=a+bx$ 代入 $\sum(y-\hat{y})^2$，令 $Q=\sum(y-\hat{y})^2=\sum(y-a-bx)^2$，根据微分求极值的原理，分别对 a 和 b 求偏导，令其为零。得：

$$\frac{\partial Q}{\partial a}=-2\sum(y-a-bx)=0$$

$$\frac{\partial Q}{\partial b}=-2\sum(y-a-bx)x=0$$

整理得：

$$\begin{cases}\sum y=na+b\sum x\\ \sum xy=a\sum x+b\sum x^2\end{cases}$$

解方程组，可得 a 和 b：

$$\begin{cases}a=\overline{y}-b\overline{x}\\ b=\dfrac{n\sum xy-\sum x\sum y}{n\sum x^2-(\sum x)^2}\end{cases}$$

将 a 和 b 代入直线回归方程 $\hat{y}=a+bx$ 中即可。

拟用一元线性回归模型方法举例如下。

（1）自变量为一般变量时拟合一元线性回归模型。

【例 9-2】根据【例 9-1】中的数据，建立月产量 x 和单位产品成本 y 之间的直线方程，说明月产量每增加 10 000 件，单位产品成本将如何变化。并估计当月产量 x=10（1 000 件）时，单位产品成本的数值。

将表 9-2 中有关数据代入，得：

$$b=\frac{n\sum xy-\sum x\sum y}{n\sum x^2-(\sum x)^2}=\frac{9\times 3\,332.9-53.7\times 613}{9\times 370.65-53.7^2}=-6.46$$

$\overline{x}=5.97$，$\overline{y}=68.11$，$a=\overline{y}-b\overline{x}=68.11-(-6.46)\times 5.97=106.68$

则回归方程为：$\hat{y}=106.68-6.46x$

由方程可以看出，月产量每增加 1 千件，单位产品成本将平均下降 6.46 元。

当 x=10 时，$\hat{y}=106.68-6.46x=42.08$（元）

即月产量为 10 000 件时，单位产品成本为 42.08 元。

（2）时间为自变量时拟合一元线性回归模型。

若自变量为时间，则用 t 表示，此时，直线方程为：

$$\hat{y}=a+bt$$

由最小平方原理可得：

$$b=\frac{n\sum ty-\sum t\sum y}{n\sum t^2-\left(\sum t\right)^2}$$

$$a=\frac{\sum y}{n}-b\frac{\sum t}{n}=\bar{y}-b\bar{t}$$

若令 $\sum t=0$，则：

$$b=\frac{\sum ty}{\sum t^2}$$

$$a=\frac{\sum y}{n}=\bar{y}$$

那么，怎样使得 $\sum t=0$ 呢？如果年份是奇数，则设中间一年为 0，上下年份分别设为–1、–2、–3 等和+1、+2、+3 等；若年份为偶数，则设中间两年为+1、–1，其他依次为+3、+5 等和–3、–5 等，见表 9-3。

表 9-3　年份编号

年　份	编号（年份为奇数）	编号（年份为偶数）
2000	–2	–5
2001	–1	–3
2002	0	–1
2003	+1	+1
2004	+2	+3
2005	—	+5
合　计	0	0

【例 9-3】某游览点历年观光游客的数量如表 9-4 所示，用最小平方法建立直线方程，并预测 2013 年的游客数量。

表 9-4　某游览点历年观光游客数量

年　份	时间序号		游客（万人）	t^2		ty	
2004	1	–3	100	1	9	100	–300
2005	2	–2	112	4	4	224	–224
2006	3	–1	125	9	1	375	–125
2007	4	0	140	16	0	560	0
2008	5	1	155	25	1	775	155
2009	6	2	168	36	4	1 008	336
2010	7	3	180	49	9	1 260	540
合　计	28	0	980	140	28	4 302	382

将上述资料代入 $\hat{y}=a+bt$ 得：

$$b=\frac{n\sum ty-\sum t\cdot\sum y}{n\sum t^2-\left(\sum t\right)^2}=\frac{7\times4302-28\times980}{7\times140-28^2}=13.64$$

$$a=\frac{\sum y}{n}-b\frac{\sum t}{n}=\frac{980}{7}-13.64\times\frac{28}{7}=85.44$$

则：$\hat{y}=85.44+13.64t$

用此种方法计算，到2013年时 t=10，则：

$$y_{2013}=85.44+13.64\times10=221.84\text{（万人）}$$

若 $\sum t=0$，将上表资料代入得：

$$b=\frac{\sum ty}{\sum t^2}=\frac{382}{28}=13.64$$

$$a=\frac{\sum y}{n}=\frac{980}{7}=140$$

则：$\hat{y}=140+13.64t$

用此种方法，到2013年时 t=6，则：

$$y_{2013}=140+13.64\times6=221.84\text{（万人）}$$

即到2013年游客数量将达到221.84万人。

由上述两种计算方法可以看出，参数 a 虽不相同，但进行预测的结果却完全相同。

这里需要说明的是，对【例9-2】和【例9-3】所求的方程，只能给定自变量 x 或 t 的值去推算因变量 y 的值，而不能由 y 的值去推算 x 或 t 的值。若自变量 x 与因变量 y 互为因果关系，则可建立以 y 为自变量，x 为因变量的回归方程，然后再据 y 的给定值去推算 x 的值。

4．在回归分析中应注意的几点问题

（1）在定性分析的基础上进行定量分析，是保证正确运用回归分析的必要条件。也即在确定哪个变量做自变量，哪个变量做因变量之前，必须对所研究的问题有充分正确的认识。

（2）在回归方程中，回归系数的绝对值只能表示自变量与因变量之间的联系程度，以及两变量间的变动比例。因为其值大小直接取决于变量所用计算单位的大小。

（3）在进行回归分析时，为了使推算和预测更准确，因而应将相关系数、回归系数和估计标准误差结合使用。

（4）要具体问题具体分析。回归方程是根据资料计算出来的，是一种经验数据，如条件发生变化，则推算和预测也会不准确。因此，不能机械照搬，以免造成失误。

【小思考】

（1）协方差、相关系数、回归系数的符号一致吗？

（2）回归分析中的两变量关系是对等的吗？能否由 x 推算 y？

（3）身高和体重是互为因果关系的两个变量，设哪一个为 x？哪一个为 y？

9.3.3　估计标准误差

回归方程是在直线相关条件下，反映两个变量之间一般数量关系的数学模型。根据回归直线方程，可以由自变量的给定值推算因变量的值。但是，推算出的因变量数值并不是一个精确数值，而是一个估计值和理论值。这就是说，由回归方程进行预测实际上是存在误差的。误差越大，说明拟合的回归直线方程越不精确；而误差越小，说明拟合的回归直线方程越精确，即代表性越大。因此，回归直线方程求出后，有必要对其拟合精度进行检测。而估计标准误差就是进行这种检验的统计分析指标。

估计标准误差是用来说明回归直线方程代表性大小的统计分析指标。其定义公式为：

$$S_{xy}=\sqrt{\frac{\sum(y-\hat{y})^2}{n-2}}$$

式中

S_{xy}——估计标准误差；

y——因变量实际值；

$\hat{y}$——因变量估计值；

n——相关数列的项数。

估计标准误差 S_{xy} 越小，说明 y 与 $\hat{y}$ 越接近，回归方程的代表性也就越大。

按照上面的定义公式计算估计标准误差十分烦琐，运算量较大，因为它需要计算出因变量 y 所有的估计值。因而在实践中，在已知直线回归方程的情况下，通常用下面的简便公式计算估计标准误差。

将 $\hat{y}=a+bx$ 代入，可得如下计算公式：

$$S_{xy}=\sqrt{\frac{\sum y^2-a\sum y-b\sum xy}{n-2}}$$

【例 9-4】将表 9-2 中的数据代入可得：

$$S_{xy}=\sqrt{\frac{\sum y^2-a\sum y-b\sum xy}{n-2}}=\sqrt{\frac{43899-106.68\times613+6.46\times3332.9}{9-2}}=2.226\text{（元）}$$

【小思考】

（1）什么是估计标准误差？它有什么用途？

（2）估计标准误差的大小与回归方程的代表性高低有何种关系？

职业知识检测

一、单项选择题

1．下面属于函数关系的是（　　）。

① 销售人员测验成绩与销售额大小的关系
② 圆周的长度与圆的半径的关系
③ 家庭收入和消费的关系
④ 数学成绩与统计学成绩的关系

2．相关系数 r 的取值范围（　　）。

① $-\infty<r<+\infty$　　② $-1\leqslant r1\leqslant+1$
③ $-1<r<+1$　　④ $01\leqslant r1\leqslant+1$

3．年劳动生产率 x（千元）和工人工资 y（元）之间的回归关系式为 $y=10+70x$，这意味着年劳动生产率每提高1 000元时，工人工资平均（　　）。

①增加70元　　② 减少70元
③ 增加80元　　④ 减少80元

4．若要证明两变量之间线性相关程度是高的，则计算出的相关系数应接近于（　　）。

① +1　　② 0　　③ 0.5　　④ $|1|$

5．回归系数和相关系数的符号是一致的，其符号均可用来判断现象是（　　）。

① 线性相关还是非线性相关　　② 正相关还是负相关
③ 完全相关还是不完全相关　　④ 单相关还是复相关

6．某校经济管理类的学生学习统计学的时间（x）与考试成绩（y）之间建立线性回归方程为 $y=200-0.8x$，该方程参数的计算（　　）。

① a 值是明显不对的　　② b 值是明显不对的
③ a 值和 b 值都是不对的　　④ a 值和 b 值都是正确的

7．进行回归分析要求其中的两个变量（　　）。

① 都是随机的　　② 都不是随机的
③ 自变量是随机的，因变量不是随机的　　④ 自变量不是随机的，因变量是随机的

8．进行相关分析，要求相关的两个变量（　　）。

① 都是随机的　　② 都不是随机的
③ 一个是随机的，一个不是随机的　　④ 随机或不随机都可以

9．下列关系中，属于正相关关系的有（　　）。

① 合理限度内，施肥量和平均单产量之间的关系
② 产品产量与单位产品成本之间的关系
③ 商品的流通费用与销售利润之间的关系
④ 流通费用率与商品销售量之间的关系

10．相关分析研究（　　）。

① 变量之间的数量关系　　② 变量之间的变动关系
③ 变量之间的相互关系的密切程度　　④ 变量之间的因果关系

11．在回归直线 $y_c=a+bx$ 中，$b<0$，则 x 与 y 之间的相关系数（　　）。

① $r=0$　　② $r=1$　　③ $0<r<1$　　④ $-1<r<0$

12．在回归直线 $y_c=a+bx$ 中，b 表示（　　）。

① 当 x 增加一个单位时，y 增加 a 的数量

② 当 y 增加一个单位时，x 增加 b 的数量

③ 当 x 增加一个单位时，y 的平均增加量

④ 当 y 增加一个单位时，x 的平均增加量

13．当相关系数 $r=0$ 时，表明（　　）。

① 现象之间完全无关　　② 相关程度较小

③ 现象之间完全相关　　④ 无直线相关关系

14．下列现象的相关密切程度最高的是（　　）。

① 某商店的职工人数与商品销售额之间的相关系数为 0.87

② 流通费用水平与利润率之间的相关关系为–0.94

③ 商品销售额与利润率之间的相关系数为 0.51

④ 商品销售额与流通费用水平的相关系数为–0.81

15．估计标准误差是反映（　　）。

① 平均数的代表性指标　　② 相关关系的指标

③ 回归直线的代表性指标　　④ 序时平均数的代表性指标

二、填空题

1．现象之间的相关关系按相关的程度分为______、______和______；按相关的形式分为______和______；按影响因素的多少分为______和______。

2．两个相关现象之间，当一个现象的数量由小变大，另一个现象的数量______，这种相关称为正相关；当一个现象的数量由小变大，另一个现象的数量______，这种相关称为负相关。

3．相关系数的取值范围是______。

4．完全相关即是______关系，其相关系数为______。

5．相关系数，是用来反映______条件下，两变量相关关系的密切程度和方向的统计指标。

6．直线相关系数等于零，说明两变量之间______；直线相关系数等于 1，说明两变量之间______；直线相关系数等于–1，说明两变量之间______。

7．对现象之间变量的研究，统计上是从两个方面进行的，一方面是研究变量之间关系的______，这种研究称为相关关系；另一方面是研究关于自变量和因变量之间的变动关系的，用数学方程式表达，称为______。

8．回归方程 $y=a+bx$ 中的参数 a 是______，b 是______。在统计中估计待定参数的常用方法是______。

9．______分析要确定哪个是自变量哪个是因变量，在这点上它与______不同。

10．用来说明回归方程代表性大小的统计分析指标是______。

三、判断题

1．相关关系和函数关系都属于完全确定性的依存关系。（　　）

2．如果两个变量的变动方向一致，同时呈上升或下降趋势，则二者是正相关关系。（　　）

3．假定变量 x 与 y 的相关系数是 0.8，变量 m 与 n 的相关系数为−0.9，则 x 与 y 的相关密切程度高。(　　)

4．当直线相关系数 r=0 时，说明变量之间不存在任何相关关系。(　　)

5．相关系数 r 有正负、有大小，因而它反映的是两现象之间具体的数量变动关系。(　　)

6．在进行相关和回归分析时，必须以定性分析为前提，判定现象之间有无关系及其作用范围。(　　)

7．回归系数 b 的符号与相关系数 r 的符号，可以相同也可以不同。(　　)

8．在直线回归分析中，两个变量是对等的，不需要区分因变量和自变量。(　　)

9．相关系数 r 越大，则估计标准误差 S_{xy} 值越大，从而直线回归方程的精确性越低。(　　)

10．进行相关与回归分析应注意对相关系数和回归直线方程的有效性进行检验。(　　)

11．工人的技术水平提高，使得劳动生产率提高。这种关系是一种不完全的正相关关系。(　　)

12．正相关指的就是两个变量之间的变动方向都是上升的。(　　)

13．回归分析和相关分析一样，所分析的两个变量都一定是随机变量。(　　)

14．线性相关的两个变量，只能算出一个相关系数。(　　)

15．一种回归直线只能做一种推算，不能反过来进行另一种推算。(　　)

职业技能训练

四、简答题

1．什么是相关关系？它和函数关系有什么不同？

2．简述相关分析和回归分析的关系。

3．什么是正相关和负相关？举例说明。

4．直线回归方程中 $y=a+bx$，参数 a、b 是怎样求得的？它们各代表什么意义？

5．构造直线回归模型应具备哪些条件？

6．什么是估计标准误差？其作用如何？

7．应用相关与回归分析应注意哪些问题？

五、案例分析题

1．某博物馆发现文物被盗，公安刑侦人员经过分析，推测案犯的身高在 172 厘米左右。刑侦人员是如何推断的呢？原来在现场发现了案犯的脚印，测量脚印的长度为 25.5 厘米，已知成年人的脚印长 x 和身高 y 之间存在线性相关关系，回归方程为 $\hat{y}$=149.66+0.876x。因此可以从脚印的长度，推断其大致身高，为破案提供重要线索。若现在测得另一案件中，罪犯的脚印为 27.5 厘米，你能估计出他的大致身高吗？

2．年龄 x 和脂肪含量 y（%）之间的回归方程为：$\hat{y}=-0.448+0.5765x$

（1）解释 b（0.576 5）的意义。

（2）当 x=37 时，计算相应的值并解释其意义。

（3）算一算你到 23 岁时应具备的脂肪含量。

说明：年龄的取值范围为 23～61 岁，一般在这个年龄范围内估计脂肪含量时误差相对较小，如果估计 80 岁人的脂肪含量，误差会很大，结果不可靠。

3．英国遗传学家高尔顿在子女与父母相像程度遗传学研究方面，取得了重要进展。高尔顿的学生卡尔·皮尔逊在继续这一遗传学研究的过程中，测量了 1 078 个父亲及其成年儿子的身高，用 x 表示父亲的身高，y 表示儿子的身高（单位为英寸），求得回归方程为 $\hat{y}=0.51x+33.22$（见图 9-3），结果发现了一个重要的规律。主要计算结果及描述如表 9-5 所示。

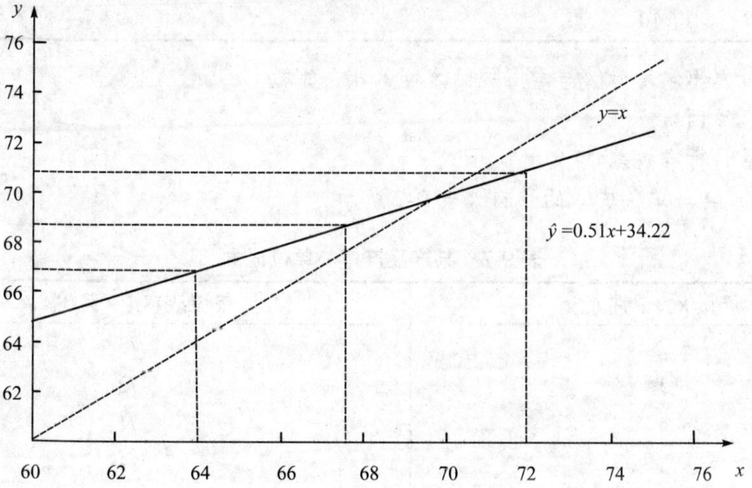

图 9-3　父亲及成年儿子身高关系

表 9-5　计算结果及描述

计算结果	关系描述
$\bar{x}=67.6$，$\bar{y}=68.7$	子代的平均身高大于父代的平均身高，大约高 1 英寸
$\hat{y}=0.51x+33.22$ $r=0.501$	父亲的身高与儿子的身高线性正相关，相关关系较弱。一般高个子的父亲儿子身材也较高，而矮个子父亲的儿子身材也较矮
x_1=64 时，$\hat{y}_1=66.9$ x_2=72 时，$\hat{y}_2=71$	较矮父亲的儿子们的平均身高比父亲要高；较高父亲的儿子们的平均身高比父亲要矮。有回归到一般高度的趋势

高尔顿和皮尔逊把上述这种现象称为回归效应，现在人们把由一个变量的变化去推断另一个变量变化的方法统称为回归分析。

请调查 20 位你的同学的家族，分析一下是否具有这样的回归效应呢？

六、计算题

1．检查 6 位同学统计学的学习时间与成绩如表 9-6 所示。

表 9-6 学习时间与成绩

每周学习时数（小时）	学习成绩（分）
2	40
4	60
5	54
7	80
8	76
10	92

（1）由此计算出学习时数与学习成绩之间的相关系数。

（2）建立直线回归方程。

（3）计算估计标准误差。

2．某产品产量与单位成本的资料如表 9-7 所示。

表 9-7 某产品产量与单位成本

产量 x（千件）	单位成本 y（元/件）
2	73
3	72
4	71
3	73
4	69
5	68

（1）计算相关系数 r，判断其相关方向和程度。

（2）建立直线回归方程。

（3）指出产量每增加 1 000 件时，单位成本平均下降了多少元？

3．某地高校教育经费（x）与在校学生数（y）连续 6 年的统计资料如表 9-8 所示。

表 9-8 教育经费与在校学生数

教育经费 x（万元）	在校学生数 y（万人）
316	11
343	16
373	18
393	20
418	22
455	25

（1）建立回归直线方程，估计教育经费为 500 万元时的在校学生数。

（2）计算估计标准误差。

4．某地区农村居民 2008—2012 年人均收入资料如表 9-9 所示。

表 9-9　人均收入

年　份	2008	2009	2010	2011	2012
人均收入（万元）	1.60	1.78	2.30	2.68	3.00

建立回归直线方程，并预测 2013 年该地区居民人均收入将达到多少万元。

5．要了解某地区酒店经营状况，随机抽取同等规模的 10 家酒店进行调查，某月有关入住率和净利润资料如表 9-10 所示。

表 9-10　酒店的入住率和净利润资料

酒店编号	入住率（%）	净利润（万元）
1	70.5	99
2	70.1	75
3	73.4	101
4	67.0	75
5	72.0	96
6	68.8	81
7	63.5	70
8	73.6	100
9	72.1	98
10	80.7	120

（1）绘制散点图，判断入住率与净利润之间的相关方向和形态。

（2）计算入住率与净利润之间的相关系数，说明两个变量之间的关系密切程度。

（3）以入住率为自变量建立回归方程，并解释回归系数的实际意义。

（4）如果入住率达到 85%，预测净利润的水平。

6．某企业的广告费支出与销售额资料如表 9-11 所示，计算相关系数并配合直线回归方程。

表 9-11　广告费支出与销售额

广告费（万元）	600	400	800	200	500	700	800	900
销售额（万元）	5 000	4 000	7 000	3 800	6 000	6 600	8 900	9 000

7．某地区 2008—2012 年各年的人均收入和商品销售额资料如表 9-12 所示。

表 9-12　人均收入与商品销售额

年　份	人均收入（元/月）	商品销售额（亿元）
2008	2 560	87

续表

年　份	人均收入（元/月）	商品销售额（亿元）
2009	2 680	93
2010	2 696	99
2011	2 712	105
2012	2 750	112

（1）计算人均收入与商品销售额的相关系数，并说明相关方向和相关程度。

（2）以时间为自变量，人均收入为因变量，配合直线回归方程，并预测2013年的人均收入。

（3）以人均收入为自变量，商品销售额为因变量，建立回归直线方程，并说明回归系数的含义。

8．根据50名学生的数学和物理学考试结果进行计算，数学成绩的标准差为9.79分，物理学成绩的标准差为7.85分，两科成绩的协方差为66.6分。由以上资料计算相关系数，并对这两科成绩的相关方向和相关程度做出说明。

9．某企业上半年成品产量与单位成本资料如表9-13所示。

表9-13　成品产量与单位成本

月　份	成品产量（千件）	单位成本（元/件）
1	32	73
2	28	72
3	39	71
4	42	69
5	40	70
6	45	65

（1）建立回归直线方程（以单位成本为因变量），指出产量每增加1 000件时单位成本平均下降多少？

（2）假定产量为5 000件时，估计单位成本为多少元？

10．某地经回归分析，其每亩地施肥量（x）和每亩粮食产量（y）的回归方程为：$\hat{y}=500+10.5x$，试解释式中回归系数的实际经济含义。若每亩最高施肥量为40斤，最低施肥量为20斤，问每亩粮食产量的范围是多少？

阅读资料

某市春花童装厂近几年沾尽了独生子女的光，生产销售连年稳定增长。谁料该厂李厂长这几天来却在为产品滞销、资金搁置大伤脑筋。原来，年初该厂设计了一批童装新品，有男童的香槟衫、迎春衫；女童的飞燕衫、如意衫等。借鉴成人服装的镶、拼、滚、切等工艺，在色彩和式样上体现了儿童的特点——活泼、雅致、漂亮。由于工艺比原来复杂，所以成本较高，价格比普通童装高出了 80%以上，如一件香槟衫的售价在 160 元左右。为了摸清这批新产品的市场吸引力如何，在春节前夕厂里与百货商店联合举办了“新颖童装迎春展销”，小批量投放市场十分成功，柜台边顾客拥挤，购买踊跃，并迎来一片赞誉声。于是，许多商家纷纷主动上门订货。连续几天亲临柜台观察消费者反映的李厂长，看在眼里，喜在心上，不由自主地想：“现在都只有一个孩子，为了能把孩子打扮得漂漂亮亮的，谁不舍得花些钱？只要货色好，价格高些看来没问题。”他决心趁热打铁，尽快组织批量生产，及时抢占市场。

为了确定计划生产量，以便安排以后的生产，李厂长根据 2008 年以来的月销售统计呈逐月上升的状态，运用最小平方法，求得直线回归方程，计算出以后月份预测数。考虑到这次展销会的热销场面，他决定以生产能力的 70%安排新品种，30%为老品种。2 月的产品很快就被订购完了。然而，现在已是 4 月初了，3 月的产品还没有落实销路。询问了几家老客商，他们反映有难处，原以为新品种童装十分好销，谁知 2 月订购的那批货，卖了一个多月还未出 1/3，他们现在既没有能力也不愿意继续订购这类童装了。对市场上出现的近 180 度的需求变化，李厂长感到十分纳闷。他弄不明白，这些新品种都经过试销，自己亲自参加了市场调查和预测，为什么结果会事与愿违呢？

究其原因在于李厂长运用市场调查与预测的方法不恰当。在运用时忽视了市场环境的一致性，对春节前的购销旺季的特殊销售状况和市场的正常销售状况不加以区别，错误地认为自己的产品完全适应了市场需求，销售量将继续增长，而忘记了时过境迁，消费者的购买动机和购买行为会发生变化，从而对企业产品的销售带来巨大影响。同时，该厂在进行产品销售预测时，简单地套用了直线回归分析法，而没有看到市场预测的基本条件已经发生变化。该厂在春节前生产销售的主要是老产品，而春节以后，还根据春节这个特殊时期的销售状况来决定主要生产销售新产品，用老产品的统计资料来预测新产品的销售量，作为安排生产的依据，必然会得出错误的结论。

第 10 章

Excel 在统计中的应用

学习目标

☑ 了解 Excel 是统计工作的基本工具；

☑ 掌握运用 Excel 进行抽样收集数据，利用 Excel 进行整理数据的方法，其中，能利用 Excel 函数法进行统计分组和运用直方图法描述统计数据，熟练利用 Excel 进行统计图的制作，计算描述统计量；

☑ 掌握用 Excel 进行动态数列分析、指数分析和相关关系与线性回归分析的方法。

在科技高速发展的今天，人工统计已经跟不上时代的需求，而统计学作为一门应用性很强的学科，在计算机方面出现了一系列典型的统计软件，主要有 Excel、SAS、SPSS、MINITAB、STATISTICA 等。其中由美国微软公司开发的 Excel 电子表格软件，是办公自动化中较常用的一款软件，它不仅能够进行表格处理、图形分析、数据的自动处理和计算，而且简单易用，只要具有一定统计基础知识，都可以利用它进行统计工作。在各个单位的统计工作中，用计算机统计数据已经普及，本章主要介绍 Excel（2003 或 2007 版）在统计中的应用。

10.1 用 Excel 收集与整理数据

10.1.1 用 Excel 收集数据

收集数据的方法多种多样，我国的统计制度以抽样调查为主，采用统计报表、典型调查、重点调查为辅的调查体系，本节主要以抽样调查收集资料。对抽样调查，Excel 的数据分析工具中提供了一个专门的“抽样”工具，可以帮助使用者快速完成用抽样调查方法收集数据的工作。

使用 Excel 进行抽样，首先要对各个总体单位进行编号，编号可以按随机原则，也可以按某些标志，编号后，将编号输入工作表。

【例 10-1】某企业有 100 名员工，从中选取 20 名进行工资收入调查。

首先，将 100 名员工编号为 1～100 号，把编号输入工作表后如图 10-1 所示。

	A	B	C	D	E
1	1	21	41	61	81
2	2	22	42	62	82
3	3	23	43	63	83
4	4	24	44	64	84
5	5	25	45	65	85
6	6	26	46	66	86
7	7	27	47	67	87
8	8	28	48	68	88
9	9	29	49	69	89
10	10	30	50	70	90
11	11	31	51	71	91
12	12	32	52	72	92
13	13	33	53	73	93
14	14	34	54	74	94
15	15	35	55	75	95
16	16	36	56	76	96
17	17	37	57	77	97
18	18	38	58	78	98
19	19	39	59	79	99
20	20	40	60	80	100

图 10-1　总体各单位编号表

输入总体单位编号后，具体操作步骤分述如下。

第一步：单击“工具”菜单，选择“数据分析”选项。(若无数据分析选项，可在工具菜单下选择加载宏，在弹出的对话框中选择分析工具库，便可出现数据分析选项；如若还找不到，则应重装 Office 系统。) 打开“数据分析”对话框，从“分析工具”对话框的列表中找到“抽样”并选中，如图 10-2 所示。

第二步：单击“抽样”选项或单击“确定”按钮，弹出“抽样”对话框，此时可确定输入区域、抽样方法和输出区域，如图 10-3 所示。

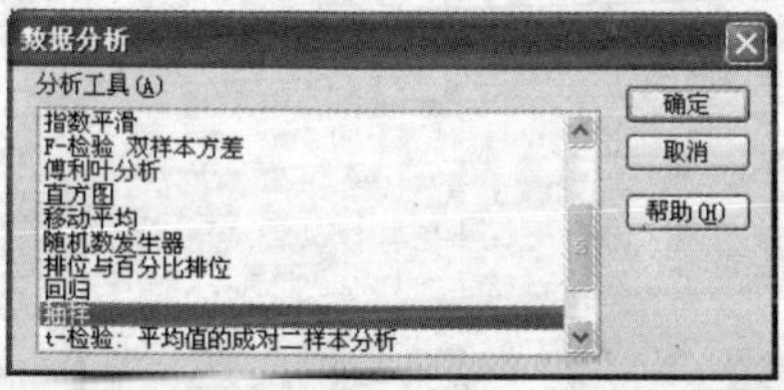

图 10-2　“数据分析”对话框

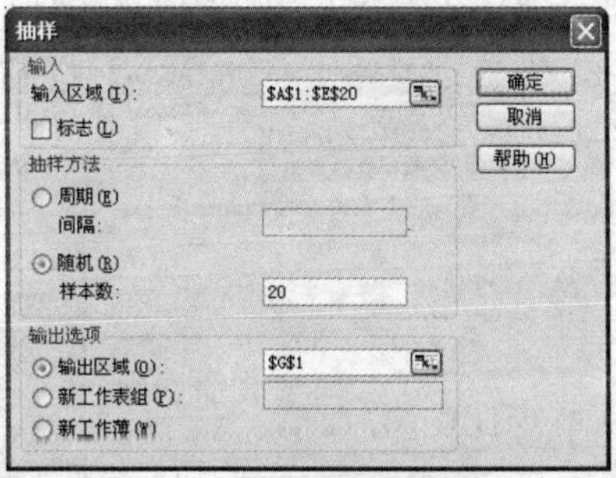

图 10-3　“抽样”对话框

1．选定输入区域

在“输入区域”框中输入总体单位编号所在的单元格区域。在本例中，输入区域为$A$1:$E$20，系统将从 A 列开始抽取样本，然后按顺序抽取 B 列至 E 列。输入区域可以用鼠标左键单击图 10-1 中的 A1 位置，此时出现虚线框，然后拖拉虚线框，选中表中全部数字，自动在图 10-3 中的“输入区域”显示出$A$1:$E$20；或者也可以用手工逐字录入（注意不能漏掉$）。

2. 选定抽样方法

在“抽样方法”项中，有“周期”和“随机”两种抽样模式。

（1）“周期”模式即我们所学的等距抽样（机械抽样或系统抽样）。此种抽样方法，需要确定周期间隔，周期间隔是由总体单位数除以要抽取的样本数而求得的整数。在本例中，要在100个总体单位中抽取20个，则在“间隔”框中输入5即可。

（2）“随机”模式适用于纯（简单）随机抽样、分层抽样、整群抽样和阶段抽样。简单随机抽样即纯随机抽样，只需在“样本数”框中输入要抽取的样本单位数即可，本例样本单位数为20。

分层抽样（类型抽样），是先将总体单位按某一标志分类编号，然后在每类中随机抽取若干单位，这种抽样方法实际是分组法与随机抽样的结合。

整群抽样，也是先将总体单位分类编号，然后按随机原则抽取若干类作为样本，对抽中的类的所有单位全部进行调查。

本例所使用的编号输入方法，只适用于等距抽样和纯随机抽样。本例采用的是纯随机抽样，样本单位数为20。

3. 选定输出方向

在“输出选项”框中有三种输出方向，即“输出区域”、“新工作表组”、“新工作簿”。

在“输出区域”框中输入总体单位编号所在的任一单元格区域，在本例中，输入区域为$G$1。

此外，也可以通过选择“新工作表组”或“新工作簿”将抽样结果放在新工作表或新工作簿中。

在本例我们输入区域$G$1，单击“确定”按钮后，在选定的位置出现抽样的结果，如图10-4所示。

如果抽样方法采用周期间隔为5的等距抽样，则结果如图10-5所示。

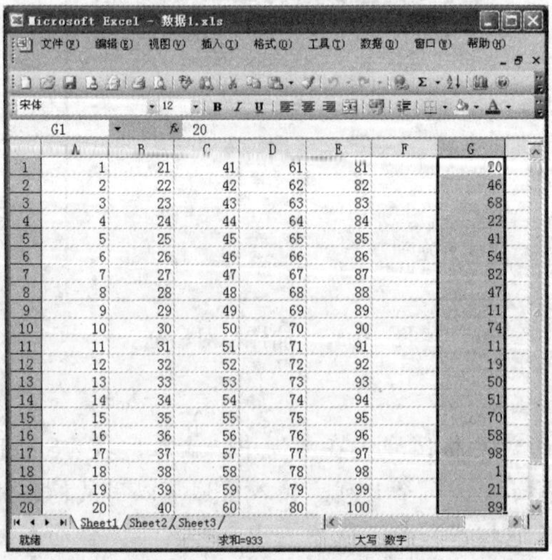

图10-4　纯随机抽样结果

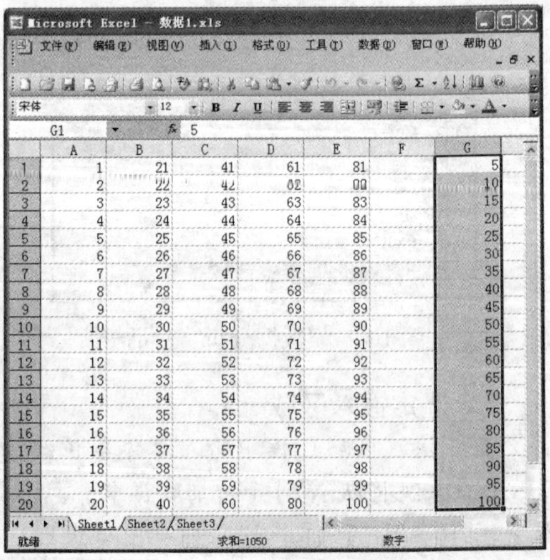

图10-5　等距抽样结果

需要注意的是，这里的纯随机抽样的方式指“有放回抽样”，由于抽样是随机的，不同的人或同一个人在不同的时间抽取的结果可能不同；另外，由于抽取的样本每次均需归还，所以在第一次抽到后，第二次仍有同等的机会被抽取。因此，这种抽样获得的样本中，一个单位有可能被多次抽取。如本次抽样中，抽取了两个 11。

若是“不放回抽样”，则可采取随机函数的方式来解决。

Excel 中的 Rand()函数可以返回大于等于 0 小于 1 的均匀分布随机数，Rand()不带任何参数运行，每次计算时都将返回一个新的数值。Rand()函数可以被用来作为不重复抽样调查的工具。

假定一个组有 50 名员工，我们从中抽取 10 个计算他们的平均工资，采用“不放回抽样”的方法如下。

第一步：将这 50 名员工编号并输入，并事先规定随机数较小或较大的前 10 名员工为被抽取对象。

第二步：在 B1 输入随机数，在 B2 输入“=RAND()”并用鼠标放至 B51。

第三步：为了避免随机数函数的随机变化，需要对 B2:B51 产生的随机数进行复制，然后采用选择性粘贴“数值”到 B2:B51。

第四步：选中 A2:B51，单击数据菜单，选择排序，在主要关键字中选择随机数，单击确定按钮，可得输出结果如图 10-6 所示。

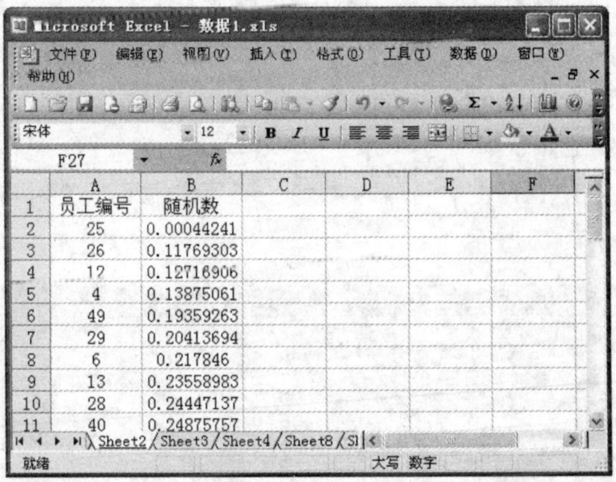

图 10-6　无放回抽样结果

从图 10-6 可以看出，被抽中的学生编号为 25，26，12，4，49，29，6，13，28，40。

10.1.2　用 Excel 整理数据

对于收集的资料我们需要做进一步整理，统计整理既是统计调查的继续，又是统计分析的前提，起着承上启下的作用。

数据的分组汇总和编制统计图等几个主要环节是统计整理的重要部分。而用 Excel 进行统计分组有两种方法，一是利用函数法，二是利用数据分析中的“直方图”工具法。

1. 函数法

在 Excel 中进行统计分组和编制频数分布表可利用 COUNTIF()、FREQUENCY()等函数，但要根据变量值的类型不同而选择不同的函数。当变量值是离散型变量时应使用 COUNTIF()函数；当变量值是连续型变量时应使用 FREQUENCY()函数。下面分别用案例演示介绍这两个函数的具体用法。

（1）COUNTIF()函数。COUNTIF()函数的构成是 COUNTIF（区域，条件）。

【例 10-2】某大型饮料企业为研究不同品牌饮料的市场占有率，对随机抽取的一大型超市进行了调查。调查员在某天对 50 名顾客购买饮料的品牌进行了记录，利用此数据编制频数分布表。顾客购买饮料的品牌名称如下：

王老吉	可口可乐	王老吉	汇源果汁	露露
露露	王老吉	可口可乐	露露	可口可乐
王老吉	可口可乐	可口可乐	百事可乐	王老吉
可口可乐	百事可乐	王老吉	可口可乐	百事可乐
百事可乐	露露	露露	百事可乐	露露
可口可乐	王老吉	王老吉	汇源果汁	汇源果汁
汇源果汁	王老吉	可口可乐	可口可乐	可口可乐
可口可乐	百事可乐	露露	汇源果汁	百事可乐
露露	可口可乐	百事可乐	可口可乐	露露
可口可乐	王老吉	百事可乐	汇源果汁	王老吉

具体统计操作步骤分述如下。

第一步：将数据输入 Excel 表中，输入类型，观察数据的类型个数，在工作表中找一空余位置列出各组名称，如图 10-7 所示。

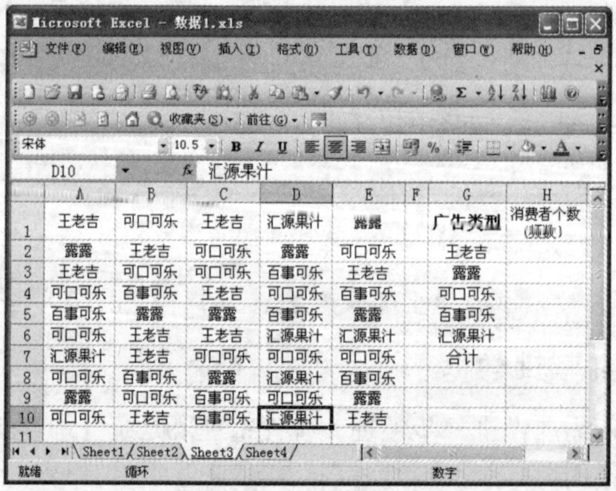

图 10-7　输入调查数据

第二步：单击“插入”菜单，选择“函数”选项，弹出“插入函数”对话框。在“选择类别”中选择“统计”，在“选择函数”中选择“COUNTIF”。如图 10-8 所示，单击“COUNTIF”

或“确定”出现对话框，Range 就是查找的区域范围，Criteria 则是你在这个范围内查找数据的条件，如图 10-9 所示。

单击确定出现数据 11；或手工完成，选中要输出的位置 H2，输入函数“=COUNTIF（$A$1:$E$10，G2）”并回车，所得结果如图 10-10 所示。

第三步：采用拖拉单元格复制方式，在 E3 到 E6 单元格内复制公式，从而完成频数分布表的编制。调整格式，如图 10-11 所示。

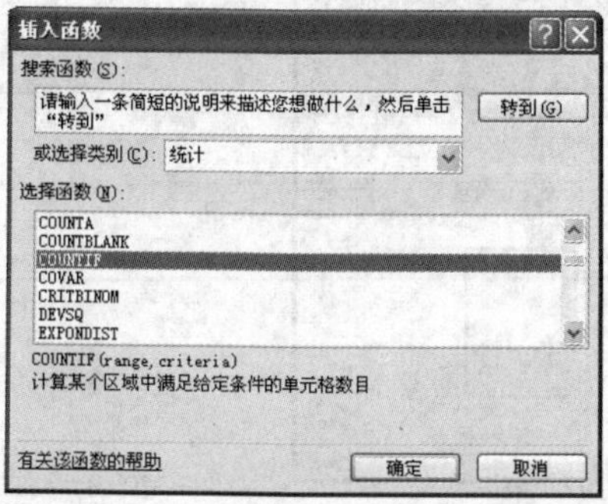

图 10-8　“COUNTIF”对话框

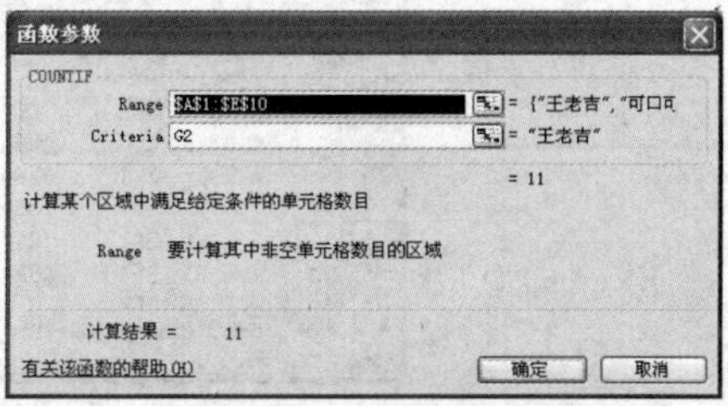

图 10-9　函数参数对话框

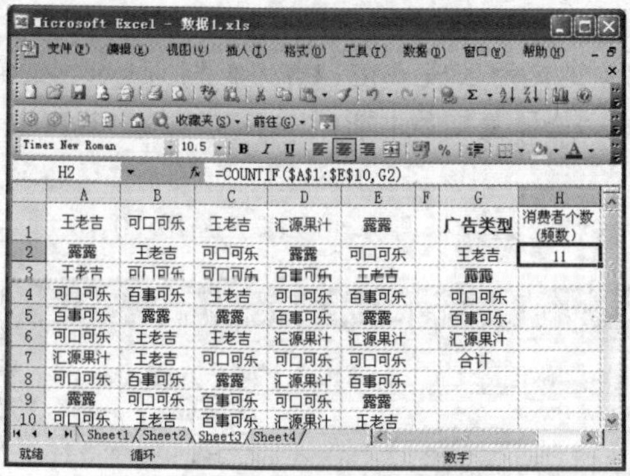

图 10-10　统计结果数据

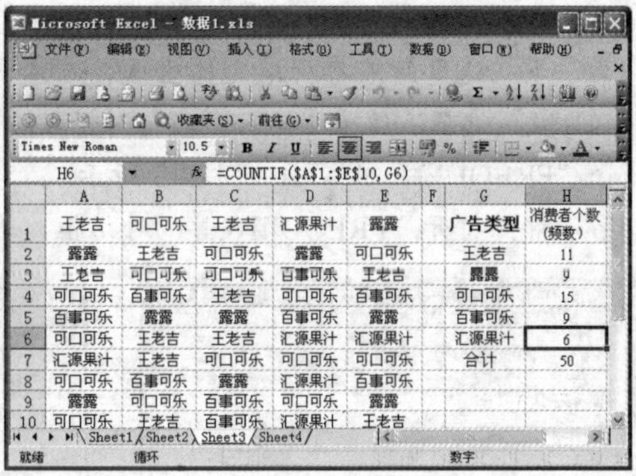

图 10-11　频数分布表

（2）利用 FREQUENCY() 函数编制次数分布表。FREQUENCY() 函数的语法构成是 FREQUENCY（数据数组，间隔区域数组），以一列垂直数组返回某个区域中的数据分布，描述数据分布的状态。现举例介绍如下。

【例 10-3】 下面的工作表是某学校抽样调查 50 名学生的月消费情况（单位：元）。要求用 Excel 表分组，并绘制直方图。

306 200 362 444 406 314 224 362 448 406

318 234 366 454 408 320 244 368 458 418

324 252 376 464 422 328 258 382 470 424

342 270 388 486 564 346 274 392 504 592

350 280 392 536 512 350 284 396 402 520

先把数据按次数分布数列的要求排序（利用排序操作排好序），本例中为 A1：A50，找出最大值 592、最小值 200；全距为 592–200=392；确定组数 5；确定每组图的上限值，确定上限值是编制频数表的关键，确定了上限值实际上就是确定了每组的组距和组限；本例我们分为 5 个组（一般分为 3～5 组），如图 10-12 所示。

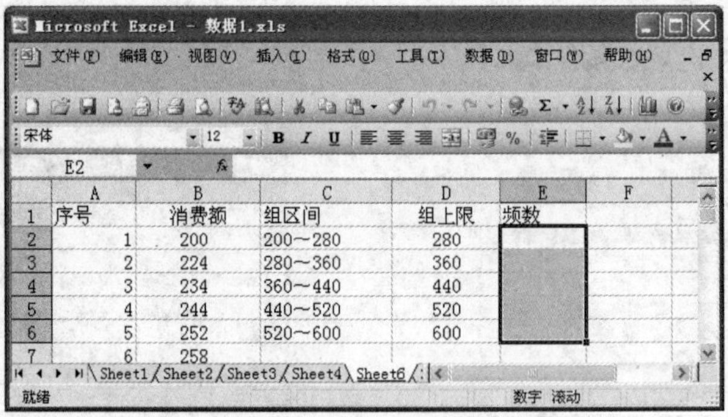

图 10-12　频数分布表

具体操作步骤如下。

第一步：选取结果存放单元格区域，在本例中选定的区域为 E2:E6，单击“插入”菜单，选择“函数”选项，弹出“插入函数”对话框。在“选择类别”中选择“统计”，在“选择函数”中选择“FREQUENCY”。如图 10-13 所示。

第二步：打开“FREQUENCY”对话框，输入待分组数据与分组上限，如图 10-14 所示。

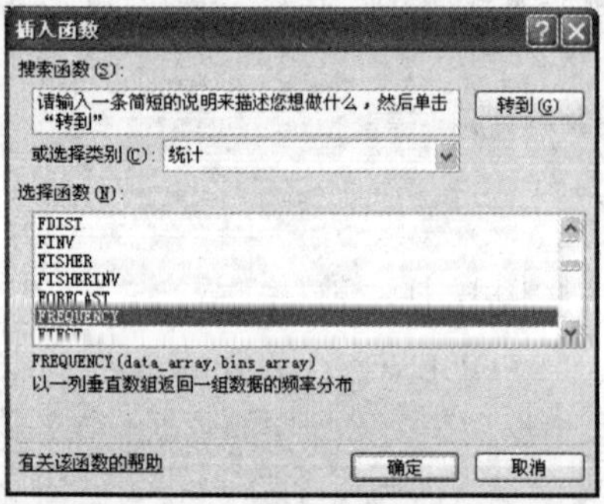

图 10-13　选择“FREQUENCY”对话框

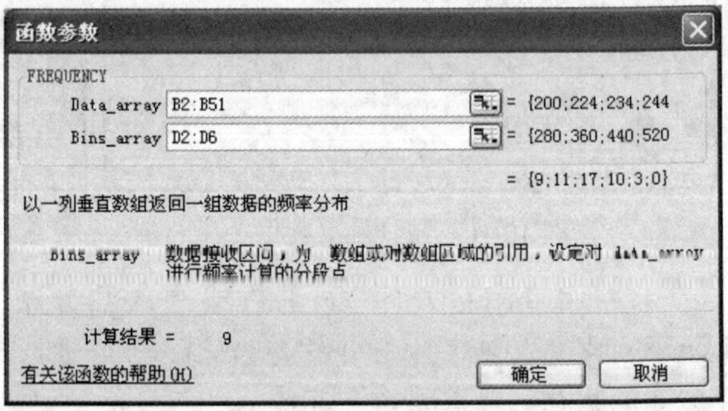

图 10-14　“FREQUENCY”对话框

Data_array 用于计算频率的数组，或对数组单元区域的引用，本例中为 B2:B51。Bins_array 为数据接受区间，是一组数或对数组区间的引用，设定对 Data_array 进行频率计算的分段点。本例中为 280、360、440、520、600。

也可以用手工在选定输出单元格内输入“=FREQUENCY(B2:B51, D2:D6)”。

第三步：输入完成后，不能单击“确定”按钮。按“Ctrl+Shift”组合键，同时敲回车键，就可以在最初选定的单元格区域内得到频数分布结果，在本例中为 E2:E6，如图 10-15 所示。

第四步：求出频率（E2/50，然后下拉），则频数分布函数进行统计分析的功能就全部操作完成了，如图 10-16 所示（注意：方法可以有多种，可以尝试其他方法）。

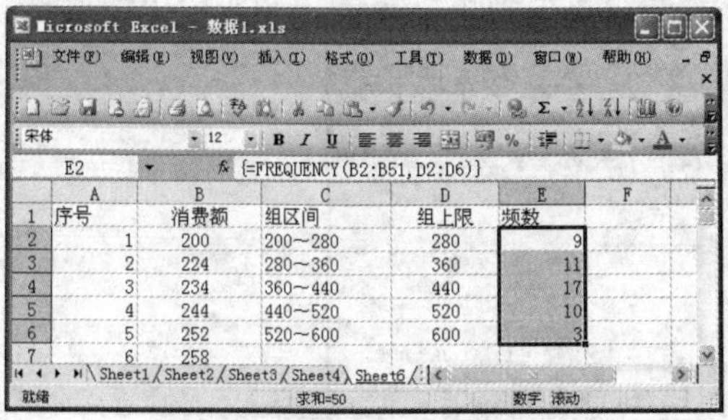

图 10-15　频数分布结果

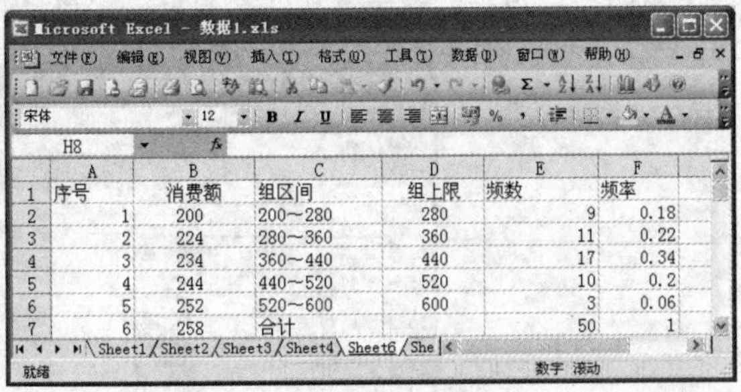

图 10-16　频数分布表

2．利用数据分析工具"直方图"进行频数分布

频数分布函数只能进行统计分组和频数计算，而"直方图"分析工具则既可以完成编制分布表又可以绘制直方图。

下面以【例 10-3】为例，阐述直方图分析工具的统计整理功能，其具体操作过程如下。

第一步：将样本数据排成一列，并对数据进行排序，本例中已利用排序操作排好序，为 B2:B51。输入分组上限，本例中为 D2:D6，分别是 280、360、440、520、600。

第二步：利用直方图分析工具进行分析，单击"工具"菜单，选择"数据分析"选项；打开"数据分析"对话框，从"分析工具"列表中选择"直方图"选项，如图 10-17 所示。

第三步：打开"直方图"对话框，确定输入区域、接收区域和输出区域，如图 10-18 所示。

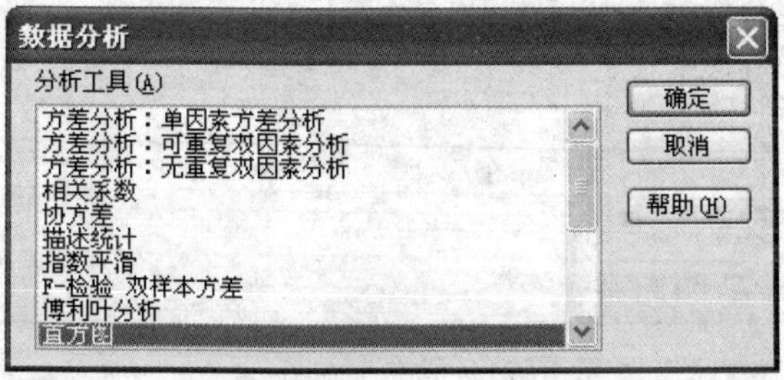

图 10-17　"数据分析"对话框

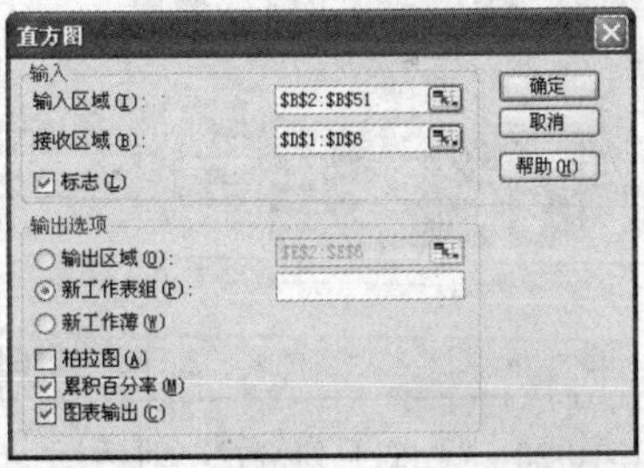

图 10-18　"直方图"对话框

① 在"输入区域"输入待分析数据区域的单元格引用，若输入区域有标志项，则选中"标志"复选框，本例有标志项；否则，系统将自动生成数据标志。在"接收区域"输入接收区域的单元格引用，该框可为空，则系统自动利用输入区域中的最小值和最大值建立平均分布的区间间隔的分组。本例中输入区域为$B$2:$B$51，接收区域为$D$2:$D$6。

② 在"输出"选项中可选择输出去向，输出去向类似于"抽样"对话框的输出去向。本例中选择"输出区域"为新工作表组。

③ 选择“柏拉图”可以在输出表中同时按降序排列频数数据；选择“累积百分率”可在输出表中增加一列累积百分比数值，并绘制一条百分比曲线；选择“图表输出”可生成一个嵌入式直方图。本例中选择“累积百分率”和“直方图”。

第四步：单击“确定”按钮，打开一个新的工作表，可得到频数分布，如图 10-19 所示。

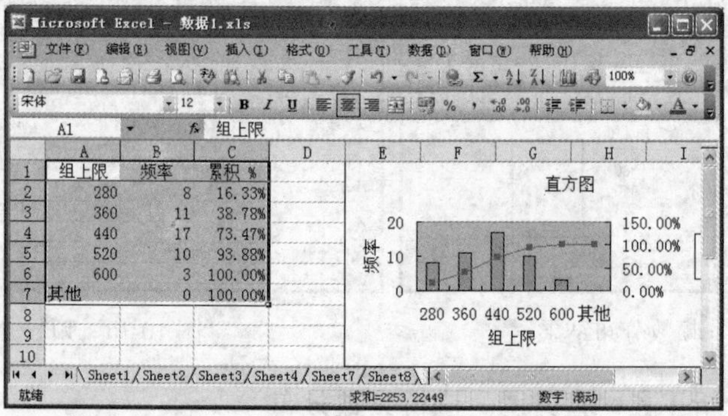

图 10-19　直方图频数分布结果

第五步：将条形图转换成标准直方图。先左键单击条形图的任一直条，然后再单击右键，在快捷菜单中选取“数据系列格式”，最后在“数据系列格式”对话框中选择选项标签，将间距宽度改为 0，如图 10-20 所示。

单击“确定”按钮即可，如图 10-21 所示。

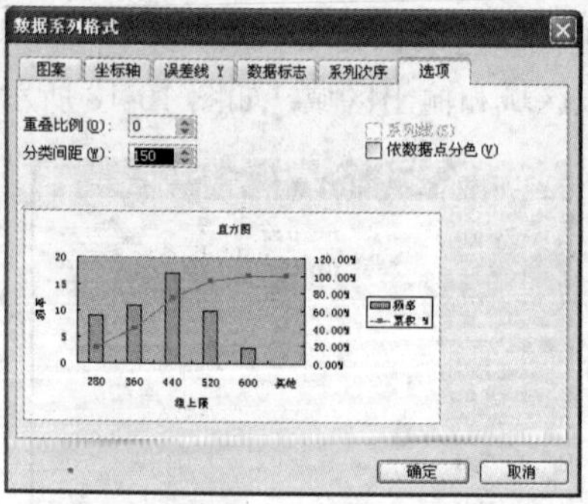

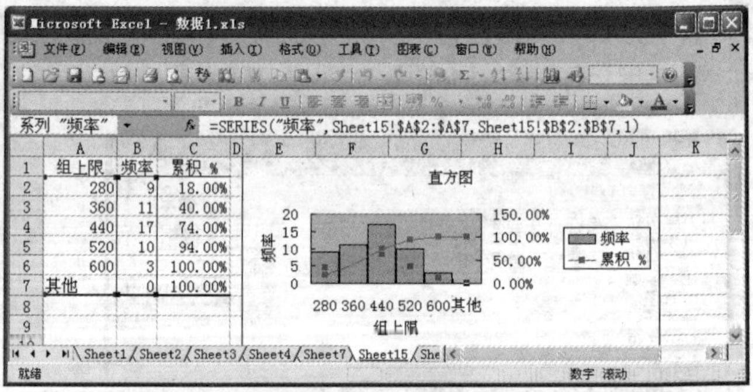

图 10-20　“数据系列格式”对话框　　　　图 10-21　标准直方图

另外，根据研究需要还可以利用一些功能改变颜色、字体、标题等。

10.1.3　利用 Excel 制作统计图

无论是电视上、报纸上还是网络上，各种数据资料用图描述已经越来越普及，而统计图在统计整理中的应用也越来越广泛。Excel 提供了大量的统计图形供用户根据需要和图形功能选择使用。本节介绍制作统计图的具体步骤。

【例 10-4】根据我国 1999—2003 年国内生产总值构成数据制作相应的统计图（见表 10-1）。

表 10-1　1999—2003 年国内生产总值构成

年　份	国内生产总值构成（%）			合　计
	第一产业	第二产业	第三产业	
1999	17.6	49.6	32.8	100
2000	16.4	50.2	33.4	100
2001	15.8	50.1	34.1	100
2002	15.3	50.4	34.3	100
2003	14.6	52.2	33.2	100

按以下操作步骤可绘制出条形统计图。

第一步：把已知统计表数据复制到 Excel 表中，如图 10-22 所示。

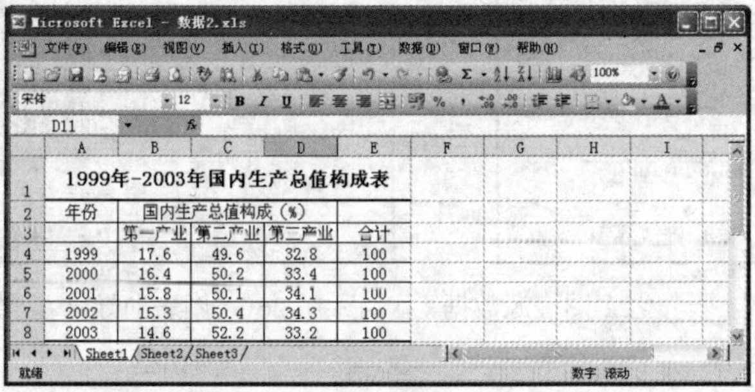

图 10-22　1991—2003 年国内生产总值构成数据

在任一单元格，单击插入菜单选择“图表”选项，或单击工具栏中的图表向导按钮，即出现图 10-23。

第二步：选定图表类型。在弹出的“图表向导-4 步骤之 1-图表类型”对话框中选择所需要的图表类型，此处在“图表类型”中选“柱形图”，在“子图表类型”中选第一个“簇状柱形图”，然后单击“下一步”按钮，结果如图 10-24 所示。

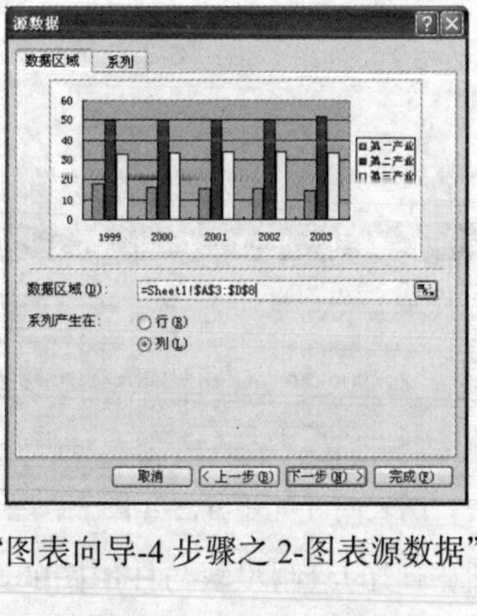

图 10-23　“图表向导-4 步骤之 1-图表类型”对话框　图 10-24“图表向导-4 步骤之 2-图表源数据”对话框

第三步：确定数据范围。在弹出的“图表向导-4 步骤之 2-图表源数据”对话框中规定数据区域。点击“系列”选项，规定每个数据系列的名字和数值的区域，如图 10-25 所示。然后单击“下一步”按钮。

第四步：选用图表选项。在弹出的“图表向导-4 步骤之 3-图表选项”对话框中可给图表命名，将“分类（X）轴”命名为“年份”；将“数值（Y）轴”命名为“百分比（%）”。然后，单击“下一步”按钮，如图 10-26 所示。

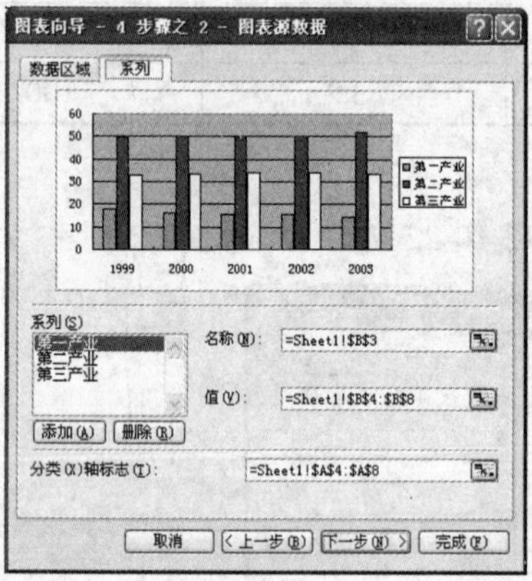

图 10-25 “图表向导-4 步骤之 2-图表源数据”数据区域选项

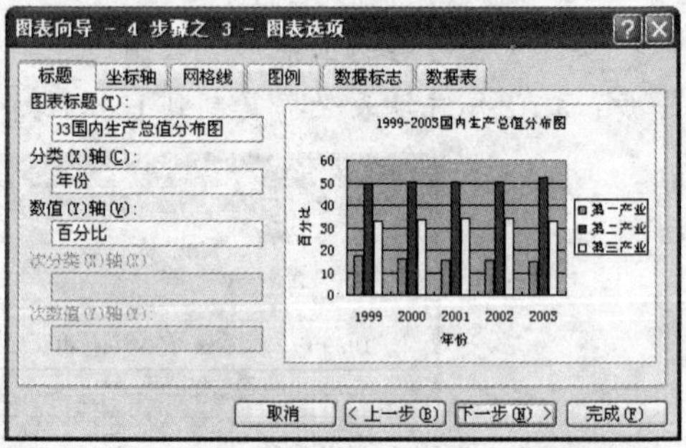

图 10-26 “图表向导-4 步骤之 3-图表选项”对话框

第五步：选择图表位置并显示结果。在弹出的“图表向导-4 步骤之 4-图表位置”对话框中可为图表选择保存位置，或放在独立的工作表中，或作为一个对象放在当前工作表中。本例中选择了放在独立的工作表中，如图 10-27 所示。

然后，单击“完成”按钮，如图 10-28 所示。

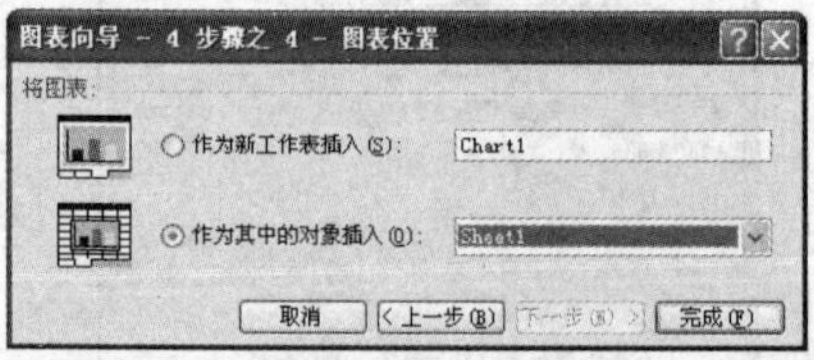

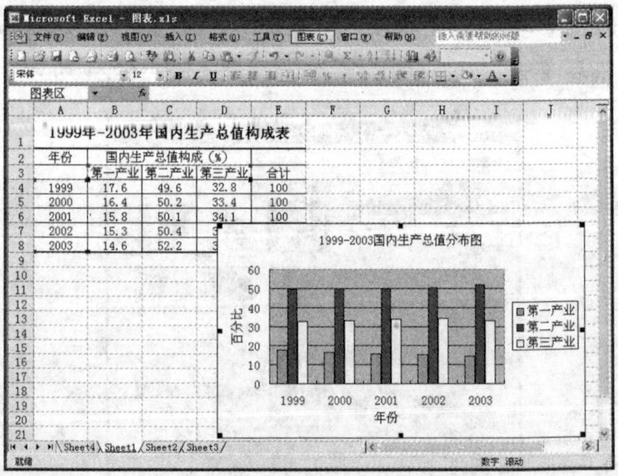

图 10-27 “图表向导-4 步骤之 4-图表位置”对话框　图 10-28 1999—2003 年国内生产总值构成图表

其他图形的绘制步骤与柱形图的绘制步骤类似，只是在“图形类型”中选择不同的图形类型即可。

以上例子中第一产业、第二产业、第三产业都可以制作成饼图，如图 10-29 所示。

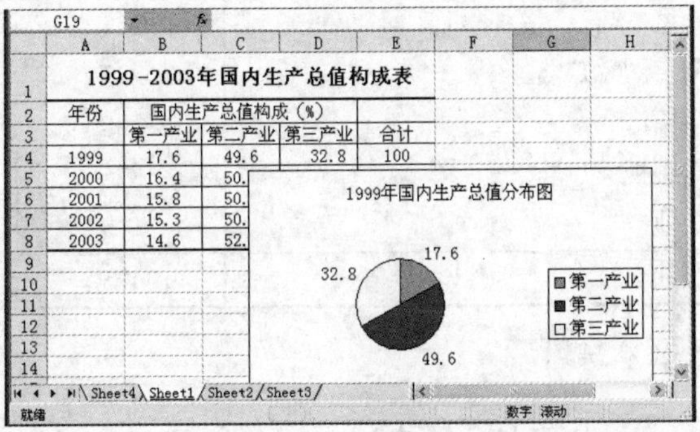

图 10-29　1999—2003 年国内生产总值构成图表

【小思考】

（1）条形图与直方图的区别与各自使用条件是什么？并举例说明。

（2）饼图的使用条件有哪些？

职业技能训练

1．从 300 名员工中随机抽样 30 名工人工资情况如下：

1 025	1 120	1 200	1 201	1 280	1 280	1 320	1 360	1 400	1 440
1 440	1 480	1 480	1 485	1 520	1 530	1 560	1 560	1 681	1 680
1 680	1 720	1 720	1 760	1 760	1 800	1 818	1 840	1 920	1 960

在 Excel 中用函数法和直方图法分别进行统计分组，并做出直方图。

2．某班 20 名学生年龄分组计算表如表 10-2 所示。

表 10-2　学生年龄分组计算表

按学生年龄分组 *X*（岁）	学生人数 *f*（名）	各组总年龄 *Xf*（岁）
18	1	18
19	3	57
20	8	160
21	6	126
22	2	44
合　计	20	405

请制作饼图和条形图。

3．2012 年石家庄微博用户最关注的广告形式数据分析表，如表 10-3 所示。

表 10-3　用户关注的广告形式统计

用户在微博中关注的广告形式	频　数	百分比（%）
链接广告	133	28
文字图片广告	223	47
横幅广告	38	8
音频视频广告	76	16
其他	5	1
合计	475	100

请用 Excel 制作柱形图和饼图。

10.2　用 Excel 计算描述统计量

在 Excel 中求统计量，常用的描述统计量有众数、中位数、算术平均数、调和平均数、几何平均数、极差、四分位差、标准差、方差、标准差系数等。

在 Excel 中用于计算描述统计量的方法有两种，即函数方法和“描述统计”工具的方法。

10.2.1　用函数计算描述统计量

如何用函数来计算未分组资料的描述统计量？下面介绍统计中常用指标的函数运算方法。

【例 10-5】下面的数据是某学校随机抽样调查 50 名学生的月消费情况，资料如下（单位：元）。

306 200 362 444 406 314 224 362 448 406

318 234 366 454 408 320 244 368 458 418

324 252 376 464 422 328 258 382 470 424

342 270 388 486 564 346 274 392 504 592

350 280 392 536 512 350 284 396 402 520

用 Excel 中的函数来计算众数、中位数、算术平均数、全距、标准差、标准差系数。

1．利用 MODE()函数计算众数

用函数方法求众数，应先将 50 名学生的月消费支出数据输入 A1:A50 单元格。然后单击任意空白单元格，输入“=MODE(A1:A50)”点击回车键得众数 350，如图 10-30 所示。

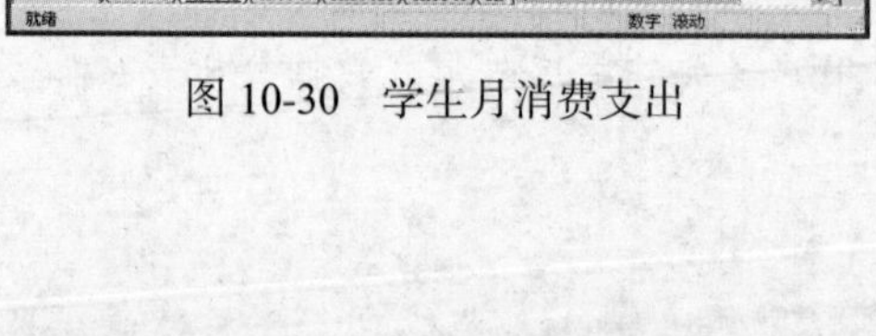

图 10-30　学生月消费支出

或者点击菜单“插入”；找“函数”，此时出现一个“插入函数”对话框；在对话框的“选择类别”中确定函数的类别“统计”；在“选择函数”内确定欲选的函数名称“MODE”，如图 10-31 所示。单击“确定”后即可出现该函数运算的对话框向导，在 Number1 处输入 A1:A50 或选择 Excel 中的 A1:A50 区域，如图 10-32 所示。按“确定”，在 Excel 中即可得到众数 350。

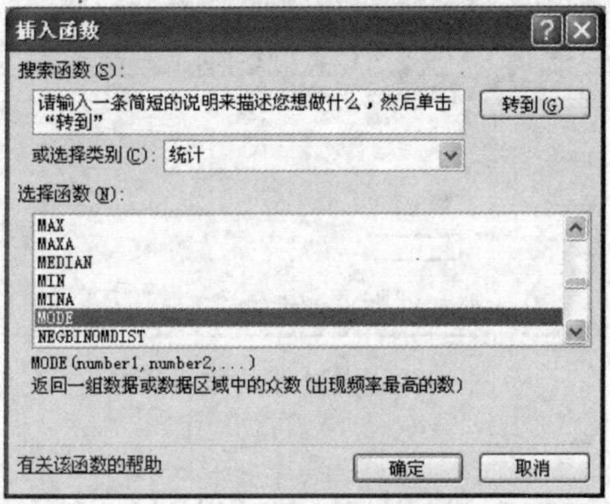

图 10-31　函数导入法“插入函数”对话框

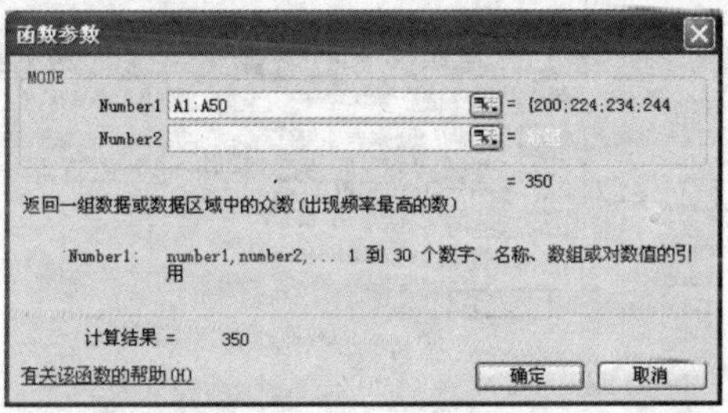

图 10-32　函数导入法“函数参数”对话框

以下几种统计指标的求法与本例相同，既可以用查找函数，又可以直接输入。

2．中位数

单击任一空白单元格，输入“=MEDIAN(A1:A50)”，按下回车键后得中位数为 379，如图 10-33 所示。

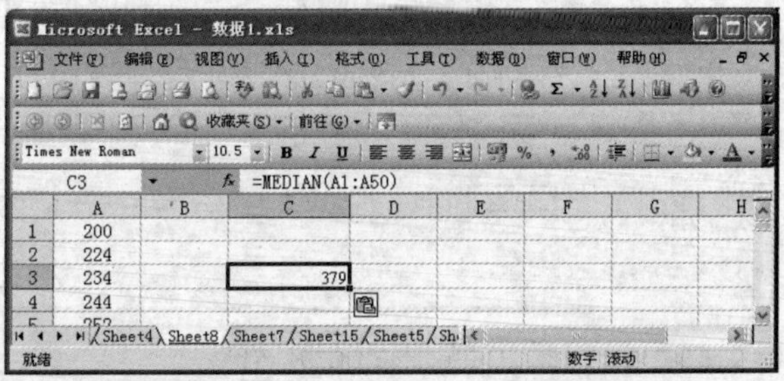

图 10-33　中位数对话框

3．算术平均数

单击任一空白单元格，输入“=AVERAGE(A1:A50)”，按回车键后得算术平均数为 378.8，如图 10-34 所示。

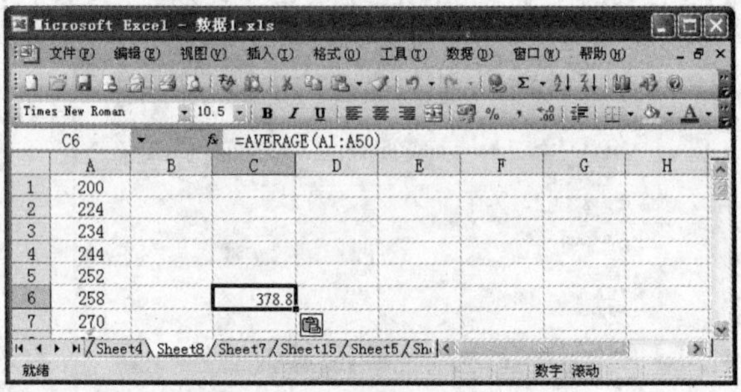

图 10-34　算术平均数对话框

4．全距

单击任一空白单元格，输入“=MAX(A1:A50)-MIN(A1:A50)”，按回车键后得全距为 392，如图 10-35 所示。

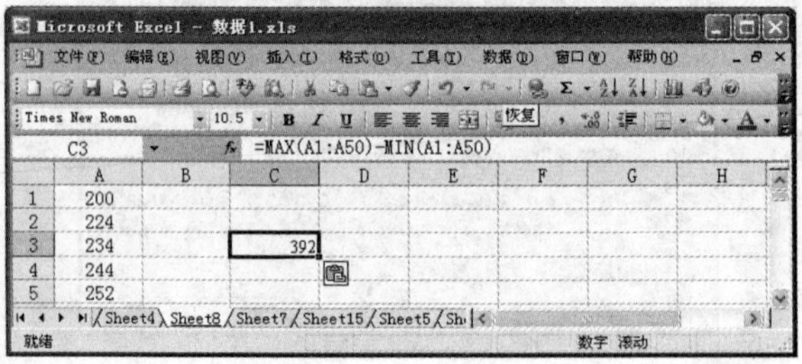

图 10-35　全距对话框

5．标准差

单击任一空白单元格，输入“=STDEV(A1:A50)”，按回车键后得标准差为 91.406 247，如图 10-36 所示。

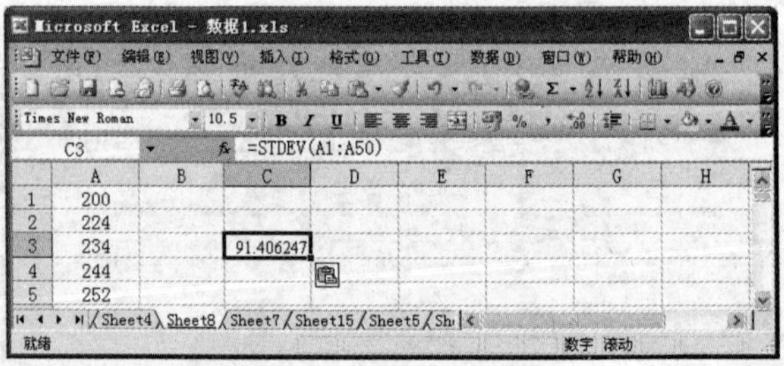

图 10-36　标准差对话框

6. 标准差系数

单击任一空白单元格，输入“=STDEV(A1:A50)/AVERAGE(A1:A50)”，按回车键后得标准差系数为 0.241 304 8，如图 10-37 所示。

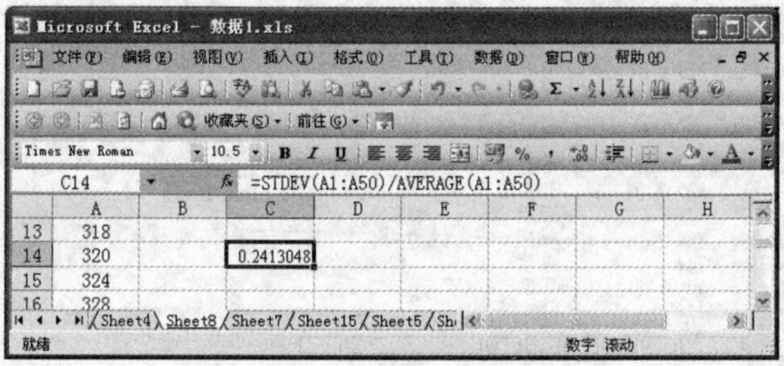

图 10-37 标准差系数对话框

10.2.2 用“描述统计”工具计算描述统计量

【例 10-6】试用 Excel“描述统计”工具对【例 10-5】中的数据资料计算描述统计量。

具体操作步骤分述如下。

第一步：我们已经把数据输入 A1:A50 单元格，在工具菜单中选择“数据分析”选项，从弹出的对话框中选择“描述统计”，按“确定”后打开“描述统计”对话框，如图 10-38 所示。

第二步：在“输入区域”中输入$A$1:$A$50，在“输出区域”中选择$C$1，其他复选框可根据需要选定，选择“汇总统计”，可给出一系列描述统计量；选择“平均数置信度”，会给出用样本平均数估计总体平均数的置信区间；“第 K 大值”和“第 K 小值”会给出样本中第 K 个大值和第 K 个小值。

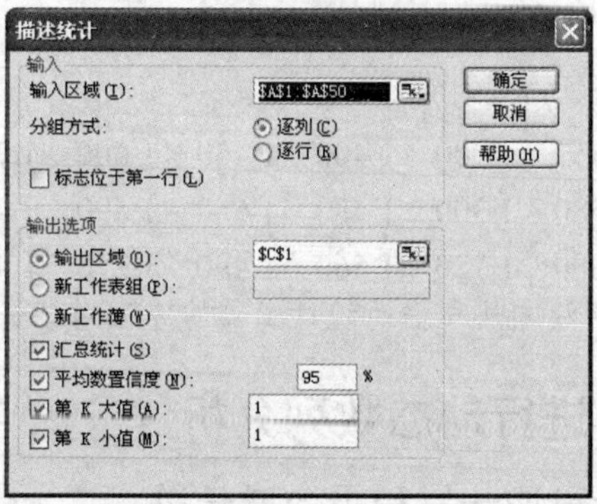

图 10-38 “描述统计”对话框

第三步：单击“确定”，可得输出结果，如图 10-39 所示。

在图 10-39 的结果中，平均指样本均值；标准误差指样本平均数的标准差；标准差指样本标准差，自由度为 $n-1$；峰度即峰度系数；偏即偏度系数；区域实际上是极差，或全距。可以看出，图中结果与我们前面用函数计算的结果完全相同，即最大值为 592，最小值为 200。

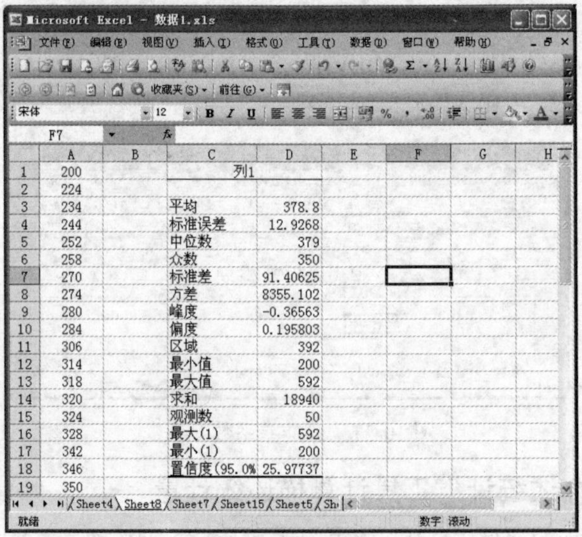

	A	B	C	D
1	200		列1	
2	224			
3	234		平均	378.8
4	244		标准误差	12.9268
5	252		中位数	379
6	258		众数	350
7	270		标准差	91.40625
8	274		方差	8355.102
9	280		峰度	-0.36563
10	284		偏度	0.195803
11	306		区域	392
12	314		最小值	200
13	318		最大值	592
14	320		求和	18940
15	324		观测数	50
16	328		最大(1)	592
17	342		最小(1)	200
18	346		置信度(95.0%	25.97737
19	350			

图 10-39　描述统计输出结果

【小思考】

（1）对于已经分组的数据怎样求描述统计量?

（2）对于我们已经用公式计算的描述统计量怎样计算呢?

（3）尝试运用 Excel 把已经做过的习题自己再做出来，并核对结果。

职业技能训练

某企业 30 名工人月工资数据资料如下：

1 430	1 320	1 457	1 500	1 400	1 450	1 600	1 700	1 750	1 760
1 200	1 430	1 580	1 300	1 480	1 650	1 590	1 480	1 920	1 470
1 380	1 430	1 680	1 720	1 560	1 490	1 250	1 190	1 670	1 800

在 Excel 表中分别利用函数方法和描述统计工具的方法对该资料计算描述统计量。

10.3　用 Excel 进行动态数列分析

10.3.1　用 Excel 计算增长量和平均增长量

【例 10-7】我国 2002—2008 年各年钢产量资料如图 10-40 所示，计算逐期增长量、累计增长量和平均增长量。

具体操作步骤分述如下。

第一步：在 A 列输入年份，在 B 列输入钢产量，C 列中为逐期增长量，D 列中为累计增长量。

第二步：计算逐期增长量。在 C3 中输入公式："=B3-B2"，并用鼠标拖曳将公式复制到 C3:C7 区域。

第三步：计算累计增长量。在 D3 中输入公式："=B3-$B$2"，并用鼠标拖曳将公式复制到 D3:D7 区域。

第四步：计算平均增长量。在 C10 中输入公式："=(B8-B2)/5"，按回车键，即可得到平均增长量，如图 10-40 所示。

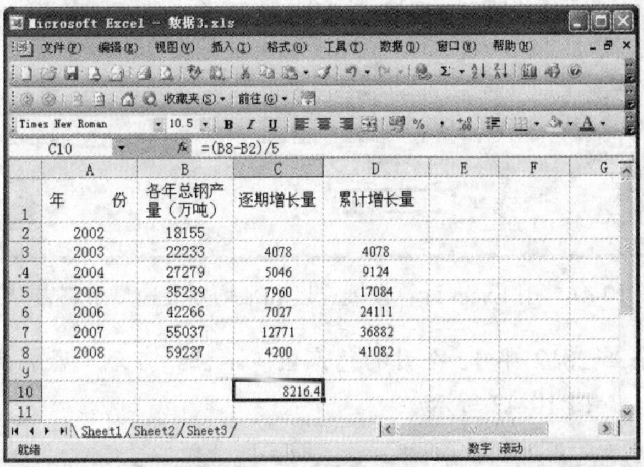

	A	B	C	D
1	年　份	各年总钢产量（万吨）	逐期增长量	累计增长量
2	2002	18155		
3	2003	22233	4078	4078
4	2004	27279	5046	9124
5	2005	35239	7960	17084
6	2006	42266	7027	24111
7	2007	55037	12771	36882
8	2008	59237	4200	41082
9				
10			8216.4	
11				

图 10-40　用 Excel 计算增长量和平均增长量资料及结果

10.3.2　用 Excel 计算发展速度和平均发展速度

【例 10-8】利用上例我国 2002　2008 年各年钢产量资料数据，计算定基发展速度、环比发展速度和平均发展速度。

具体操作步骤如下。

第一步：在 A 列输入年份，在 B 列输入钢产量，C 列中为定基发展速度，D 列中为环比发展速度。

第二步：计算定基发展速度。在 C3 中输入公式："=B3/$B$2"，并用鼠标拖曳将公式复制到 C3:C7 区域。

第三步：计算环比发展速度。在 D3 中输入公式："=B3/B2"，并用鼠标拖曳将公式复制到 D3:D7 区域。

第四步：计算平均发展速度（水平法），选中 C10 单元格，单击"插入"菜单，选中"函数"选项，出现"插入"函数对话框后，选择 GEOMEAN（返回几何平均值）函数，在数值区域中输入 D3:D9；或手工"=GEOMEAN（D3:D9）"单击即可求出。如图 10-41 所示。

10.3.3　用 Excel 进行长期趋势计算

长期趋势是指动态数列中某种经济现象在一个较长时期内持续上升或持续下降的发展变化趋势。长期趋势是受某种固定的、起根本性作用的因素影响的结果。本节主要就长期趋势与季节变动进行分析，以直线趋势为例说明长期趋势的测定与预测方法。而测定直线趋势的方法目前主要采用移动平均法。

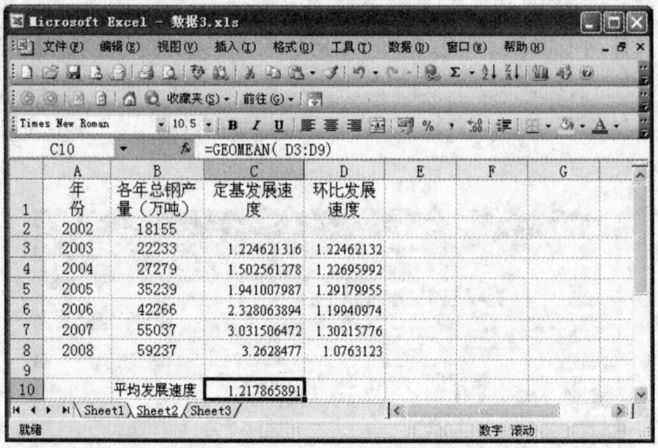

图 10-41　用 Excel 计算发展速度和平均发展速度资料及结果

【例 10-9】以某企业 2012 年 12 个月的总产值（单位：万元）资料为例，说明如何用移动平均法计算长期趋势，如图 10-42 所示。

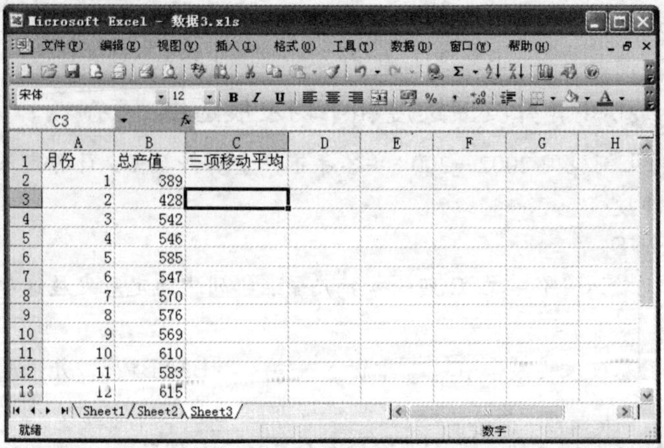

图 10-42 某企业 12 个月总产值数据表

具体操作步骤分述如下。

第一步：在 A 列输入月份，在 B 列输入 12 个月的总产值。C 列输入三项移动平均。

第二步：计算三项移动平均。单击“工具”菜单，选择“数据分析”选项，如图 10-43 所示。

打开“数据分析”对话框，从其“分析工具”列表中选择“移动平均”选项，单击“确定”按钮，打开“移动平均”对话框，如图 10-44 所示。

图 10-43　选择“移动平均”分析工具

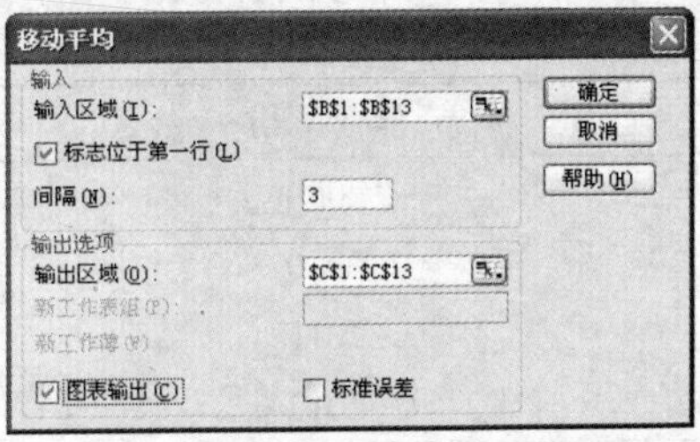

图 10-44　“移动平均”对话框

在工作表中输入时第一行是标志名称，故选择“标志位于第一行”；本例要求绘制长期趋势线，所以选择“图表输出”复选框。

最后单击“确定”按钮后，在指定位置给出移动平均计算结果，如图 10-45 所示。

或者手工在 C4 中输入“=(B2+B3+B4)/3”，并用鼠标拖曳将公式复制到 C4:C13 区域，则更简单。但其缺点是趋势曲线不能显示出来。

计算四项或五项道理一样，二次移动平均是在一次移动平均的基础上完成的。

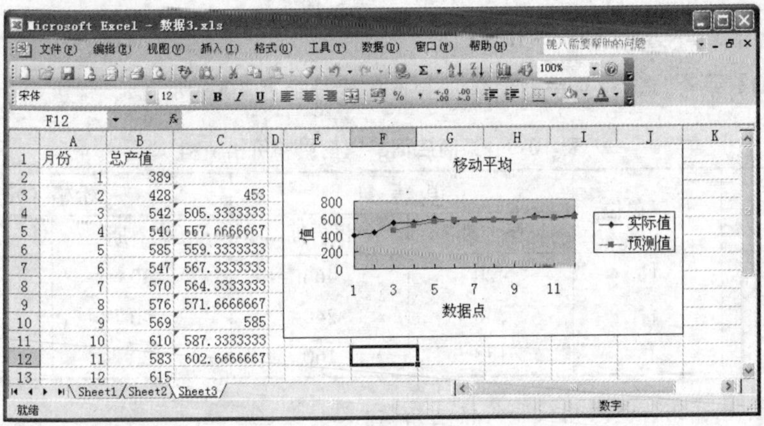

图 10-45　移动平均法计算结果

职业技能训练

1．某地区 2005—2012 年的粮食产量资料如表 10-4 所示。

表 10-4　某地区粮食产量

年　份	粮食产量（万吨）
2005	80
2006	85
2007	98
2008	109

续表

年　份	粮食产量（万吨）
2009	120
2010	152
2011	178
2012	197
合　计	1 019

试用 Excel 表计算逐期增长量、累计增长量、定基发展速度、环比发展速度和平均发展速度。

2．利用上题资料用 Excel 表做三项移动平均、五项移动平均及趋势曲线。

10.4　用 Excel 进行指数分析

在统计分析中，指数分析法是研究社会经济现象数量变动情况的一种重要的统计分析方法。在这一节，我们介绍如何用 Excel 进行指数分析与因素分析。

10.4.1　用 Excel 计算总指数

【例 10-10】某商店三种商品的销售量和价格资料如表 10-5 所示。

表 10-5　某商店商品销售量和价格资料

商品名称	计量单位	销售量		价格（元）	
		基　期	报告期	基　期	报告期
甲	件	420	466	30	25
乙	台	240	240	40	43
丙	套	188	160	20	20

试用 Excel 计算销售量总指数和价格总指数。

具体操作步骤分述如下。

第　步：把原始数据及各项名称输入 Excel 表中，并注明符号，如图 10-46 所示。

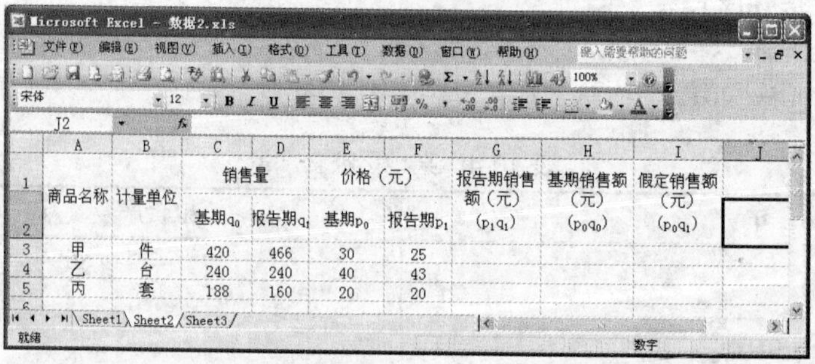

图 10-46　输入原始数据

计算各个 p_0q_0：在 H3 中输入“=C3*E3”，并用鼠标拖曳将公式复制到 H3:H5 区域。

计算各个 p_1q_1：在 G3 中输入“=D3*F3”，并用鼠标拖曳将公式复制到 G3:G5 区域。

计算各个 p_0q_1：在 I3 中输入“=D3*E3”，并用鼠标拖曳将公式复制到 I3:I5 区域。

第二步：计算 $\sum p_1q_1$、$\sum p_0q_0$ 和 $\sum p_0q_1$。

选定 G3:G5 区域，单击工具栏上的“Σ”按钮，在 G6 出现该列的求和值。

选定 H3:H5 区域，单击工具栏上的“Σ”按钮，在 H6 出现该列的求和值。

选定 I3:I5 区域，单击工具栏上的“Σ”按钮，在 I6 出现该列的求和值。

第三步：计算总指数。

计算销售量综合指数 $K_q=\sum p_0q_1/\sum p_0q_0$：在 B8 中输入“=I6/H6”即可得到销售量综合指数 1.031 6。

计算价格综合指数 $K_p=\sum p_1q_1/\sum p_0q_1$：在 F8 中输入“=G6/I6”即可得到生产量综合指数 0.939 88，如图 10-47 所示。

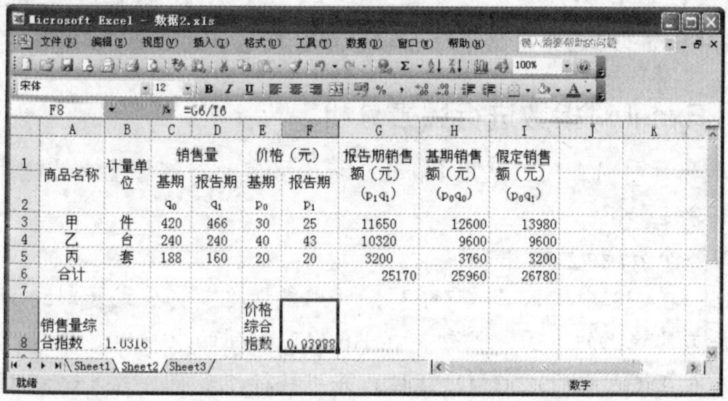

	A	B	C	D	E	F	G	H	I
1	商品名称	计量单位	销售量		价格（元）		报告期销售额（元）(p_1q_1)	基期销售额（元）(p_0q_0)	假定销售额（元）(p_0q_1)
2			基期 q_0	报告期 q_1	基期 p_0	报告期 p_1			
3	甲	件	420	466	30	25	11650	12600	13980
4	乙	台	240	240	40	43	10320	9600	9600
5	丙	套	188	160	20	20	3200	3760	3200
6	合计						25170	25960	26780
7									
8	销售量综合指数	1.0316			价格综合指数	0.93988			

图 10-47　综合指数计算结果

10.4.2　用 Excel 计算平均指数

现以表 10-2 某商店三种商品的销售量资料为例，说明加权算术平均法的计算方法。要以基期销售额为同度量因素，计算销售量指数。

具体操作步骤如下。

第一步：计算个体指数 $k=q_1/q_0$。

在 F3 中输入“=D3/C3“，并用鼠标拖曳将公式复制到 F2:F4 区域。

第二步：计算 $k=p_0q_0$。

在 G3 中输入“=F3*E3”，并用鼠标拖曳将公式复制到 G3:G5 区域。选定 G3:G5 区域，单击工具栏上的“Σ”按钮求和，在 G6 列出现该列的求和值 26 780。

第三步：计算销售量平均指数。

在 C8 中输入“=G6/E6”即得到所求的值 1.031 587，如图 10-48 所示。

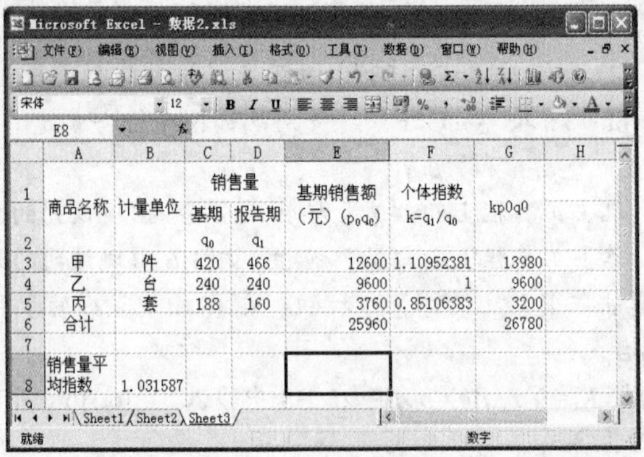

	A	B	C	D	E	F	G	H
1	商品名称	计量单位	销售量		基期销售额（元）(p_0q_0)	个体指数 $k=q_1/q_0$	kp0q0	
			基期	报告期				
2			q_0	q_1				
3	甲	件	420	466	12600	1.10952381	13980	
4	乙	台	240	240	9600	1	9600	
5	丙	套	188	160	3760	0.85106383	3200	
6	合计				25960		26780	
7								
8	销售量平均指数	1.031587						

图 10-48　用 Excel 计算平均指数资料及结果

【小思考】

怎样利用 Excel 对已知价格个体指数和报告期总值的计算来编制平均指数?

10.4.3　用 Excel 对指数进行因素分析

【例 10-11】数据资料同上例，试用 Excel 分析价格变动、销售量变动对销售额的影响。

具体操作步骤分述如下。

第一步：计算各个 pq 和 $\sum pq$。

计算各个 p_0q_0：在 H3 中输入“=C3*E3”，并用鼠标拖曳将公式复制到 H3:H5 区域；选定 H3:H5 区域，单击工具栏上的“∑”按钮，在 H6 出现该列的求和值。

计算各个 p_1q_1：在 G3 中输入“=D3*F3”，并用鼠标拖曳将公式复制到 G3:G5 区域；选定 G3:G5 区域，单击工具栏上的“∑”按钮，在 G6 出现该列的求和值。

计算各个 p_0q_1：在 I3 中输入“−D3*E3”，并用鼠标拖曳将公式复制到 I3:I5 区域；选定 I3:I5 区域，单击工具栏上的“∑”按钮，在 I6 出现该列的求和值。

第二步：计算总指数。

计算销售量综合指数 $K_q=\sum p_0q_1/\sum p_0q_0$：在 B8 中输入“=I6/H6”即可得到销售量综合指数 1.031 6。

计算价格综合指数 $K_p=\sum p_1q_1/\sum p_0q_1$：在 F8 中输入“=G6/I6”即可得到生产量综合指数 0.939 88。

计算销售额综合指数 $K_{pq}=\sum p_1q_1/\sum p_0q_0$：在 I8 中输入“=G6/H6”即可得到销售量综合指数 0.969 568 6。如图 10-49 所示。

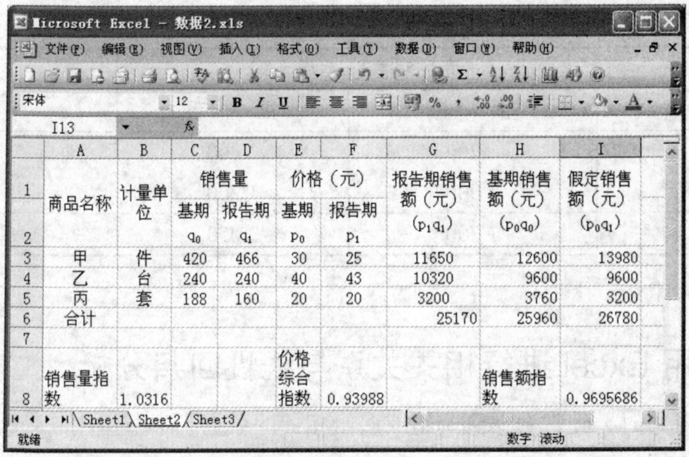

Microsoft Excel - 数据2.xls

	A	B	C	D	E	F	G	H	I
1	商品名称	计量单位	销售量		价格（元）		报告期销售额（元）	基期销售额（元）	假定销售额（元）
2			基期 q_0	报告期 q_1	基期 p_0	报告期 p_1	(p_1q_1)	(p_0q_0)	(p_0q_1)
3	甲	件	420	466	30	25	11650	12600	13980
4	乙	台	240	240	40	43	10320	9600	9600
5	丙	套	188	160	20	20	3200	3760	3200
6	合计						25170	25960	26780
7									
8	销售量指数	1.0316			价格综合指数	0.93988		销售额指数	0.9695686

图 10-49　用 Excel 进行因素分析资料及结果

职业技能训练

1．某商业企业经营三种商品，其基期和报告期的有关资料如表 10-6 所示。

表 10-6　某企业商品的基期和报告期资料

商品名称	计量单位	销售量		价格（元）	
		基　期	报告期	基　期	报告期
甲	件	100	125	1 500	1 600
乙	吨	70	80	2 500	2 000
丙	米	300	320	1 000	1 200
合计	—	—	—	—	—

用 Excel 计算总指数并进行因素分析。

（1）编制销售量总指数。

（2）编制价格总指数。

（3）编制销售额总指数。

（4）从相对量和绝对量两方面，分析销售量综合变动和价格综合变动及其对商品销售总额的影响。

2．某公司三种商品销售额及价格变动资料如表 10-7 所示。

表 10-7　某公司商品销售额及价格变动

商品名称	商品销售额（万元）		价格变动率（%）
	基　期	报告期	
甲	500	650	2

续表

商品名称	商品销售额（万元）		价格变动率（%）
	基　期	报 告 期	
乙	200	200	–5
丙	1 000	1 200	10
合计	1 700	2 050	—

用 Excel 分析计算三种商品价格总指数和销售量总指数。

10.5　用 Excel 进行相关关系与线性回归分析

我们在收集资料时，经常会遇到两组或多组相关的数据，本节里用 Excel 进行两组数据相关分析与回归分析。

【例 10-12】有 10 个女学生身高和体重的资料，要求对身高和体重进行相关和回归分析。

首先把有关数据输入 Excel 的单元格中，如图 10-50 所示。

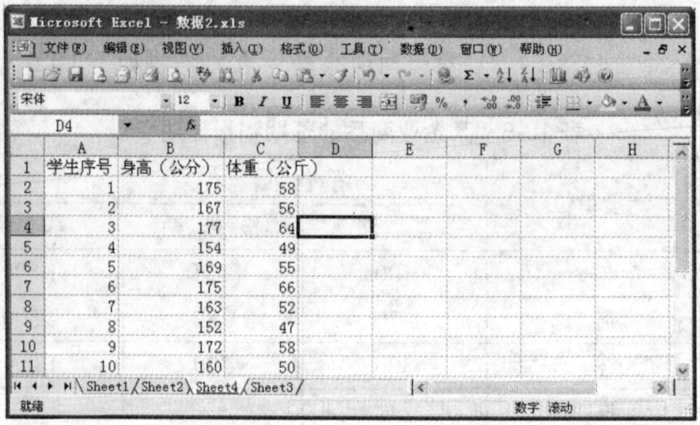

	A	B	C
1	学生序号	身高（公分）	体重（公斤）
2	1	175	58
3	2	167	56
4	3	177	64
5	4	154	49
6	5	169	55
7	6	175	66
8	7	163	52
9	8	152	47
10	9	172	58
11	10	160	50

图 10-50　Excel 数据收集

10.5.1　用 Excel 进行相关分析

用 Excel 进行相关分析有两种方法，一种是利用相关系数函数，另一种是利用相关分析宏。

1. 利用函数计算相关系数

在 Excel 中，提供了两种计算两个变量之间相关系数的方法，即 CORREL()函数和 PERSO()函数，这两个函数是等价的，这里我们介绍用 CORREL()函数来计算相关系数。根据【例 10-12】的资料，相关系数的计算步骤如下。

第一步：在当前表单击任一个空白单元格，单击“插入”菜单，选择“函数”，打开“插入函数”对话框，在“选择类别”中选择“统计”；在“选择函数”中选择“CORREL”，单击“确定”后，出现 CORREL 对话框。

第二步：在 CORREL 函数 Array1 中输入 B2:B11，Array2 中输入 C2:C11，即可在对话框下

方显示出计算结果为 0.927 921 926，如图 10-51 所示。

也可以手工输入“=CORREL（B2:B11，C2:C11）”；单击“确定”按钮后，即可在选定的单元格内显示出来，如图 10-52 所示。

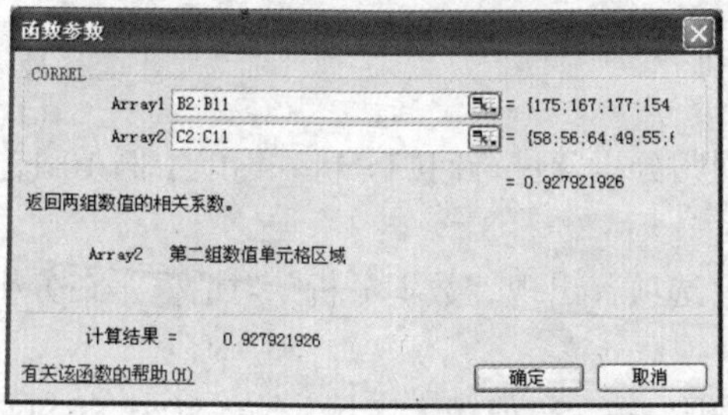

图 10-51 CORREL 对话框及输入结果

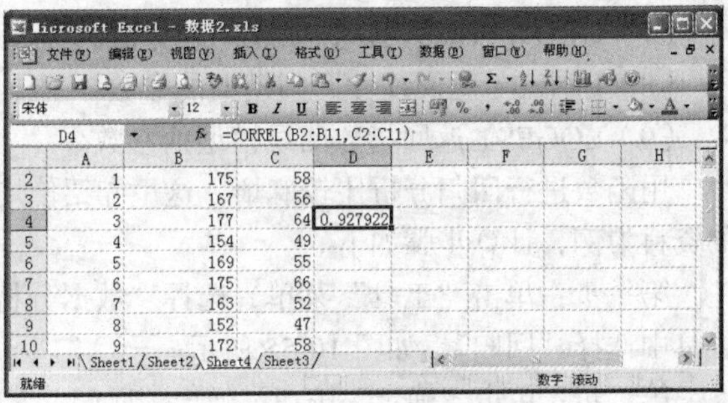

图 10-52　相关系数输出结果

2. 用相关系数宏计算相关系数

仍用【例 10-12】的资料为例，如图 10-50 所示。

第一步：单击“工具”菜单，选择“数据分析”项，在“数据分析”项中选择“相关系数”，弹出“相关系数”对话框，如图 10-53 所示。

第二步：在“输入区域”输入$B$1:$C$11，“分组方式”选择“逐列”，选择“标志位于第一行”，在“输出区域”中输入$D$6，单击“确定”按钮，即得输出结果，如图 10-54 所示。

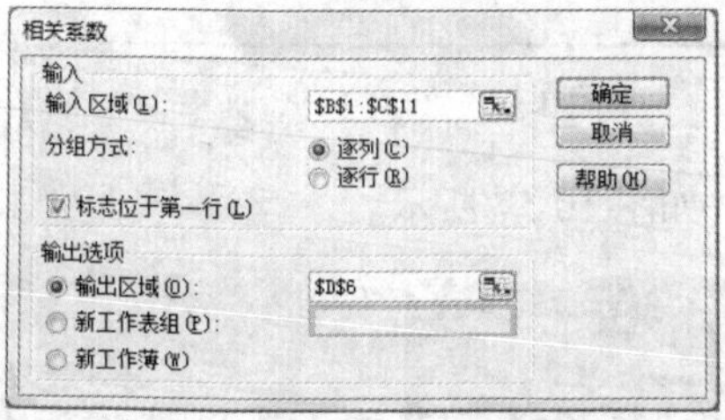

图 10-53　“相关系数”对话框

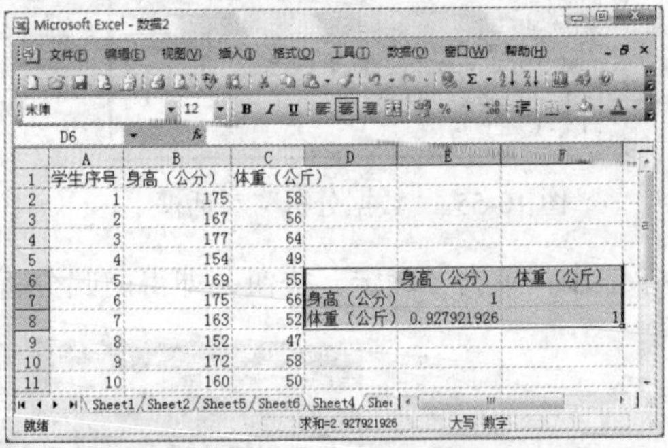

图 10-54　相关分析输出结果

在图 10-54 的输出结果中，身高和体重的自相关系数均为 1，身高和体重的相关系数则为 0.927 921 926，与用函数计算的结果完全相同。

10.5.2　用 Excel 进行回归分析

Excel 进行回归分析同样分函数和回归分析宏两种形式，其提供了 9 个函数用于建立回归模型和预测。

（1）INTERCEPT 返回线性回归模型的截距。

（2）SLOPE 返回线性回归模型的斜率。

（3）RSQ 返回线性回归模型的判定系数。

（4）FORECAST 返回一元线性回归模型的预测值。

（5）STEYX 计算估计的标准误差。

（6）TREND 计算线性回归线的趋势值。

（7）GROWTH 返回指数曲线的趋势值。

（8）LINEST 返回线性回归模型的参数。

（9）LOGEST 返回指数曲线模型的参数。

用函数进行回归分析比较麻烦，这里介绍使用回归分析宏进行回归分析。仍以【例 10-12】的资料为例，计算步骤如下。

第一步：单击“工具”菜单，选择“数据分析”选项，出现“数据分析”对话框，在分析工具中选择“回归”，如图 10-55 所示。

第二步：单击“确定”按钮，弹出“回归”对话框，在“Y 值输入区域”输入$B$2:$B$11；在“X 值输入区域”输入$C$2:$C$11，在“输出选项”选择“新工作表组”，如图 10-56 所示。

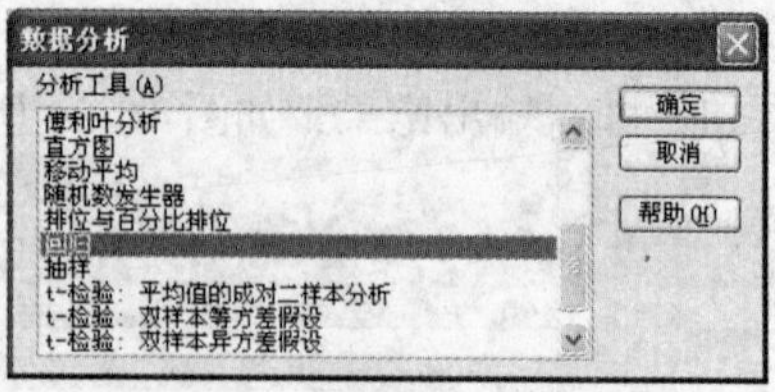

图 10-55 “数据分析”对话框

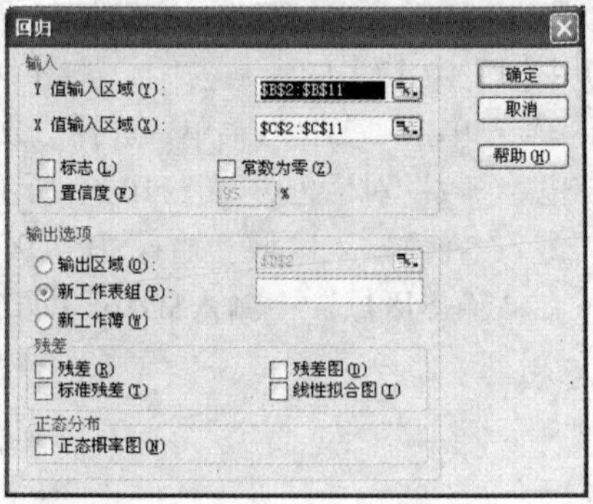

图 10-56 “回归”对话框

第三步：单击“确定”按钮，即得回归分析结果。如图 10-57 所示。

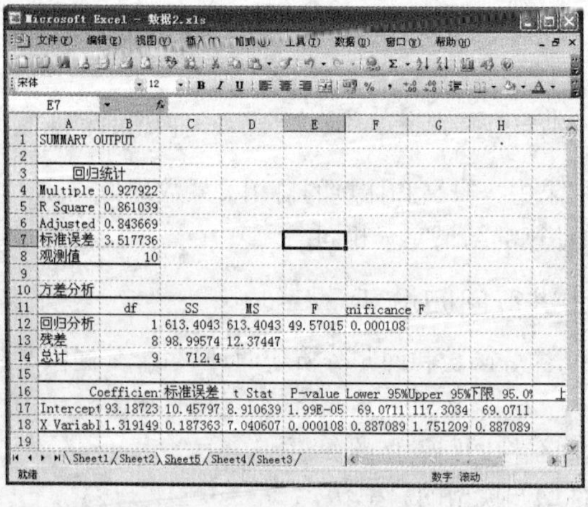

图 10-57 Excel 回归分析结果

Excel 的回归分析工具运用和计算简单易懂，但内容却十分丰富，最终的输出结果分为三个模块，下面将分别进行阐述。

（1）汇总统计模块。MultipleR 指复指相关系数，是 R^2 的平方根，又称直线相关系数，用来衡量变量 x 与 y 之间相关程度的大小，【例 10-12】中 R 为 0.927 922，表示二者之间的关系高度正相关。

RSquare 指判定系数（又称复测定系数 R^2），用来说明用自变量解释因变量变差的程度，以测量同因变量 y 的拟合效果。【例 10-12】中复测定系数为 Rsquare=0.86，表明用自变量可解释因变量变差的 86%。

Adjusted 指调整的判定系数（又称调整复测定系数 R^2），仅用于多元回归才有意义，它用于衡量加入独立变量后模型的拟合程度。

标准误差，又称标准回归误差或估计标准误差，用来衡量拟合程度的大小，用于计算与回归有关的其他统计量，此值越小，说明拟合程度越好。

观测值，指样本容量。

（2）方差分析表模块。方差分析表的主要作用是通过 F 检验来判断回归模型的回归效果。表中“回归分析”行计算的是估计值 y_c-y（均值）的各项指标；“残差”行是用于计算每个样本观察值与估计值 y_c 的各项指标，“总计”行是用于计算每个值同均值的各项指标。

第二列 df 指自由度；第三列 SS 指离差的平方和；第四列 MS 指均方差，它是离差的平方和除以自由度的结果；第五列 F 指统计量；第六列 Singnificance of F 指的是在显著水平下 Fa 值。

（3）回归参数表模块。主要用于回归方程的描述和回归参数的推断，包括 Intercept（截距 a），Xvariabl（斜率 b）。

以上讲述的是如何运用 Excel 进行一元线性回归，事实上，Excel 同时还提供了较强大的多元线性回归的功能，在操作步骤上同一元线性回归有相似之处。

【小思考】

用以下两个函数分别求出直线的截距和斜率，并与使用回归分析宏进行回归分析相比较。

（1）INTERCEPT 返回线性回归模型的截距。

（2）SLOPE 返回线性回归模型的斜率。

10.5.3　根据计算结果分析确定 x 与 y 之间的相关关系

回归分析工具可以得出许多统计指标以及根据需要生成相关图表。这里我们只选择部分统计指标作为判断 x 与 y 之间是否存在显著线性相关关系的依据。

主要分析以下指标：MultipleR 复指相关系数（直线相关系数）、RSquare 判定系数、Adjusted 调整的判定系数均接近于 1，即回归系数越趋近于 1，样本的各个观测值就越接近回归直线，说明反映样本的各个观测值拟合回归过程的紧密程度高。故说明 x 与 y 之间具有显著的线性相关关系。

10.5.4 构造回归模型

仍以【例 10-12】资料为例，通过以上分析得出了一致的结论，这样我们就可以认为变量 x 与 y 之间存在着显著的线性关系，进而从回归分析的“计算结果”栏中读取截距（Intercept）93.187 23 和斜率（XVariabl）1.319 149，并构造回归模型。

据此可以写出回归方程：

$$y_c=93.18723+1.319149x$$

其中

$$a=93.187\,23,\ b=1.319149$$

利用该回归分析模型可以预测，即当 x 增加或减少一个单位时，y 平均地增加或减少 1.319 149 个单位。因此一旦给 x 一个确定的值，相应地也就确定了 y 的值；相反，一旦给 y 一个确定的值，相应地也就可以确定 x 的值。

职业技能训练

某地区 2008—2012 年各年的人均收入和商品销售额资料如表 10-8 所示。

表 10-8 某地区人均收入和商品销售额

年 份	人均收入（元/月）	商品销售额（亿元）
2008	1 560	87
2009	1 680	93
2010	1 696	99
2011	1 712	105
2012	1 750	112

利用 Excel 表进行如下计算：

（1）计算相关系数，并说明相关方向和相关程度。

（2）以人均收入为自变量，商品销售额为因变量，建立简单的一元回归直线方程。

（3）如果 2013 年的人均月收入预计为 1 802 元，利用回归方程推算 2013 年该地区的商品销售额。

附录A

随机数字表

03 47 43 73 86	36 96 47 36 61	46 98 63 71 62	33 26 16 80 45	60 11 14 10 95
97 74 24 67 62	42 81 14 57 20	42 53 32 37 32	27 07 36 07 51	24 51 79 89 73
16 76 62 27 66	56 50 26 71 07	32 90 79 78 53	13 55 38 58 59	88 97 54 14 10
12 56 25 99 26	98 96 68 27 31	05 03 72 92 15	57 12 10 14 21	88 26 49 81 76
55 59 56 35 64	38 54 22 46 22	31 62 43 09 90	06 18 44 32 53	23 83 01 30 30
16 22 77 94 39	49 54 43 54 82	17 37 93 23 78	87 35 20 96 43	84 26 34 91 64
84 42 17 53 31	57 24 55 06 88	77 04 74 47 67	21 76 33 50 25	83 92 12 06 76
63 01 63 78 59	16 95 55 67 19	98 10 50 71 75	12 86 73 58 07	44 39 52 38 79
33 21 12 34 29	78 64 56 07 82	52 42 07 44 38	15 51 00 13 42	99 66 02 79 54
57 60 86 32 44	09 47 27 96 54	49 17 46 09 62	90 52 84 77 27	08 02 73 43 28
18 18 07 92 45	44 17 16 58 09	79 83 26 19 62	06 76 50 03 10	55 23 64 05 05
26 62 38 97 75	84 16 07 44 99	83 11 46 32 24	20 14 85 88 45	10 93 72 88 71
23 42 40 64 74	82 97 77 77 81	07 45 32 14 08	32 98 94 07 72	93 85 79 10 75
52 36 28 19 95	50 92 26 11 97	00 56 76 31 38	80 22 02 53 53	86 60 42 04 53
37 85 94 35 12	82 39 50 08 30	42 34 07 96 88	54 42 06 87 98	35 85 29 48 39
70 29 17 12 13	40 33 20 38 26	13 89 51 03 74	17 76 37 13 04	07 74 21 19 30
56 62 18 37 35	96 83 50 87 75	97 12 25 93 47	70 33 24 03 54	97 77 46 44 80
99 49 57 22 77	88 42 95 45 72	16 64 36 16 00	04 43 18 66 79	94 77 24 21 90
16 08 15 04 72	33 27 14 34 09	45 59 34 68 49	12 72 07 34 45	99 27 72 95 14
31 16 93 32 43	50 27 89 37 19	20 15 37 00 49	52 85 66 60 44	38 68 88 11 80
68 34 30 13 70	55 74 30 77 40	44 22 78 84 26	04 33 46 09 52	68 07 97 06 57
74 57 25 65 76	59 29 97 68 60	71 91 38 67 54	13 58 18 24 76	15 54 55 95 52
27 42 37 26 53	48 55 90 65 72	96 57 69 36 10	96 46 92 42 45	97 60 49 04 91
00 39 68 29 61	66 37 32 20 30	77 84 57 03 29	10 45 65 04 26	11 04 96 67 24
29 94 98 94 24	68 49 69 10 82	53 75 91 93 30	34 25 20 57 27	40 48 73 51 92

续表

16 90 82 66 59	83 62 64 11 12	67 19 00 71 74	60 47 21 29 68	02 02 37 03 31
11 27 94 75 56	06 09 19 74 66	02 94 37 34 02	76 70 90 30 26	38 45 94 30 38
35 24 10 16 20	33 32 51 26 38	79 78 45 04 91	16 92 53 56 16	02 75 50 95 98
33 23 16 86 38	42 38 97 01 50	87 75 66 81 41	40 01 74 91 62	48 51 84 08 32
31 96 25 91 47	96 44 33 49 13	34 86 82 53 91	00 52 43 48 85	27 55 26 89 62
66 67 40 67 14	64 05 71 95 86	11 05 65 09 68	76 83 20 37 90	57 16 00 11 66
14 90 84 45 11	75 73 88 05 90	52 27 41 14 86	22 98 12 22 08	07 52 74 95 80
68 05 51 18 00	33 96 02 75 19	07 60 62 93 55	59 33 82 43 90	49 37 38 44 59
20 46 78 73 90	97 51 40 14 02	04 02 33 31 08	39 54 16 49 36	47 95 93 13 30
64 19 58 97 79	15 06 15 93 20	01 90 10 75 06	40 78 78 89 62	02 67 74 17 33
05 26 93 70 60	22 35 85 15 13	92 03 51 59 77	59 56 78 06 83	52 91 05 70 74
07 97 10 88 23	09 98 42 99 64	61 71 62 99 15	06 51 29 16 93	58 05 77 09 51
68 71 86 85 85	54 87 66 47 54	73 32 08 11 12	44 95 92 63 16	29 56 24 29 48
26 99 61 65 53	58 37 78 80 70	42 10 50 67 42	32 17 55 85 74	94 44 67 16 94
14 65 52 68 75	87 59 36 22 41	26 78 63 06 55	13 08 27 01 50	15 29 39 39 43
17 53 77 58 71	71 41 61 50 72	12 41 94 96 26	44 95 27 36 99	02 96 74 30 83
90 26 59 21 19	23 52 23 33 12	96 93 02 18 39	07 02 18 36 07	25 99 32 70 23
41 23 52 55 99	31 04 49 69 96	10 47 48 45 88	13 41 33 89 20	97 17 14 4 917
60 2 050 81 69	31 99 73 68 68	35 81 33 03 76	24 30 12 48 60	18 99 10 72 34
91 25 38 05 90	94 58 28 41 36	45 37 59 03 09	90 35 57 29 12	82 62 54 65 60
34 50 57 74 37	98 80 33 00 91	09 77 93 19 82	74 94 80 04 04	45 07 31 66 49
85 22 04 39 43	73 81 53 94 79	33 62 46 86 28	08 31 54 46 31	53 94 13 38 47
09 79 13 77 48	73 82 97 22 21	05 03 27 24 83	72 89 44 05 60	35 80 39 94 88
88 75 80 18 14	22 95 75 42 49	39 32 82 22 49	02 48 07 70 37	16 04 61 67 87
90 96 23 70 00	39 00 03 06 90	55 85 78 38 26	94 37 30 6 932	90 89 00 76 33
53 71 23 99 67	01 32 28 69 84	94 62 67 86 24	98 33 41 19 95	47 53 53 38 09
63 38 06 86 54	99 00 65 26 94	02 82 90 23 07	79 62 67 80 60	75 91 12 81 19
35 30 58 21 46	06 72 17 10 94	25 21 31 75 96	49 28 24 00 49	55 65 79 78 07
63 43 36 82 69	06 51 68 37 88	61 38 44 12 45	32 92 85 88 65	54 34 81 85 38
98 25 37 55 26	01 91 82 81 46	74 71 12 94 97	24 02 71 37 07	03 92 18 66 75
02 63 21 17 69	71 50 80 89 56	38 15 70 11 48	43 40 45 86 98	00 83 26 91 03
64 55 22 21 82	48 22 28 06 00	61 54 13 43 91	82 78 12 23 29	06 66 24 12 27
85 07 26 13 89	01 10 07 82 04	59 63 69 36 03	69 11 15 83 80	13 29 54 19 28
58 54 16 24 15	51 54 44 82 00	62 61 65 04 69	38 18 65 18 97	85 72 13 49 21
34 85 27 84 87	61 48 64 56 26	90 18 48 13 26	37 70 15 42 57	65 65 80 39 07

续表

03 92 18 27 46	57 99 16 96 56	30 33 72 85 22	84 64 38 56 98	99 01 30 98 64
62 93 30 27 56	37 75 41 66 48	86 97 80 61 45	23 53 04 01 63	45 76 08 64 27
08 45 93 15 22	60 21 75 46 91	98 77 27 85 42	28 88 61 08 84	69 62 03 42 73
07 08 55 18 40	45 44 75 13 90	44 94 96 61 02	57 55 66 83 15	73 42 37 11 61
01 85 89 95 66	51 10 19 34 88	15 84 97 19 75	12 76 39 43 78	64 63 91 08 25
72 84 71 14 35	19 11 58 49 26	50 11 17 17 76	86 31 57 20 18	95 60 78 46 75
88 78 28 16 84	13 52 53 94 53	75 45 69 30 96	73 89 65 70 31	99 17 43 48 76
45 17 75 65 57	28 40 19 72 12	25 12 74 75 67	60 40 60 81 19	24 62 01 61 16
96 76 28 62 54	22 01 11 94 25	71 96 16 16 88	68 64 36 74 45	19 59 50 88 92
43 31 67 72 30	24 02 94 08 63	38 32 36 66 02	69 36 38 25 39	48 03 45 15 22
50 44 66 44 21	66 06 58 05 62	68 15 54 35 02	42 35 48 96 32	14 52 41 52 48
22 66 22 15 86	26 63 75 41 99	58 42 36 72 24	58 37 52 18 51	03 37 18 39 11
96 24 40 14 51	23 22 30 88 57	95 67 47 29 83	94 69 40 06 07	18 16 36 78 86
31 73 91 61 19	60 20 72 93 48	98 57 07 23 69	65 95 39 69 58	56 80 30 19 44
78 60 73 99 84	43 89 94 36 45	56 69 47 07 41	90 22 91 07 12	78 35 34 08 72
84 37 90 61 56	70 10 23 98 05	85 11 34 56 60	76 48 45 34 60	01 64 18 39 96
36 67 10 08 23	98 93 35 08 86	99 29 76 29 81	33 34 91 58 93	63 14 52 32 52
07 28 59 07 48	89 64 58 89 75	83 85 62 27 89	30 14 78 56 27	86 63 59 80 02
10 15 83 87 60	79 24 31 66 56	21 48 24 08 93	91 98 94 05 49	01 47 59 38 00
55 19 68 97 65	03 73 52 16 56	00 53 55 98 27	33 42 29 38 87	22 13 88 83 34
53 81 29 13 39	35 01 20 71 34	62 33 74 82 14	53 73 19 09 03	56 54 29 56 93
51 86 32 68 92	33 98 74 66 99	40 14 71 94 68	45 94 19 38 81	14 44 99 81 07
35 91 70 29 13	80 03 54 07 27	96 94 78 32 66	50 95 52 74 33	13 80 55 62 54
37 71 67 95 13	20 02 44 95 94	64 85 04 05 72	01 32 90 76 14	53 89 74 60 41
93 66 13 83 27	92 79 64 64 72	28 54 96 53 04	48 14 52 98 94	56 07 93 89 30
02 96 08 45 65	13 05 00 41 84	93 07 54 72 69	21 45 57 09 77	19 48 56 27 44
49 83 43 48 35	82 88 33 69 96	72 36 04 19 96	47 45 15 18 60	82 11 08 95 97
84 60 71 62 46	40 84 81 30 37	34 39 23 05 38	25 15 35 71 30	88 12 57 21 77
18 17 30 88 71	44 91 14 88 47	89 23 30 63 16	56 34 20 47 89	99 82 93 24 98
79 69 10 61 78	71 32 76 95 62	87 00 22 58 40	92 54 01 75 25	43 11 71 99 31
75 93 36 57 83	56 20 14 82 11	74 21 97 90 65	96 42 68 63 86	74 54 13 26 94
38 30 92 29 03	06 28 81 39 38	62 25 06 84 63	61 29 08 93 67	04 32 92 08 09
51 29 50 10 34	31 57 75 95 80	51 97 02 74 77	76 15 48 49 44	18 55 63 77 09
21 31 38 86 24	37 79 81 53 74	73 24 16 10 33	52 83 90 94 76	70 47 14 54 36
29 01 23 87 88	58 02 39 37 67	42 10 14 20 92	16 55 23 42 45	54 96 09 11 06

续表

95 33 95 22 00	18 74 72 00 18	38 79 58 69 32	81 76 80 26 92	82 80 84 25 39
90 84 60 79 80	24 36 59 87 38	82 07 53 89 35	96 35 23 79 18	05 98 90 07 35
46 40 62 98 82	54 97 20 56 95	15 74 80 08 32	16 46 70 50 80	67 72 16 42 79
20 31 89 03 43	38 46 82 68 72	32 14 82 99 70	80 60 47 18 97	63 49 30 21 30
71 56 73 05 50	08 22 23 71 77	91 01 93 20 49	82 96 59 26 94	66 39 67 98 60

附录 B

正态概率表

t	F(t)	t	F(t)	t	F(t)	t	F(t)
0.00	0.0000	0.27	0.2128	0.54	0.4108	0.81	0.5821
0.01	0.0080	0.28	0.2205	0.55	0.4177	0.82	0.5878
0.02	0.0160	0.29	0.2282	0.56	0.4245	0.83	0.5935
0.03	0.0239	0.30	0.2358	0.57	0.4313	0.84	0.5991
0.04	0.0319	0.31	0.2434	0.58	0.4381	0.85	0.6047
0.05	0.0399	0.32	0.2510	0.59	0.4448	0.86	0.6102
0.06	0.0478	0.33	0.2586	0.60	0.4515	0.87	0.6157
0.07	0.0558	0.34	0.2661	0.61	0.4581	0.88	0.6211
0.08	0.0638	0.35	0.2737	0.62	0.4647	0.89	0.6265
0.09	0.0717	0.36	0.2812	0.63	0.4713	0.90	0.6319
0.10	0.0797	0.37	0.2886	0.64	0.4778	0.91	0.6372
0.11	0.0876	0.38	0.2961	0.65	0.4843	0.92	0.6424
0.12	0.0955	0.39	0.3035	0.66	0.4907	0.93	0.6476
0.13	0.1034	0.40	0.3108	0.67	0.4971	0.94	0.6528
0.14	0.1113	0.41	0.3182	0.68	0.5035	0.95	0.6579
0.15	0.1192	0.42	0.3255	0.69	0.5098	0.96	0.6629
0.16	0.1271	0.43	0.3328	0.70	0.5161	0.97	0.6680
0.17	0.1350	0.44	0.3401	0.71	0.5223	0.98	0.6729
0.18	0.1428	0.45	0.3473	0.72	0.5285	0.99	0.6778
0.19	0.1507	0.46	0.3545	0.73	0.5346	1.00	0.6827
0.20	0.1585	0.47	0.3616	0.74	0.5407	1.01	0.6875
0.21	0.1663	0.48	0.3688	0.75	0.5467	1.02	0.6923
0.22	0.1741	0.49	0.3759	0.76	0.5527	1.03	0.6970
0.23	0.1819	0.50	0.3829	0.77	0.5587	1.04	0.7017
0.24	0.1897	0.51	0.3899	0.78	0.5646	1.05	0.7063
0.25	0.1974	0.52	0.3969	0.79	0.5705	1.06	0.7109
0.26	0.2051	0.53	0.4039	0.80	0.5763	1.07	0.7154

续表

t	F(t)	t	F(t)	t	F(t)	t	F(t)
1.08	0.7199	1.46	0.8557	1.84	0.9342	2.44	0.9853
1.09	0.7243	1.47	0.8584	1.85	0.9357	2.46	0.9861
1.10	0.7287	1.48	0.8611	1.86	0.9371	2.48	0.9869
1.11	0.7330	1.49	0.8638	1.87	0.9385	2.50	0.9876
1.12	0.7373	1.50	0.8664	1.88	0.9399	2.52	0.9883
1.13	0.7415	1.51	0.8690	1.89	0.9412	2.54	0.9889
1.14	0.7457	1.52	0.8715	1.90	0.9426	2.56	0.9895
1.15	0.7499	1.53	0.8740	1.91	0.9439	2.58	0.9901
1.16	0.7540	1.54	0.8764	1.92	0.9451	2.60	0.9907
1.17	0.7580	1.55	0.8789	1.93	0.9464	2.62	0.9912
1.18	0.7620	1.56	0.8812	1.94	0.9476	2.64	0.9917
1.19	0.7660	1.57	0.8836	1.95	0.9488	2.66	0.9922
1.20	0.7699	1.58	0.8859	1.96	0.95	2.68	0.9926
1.21	0.7737	1.59	0.8882	1.97	0.9512	2.70	0.9931
1.22	0.7775	1.60	0.8904	1.98	0.9523	2.72	0.9935
1.23	0.7813	1.61	0.8926	1.99	0.9534	2.74	0.9939
1.24	0.7850	1.62	0.8948	2.00	0.9545	2.76	0.9942
1.25	0.7887	1.63	0.8969	2.02	0.9566	2.78	0.9946
1.26	0.7923	1.64	0.899	2.04	0.9587	2.80	0.9949
1.27	0.7959	1.65	0.9011	2.06	0.9606	2.82	0.9952
1.28	0.7995	1.66	0.9031	2.08	0.9625	2.84	0.9955
1.29	0.8030	1.67	0.9051	2.10	0.9643	2.86	0.9958
1.30	0.8064	1.68	0.9070	2.12	0.966	2.88	0.9960
1.31	0.8098	1.69	0.9090	2.14	0.9676	2.90	0.9962
1.32	0.8132	1.70	0.9109	2.16	0.9692	2.92	0.9965
1.33	0.8165	1.71	0.9127	2.18	0.9707	2.94	0.9967
1.34	0.8198	1.72	0.9146	2.20	0.9722	2.96	0.9969
1.35	0.8230	1.73	0.9164	2.22	0.9736	2.98	0.9971
1.36	0.8262	1.74	0.9181	2.24	0.9749	3.00	0.9973
1.37	0.8293	1.75	0.9199	2.26	0.9762	3.20	0.9986
1.38	0.8324	1.76	0.9216	2.28	0.9774	3.40	0.9993
1.39	0.8355	1.77	0.9233	2.30	0.9786	3.60	0.9996
1.40	0.8385	1.78	0.9249	2.32	0.9797	3.80	0.9998
1.41	0.8415	1.79	0.9265	2.34	0.9807	4.00	0.9999
1.42	0.8444	1.80	0.9281	2.36	0.9817	4.50	0.99999
1.43	0.8473	1.81	0.9297	2.38	0.9827	5.00	0.99999
1.44	0.8501	1.82	0.9312	2.40	0.9836		
1.45	0.8529	1.83	0.9328	2.42	0.9845		

参考文献

[1] 史书良. 统计学原理[M]. 北京：清华大学出版社、北京交通大学出版社，2007.
[2] 栗方忠. 统计学原理（第四版）[M]. 大连：东北财经大学出版社，2011.
[3] 刘美荣. 统计学基础[M]. 北京：经济管理出版社，2007.
[4] 李国柱. 统计学[M]. 北京：科学出版社，2004.
[5] 杨汉东. 统计基础[M]. 北京：中国农业出版社，2005.
[6] 梁前德. 基础统计第 2 版. [M]. 北京：高等教育出版社，2004.
[7] 凌洁. 统计学[M]. 上海：上海财政大学出版社，2004.
[8] 郑聪玲. 统计[M]. 杭州：浙江大学出版社，2004.
[9] 贾俊平. 统计学[M]. 北京：中国人民大学出版社，2004.
[10] 袁卫，等. 统计学[M]. 北京：中国统计出版社，2004.
[11] 顾晓安，朱建国. 统计学实务[M]. 上海：立信会计出版社，2005.
[12] 王军虎，孙微. 统计学基础[M]. 武汉：武汉理工大学出版社，2007.
[13] 金勇进. 统计学教程[M]. 北京：中国人民大学出版社，2010.
[14] 姚增明，高安吉，师亚红. 统计学项目化教程[M]. 北京：北京交通大学出版社，2011.
[15] 刘雅漫. 新编统计基础（第 5 版）[M]. 大连：大连理工大学出版社，2009.

反侵权盗版声明

电子工业出版社依法对本作品享有专有出版权。任何未经权利人书面许可，复制、销售或通过信息网络传播本作品的行为；歪曲、篡改、剽窃本作品的行为，均违反《中华人民共和国著作权法》，其行为人应承担相应的民事责任和行政责任，构成犯罪的，将被依法追究刑事责任。

为了维护市场秩序，保护权利人的合法权益，我社将依法查处和打击侵权盗版的单位和个人。欢迎社会各界人士积极举报侵权盗版行为，本社将奖励举报有功人员，并保证举报人的信息不被泄露。

举报电话：（010）88254396；（010）88258888
传　　真：（010）88254397
E-mail:　　dbqq@phei.com.cn
通信地址：北京市万寿路 173 信箱
　　　　　电子工业出版社总编办公室
邮　　编：100036